Wissenschaftliche Untersuchungen
zum Neuen Testament

Herausgegeben von
Martin Hengel und Otfried Hofius

104

Bernd Wander

Gottesfürchtige und Sympathisanten

Studien zum heidnischen Umfeld
von Diasporasynagogen

Mohr Siebeck

BERND WANDER, geboren 1960; Studium in Wuppertal und Heidelberg; Promotion 1992 in Heidelberg; Habilitation 1997 in Heidelberg; 1997 Privatdozent für Neues Testament in Heidelberg.

Als Habilitationsschrift auf Empfehlung der Theologischen Fakultät der Ruprecht-Karls-Universität Heidelberg gedruckt mit Unterstützung der Deutschen Forschungsgemeinschaft.

Die Deutsche Bibliothek – CIP-Einheitsaufnahme

Wander, Bernd:
Gottesfürchtige und Sympathisanten: Studien zum heidnischen Umfeld
von Diasporasynagogen / Bernd Wander. –
Tübingen: Mohr Siebeck, 1998
  (Wissenschaftliche Untersuchungen zum Neuen Testament ; 104)
  ISBN 3-16-146865-1

© 1998 J.C.B. Mohr (Paul Siebeck) Tübingen

Das Buch wurde von Gulde-Druck in Tübingen aus der Times-Antiqua gesetzt, auf alterungsbeständiges Werkdruckpapier der Papierfabrik Weissenstein gedruckt und von der Großbuchbinderei Heinr. Koch in Tübingen gebunden.

ISSN 0512-1604

Leben wir, so leben wir dem Herrn;
sterben wir, so sterben wir dem Herrn.
Ob wir leben oder ob wir sterben,
wir gehören dem Herrn.
(Röm 14,8)

Für

Clara Luise Wander

geboren am 21. IX. 1995

und

Peter Beier

gestorben am 10. XI. 1996

Vorwort

Die vorliegende Arbeit wurde im Wintersemester 1996/97 von der Theologischen Fakultät der Ruprecht-Karls-Universität Heidelberg als Habilitationsschrift angenommen.

Vielfachen Dank habe ich auszusprechen. Prof. Dr. Klaus Berger hat das Projekt über Jahre mit Interesse und Ermunterung verfolgt und das Erstgutachten erstellt. Prof. Dr. Adolf Martin Ritter nahm nicht nur die Mühe eines Korreferates auf sich, sondern stand auch immer wieder als Gesprächspartner zur Verfügung. Wertvolle Hinweise kamen von Prof. Christoph Burchard, Prof. Dr. Herwig Görgemanns und Prof. Dr. Dieter Hagedorn. Prof. Dr. Georg Petzl verdanke ich viel Rat und Tat auf dem steinigen Feld der Epigraphik.

Prof. Dr. Martin Hengel hat das Entstehen der Untersuchung von Anfang an verfolgt und mich von seinen eigenen Studien und Arbeiten uneigennützig in Kenntnis gesetzt. Ich danke ihm dafür herzlich, neben ihm auch Prof. Dr. Otfried Hofius für die Aufnahme in die Reihe WUNT.

In die Zeit der Entstehung der Arbeit fallen zwei Ereignisse, die mich nachdrücklich beeindruckt haben: die Geburt unserer Tochter Clara Luise und der jähe Tod von Präses Peter Beier. Ihnen beiden sei deshalb dieses Buch zugeeignet.

Bernd Wander   Köln, Epiphanias 1998

Inhalt

I. Einleitung

In der vorliegenden Untersuchung wird versucht, das „Umfeld" von Diasporasynagogen zu ermitteln und zu beschreiben, wobei dem Phänomen der sogenannten „Gottesfürchtigen" und „Sympathisanten" das Hauptaugenmerk gilt. Dabei soll in dreifacher Weise ein Beitrag zur Forschung der Geschichte des Urchristentums geleistet werden: im Hinblick auf eine terminologische Klärung und Reflexion, im Hinblick auf ihre religionspolitische Einordnung und Bewertung und im Hinblick auf eine neutestamentliche Klärung und Vertiefung.

In erster Linie werden hierfür sämtliche verfügbaren Quellen benutzt und jeweils einer intensiven Untersuchung unterzogen. Die Quellenanalyse reicht von den Zeugnissen der Hebräischen Bibel über „Fremde" allgemein bis hin zu epigraphischen Zeugnissen der Spätantike für das „Umfeld" der jüdischen Diasporagemeinden. Das epigraphische Material und die Aussagen der antiken heidnischen Autoren bilden einen besonderen Schwerpunkt der Untersuchung. Sie werden jedoch nicht einer isolierten Betrachtung unterzogen, sondern zu den erzählenden Quellen, insbesondere Acta, in eine sinnvolle Beziehung gesetzt. Ziel dieser Bemühungen soll neben den eingangs erwähnten Faktoren die verbesserte Kenntnis eines bedeutenden Adressatenkreis des frühen Christentums sein.

1. Der Gegenstand der Erforschung

Die genannte Thematik ist im weitesten Sinne unzählige Male in der Forschung Gegenstand von Untersuchungen gewesen. Es muß auf eine kaum mehr überblickbare Flut[1] von Titeln hingewiesen werden, die in unter-

---

[1] Hier kann nur ein grober Überblick gegeben werden. Vgl. etwa SIEGFRIED, JPTh (1890) 435–453; AXENFELD, Propaganda; DERWACTER, Way; BAMBERGER, Proselytism; BRAUDE, Proselytising; SIMON, Israel; DALBERT, Theologie; PAUL, DBS VIII (1972) 1353–1356 mit einer sehr guten, nach Sachgruppen aufgeteilten Bibliographie; URBACH, Sages I, 541–545; ROSENBLOOM, Conversion; STERN, Authors II, 103–107 sowie SCHÜRER, Geschichte III, 150–188; DERS., History III,1, 150–176 und neuerdings SEGAL, Conversion,

schiedlicher Art und Weise die Fragestellung berühren. Dies betrifft Veröffentlichungen zum Proselytenwesen, zum Sympathisantenfeld der Synagogengemeinden, zu bestimmten gewichtigen archäologischen Ergebnissen oder auch Erörterungen bezüglich der Funktion und der Anfangsgeschichte der Synagogen allgemein.

Bemerkenswert ist deshalb aber um so mehr, daß eine entsprechende monographische Abhandlung fehlt und sich insbesondere Untersuchungen zu den sogenannten „Gottesfürchtigen" entweder nur innerhalb von Gesamtdarstellungen oder eines größeren Projektes finden oder die Fragestellung lediglich unter Berücksichtigung einzelner Aspekte behandelt wird.

Die bisherigen Darstellungen präsentieren das Materials der besonders wichtigen Quellen, wie etwa Inschriften, Josephus, antike heidnischen Autoren oder Rabbinica in der Regel eher selektiv und unvollständig. An anderer Stelle findet man dagegen das Extrem einer überbordenden Präsentation von Material[2], wodurch dann der Überblick verloren geht und bestimmte Fragestellungen nicht mehr verfolgt werden können. Zu beachten ist hier, daß Quellen und Literatur mühelos vermehrt werden können, es aber entscheidend darauf ankommt, das Material sinnvoll und konstruktiv zu beschränken. Dagegen behandeln Untersuchungen, die sich bestimmten Ereignissen wie etwa den Grabungen aus Aphrodisias zuwenden und diese nur unter einer bestimmten Perspektive auswerten, den Komplex der „Gottesfürchtigen" oft nur ungenügend. Bevor nun die eigene Fragestellung schärfer prononciert wird und Perspektiven entwickelt werden, soll zunächst ein Blick auf die Erforschung des Phänomens der „Gottesfürchtigen" innerhalb der letzten 120 Jahre geworfen werden.

2. Die Geschichte der Erforschung

1. Jacob Bernays veröffentlichte 1877 in einer Festschrift für Theodor Mommsen einen Aufsatz unter dem Titel „Die Gottesfürchtigen bei Juvenal". Bernays beschäftigte sich darin mit der XIV. Satire Juvenals und verschiedenen lateinischen Inschriften[3] vor dem Hintergrund eines heidnischen Milieus, welches Affinität zum Judentum hat. Die Debatte um die „Gottesfürchtigen" wurde damit insofern eröffnet, als Bernays es war, der diese Gruppe mit der Gruppenbezeichnung „Gottesfürchtige" versah.

296–340; FELDMAN, Jew, 553f. Anm. 1. und SCOTT, Paul, bes. 153 Anm. 92 mit der älteren Literatur.

   [2] FELDMAN, Jew.

   [3] Sie sind ausführlich in den Kapiteln V und VI besprochen.

Die Berechtigung dieses Vorgehens sollte die Folgezeit als Problem bestimmen. Denn von nun an wurde die Diskussion um die heidnischen Sympathisanten des Judentum immer wieder unter dem Stichwort „Gottesfürchtige" geführt. Dieses Vorgehen hat streng genommen nur Rückhalt am lukanischen Sprachgebrauch, der Teile des interessierten Synagogenpublikums als φοβούμενοι τὸν θεόν kennzeichnet. Andere Ausdrücke bei Lukas wie σεβόμενος τὸν θεόν oder θεοσεβής in den Inschriften sind demgegenüber schon nicht mehr in der Lage, das Wesenselement der „Furcht" zum Ausdruck zu bringen.

Damit werden die „Gottesfürchtigen" zu einem Begriff, hinter dem sich verschiedene Aspekte verbergen können und unter dem auch Wortgruppen, die keinen Rückhalt am antiken Sprachgebrauch haben, subsumiert werden. Methodisch bereitet dieser eingebürgerte Sprachgebrauch erhebliche Schwierigkeiten. Doch erscheint es mir sinnvoll, bei der sozialen Gruppenbezeichnung „Gottesfürchtige" und auch „Sympathisanten" zu bleiben. So kann der Aspekt der Untersuchung, der sich um den Nachweis des Vorhandenseins dieses antiken Phänomens bemüht, terminologisch besser durchgehalten werden. So kann aber auch entsprechendes Material gesammelt und geprüft sowie die Frage in den Vordergrund gestellt werden, welche Faktoren in den antiken Zeugnissen zu der selbstverständlich geworden Bezeichnung „Gottesfürchtige" als Begriff für heidnisches Sympathisantentum führten. Schließlich können weitere soziale Gruppierungen im Umfeld der Diasporasynagogen untersucht und diesen gegenübergestellt werden, um ein differenziertes Bild hinsichtlich der Abgrenzung und der Zusammengehörigkeit dieser Gruppen zu erreichen. Bevor diesen Fragen noch weiter nachgegangen wird, soll zunächst die Dokumentation der Forschungsgeschichte fortgesetzt werden.

2. Im Jahr 1896 veröffentlichte Alfred Bertholet dann eine Arbeit über „Die Stellung der Israeliten und der Juden zu den Fremden", die in ihrer besonderen Orientierung an den Quellen den Blick auch für Einzelphänomene nicht verlor und beachtliche Wirkung entfaltete. Sein Leitfaden ist eine eingangs aufgestellte und auch weiterverfolgte Beobachtung, nach der die alttestamentliche Überlieferung in der Aussage gipfelt: „...endgültige(s) Resultat. Der Ger = der Proselyt"[4]. Diesen Leitsatz wendet Bertholet in verschiedenen Varianten auf weitere Phänomene und Quellen an. Die wichtigsten Ergebnisse der Studien Bertholets sind einerseits, daß sich hinter den Formulierungen φοβούμενος / σεβόμενος τὸν θεόν in Acta keine

---

[4] BERTHOLET, Stellung, 176–178, Zitat 176.

Gruppenbezeichnung für „Gottesfürchtige" (gegen Bernays) verbirgt, sondern daß „φοβούμενοι, σεβόμενοι = προσήλυτοι" meint. Diese Beobachtung sieht er auch durch die metuens-Inschriften[5], von denen Bernays seinerzeit seine Bezeichnung abgeleitet hatte, erhärtet.

Bertholet bestimmt die seit der 1. Auflage von Schürers „Geschichte des jüdischen Volkes" bestehende Differenzierung in „Proselyten der Gerechtigkeit" (= Proselyten im engeren Sinne) und in „Proselyten des Tores" (= „Gottesfürchtige" etc.) auf eine besondere Art und Weise neu. Schürer selber hatte in der dritten Auflage seiner eigenen Einschätzung (aus der ersten Auflage) widersprochen und nun eingeräumt, daß es zwar „Proselyten der Gerechtigkeit" gebe, aber die „Proselyten des Tores" nichts mit den φοβούμενοι / σεβόμενοι τὸν θεόν zu tun hätten.[6] Dieser differenzierten Beurteilung setzte Bertholet nun seine eigene These entgegen: „Wir glauben also behaupten zu dürfen: Die Juden (zur Zeit des entstehenden Christentums) anerkennen nur Eine Kategorie von Proselyten; wer zu dieser nicht gehört, ist ein Heide, und es darf in keinerlei Weise mit ihm Verkehr gepflogen werden...".[7] Neben dieser einen Kategorie von Proselyten läßt er nur noch Nachahmer und Sympathisanten gelten. Deren Verbundenheit mit dem Judentum ist nach Bertholet jedoch als „Privatsache" aufzufassen, da diese keinen offiziellen Status besaßen.

Die Folgen dieser Bewertung waren insofern wegweisend, weil durch Bertholet der Weg geebnet wurde für eine Interpretation, die mit den Bezeichnungen φοβούμενος / σεβόμενος τὸν θεόν oder auch θεοσεβής kein heidnisches Interesse am Judentum verbindet. Vielmehr wird eine interne, qualifizierende Kategorie angenommen, durch die sich Juden und Proselyten besonders bezeichnen oder bezeichnet werden.

Bevor diese Entwicklung weiterverfolgt wird, sei nochmals auf die Bedeutung Schürers hingewiesen, dessen Schrifttum wegweisende Bemerkungen enthält. Dazu sei nur der aus dem Jahr 1897 stammende Aufsatz „Die Juden im bosporanischen Reiche und die Genossenschaften der σεβόμενοι θεὸν ὕψιστον daselbst" erwähnt, in welchem er nachwies, daß die mit φοβούμενοι / σεβόμενοι τὸν θεόν synonyme Bezeichnung θεοσεβεῖς Nichtjuden meint, „welche sich zum jüdischen Gottesdienste hielten..., ohne durch die Beschneidung in den Verband der jüdischen Gemeinden einzutreten".[8] Das bosporanische Material ist hinsichtlich der Herkunft und Da-

---

[5] BERTHOLET, a.a.O., 328–332, Zitat 328.
[6] SCHÜRER, Geschichte[3], 177, vgl. Bertholet, a.a.O., 323–325.
[7] BERTHOLET, a.a.O., 334; im Text gesperrt gedruckt.
[8] SCHÜRER, Juden, 218.

tierung allerdings noch genauer zu betrachten.[9] Die Bewertung der judaisierenden Tendenzen an der Nordküste des Schwarzen Meeres läßt die Aussage zu, daß Schürer diesen Nachahmern und Sympathisanten sehr offen gegenüberstand und er sich der terminologischen Erfassung dieses Milieus verpflichtet wußte.

Aus den bisher vorgestellten Positionen Bernays, Bertholets und Schürers ergeben sich drei Hauptstränge der Forschungsgeschichte bis heute: Die unterschiedlichen Bezeichnungen für „Gottesfürchtige" als soziale Gruppenbezeichnung vorauszusetzen, sie lediglich als eine Ehrenbezeichnung für Juden und Proselyten zuzulassen oder sie in ihrer Komplexität wahrzunehmen und terminologisch zu verorten. Bevor darauf näher eingegangen wird, soll zunächst die Forschungsgeschichte weiter vorgestellt werden.

3. Gründliche Aufarbeitungen zum Phänomen von „Gottesfürchtigen" und dem übrigen Umfeld der Diasporasynagogen wurden auch im angelsächsischen Sprachraum vorgelegt. George Foot Moore widmete 1927 in seinen „Judaism in the First Centuries" das 7. Kapitel dem Phänomen „Conversion of Gentiles"[10], was im Jahr 1933 dann von Kirsopp Lake nochmals problematisiert und schärfer gefaßt wurde. In den „Beginnings of Christianity" findet sich sein Beitrag in Band V in dem Exkurs „Proselytes and Godfearers".[11]Lakes Ausführungen sind bemerkenswert, da er mit sicherem Instinkt mit manchen Vorurteilen und Fehleinschätzungen aufräumt, wodurch er bis heute Aktualität besitzt. Demnach gab es in den ersten Jahrhunderten unserer Zeitrechnung keine direkte, sondern nur eine indirekte jüdische Mission.[12] Auch schließt er aus, daß es Halbproselyten gegeben hat, wie das u.a. Strack-Billerbeck in ihrem Kommentar behauptet hatten und womit sie „Gottesfürchtige" bezeichneten. Der Umstand, daß Heiden ihr Heidentum mit dem Judentum zu kombinieren trachteten, hat es nach Lake schon immer gegeben. Neu sei aber seit Bernays gewesen, auch diese Art von Leuten terminologisch als „Gottesfürchtige" zu bezeichnen.[13] Lake spitzt die Diskussion des Phänomens zu, indem er zwei Positionen grundsätzlich gegenüberstellt: Waren „Gottesfürchtige" eine Gruppe sui generis mit einer eigenen Bezeichnung oder war dieser Name eine Ehrenbezeich

---

[9] Vgl. dazu Kapitel V, jedoch besonders die ausgezeichneten Ausführungen bei LEVINSKAYA, Book, 106–116; zu SCHÜRER bes. 111.
[10] MOORE, Judaism, 323–353.
[11] LAKE, Beginnings V, 74–96.
[12] LAKE, a.a.O., 74f.
[13] Ebd. 76.

nung für Juden oder auch Heiden? Er selber tendiert zu der Aussage: „That Gentiles came to the Synagogue is undoubted, and that they were called „God-fearing" persons is natural, but they were not a clearly defined group parallel to Jews and Proselytes".[14] Lake spricht sich also gegen eine technische Bedeutung der Bezeichnung „Gottesfürchtige" aus, muß aber in seinen Ausführungen manche Fragen offen lassen, da er besonders das inschriftliche Material nur in Fragmenten benutzen konnte.

4. Im Jahr 1950 legte Louis H. Feldman einen vielbeachteten Aufsatz mit dem Titel „Jewish ‚Sympathizers' in Classical Literature and Inscriptions"[15] vor, mit welchem er einen Reigen von Veröffentlichungen zur gleichen Thematik eröffnete. Die Ausführungen aus dem Jahr 1950 sind noch dadurch gekennzeichnet, daß Feldman die Existenz einer Gruppe von „Gottesfürchtigen" im synagogalen Milieu verneinte und sich bei der Terminologie eindeutig für eine Ehrenbezeichnung für Juden aussprach. Robert u.a. haben sich bei ihrer Argumentation auf diese Ausführungen berufen, wie im Laufe der Arbeit noch zu zeigen sein wird. Feldman hat seiner Sicht aber spätestens seit der Entdeckung der Säule von Aphrodisias widersprochen und sie in verschiedenen Veröffentlichungen korrigiert.[16]Auf seine große Arbeit „Jew and Gentile in the Ancient World" wird später noch eingegangen werden.

5. Die bis dahin stattgefundene Diskussion wurde 1962 von Karl Georg Kuhn und Hartmut Stegemann in „Paulys Realencyclopädie der classischen Altertumswissenschaft" unter dem Stichwort „Proselyten"[17] zusammengefaßt und prägnant präsentiert. Dabei lassen die Autoren von Anfang an keinen Zweifel daran, daß sie bei der Begrifflichkeit von einer strikten Trennung ausgehen, nach welcher sie einerseits Proselyten voraussetzen, die „auf Grund eines rechtsgültigen Aufnahmeaktes Mitglieder der jüdischen Kultgemeinschaft geworden" sind und andererseits diejenigen herausheben, „die mehr oder weniger intensiv am Leben jüdischer Kultgemeinden teilnahmen, ohne durch einen regelrechten Aufnahmeakt zu Mitgliedern der Gemeinden zu werden".[18] Letztere wurden im Unterschied zu der ersten Gruppe als σεβόμενοι oder φοβούμενοι τὸν θεόν bezeichnet. Von dieser Unterscheidung ausgehend liegt der Schwerpunkt ihrer Be-

---

[14] Ebd. 86; vgl. 87f.
[15] FELDMAN, TAPhA 81 (1950) 200–208.
[16] Vgl. u.a. FELDMAN, BArR 12 (1986) 58–69.
[17] KUHN / STEGEMANN, PRE.S IX (1962) Sp. 1248–1283.
[18] KUHN / STEGEMANN, a.a.O., Sp. 1249.

schäftigung auf dem vorgegebenen Stichwort „Proselyten". Dessen begriffliche Geschichte wird eruiert und beschrieben, wobei sie aber immer wieder auf das Phänomen der „Gottesfürchtigen" zurückkommen, etwa bei der Zurückweisung des Terminus „Halbproselyten"[19] oder bei der epigraphischen Diskussion, bei der sie sich allerdings auf die jüdischen Inschriften beschränken. Bemerkenswert ist vor allem, daß das Autorenpaar bei seiner Auswertung auch auf soziale Kategorien geachtet hat.[20]

6. Es ist für den weiteren Verlauf der Forschungsgeschichte von besonderer Bedeutung, daß von nun an auch archäologische Ergebnisse ihren Fortgang prägten.

Am 28. Juli 1962 wurde in Sardis, in dem heutigen Südwestteil der Türkei, bei Grabungsarbeiten eine Synagoge gefunden. Das amerikanische Archäologenteam unter Leitung von George Hanfman entdeckte neben zahlreichen Münzen, welche eine Datierung ermöglichen, auch eine Vielzahl von Inschriften. Die Inschriften wurden noch im gleichen Jahr von Louis Robert besichtigt und zum Teil ausgewertet. 1964 erschien dann seine Sammlung „Nouvelles Inscriptions de Sardes". Darin befinden sich zwei kurze Inschriften, deren Auswertung eine folgenreiche Entwicklung einleitete. Nach Robert ist nämlich das in den Inschriften enthaltene Adjektiv θεοσεβής[21] als jüdische Besonderheit zu verstehen, welche ein Äquivalent zu dem profangriechischen εὐσεβής bilde und deshalb bestimmte Juden jeweils als besonders „pious" bezeichne. Dieses Urteil des Epigraphikers Robert initiierte eine Entwicklung, welche θεοσεβής noch enger und exklusiver fassen wollte, als Robert dies getan hatte. Alf Thomas Kraabel u.a. zogen insofern weitreichende Konsequenzen, als sie vor dem Hintergrund des sardischen Materials die These[22] vom „Verschwinden der Gottesfürchtigen"[23] entwickelten und die lukanischen Angaben zu dieser Gruppe in Acta zu einem theologischen Konstrukt degradierten. Problematisch ist dieses radikale Vorgehen deshalb, weil von wenigen Ausnahmen abgesehen die übrigen sardischen Inschriften noch nicht publiziert worden sind und auch seit über 30 Jahren ein abschließender Grabungsbericht fehlt.

---

[19] Ebd. Sp. 1260.

[20] Ebd. Sp. 1266f.

[21] ROBERT, Inscriptions Sardes, 39 Nr. 4 und 5.

[22] Die Abhängigkeit dieser Ergebnisse von Robert erkennt auch GAGER, HThR 79 (1986) 95.

[23] KRAABEL, The Disappearance of the Godfearers (so der Titel seines Aufsatzes), Numen 28 (1981) 113–126: „… at least for the Roman Diaspora, the evidence presently available is far from convincing proof for the existence of such a class of Gentiles as traditionally defined by the assumptions of the secondary literature" (Zitat 121).

Im Jahr 1976 setzte eine völlig gegenläufige Entwicklung ein. Denn in diesem Jahr wurde bei Ausgrabungsarbeiten in Aphrodisias, ebenfalls im heutigen Südwestteil der Türkei, eine Stele entdeckt, die sich als jüdisch erwies und neben Juden und Proselyten auch explizit in einem prozentual hohen Anteil[24] θεοσεβεῖς nannte. Diese namentlich gekennzeichnete Gruppe war die große Überraschung bei der Auswertung der Inschrift. Schon im Ansatz schien sie die Vermutungen Roberts nicht zu bestätigen, sondern zu entkräften und eine neue Interpretation zu erfordern.

Beide Inschriftenfunde legen auf besondere Weise davon Zeugnis ab, daß sich der Forschungsstand der sogenannten „Gottesfürchtigen" bewegt hat. Und gleichzeitig wurden dadurch wissenschaftliche Extrempositionen ermöglicht. Vertreter der einen Richtung verwerfen die Annahme der Existenz eines antiken Phänomens „Gottesfürchtige", während andere die Ergebnisse einfach unkritisch rezipieren und keine differenzierten Urteile daraus ableiten.

7. Auf dem Höhepunkt der Aphrodisias-Debatte stellte Alf Thomas Kraabel einige Hypothesen vor, die sich gegen bestimmte Annahmen bezüglich der „Gottesfürchtigen" wehren.[25] Seiner Ansicht nach hat es zu keiner Zeit beachtliche Zahlen von „Gottesfürchtigen" gegeben. Dies wird nach Kraabel besonders durch die Auswertung archäologischer Funde erhärtet, die unmittelbare Informationen bieten statt solcher Angaben, die erst über einen Umweg (z.B. durch heidnische Autoren) übermittelt werden. Bei seiner Argumentation greift Kraabel ausschließlich auf die Stadt Sardis zurück. Es hätten sich bei den Inschriften keine „Gottesfürchtige" im Sinne heidnischer Sympathisanten ermitteln lassen. Wenn das Stichwort θεοσεβής sich auch auf 10 Inschriften finden ließe, so seien damit immer Juden gemeint. Interessierte Heiden ließen sich archäologisch nicht nachweisen. Die Symbole in den Synagogen zeigten vielmehr, daß Juden mit diesen untereinander kommunizierten, nicht aber mit interessierten Heiden. Die Ergebnisse aus Aphrodisias werden zwar zur Kenntnis genommen, aber doch relativiert. θεοσεβής könnten auch Heiden gewesen sein, die keinerlei Affinität zum Judentum hatten. Gute Verbindungen zwischen Heiden und Juden seien deshalb auch nicht gleichzusetzen mit heidnischem Interesse am Judentum.

Kraabels Arbeiten seit seiner Dissertation 1968[26] haben sich ausschließ-

---

[24] Vgl. dazu besonders die Angaben in Kapitel V.
[25] MacLennan / Kraabel, BArR 12 (1986) 46–53.
[26] Kraabel, Judaism.

lich mit dem Umfeld der Diasporasynagogen beschäftigt.[27] Sein Verdienst ist es, „verkrustete, flächig-unhistorische Auffassungen von einer nur marginalen, angefeindeten und ängstlichen hell. Diasporajudenschaft in fortgeschrittener Prinzipatszeit" widerlegt zu haben.[28] Dazu wies er verschiedene festgefahrene Meinungen wie generelle Proselytenfängerei, vorrangige Palästinaorientierung und Unterschichten-Dominanz in den jüdischen Gemeinden erfolgreich zurück. Neben diesen Verdiensten ist aber auch auf dezidierte Forschungsinteressen und besonders auf implizite Axiome zu verweisen, die mit der speziell im amerikanischen Sprachraum stattfindenden Debatte über das Wesen das antiken Judentums (E.P. Sanders u.a.) zusammenhängen, besonders mit den hermeneutischen Voraussetzungen dieser Debatte. In der Festschrift für Krister Stendahl betrachtet Kraabel[29] die Behandlung und das Aufkommen der Frage nach den „Gottesfürchtigen" aus einem wirkungsgeschichtlichen Blickwinkel und stellt es in Beziehung zur lutherischen Frage von der Wirkungsweise von Gesetz und Evangelium: „Others, like Martin Hengel, see the God-fearers as evidence for the failure and even the degeneration of Judaism in the period. This is Reformation theology masquerading as Jewish history."[30] Betrachtet man besonders diese letzteren Ausführungen, so bleiben im Hinblick auf Kraabels Arbeiten sehr zwiespältige Eindrücke[31] zurück. Seine Verdienste sind zwar nicht zu schmälern, aber seine hermeneutischen Einwände können neben den eher dürftigen Quellenanalysen kaum den Anspruch erheben, die komplizierte Frage der „Gottesfürchtigen" umfassend gelöst zu haben.

8. Besondere Erwähnung verdienen wenigstens fünf Arbeiten, welche die anvisierte Problematik zum Gegenstand ihrer Untersuchung gemacht haben.

Folker Siegert faßte in seinem Aufsatz „Gottesfürchtige und Sympathisanten" im Jahr 1973 den bisherigen Stand der Debatte zusammen.[32] Seine

---

[27] Vgl. etwa KRAABEL, Diaspora Syngogue; DERS., Social Systems; DERS., Roman Diaspora; DERS., Synagoga Caeca.

[28] FAUST, Pax Christi, 337.

[29] KRAABEL, HThR 79 (1986) 147–157.

[30] KRAABEL, a.a.O., 155 unter Berufung auf HENGEL, Judentum und Hellenismus, 313; zur Auseinandersetzung mit Sanders u.a. vgl. neuerdings HENGEL / DEINES, JThS 46 (1995) 1–70.

[31] Mit Kraabels Thesen setzen sich u.a. auseinander: FINN, CBQ 47 (1985) 75–84; der von C.H. GEMPF als Herausgeber nachgetragene Appendix 2 „The God-Fearers" zu HEMERS „Book of Acts", 444–447; GAGER, HThR 79 (1986) 91–99; OVERMANN, JSNT 32 (1988) 17–26.

[32] SIEGERT, JSJ 4 (1973) 109–164.

sehr instruktiven Ausführungen sind allerdings stark abhängig von den problematischen Positionen Roberts und folgen diesem besonders auch bei der Bewertung anderer Inschriften allzu unkritisch. Hiervon ist er aber in neuerer Zeit abgerückt.[33] Hervorzuheben ist, daß Siegert sich intensiv mit dem theoretischen Hintergrund der Terminologie auseinandersetzt, auf dem letzlich auch seine Unterscheidung von „Gottesfürchtigen" (i.e. „ernsthaft an der jüdischen Religion Interessierte") und Sympathisanten (i.e. „Nachahmer irgendwelcher Bräuche oder politisch den Juden wohlgesonnene Personen") beruht.[34]

Marcel Simon berücksichtigte in seinem Artikel aus dem Jahr 1981 in der RAC die Arbeit von Siegert und dessen verarbeiteter Literatur, setzte aber durchaus auch eigene Akzente.[35] Nach Simon läßt das Adjektiv θεοσεβής neben der engen Auslegung im Sinne einer Tugend („fromm") auch noch eine zweite Möglichkeit zu. Nach dieser kann es eine Gruppe mit bestimmten Merkmalen in einigen Fällen bezeichnen. Die wenigen Lexikonspalten erlaubten natürlich nicht, das vielgestaltige und disparate Material auch nur in Ansätzen zu verarbeiten.[36] Kenntnis von der Aphrodisiasinschrift hatte Simon damals noch nicht.

Erwähnt werden soll auch die Arbeit von Heikki Solin, die zwischen 1975 und 1977 für ANRW fertiggestellt wurde.[37] In seiner 4-seitigen Anmerkung 49[38] hat Solin unter Berufung auf Feldman (s.o) und auf Robert (s.o) sich dagegen ausgesprochen, daß die „Gottesfürchtigen" eine bestimmte Gruppe innerhalb des synagogalen Milieus gewesen sind. So kommt er nach Betrachtung u.a. von θεοσεβής zu dem Schluß: „Diese allgemeinen, persönliche Qualitäten kennzeichnenden Adjektiva ... bezeichneten alle Juden ohne Unterschied ... Ich kann nicht umhin, in diesen Termini prinzipiell rein persönliche Qualitäten zu sehen". Deshalb seien die Formulierungen σεβόμενοι / φοβούμενοι τὸν θεόν von Josephus und von Lukas mangels besserer Bezeichnungen gewählt worden, obwohl dies gar nicht nötig gewesen wäre. Die material- und kenntnisreiche Arbeit Solins hat große Verdienste für die Sammlung und die Art der Präsentation des Materials zur jüdischen demographischen Entwicklung in der Antike. Zur Stützung seiner teilweise sehr gewagten Thesen kann er aber leider nur wenig Quellenmaterial anbieten.

---

[33] Vgl. den kurzen, aber sehr instruktiven Artikel in NBL I (1991) 931f.
[34] Siegert, a.a.O., 110.
[35] Simon, RAC XI (1981) 1060–1070.
[36] Simons Kategorisierungen sind besonders in Kapitel VII eingeflossen.
[37] Solin, Juden, 587–789.
[38] Solin, a.a.O., 618–621.

Ein wirklich großer Wurf war dann aber 1987 die Edition und Kommentierung der Inschrift von Aphrodisias durch Reynolds und Tannenbaum.[39] Vor allem im 3. Abschnitt wurden viele Materialien und Informationen zu dem Phänomen der „Gottesfürchtigen" zusammengetragen, wobei allerdings manche Frage unbeantwortet blieb. Besonders die Darbietung der biblischen, der hellenistisch-jüdischen und der antik-heidnischen Zeugnisse entbehren sowohl der Vollständigkeit wie der Sorgfalt, was der ansonsten großen Leistung des Autorenpaars aber keinen Abbruch tun soll. Hervorzuheben ist, daß sie immer wieder danach fragen, was denn nun ein θεοσεβής sei: halb paganisierte Juden oder judaisierende Heiden oder sehr fromme Juden oder sehr reiche und hochrangige Heiden?[40] Sie selber kommen nach ihrer umfangreichen Analyse zu folgendem Schluß: „Er ist jemand, der genügend angezogen wird von dem, was er vom Judentum gehört hat und nun zur Synagoge kommt, um mehr zu lernen; der, nach einiger Zeit, als Ergebnis, gewillt ist, den jüdischen Lebensentwurf nachzuahmen, in welcher Art und in welcher Intensität er es wünscht (bis hin zur Mitgliedschaft in Gemeinschaftsverbindungen, in denen Gesetzesstudium und Gebet eingeschlossen ist); dem verschiedene Kurzformeln ethischen Verhaltens vorgetragen wurden, wobei er aber keiner einzigen folgen muß; der dem Monotheismus der Juden folgt und seine angestammten Götter aufgibt, es aber trotzdem nicht muß, und dem, ob er es tut oder nicht, eine Teilhabe an der Auferstehung für seine Mühen versprochen wird. Solche Menschen machten einen bedeutenden Anteil aus der Bevölkerung in der jeweiligen Synagogengemeinde aus, wo wir einen quantitativen Nachweis ihrer Existenz haben. Ob dies allgemein und überall gültig war, ist aber schwer zu sagen."[41]

Schließlich ist noch Trebilcos Arbeit über die jüdischen Gemeinden in Kleinasien zu erwähnen, in der den „God Worshippers" ein eigenes Kapitel gewidmet wurde.[42] Auch Trebilco muß sich vorhalten lassen, daß die Sammlung der Belege besonders im biblischen und klassischen Bereich nur in Ansätzen durchgeführt ist und er zwar viele Quellen anführt, ihre Interpretation aber schuldig bleibt.

9. Einen vorläufigen Schlußstrich unter die unterschiedlichen Stimmen zu dem Phänomen von „Gottesfürchtigen und Sympathisanten" zog Feldman im Jahr 1993 durch sein „massive new work" (Kraabel)[43] „Jew and Gentile

---

[39] Reynolds / Tannenbaum, Jews.
[40] Reynolds / Tannenbaum, a.a.O., 48.
[41] Deutsche Übersetzung nach dem Text von Reynolds / Tannenbaum, Jews, 65.
[42] Trebilco, Communities, 145–166.246–255.
[43] Kraabel, Immigrants, 78.

in the Ancient World". Darin faßt er frühere Beiträge und Abhandlungen zusammen, wie er auch bereits vorliegende Ergebnisse und Thesen weiter ausbaut und erweitert. Trotz scharfsinniger Überlegungen[44] fehlen in Feldmans Ausführungen vor allem eine wirkliche systematische Erfassung des heidnischen Interesses am Judentum und eine terminologischen Differenzierung. Viele der präsentierten Texte sind deshalb problematisch, weil sie nicht aufgrund einer vorgeprägten Begrifflichkeit untersucht werden. Vielmehr wird oft ein Bezug zum heidnischen Sympathisantentum einfach vorausgesetzt, wobei die Kriterien für die Auswahl weder angeführt noch einsehbar sind.[45]

So ist aus verschiedenen Gründen die Hinwendung zu der Gruppe der „Gottesfürchtigen" erforderlich, besonders was den deutschen Sprachraum angeht. Hier ist seit Siegerts Arbeit, von kleineren Abhandlungen abgesehen, keine weitere Untersuchung dazu erschienen.

Die Untersuchung der Forschungsgeschichte hat ergeben, daß sich von Anfang an und immer wieder drei unterschiedliche Schwerpunkte bei der Frage nach „Gottesfürchtigen" herausschälen. Sie betreffen die Terminologie, wobei es einerseits um die Frage nach einer Gruppenbezeichnung geht, andererseits um Ehren- oder sogar Qualitätsbezeichnungen. Sie betreffen aber auch die Komplexität des Phänomens, das in seiner ganzen Bandbreite auf verschiedenen Ebenen berücksichtigt werden muß. Was darunter zu verstehen ist, soll in den folgenden Ausführungen erläutert werden.

3. Die Perspektiven der Erforschung

Bei der Beschäftigung mit dem Umfeld der Diasporasynagogen sind von Anfang an gewisse Extreme zu vermeiden. Das betrifft zum einen die Behauptung, daß die „Gottesfürchtigen" eine Erfindung seien, zum anderen, daß die Bedeutung dieser Gruppe überstrapaziert und auch überschätzt

---

[44] Vgl. allein die auf den Seiten 369–382 gesammelten Gründe für die Attraktion des Judentums in der Antike. Es sind nicht weniger als 31: Übertrittserleichterung, Hellenisierung der Juden, Loyalität zum Staat, Respekt wegen Gesetzesbeobachtung, politische Gründe, Hort der Verfolgungsfreiheit, Altersbeweis, Ethik, Rechtsprechung, nicht-materialistische Lebensanschauung, Selbsthilfe, sozialer Zusammenhalt, Spendentätigkeit, wirtschaftliche Gründe, berufliche Gründe, religiöse Gründe, Endzeiterwartungen, Sabbatobservanz, Sabbattätigkeiten, religiöse Zeremonien, religiöse Feste, Torarollen, Märtyrer, theaterliche Anklänge, Mischnah, rituelle Bäder, Astrologen, Astronomen, Magie und Okkultismus, Alchemie, Heilmedizin.

[45] Vgl. etwa die Bemerkungen zu den Inschriften und zu Aphrodisias (358–369), die nur sehr oberflächlich sind.

wird. Das hier vorgestellte Projekt ist damit eine Gratwanderung. Einerseits soll das Phänomen der „Gottesfürchtigen" und „Sympathisanten" auch aus den impliziten Angaben erschlossen und verteidigt werden und andererseits soll es terminologisch differenziert beurteilt werden. Daß dies nicht in allen Fällen und immer gelingen kann, sei schon vorausgeschickt.

Um die eigene Vorgehensweise noch pointierter herauszuheben, sei in diesem Kontext auf eine gewichtige Problemstellung verwiesen, die immer aktuell ist und Israel von Anfang an begleitet hat: Die unter der eschatologischen Perspektive stehende Frage nach dem „Hinzukommen der Heiden". Sie ist von hoher Relevanz und wurde von Anfang an unter der Maßgabe diskutiert, daß aus der Völkerwelt nur die übergetretenen Proselyten oder auch die „gerechten Heiden" an Gottes kommender Welt Anteil haben werden.[46] Solche grundsätzlichen Fragen bilden natürlich den Gesamtrahmen einer Untersuchung wie der hier vorliegenden und können auch von deren wesentlichen Erkenntnissen nicht absehen. Doch soll sich hier überwiegend auf das Phänomen der „Gottesfürchtigen" konzentriert und diese als eigenes Subjekt gewürdigt werden. Sie trennt die anderen gewichtigen Fragestellungen davon nicht rigoros ab, differenziert sie aber in sachlicher und inhaltlicher Hinsicht.[47]

Deshalb unterscheidet sich die hier vorgelegte Untersuchung und die Auswahl und Auswertung der Quellen von anderen Arbeiten dadurch, daß sie Textzeugen ganz unterschiedlicher Herkunft und Art konsequent auf bestimmte Kontexte und Komplexe hin befragt. Dabei wird eine vierfache Perspektive in Form von Arbeitshypothesen verfolgt.

1. „Gottesfürchtige" sind keine Fiktion gewesen. Bei konsequenter Beachtung der Terminologie lassen sich auch bisher vernachlässigte Texte auf dieses Phänomen mit außerordentlichem Gewinn befragen, wodurch eine Art von „Vorläufern" zum Vorschein kommen kann.

2. Auch das Sympathisantenfeld ist keine Fiktion gewesen. Es besitzt bei

---

[46] Vgl. etwa Jub XV (2. Jh. v. Chr.),25–32; Philo, Quaest in Ex 22,21f.; vgl. auch Donaldson, JSPE 7 (1990) 3–27.

[47] Einen ausführlichen Exkurs über „Das Problem der ‚Sympathisanten' und der jüdischen Propaganda" wird das Werk von M. Hengel und A.M. Schwemer über „Die unbekannten Jahre des Apostels" enthalten (erscheint 1998 in WUNT). Ich danke Martin Hengel für sein freundliches Angebot, das Manuskript einsehen, kommentieren und zitieren zu dürfen. Die Arbeit zeichnet sich dadurch aus, daß sie komplexe Fragestellungen wie etwa die „jüdische Magie" oder die „Synagogenpredigt als Mittel religiöser Propaganda" behandelt. Darauf ist in der vorliegenden Untersuchung aus den weiter unten noch auszuführenden Gründen weitgehend verzichtet worden.

Inzwischen ist 1997 eine englische Fassung erschienen („Paul between Damascus and Antioch"), auf die sich die Zitierung hier bezieht.

genauerer Betrachtung einen Facettenreichtum, welcher teilweise auch die Rede von „Gottesfürchtigen" erlaubt.

3. Die Annahme einer einzigen Bezeichnung für „Gottesfürchtige" ist viel zu einseitig. Vielmehr sollten verschiedene Texte unter der Fragestellung ausgewertet werden, ob es nicht unterschiedliche Bezeichnungen mit ganz eigenen Akzenten gegeben hat.

4. Die Apostelgeschichte des Lukas spielt bei diesen Überlegungen eine besondere Rolle, weil in ihr komplizierte und vielschichtige Phänomene, die geographisch und sachlich gestreut waren, auf einen Begriff gebracht wurden und von antiken Lesern leichter verstanden werden konnten.

Diesen Arbeitshypothesen will die vorliegende Untersuchung detailliert nachgehen und dabei das Augenmerk besonders auf die geprägte Begrifflichkeit lenken. Bevor diese Schritte aber im einzelnen entwickelt werden können, sollen die spezifischen Bedingungen beschrieben werden, von denen das Umfeld der Diasporasynagogen geprägt und bestimmt war.

II. Das Umfeld der Diasporasynagogen und dessen konstitutive Faktoren

Die folgenden Ausführungen sollen mit der Bemerkung eingeleitet werden, daß neben den wissenschafts- und forschungsgeschichtlichen Momenten weitere Faktoren existieren, die im Zusammenhang einer detaillierten Einführung in die Gesamtproblematik der Untersuchug unbedingt mitzubehandeln sind. Dabei kann es sich natürlich nur um schlaglichtartige Beleuchtungen handeln, da sich sämtliche Eckpunkte mühelos zu einem eigenen Forschungsprojekt ausbauen ließen.

1. Sprachliche und terminologische Erwägungen

An erster Stelle ist es notwendig, einen sorgfältigen Blick auf den allgemeinen Sprachgebrauch zu werfen. Bei der anstehenden Untersuchung handelt es sich nämlich immer wieder nur um bestimmte, genauer gesprochen um lokal eingrenzbare Diasporasynagogen und deren jeweiliges „Umfeld". „Die" Diasporasynagoge und „das Umfeld" gibt es nicht und die Rede davon ist allenfalls als sprachliche und methodische Nachlässigkeit zu bewerten. Vielmehr existieren nur jeweilige lokale Phänomene, die keinesfalls unkritisch ausgeweitet und generalisiert werden dürfen.[1] Diese Präzisierung und Differenzierung will der Tatsache Rechnung tragen, daß die Geschichte der jüdischen und auch der christlichen Gemeinden in den ersten Jahrhunderten unserer Zeitrechnung in sehr vielschichtigen und nuancierten Prozessen verlaufen ist, die sich gegen Pauschalierungen, Reduzierungen und Einseitigkeiten sperren. Darüber hinaus wird die sinnvolle Differenzierung

---

[1] Darauf hatte schon Heinemann in seinem PRE Artikel über den Antisemitismus hingewiesen (HEINEMANN, PRE Suppl. V, 1931, Sp. 3–43), zuletzt auch mit methodischer Konsequenz McKNIGHT, Light, 8–10. Präsent sein sollte bei einer historischen Fragestellung und Ausrichtung auch immer der Grundsatz des großen Michael Rostovtzeff, „daß die Vielfältigkeit des Lebens niemals vergessen und eine einzelne Seite niemals als grundlegend und entscheidend betrachtet werden darf" (ROSTOVTZEFF, Gesellschafts-und Wirtschaftsgeschichte, VII).

fortgesetzt, nach der westliches Diasporajudentum und palästinensisches Judentum von ihren Voraussetzungen her zwar nicht zu trennen, wohl aber zu unterscheiden sind.[2] Demnach sind innerhalb des den Schwerpunkt der Untersuchung bildenden Diasporajudentums nochmals unterschiedliche geographische Standortbestimmungen vorzunehmen. Ziel dieser Vorgehensweise ist ein abgewogenes und differenziertes Urteil über Städte, Provinzen sowie jüdische und christliche Gemeinschaften. Derartige Urteile können aber keinesfalls verallgemeinert werden und sind somit auch nicht schrankenlos übertragbar.[3] Was nun für derartig institutionalisierte und organisierte Gebilde notwendig ist, gilt um so mehr für das sogenannte „Umfeld" einschließlich der „Gottesfürchtigen" und „Sympathisanten". Auch dieses stellt sich lokal unterschiedlich dar und entwickelt vom Standort abhängig einen Charakter sui generis. Die Bezeichnung „Umfeld" versucht zum Ausdruck zu bringen, daß wir es mit einem vielschichtigen Phänomen zu tun haben, welches aus verschiedenen Kreisen von Interessenten, Sympathisanten und Nachahmern des Judentums gebildet wird. Diese Kreise greifen ineinander und bilden dabei natürlich auch immer wieder neue Schnittmengen. Die einzelnen „Umfelder" waren von Ort zu Ort verschieden, was eine Generalisierung und Übertragung verbietet. Zu berücksichtigen ist besonders, daß der Begriff „Gottesfürchtige" zwar auch in diesem Umfeld angesiedelt werden muß, damit aber keinesfalls identisch ist. Weiterhin ist zu berücksichtigen, daß der Begriff „Gottesfürchtige" in der Literatur und auch im wissenschaftlichen Jargon eine gewisse Unschärfe besitzt, weil er für eine Vielzahl von zu unterscheidenden Phänomen herhalten muß. „Gottesfürchtige" sind aber nicht zwingend identisch mit Sympathisanten, Interessierten oder mit Nachahmern. „Gottesfürchtige" sind vielmehr – so lautet die Ausgangshypothese – zunächst eine terminologisch ziemlich genau eingrenzbare und ermittelbare Gruppe innerhalb des antiken Umfeldes der einzelnen Synagogengemeinden in der weltweiten Diaspora. Konsequent wäre es also, nicht von „den" Gottesfürchtigen zu sprechen und literarische, epigraphische und archäologische Einzelphänomene zu generalisieren. Es ist vielmehr angeraten, im Einzelfall immer wieder anhand der allgemeinen Rahmenbedingungen differenziert zu urteilen, um eine phänomenologische Ausweitung zu vermeiden.

---

[2] Vgl. MAIER, Auseinandersetzungen, 8.39.115.126.139 und TROCMÉ, Jews, 145–161.

[3] TREBILCO, Communities hat die jüdischen Gemeinschaften in Kleinasien untersucht und bei der jeweiligen Analyse der verschiedenen Orte immer wieder davor gewarnt, die Ergebnisse zu pauschalieren und zu verallgemeinern (vgl. z.B. 170f.).

2. Soziologische und politische Hintergründe

Dieser Zwang zur differenzierten Sicht hat seine wesentliche Ursache in soziologischen und vor allem in politischen Rahmenbedingungen, welche jüdische Gruppierungen in den Jahrhunderten vor und nach unserer Zeitrechnung in der Diaspora der Mittelmeerwelt vorfanden.[4]Soziologische Rahmenbedingungen meint, daß sich jüdische und später dann auch christliche Gemeinschaftsformen überwiegend in den Städten und urbanen Zentren entwickelten und ausprägten und somit in eine spezifische Differenz zu den Dörfern und dem Land traten, wo sich die Verhältnisse anders darstellten.[5] Politische Rahmenbedingungen meint, daß in den antiken Städten jeweils Strukturen vorhanden waren, die für die rechtliche Stellung der jüdischen Gemeinschaften eine immense Bedeutung hatten.

Während nun die soziologischen Rahmenbedingungen vom Kern der Aussage her eher als Allgemeingut zu betrachten und leicht zu generalisieren sind, stellen die politischen Strukturen innerhalb der jeweiligen Gemeinwesen ein erhebliches Problem dar.

In diesem Zusammenhang sind die Stichworte „Polis" und „Autonomie" zu nennen. Im 2. Jh. n. Chr. beschrieb der Rhetor Aelius Aristides in seinem „Preis auf Rom" die politische Struktur des Römischen Reiches als eine „Gemeinschaft von Poleis".[6] Es war das besondere Kennzeichen dieser Herrschaft, daß es sich nie zu einem Staatswesen entwickelte, welches zentralistisch geführt wurde. Vielmehr wurden die politischen und gesellschaftlichen Regulierungsprozesse in die jeweiligen Städte in Form von Selbstverwaltungseinheiten zurückgegeben und dort auch institutionalisiert. Diese Struktur kann als das Wesenselement einer Polis begriffen werden, deren Herz und Kern „die sich selbst verwaltende Bürgergemeinde ist".[7] Das „Autonomie-Prinzip" regelte das Zusammenleben aufgrund bisheriger Tradition und kodifizierter Normen (Nomos), die natürlich örtlich jeweils anders ausgeprägt waren. Gemeinsam war ihnen aber, daß die statthalterliche Regierung nur selten in ihre Belange eingriff[8] und die Magistrate der jewei-

---

[4] Vgl. zu dieser Entwicklung besonders OTZEN, Judaism, 13–58 und SMALLWOOD, Jews, 120–143.

[5] Vgl. dazu besonders die schon fast als „Klassiker" zu bezeichnende Abhandlung von MEEKS, Christians.

[6] Aelius Aristides, Paragraph 92.

[7] KOLB, Stadt, 59f.; vgl. auch VITTINGHOFF, Hist. XXXIII (1984) 332 mit weiterführender Literatur.

[8] Zur administrativen Struktur und der Gewaltenteilung der antiken Polis vgl. die instruktive Zusammenfassung bei KOLB, Stadt, 187–189.

ligen Polis dies abzuwehren versuchten.[9] Es war das ausdrückliche Bestre-
ben, derartige „civitates-Poleis-Strukturen" zu mehren, während im Vergleich dazu die Gründung von Kolonien[10] sehr gering war.[11] Diese Struktur
der Autonomie der Städte[12] sicherte also ihrer Intention nach de facto einen
großen Freiraum zu, war aber de iure doch so strukturiert, daß sie „von den
Römern nach Belieben gewährt und wieder genommen werden ... konnte".[13] Eine derartige Konstellation bewirkte nun einerseits, daß sich in den
Städten viele verschiedene Bevölkerungsgruppen miteinander verbinden
und ohne Auflage einer übergeordneten Instanz leben und arbeiten konnten, was zu einem bunten Bevölkerungsgemisch, aber auch zu Freiräumen
führte. In diesem Zusammenhang ist zu erwähnen, daß Juden u.U. sogar am
Theaterleben teilnehmen konnten[14] oder mit der Verwaltung beauftragt

---

[9] Ein Reflex auf eine derartige Struktur ist in Acta 19,37–40 aufbewahrt. Der „Käm-
merer" der Stadt Ephesus weist die Einwohner der Stadt auf die potentiellen Möglichkeiten hin, die die Verkläger des Paulus und auch die anderen „Juden" haben. Es gibt dafür
übergeordnete Gerichtstage und Prokonsuln. Er warnt aber gleichzeitig auch vor den
möglichen Gefahren des erfolgten Aufruhrs. Die Stadt kann auch auf höherer Ebene ver-
klagt und zur Rechenschaft gezogen werden, was er anscheinend mit seinem Votum vermeiden möchte.

[10] Bürgerkolonien (z.B. Korinth) wurden entweder aus militärpolitischen Erwägungen heraus gegründet, um erobertes Gebiet abzusichern oder als eine Maßnahme ergriffen, um besonders Veteranen Landbesitz zur Verfügung zu stellen. Wichtig ist, daß die
Kolonien im Gegensatz zu den Poleis zentral von Rom aus gelenkt wurden und als „Boll-
werk der römischen Herrschaft" angesehen wurden (Kolb, a.a.O., 171.187.189; Zitat
187).

[11] Kolb, a.a.O., 170–172. Ein Blick auf Acta belegt diese Aussage. Von den nahezu 50
Orten, mit denen Paulus auf seinen Reisen in irgendeiner Weise in Kontakt kommt, sind
wahrscheinlich nur fünf eine Kolonie gewesen: Attalia (Acta 14,25; die Stadt wurde Kolonie im 3.Jh. n. Chr.); Korinth (Acta 18,1 u.a.); Lystra (Acta 14,6 u.a.); Philippi (Acta 16,12
u.a.) und Troas (Acta 16,8). Zu Philippi vgl. die neuere Abhandlung von Bormann, Philippi.

[12] Neben diesem (de facto) Autonomiestatus gab es noch die „freien Städte", womit all
diejenigen gemeint sind, welche in ganz bestimmten Grenzen als autonom zu bezeichnen
sind. Dazu zählen für den zu untersuchenden Zeitraum der ersten Jahrhunderte Städte
wie Jerusalem, Antiochia, Alexandria, Rom, Edessa und Ephesus. Zu Ephesus vgl. Elliger, Ephesos, 61: „Es hatte das Recht, ‚seine eigenen Gesetze zu gebrauchen', was prak-
tisch darauf hinauslief, daß die Stadt ihre kommunalen Angelegenheiten selbst regeln
konnte. Darüber hinaus besaß es eine eigene Gerichtsbarkeit, war frei von Abgaben,
durfte Zölle erheben und brauchte keine römische Besatzung aufzunehmen".

[13] Kolb, Stadt, 17. Trotzdem ist der Fortschritt durch die römische Herrschaftsform gegenüber derjenigen der seleukidischen Könige zu beachten und zu würdigen. Diese hatten zwar die Selbstverwaltung gefördert, betrachteten aber die Polis nicht als frei, sondern als durch sie unterworfen (Rostovtzeff, Gesellschafts- und Wirtschaftsgeschichte,
414.839).

[14] So interpretiert Kolb, a.a.O., 178f. die Inschriften aus Milet und Aphrodisias, was
besonders in Kapitel V näher zu untersuchen ist. Auch Trebilco hat in seiner Untersu-

wurden.[15] Andererseits bildete sich natürlich auch ein starkes Zugehörig-
keits- und Zusammengehörigkeitsgefühl heraus, verbunden mit der entsprechenden sozialen Kontrolle. Stärker aber wirkte wohl noch ein bestimmtes Loyalitätsmuster[16], dem insbesondere jüdische Gemeinschaften
in Einzelfällen nicht gerecht werden konnten. Daraus ergab sich das andere
Extrem sozialen Zusammenlebens, daß es in verschiedenen Städten aufgrund dieser sozialen Strukturen nicht zu friedlicher Koexistenz, sondern zu
gesteigerten Feindseligkeiten und Ausschreitungen kommen konnte und
auch kam. Aus der unterschiedlich ausgeprägten und ausprägbaren Autonomiestruktur der Städte ergab sich für die jüdischen Gemeinschaften daher ein ungeheuer vielschichtiges Spannungsfeld.

3. Jüdische Abgrenzungsbemühungen

Das eine Spannungsfeld war durch das jüdische Selbstverständnis und
durch die Tora bzw. Halacha gegeben. Denn nicht erst seit der Katastrophe
von 587 v. Chr. gab es im Judentum den zentralen Grundsatz, Umgang und
Verkehr mit Fremden zu vermeiden. In diesem Zusammenhang ist jedoch
ein weiter Handlungsraum anzunehmen. Vor allem für das tägliche Zusammenleben wird es Nachlässigkeiten und Grenzüberschreitungen gegeben
haben. Eine derartige Alltagspraxis ist jedoch nicht mit einer Assimilation

---

chung darauf verwiesen, daß besonders in Städten Kleinasiens eine wechselseitige
Durchdringung von heidnischem und jüdischem Milieu stattgefunden hat (TREBILCO,
Communities, bes. 173–185.259–262).

[15] Dies war eigentlich aus einer Not geschehen, weil viele Bürger für ein hohes Amt
wegen der enormen Kosten nicht mehr zu gewinnen waren. Für die spätere Zeit ist ein
entsprechender Passus aus dem Codex Theodosianus für die Colonia Claudia Ara Agrip-
pinensium (Köln), erlassen von Kaiser Konstantin im Jahr 321 n. Chr., zu vergleichen. Er
beschreibt den ausdrücklichen Wunsch, Juden in öffentliche Ämter zu berufen: „Kaiser
Konstantin an den Rat von Köln. Allen Behörden gestatten Wir durch allgemeines Gesetz, die Juden in den Stadtrat zu berufen. Damit ihnen aber eine gewisse Entschädigung
für die frühere Regelung verbleibe, lassen Wir es zu, daß immer zwei oder drei das Vor-
recht genießen sollen, durch keinerlei Berufe in Anspruch genommen zu werden. Gegeben am ersten Dezember im Jahre des zweiten Konsulats der Caesaren Crispus und Con-
stantinus" (Codex Theodosianus 16,8,3).

[16] Der bei Kolb dargestellten und von anderen problematisierten Fragestellung ist
Dihle in einem Zyklus von Vorlesungen aus historischer Perspektive nachgegangen. Er
verfolgt die Frage nach den „Griechen und den Fremden" innerhalb jeweiliger Stadtge-
meinschaften vom frühen Griechenland bis zur Spätantike. Auch bei ihm wird deutlich,
daß die Aufnahme von „Fremden" sehr stark restriktiv gehandelt wurde und die Autonomie der Städte in einem hohen Maße individuell geprägt und formuliert war und deshalb
auch entsprechend eifersüchtig bewacht wurde (DIHLE, Griechen).

an alles Heidnische gleichzusetzen. Grundsätzlich gilt, daß die Forderung nach Absonderung ein Konstitutivum gewesen ist, ohne damit das einseitige Urteil zu erneuern, im Judentum einer „Paria"-Religion (Max Weber) zu begegnen. Angeführt sei deshalb eine genuin jüdisch-hellenistische Stimme, die im Aristeasbrief zu Wort kommt: „Und so umgab er uns mit undurchdringlichem Gehege und eisernen Mauern, damit wir uns mit keinem der anderen Völker irgendwie vermischen, sondern rein an Leib und Seele und frei von törichtem Wahn blieben und den einen und mächtigen Gott über alle Kreatur verehrten".[17] Dieser Stimme wird neben anderen jüdischen Aussagen deshalb ein so entscheidendes Gewicht verliehen, weil hier nicht polemisch-verzerrend und anklagend[18] berichtet wird, sondern abwägend-erklärend, was nicht ohne weiteres mit apologetisch gleichzusetzen ist. Es ist auch richtig, daß andere Gruppierungen ähnlich gelagerte Probleme bezüglich ihrer kodifizierten Werte und Normen[19] hatten. Die jüdischen Forderungen waren mit erheblichen Einschränkungen und Besonderheiten verbunden und lassen sich nicht einfach übertragen und paganisieren. Hier wird nicht ein sich-selbst-abschließendes und ausschließendes Judentum skizziert, sondern ein Wesenszug und eine Grundstruktur ernst genommen. Dieser Wesenszug war nicht unproblematisch und führte zu Spannungen

---

[17] Aristeasbrief (3. Jh. v. Chr. – 1. Jh. n. Chr.) 139,3–7, vgl. auch 142 und weitere Stimmen wie etwa Cicero (106 – 43 n. Chr.), Pro Flacco 28,66–69 – Clark = 126R; Text bei STERN, Authors I, Nr.68: „... scis quanta sit manus, quanta concordia..."; Tacitus, Historiae, V,5,2,: „separati epulis..."; ZusEst B 4f.; Josephus, Ant XI, 212: „... ἄμικτον ἀσύμφυλον οὔτε θρησκείαν τὴν αὐτὴν τοῖς ἄλλοις ἔχον οὔτε νόμοις χρώμενον ὁμοίοις ..."; Jub (2. Jh. v. Chr.) XX,3; XXII,16; Cassius Dio, Historia Romana, XXXVII,17,2: „κεχωρίδαται δὲ ἀπὸ τῶν λοιπῶν ἀνθρώπων ἔς τε τἆλλα τὰ περὶ τὴν δίαιταν πάνθ᾽ ὡς εἰπεῖν ..."; weitere Stimmen vgl. zusätzlich noch bei BERTHOLET, Stellung, 306 Anm.2 und SIEGERT, JSJ 4 (1973) 118 Anm.1.

[18] Vgl. etwa die gerade genannten Ansichten und Positionen der heidnischen Autoren; dazu GAGER, Paulus, 391–393.

[19] Ich verwende an dieser Stelle nicht das sonst üblich gewordene Modewort „Identität", weil es einerseits zu einer Worthülse degeneriert ist und andererseits in mindestens dreierlei Gebrauch Anwendung findet: als streng erkenntnistheoretisch-logistische Kategorie, nach der Identität als einziges Prädikat gilt, welches für alle Gegenstände sinnvoll ist; als im klassischen Wortsinn synchrone Kategorie, nach der Identität als vollkommene Gleichheit bzw. Übereinstimmung zweier Dinge oder Personen fungiert; als aus der Entwicklungspsychologie stammende, von Erikson entwickelte Kategorie, nach der Identität als ein Prozeß des sich-in-Beziehung zu anderen/m verstanden wird. Da diese Kategorien und Grenzen fließend sind und darüber hinaus auch von philosophischer Seite (z.B. von Odo MARQUARD) kritisch in ihrem neuzeitlichen Gebrauch reflektiert werden, findet „Identität" in dieser Untersuchung keine Verwendung. „Kodifizierte Werte und Normen" wird als Formulierung deshalb gewählt, weil es einerseits Rechtsanspruch („kodifiziert") signalisiert, andererseits Kommunikation darüber voraussetzt (Was sind „Werte und Normen"?) und schließlich Verbindlichkeit (Richtschnur) reklamiert.

und Konflikten, die besonders von den antiken heidnischen Autoren wahrgenommen und einer gezielten Kritik unterzogen wurden.[20] Er sollte andererseits nicht relativiert, sondern als ein Wesensmerkmal von vielen bestimmt werden. Hilfreich zur Beschreibung ist auch der Begriff der Komplementarität. Das Diasporajudentum kann als Religion der Selbstabgrenzung, der Absonderung und als von bestimmten kodifizierten Werten und Normen geprägt verstanden werden. Diese Beschreibung aber legt ihr Erscheinungsbild nicht umfassend fest, sondern läßt im Sinne einer Komplementarität andere Beschreibungsformen zu, welche ebenso die wesentliche Ausrichtung bündeln können.

4. Jüdische Partizipationsbemühungen

Diesem einen und partiellen Wesensmerkmal der Abgrenzung steht nun der Umstand gegenüber, daß die jüdischen Gemeinschaften der Diaspora natürlich auch an den „Privilegien" partizipieren wollten, welche die jeweilige Stadtherrschaft bot. Hierbei ist nicht in erster Linie an die Annehmlichkeiten des gesellschaftlichen und kulturellen Lebens zu denken, die die Städte der Antike[21] natürlich auch zu bieten hatten. Es handelt sich vielmehr um die Anwendung und Ausschöpfung der beschriebenen civitates-Poleis-Strukturen für eigene Zwecke und Belange. Die jüdischen Gemeinschaften versuchten auf diesem Weg die rechtliche Gleichstellung ihrer jeweiligen Gemeinschaften vor Ort mit der antiken Polis zu erreichen. Diese rechtliche Gleichstellung ist der Kern all ihrer Bemühungen gewesen. In der Forschung wurde dieses Ringen immer wieder als Versuch zur Erlangung

---

[20] SCHÜRER hat in seiner Geschichte, 153f. (DERS., History III,1, 152f.) die Reaktionen auf die „Scheidewand" zusammengetragen. Sie war der schreibenden Oberschicht wohl auch deshalb ein Dorn im Auge, weil sie als anachronistisch eingestuft wurde, da der „alles nivellierende() Hellenismus" doch die bestehenden Völkerschranken nieder zu reißen versuchte. Worin diese „Scheidewand" bestand, hat Tacitus aus seiner Sicht treffend zusammengestellt: „... auch wird den Proselyten zu allererst das Gebot beigebracht, die Götter zu verachten, das Vaterland zu verleugnen, ihre Eltern, Kinder und Geschwister gering zu schätzen" (Historien V,5,2).

[21] In diesem Zusammenhang ist besonders die große Untersuchung von SOLIN, Juden, 587–789, hier 599f. zu nennen, dessen Verdienst es ist, auf die unterschiedliche Situation in der Ost- und Westhälfte des Römischen Reiches hingewiesen und diese herausgearbeitet zu haben. Was nämlich im östlichen Teil galt, war keswegs für den westlichen Teil verbindlich. „Trotz vieler Einzelprivilegien wie Befreiung vom Wehrdienst erhielten die Juden im antiken Rom und überhaupt im lateinischen Westen niemals eine öffentlich anerkannte Sonderstellung und Sondergerichte".

von Bürgerrechten gewertet.[22] Diese Versuche und Nachweise müssen aber als gescheitert angesehen werden und sind von daher abzulehnen. Die Synagogengemeinschaften waren in den Städten einem heftigen Druck von außen ausgesetzt.[23] Das betraf zum einen das latente psychosoziale Mißtrauen gegen ihre Gebräuche und Traditionen, welches in wildeste Spekulationen, kühnste Phantasien und heftigste Vorwürfe und zu regelrechtem „Haß gegen die Juden"[24] ausarten konnte.[25] Zum anderen betraf es die Weigerung, an Einrichtungen und Begehungen des alltäglichen Lebens und des Festzyklus' der Städte teilzuhaben und teilzunehmen. Genannt seien hier u.a. der Besuch der blutigen Spiele in Amphitheatern auch in den Provinzen, die Verweigerung der Opferpraxis und die Teilnahme an den heidnischen, ausschweifenden Festen wie den Saturnalien.[26] All dies bedingte, daß jüdische Gemeinschaften nach Möglichkeiten suchten, den entsprechenden inner-

---

[22] Vgl. etwa NOCK, Isopoliteia, 960–962.

[23] Besonders die Anschuldigung der Absonderung, der Ungeselligkeit und des Menschenhasses werden in mehreren jüdischen und heidnischen Texten aufgegriffen und teilweise auch zu entkräften versucht. Bei Josephus heißt es innerhalb der Esther-Periode in Ant XI,212f.: „Hamann begab sich also zum König und führte bei ihm Klage, es lebe in seinem Reiche zerstreut ein verruchtes Volk, das sich ganz abgesondert (ἄμικτος) und unvermischt erhalte und weder dieselben Götter wie seine übrigen Untertanen verehre, noch den Gesetzen gehorche, vielmehr infolge seiner Sitten und Einrichtungen sowohl dem persischen Volk als allen übrigen Menschen ein Dorn im Auge sei." Vgl. auch Philo, der in Virt 141 bezeugt: „Mögen nun die schlimmen Verleumder noch weiter unser Volk des Menschenhasses (μισανθρωπία)) beschuldigen und unsere Gesetze anklagen, daß sie Absonderung (ἄμικτος) und Ungeselligkeit (ἀκοινώνητος) vorschreiben...". Schließlich sei eine heidnische Stimme angeführt und zwar nochmals Tacitus aus Historien V,5,1f.: „Gerade die schlechtesten Elemente waren es nämlich, die ihren heimischen Glauben schmählich aufgaben und Tempelsteuern sowie sonstige Spenden dort anhäuften, wodurch sich die Macht der Juden gewaltig hob. Das kam auch daher, weil in den Kreisen der Juden unerschütterlich treuer Zusammenhalt und hilfsbereites Mitleid herrschen, während allen anderen Menschen gegenüber feindseliger Haß (adversus omnes alios hostile odium). Vgl. zum ganzen Komplex auch FAUST, Pax Christi, 267f..

[24] Vgl. u.a. Josephus, Bell II, 478 und Tacitus, Historien V,8,2, welcher die Juden als mißachtetsten Teil der Knechtsvölker (despecissima pars servientium) bezeichnet.

[25] Ein besonders krasses Beispiel ist die kursierende Erzählung, nach der Juden einmal im Jahr einen Griechen auffingen, um ihn zu mästen und anschließend zu einem festen Zeitpunkt zu opfern (belegt bei Josephus, Ap II,89–96, vgl. dazu BICKERMAN, Ritualmord, 225–255). Diese Schrift ist eine Auseinandersetzung, um die ungeheure Vielzahl an Vorwürfen und Verdächtigungen zu entkräften und zu widerlegen. Letztere sind gesammelt bei HEINEMANN, PRE Suppl. V (1931) 3–43, bes. 18f.. Zu den Vorwürfen gegen die Juden, die dann später auch gegen Christen vorgebracht wurden, vgl. die gesammelten Quellentexte bei WANDER, Trennungsprozesse, 247–249.

[26] Diesen Aspekt hat besonders SCHÄFKE für die Rolle der Christen herausgearbeitet, wobei die Mehrzahl der Vorwürfe ohne weiteres auch auf Juden übertragbar sind (SCHÄFKE, Widerstand, 460–723) sowie GUYOT / KLEIN, Christentum, Bd. 2, wo in Teil B diese Vorwürfe auf Textbasis vorgestellt werden).

städtischen Druck durch die Schaffung eines rechtlichen Instrumentariums zumindest partiell zu kompensieren. Dazu konnten sie sich aber nicht der Magistrate der Städte bedienen, sondern mußten an die nächsthöhere Instanz appellieren, die auch den Städten selber die Autonomie gewährte. Dabei handelt es sich um die jeweils das römische Imperium vor Ort repräsentierende Instanz. Besonders bei Josephus sind entsprechende jüdische Versuche in dieser Richtung für verschiedene Kommunen aufbewahrt. Demnach unternahmen jüdische Repräsentanten vor Ort derartige Schritte, indem sie die jeweiligen Caesaren selber bemühten.[27] Auf diese Weise versuchten sie analog zu den Städten einen autonomen Status in Form einer Rechtsgemeinde zu schaffen.[28] Voraussetzung dafür waren „eine funktionierende jüdische Selbstverwaltung und Rechtssprechung"[29]. Es ist offensichtlich, daß derartige Versuche zwar de iure in einem Großteil der Fälle[30] Erfolg hatten, daß aber de facto gerade dadurch die Stimmung innerhalb der jeweiligen Stadtherrschaft heftig angeheizt wurde. Denn entsprechende Privilegien wie eigene Rechtssprechung, Sammlung und Ausfuhr von Geldern über Landesgrenzen hinaus, Befreiung von Lasten und eigene Feiertagsregelung werden kaum unkommentiert und neidlos hingenommen worden sein. Ein genauerer Blick ist nun auf diese rechtlichen Regelungen durch die Behörden des Imperium Romanum zu werfen, an welchen die jüdischen Gemeinschaften teilhaben wollten. Wiederholt werden soll noch

---

[27] Für Kleinasien vgl. Ant XII,150; für Delos XIV,213–216; für Ephesus XIV,225–263; für Laodicea XIV,241–243; für Milet XIV,244–246f.; für Halikarnassus XIV,256–258; für Sardis XIV,235.259–261; für Alexandria, Antiochia, Berenike XIX,278–285. Die Ausführungen Kippenbergs, Erlösungsreligionen, 201 sind dazu zu vergleichen mit den Relativierungen, die Tcherikover, Civilization, 316–332, bes. 316 geäußert hat. Die Literatur zu dieser Fragestellung ist ebenso zahlreich wie von unterschiedlichsten Aspekten bestimmt. Einen guten Überblick vermittelt Blanchetiere, Juif, 41–59; heranzuziehen ist auch die Arbeit Bickermans, Question, 24–30, der die Authentizität der Aussagen von Josephus überprüft; zu dieser Fragestellung vgl. Faust, Pax Christi, 232–240, der nach einer sorgfältigen Untersuchung zu dem Ergebnis kommt, daß die bei Josephus gesammelten Edikte ausdrücklich keine Fälschungen sind, wenn auch ein gewisser Abschleifungsprozeß nicht geleugnet werden kann. Besonders einschlägig ist die Untersuchung Rabellos, der basierend auf Justers „Les Juifs dans L'Empire Romain" die Thematik der rechtlichen Bedingungen von Juden im Römischen Reich untersucht hat (Rabello, Condition, 662–762). Vgl. schließlich die neueste Untersuchung von Levinskaya, Book, 127ff., die verschiedene repräsentative Städte und Landschaften im Hinblick auf „Privilegien" betrachtet.

[28] Trebilco hat für Kleinasien diese besondere Entwicklung nachgezeichnet, die hier ˙ nicht wiederholt werden soll (Communities, 167–172.255–258).

[29] Kippenberg, Erlösungsreligionen, 203; vgl. auch 299f.

[30] Es ist natürlich auch hier immer wieder vor Augen zu halten, daß generelle Aussagen nicht getroffen werden können und allgemeine Linien nicht zu ziehen sind (Tcherikover, Civilization, 331).

einmal, daß es sich auf gar keinen Fall um die Verleihung von Bürgerrechten an die jüdischen Gemeinschaften gehandelt hat, wie Josephus dies glauben machen will. Denn die aufgezählten Privilegien bezogen sich lediglich und ausschließlich auf interne Privilegien der jeweiligen Gemeinschaft vor Ort.[31]Gegenüber der älteren Forschung, die geneigt war, den Angaben des Josephus zu folgen, liegt der historische Kern etwas abseits der Mitte. Daß Juden generell das Bürgerrecht verliehen bekamen, ist genauso abwegig wie die entgegengesetzte Behauptung, daß sie Bürgerrechte überhaupt nicht besessen hätten. Bezeugungen aus der Cyrenaika, Akmonia, Iasos, Sardis und Tarsus (Paulus!) weisen darauf hin, daß es auch Ausnahmen gegeben hat.[32] Der korrekte juristische und formale Terminus für den verliehenen und rechtsgültigen Status heißt ἰσοτέλεια, was Josephus in Ant XVI,161 bezeugt. Es geht dem Kontext nach um eine Klage von Juden aus Asien und Cyrene, die dort in ihren Städten unter harte Bedrängung geraten waren. Die für Jerusalem zu sammelnde Tempelsteuer[33] wurde ihnen ebenso geraubt wie ihr Privatbesitz beschädigt. In dieser Situation hätten sie sich nach Josephus mit Hilfe einer Gesandtschaft an den Caesar gewandt, der ihnen die ἰσοτέλεια gewährte, welche dann an entsprechende Gremien in den Provinzen weitergeleitet wurde. ἰσοτέλεια bezeichnet korrekt den legalen Status, den Juden in der Antike innerhalb der Gemeinwesen einnahmen. Es handelte sich um ein an Individuen verliehenes Privileg, welches auf einen Zwischenstatus innerhalb der Rangordnung der Städte zielte. Juden wurden damit zwar nicht zu Bürgern, waren aber auch keine Metöken mehr, die eine entsprechende Steuer zu leisten hatten.[34]

---

[31] Die unter Augustus und Claudius offiziell verliehenen internen Privilegien wurden in einem Paket gewährt zusammen mit „city-laws of local application" und differierten folglich auch von Ort zu Ort (vgl. APPLEBAUM, Status, 442; Zitat 457).

[32] Vgl. die Belege bei APPLEBAUM, a.a.O., 449. Für Sardis vgl. besonders TREBILCO, Communities, 46f.208f. und 172f.257f.

[33] Vgl. dazu besonders STERN, Authors I, 198f.

[34] Vgl. Ant XIV,115, wo die vier Klassen für Cyrene beschrieben werden: „τέτταρες δ' ἦσαν ἐν τῇ πόλει τῶν Κυρηναίων, ἥ τε τῶν πολιτῶν καὶ ἡ τῶν γεωγῶν, τρίτη, δ' ἡ τῶν μετοίκων τετάρτη, δ' ἡ τῶν Ἰουδαίων und die sich anschließende Verallgemeinerung: „αὕτη δ' εἰς πᾶσαν πόλιν ἤδη παρελήλ υθε ...". Einen in diesem Zusammenhang besonders interessanten Beleg stellt eine Marmorstele aus Kyme in Kleinasien dar, die von KEARSLEY u.a. (NDIEC VII, 1994, 233–236; Kommentar 236–241) auf das Ende des 1. Jh. v. Chr. und den Anfang des 1. Jh. n. Chr. datiert wird. In einer Ehreninschrift für einen Unterstützer der Belange der Stadt werden dessen Wohltaten aufgelistet und die Objekte seiner Mildtätigkeit angeführt. In diesem Zusammenhang werden vier städtische Gruppen genannt: „... πολείταις καὶ Ῥωμαίοις καὶ παροίκοις καὶ ξένοις (Zeilen 37; vgl. auch 17). Neben Bürgern der Stadt und Bürgern mit römischem Bürgerrecht gab es noch Metöken und „Fremde". Ihre ausdrückliche Erwähnung heißt wohl, daß für letztere Gruppen derartige Wohltaten nicht selbstverständlich waren. Für Kyme ist in jüdischer Hin-

Für die weitere Diskussion ist es nun aber von Bedeutung, einen genaueren Blick auf dieses rechtliche Gebilde zu werfen und insbesondere seine terminologische Bestimmung zu diskutieren. Dabei geht es hauptsächlich um die Frage, ob sich die Privilegien zur Regelung der rechtlichen, finanziellen und religiösen Angelegenheiten auf einen Begriff oder bestimmte Bezeichnungen bringen lassen und ob eine derartige Regelung mit bestimmten Strukturen in Konflikt geraten konnte. In der Literatur wird in diesem Zusammenhang immer wieder das Stichwort πολίτευμα[35] in die Diskussion eingebracht. Neben einer Bandbreite von Akzenten und Bedeutungen bietet ein Politeuma angeblich die Möglichkeit, in einer griechischen Polis Fremden eine Organisationsform anzubieten, ohne sie gleichzeitig zu Bürgern dieser Stadt zu machen. Umgekehrt ermögliche eine derartige Konstellation der lokalen jüdischen Gemeinde einen offiziellen Status, bei dem sie aber nicht ihren Rang verlöre.[36] Derartige Gebilde, vorgestellt und bezeichnet als Politeumata, werden immer wieder für Alexandria[37] und Berenice (Cyrenaika) sowie für Sardis und Antiochia am Orontes[38] und weitere Städte[39] angenommen. Eine sorgfältige Befragung dieser derart postulierten Struktur hat nun einerseits den Blick auf eine faktische Ermittlung in den antiken Quellen zu lenken, darf aber andererseits auch nicht das jenseits der Terminologie stehende Phänomen aus den Augen verlieren.

Zur faktischen Ermittlung besonders eines jüdischen Politeumas in den antiken Quellen sei auf einen neueren und sehr materialreichen Aufsatz von Lüderitz[40] verwiesen, in welchem er all den Organisationsformen nach-

---

sicht leider nur eine Bauinschrift aus späterer Zeit bezeugt, während sonstige Nachrichten fehlen (vgl. TAVO Karte B VI 18 „Die jüdische Diaspora bis zum 7. Jh. n. Chr." und Ergänzungen, bearbeitet von Bloedhorn). Deshalb kann über die rechtliche Stellung von Juden dort nichts ausgesagt werden. Trotzdem ist die Bezeugung dieser vier „Klassen" in Kyme nicht unbedeutend, weil sie sich mit den Angaben des Josephus für einen anderen Ort und Zeitraum wenigstens zur Hälfte decken. Auch wird einsichtig, daß Bürgerrecht nicht identisch war mit dem römischen Bürgerrecht und daß die ἰσοτέλεια in diesem Fall bedeutet hätte, daß eine zusätzliche „Klasse" oberhalb der Metöken und der Fremden geschaffen worden wäre.

[35] Zur Definition vgl. die Ausführungen von Smallwood, Jews, 225, vgl. auch Rajak, Jews, 248f. und die Aussagen von Faust, Pax Christi, welcher die Problematik unter der Sammelbezeichnung „Politeia" behandelt wissen will (so 229f.; vgl. 227.278). Trotz großer sachlicher Nähe zu der eigenen Deutung hier ist die von Faust gewählte Terminologie zu unscharf und vermag das hier anvisierte Problem nicht in allen Facetten zu erfassen.

[36] So jedenfalls Trebilco, Communities, 170f.

[37] Vgl. dazu besonders die Arbeit von Kasher, Jews.

[38] Ebd.

[39] Vgl. Kippenberg, Erlösungsreligionen, 203.

[40] Lüderitz, Politeuma, 185–189. Seitenzahlen in Klammern beziehen sich im folgenden auf diesen Text.

gegangen ist, die sich selbst als ein Politeuma bezeichnet haben. Dazu hat er zum einen diejenigen Körperschaften untersucht, die Teil einer administrativen Verfasssung einer antiken Polis waren und sich zu Recht Politeumata nannten. Zum anderen beschrieb er das Politeuma als bestimmte Form von organisierten Gruppen, weiterhin das der jüdischen Gemeinden (189ff.). Eine besonders wichtige Frage war nun, ob ein potentielles jüdisches Politeuma zur Kategorie der administrativen Verfassung der Polis oder zur Kategorie der organisierten Gruppen gehört und ob sich vielleicht eine Ähnlichkeit („resemblance") mit der ersten Kategorie ergibt (185). Für diese Fragestellung untersuchte er besonders den immer wieder angeführten Paragraphen 310 aus dem bereits zitierten Aristeasbrief, welcher ein Politeuma angeblich für Alexandria bezeuge (204ff.). Ferner analysierte er eine Inschrift aus Berenice (Cyrenaika) aus dem 1. Jh. v. Chr. (210ff.). Lüderitz kommt nach einer sorgfältigen Besprechung zu dem Ergebnis, daß es sich in Arist 310 nicht um Repräsentanten eines jüdischen Politeuma handelt, sondern um das alexandrinische Pendant (207f.). In Berenice hingegen ist Politeuma der Name für einen jüdischen „Club". Vergleichbare Einrichtungen gab es auch an anderen Stellen und Orten (215). Das jüdische Politeuma versammelte sich in einem inschriftlich bezeugten Bouleuterion, welches wie eine Ratsversammlung der Städte gedacht war (219). Nach Lüderitz ist mit der Möglichkeit zu rechnen, daß Politeuma eine lokale Eigentümlichkeit der jüdischen Diaspora in Berenice war. Deshalb ist der Ausdruck in der jüdischen Diaspora mit diesem besonderen rechtlichen Akzent auch nicht außerhalb von Berenice bezeugt (222).[41] Umgekehrt ist aber besonders zu beachten, daß die Annahme eines jüdischen Politeumas durch die Generalisierung eines Einzelphänomens ihren Lauf nahm. Dies geschah unter der Annahme, daß alle Juden in Berenice das Bürgerrecht besaßen, was sich anhand der Quellenlage jedoch nicht halten läßt. So wurde ein terminologisch gesichertes jüdisches Politeuma ein Phänomen der Geschichtsschreibung, keineswegs aber der Geschichte (203f.).

Zur phänomenologischen Einordnung eines Politeumas sei aber andererseits davor gewarnt, mit derartigen scharfsinnigen Beobachtungen die Diskussion zu den Akten zu legen. Tatsache bleibt, daß der Wunsch auf Seiten der jüdischen Gemeinden dauerhaft bestehen blieb, über eigene rechtliche, finanzielle und religiöse Entscheidungsbefugnisse zu verfügen und diese auf lokaler Ebene in Form bestimmter „Privilegien" zu erhalten. Dieses Phäno-

---

[41] Josephus nennt und kennt derartige Einrichtungen auch. Die Belege in Josephus finden sich in Ant I,5.13; XI,157; XII,108; Ap II, 145.164f.184.250.257, haben aber einen anderen Akzent, der auf ein jüdisches Gemeinwesen zielt, das sich unabhängig von einer πολιτεία herausgebildet hat und vor allem bewährt.

men bleibt zu beachten, auch wenn es sich dabei terminologisch gesehen nicht um die Schaffung oder Bildung eines Politeumas handelte.

Die Privilegierung der Juden stand auf gar keinen Fall auf der gleichen Ebene wie das πολίτευμα der griechischen Städte, das zwischen den verschiedenen Städten wechselseitig anerkannt wurde (Reziprozität). Ein solcher Zustand wäre wohl am ehesten als ἰσοπολιτεία bezeichnet worden, was sich aber nicht sicher belegen läßt. So ist anzunehmen, daß Juden in der Diaspora nach eigenen Rechten leben durften, diesen Zustand aber nur als ein garantiertes Privileg und nicht als verbrieftes Bürgerrecht zugestanden bekamen. Dieses Rechtsleben vollzog sich in individuell geregelten „Rechtsgebilden" am jeweiligen Ort und orientierte sich an der Autonomiestruktur der griechischen Städte. Römisches Recht wurde zu dem in der Gemeinschaft gesprochenen Recht in Beziehung gesetzt, wodurch es verbindlich und rechtskräftig wurde.[42] Trotzdem verursachte die Existenz derartiger juristischer Gebilde in den jeweiligen Städten Spannungen, worunter die Juden besonders zu leiden hatten.[43] Vom Verständnis der Komplementarität aus ergibt sich damit eine zweite Existenzweise des jüdischen Lebens als einer geschützten und privilegierten Organisationsform. Sie bedarf einer derartigen Struktur, um ihr Leben nach den kodifizierten Werten und Normen zu gestalten. Andererseits werden damit aber auch neue Probleme geschaffen, die durch die Konkurrenz zu anderen „Politeumata" entstanden. Sie äußerten sich vor allem in der Schwierigkeit und Not, in die das sogenannte heidnische „Umfeld" der Synagogen geraten konnte. Welchen „Politeumata" gehörten diese Menschen de facto an? De iure war die Konstellation natürlich eindeutig. Trotzdem wird es Irritationen und innerpsychische Loyalitätskonflikte gegeben haben. Eindeutig ist in diesem Zusammenhang eine Aussage, die bei Josephus im Zusammenhang der Gewährung von Privilegien aufbewahrt ist. Für die Stadt Ephesus soll der Konsul Lucius Lentulus nach dem Bericht des Josephus die Befreiung vom Kriegsdienst (an römische Bürger) verfügt und ein entsprechendes Privileg verliehen haben, wenn diese Personen nach dem jüdischen Kultus lebten. Nach dieser Information wird eine klare Grenzlinie gezogen. Nur wer beschnitten ist und sich an die Forderungen der Tora hält, gehört auf die Seite des jüdischen „Rechtsgebildes". Auch wenn hier die Stadt Ephesus im Blick ist, die Rechtsproblematik besonders römische Bürger erfaßt und es lediglich um den Kriegsdienst geht, so ist trotzdem die Grundtendenz von besonderer

---

[42] APPLEBAUM, Status, 460f.

[43] Sie wirkten wie eine Gruppe, „die sich kultisch und finanzpolitisch wie eine konkurrierende Polis ausnahm" und deshalb „nur schwer geduldet werden" konnte (FAUST, Pax Christi, 248).

Bedeutung: Nur Juden wird dieses Privileg gewährt, Sympathisanten und andere erfaßt es nicht.[44]

5. Das soziale Umfeld der antiken Städte

Betrachtet man die genannten Spannungsfelder und die Bedingungen der unterschiedlichen Diasporagemeinden mit gewissem Abstand, so fallen verschiedene Phänomene ins Auge. Einerseits präsentieren sich diese Gemeinschaften unter dem Aspekt der Absonderung, der Selbstabgrenzung und der Bewahrung von kodifizierten Werten und Normen.[45] Andererseits reklamieren sie für sich, in den jeweiligen Städten an den Privilegien in Form von Rechtsgemeinschaften partizipieren und vor allem eigene Rechtsnormen für sich erwirken zu wollen. Beide Phänomene entfalten Wirkungsweisen, die sich sowohl in administrativen als auch in sozialen Bereichen niederschlagen. Im administrativen Bereich sind die vielfachen restriktiven Maßnahmen in Form von kaiserlichen Edikten und Beschränkungen zu nennen, denen jüdische Gemeinschaften in der Antike ausgesetzt waren. Derartige Maßnahmen werden in den Quellen beschrieben und verarbeitet und sollten nicht verharmlost werden. Sicher kommt darin auch gelegentlich die Stimme „einer relativ kleinen Gruppe traditionsbewußter und konservativer Römer"[46] zu Wort, doch sollte die Deutung der Texte als historische Quelle im Vordergrund stehen. Dabei ist eine Differenzierung vonnöten. Die antiken Autoren wie etwa Tacitus, Sueton oder Cassius Dio setzen sich ernsthaft mit der Judenpolitik Roms auseinander und unterscheiden sich vom literarischen Genre her dabei durchaus von einem Horaz oder einem Juvenal, die bestimmte Eigenarten satirisch aufs Korn nehmen und ausdrücklich nicht historisch berichten wollen.

Im sozialen Bereich sind es vor allem die latenten Ängste, der Neid und die Unsicherheit gegenüber den jüdischen Gemeinschaften, die zusammen

---

[44] Josephus, Ant XIV,228: ἱερὰ ᾿Ιουδαϊκὰ ἔχοντας καὶ ποιοῦντας ... In diesem Zusammenhang ist auch die Arbeit von SOLIN, Juden, 587–789 zu nennen, der mit großer Überzeugung davon spricht, daß Heiden sich zum Judentum bekehrten, um an den Privilegien zu partizipieren (599 vgl. 611f.). Gleichzeitig stellt er aber fest, „daß die Juden in Rom besonders zur Zeit Caesars manche Privilegien genossen, den Übergetretenen aber versagte das römische Recht diese Privilegien; wenn diese sich weigerten, an den öffentlichen Kulten teilzunehmen, konnten sie nach dem bestehenden Recht verurteilt werden" (617). Diese interessanten Aussagen zeichnen sich dadurch aus, daß sich Quellen wie Josephus oder Philo darüber ausschweigen.

[45] Bestritten von GAGER, Paulus, 291 und MEEKS, Rolle, 374.

[46] GAGER, Paulus, 391.

mit den Gerüchten[47] und Unterstellungen ein explosives Gemisch bildeten. Die damit verbundenen Maßnahmen werden unter dem Stichwort Antisemitismus[48] meistens pauschal erfaßt. Dabei kommt vor allem der „Menge" in den Städten eine entscheidende Rolle zu, da sie eine weitaus stärkere Wirkung zeigen konnte, als das literarische Gespött einer schreibenden Oberschicht. All diese Beobachtungen bündeln sich nun in den Fragen, welche die Faszination betreffen, die trotz der negativen Faktoren von den jüdischen Gemeinschaften ausging.

6. Jüdische Mission oder indirekte Werbung?

Einleitend sind zunächst einige Fragen zu stellen. Auf welche Art und Weise machte das Judentum auf sich aufmerksam?[49] Geschah dies nur in einer stillen und indirekten Form? Wie ist die sogenannte „Werbeliteratur" in diesem Zusammenhang zu bewerten? Existierte ein potentielles Feld von Interessierten, Sympathisanten und „Gottesfürchtigen"? Wo ist besonders

---

[47] Zu den „Märchen" und „Fabulierungen" über die jüdischen Gemeinschaften vgl. das bei Schürer, Geschichte, 151–153 (ders., History III,1, 150–152) zusammengetragene Material. Besonderen Anlaß zum Spott und zur Verleumdung boten die Namensgebung „Juden", der Auszug aus Ägypten, die angebliche Verehrung eines Eselskopfes, die Enthaltung von Schweinefleisch, das Fasten, die Feier des siebten Tages und die bildlose Gottesverehrung.

[48] Terminologisch ist der Begriff Antisemitismus zu klären. Von seinem Wortsinn her setzt er ein mehr oder weniger militantes, subversives und aggressives Verhaltensmuster gegenüber allen semitischen Völkern und ihren kodifizierten Werten und Normen sowie Sitten und Gebräuchen voraus. Da sich in dieser Untersuchung und auch anderswo das Interesse auf jüdische Diasporagemeinden konzentriert, müßte eigentlich besser von Antijudaismus gesprochen werden. Dagegen sprechen aber im wesentlichen zwei Gründe. Zum einen ist Antijudaismus sprachlich besetzt, als es fast durchgängig die gesammelten ablehnenden Positionen des Christentums gegenüber dem Judentum meint. „Christlicher Antijudaismus" müßte dann terminologisch genau von „antikem Antijudaismus" geschieden werden. Zum anderen ist aber der Begriff Antisemitismus vorzuziehen, weil es ja keineswegs immer nur um isolierte Maßnahmen und Aktionen gegen jüdische Gemeinschaften ging. Generell richteten sie sich gegen orientalische und semitische Kulte und Gebräuche, die sich durchaus unter dem Sammelbegriff Antisemitismus subsumieren lassen. Da dieser Antisemitismus vor allem heidnische Wurzeln hatte und es ihn also auch schon vor und unabhängig von der entstehenden Bewegung des Christentums gab, wird in dieser Untersuchung konsequent vom „antiken Antisemitismus" gesprochen. Dieser unterscheidet sich vom „christlichen Antijudaismus" sowohl phänomenologisch als er sich auch terminologisch abgrenzen möchte (vgl. zum ganzen auch den Artikel „Antisemitismus" von N.R.M. de Lange, C. Thoma u.a. in der TRE 3, 1978, 113ff.).

[49] An dieser Stelle soll nur auf die grundsätzliche Problematik verwiesen werden, während Kapitel VIII das Phänomen intensiver behandelt.

letztere Bewegung anzusiedeln? Ging die Initiative auf diesem Feld von den Heiden selber oder von den Juden aus? Generell soll an dieser Stelle nur gesagt werden, daß in der Forschung immer wieder zwei Meinungen vertreten werden.

Die eine Richtung beantwortet die Frage positiv. Danach hat es eine aktive jüdische „Mission" gegeben, die auch einen beachtlichen Erfolg vorweisen konnte. Neben antiken Quellen wird hier auch die Aussage aus Mt 23,15 herangezogen und auf die gesamte Diaspora ausgeweitet. Im Hintergrund dieser Aussagen steht dabei allerdings ein offensives Missionsverständnis, welches die Bibelwissenschaften vor allem im 19. Jh. aus dem Zeitgeist heraus dem Judentum unterstellten. Besonders ist zu beachten, daß die Rede von der „Mission" die oben angeführten Faktoren des Spannungsfeldes in ein besonderes Verhältnis setzt. Das nachexilische Judentum bestimmte sein Selbstverständnis nämlich nicht nur von der Abgrenzung her, sondern wußte sich gleichzeitig dem deuterojesanischen Diktum verpflichtet, Licht für die Völker zu sein oder zu werden (Jes 42,6; 49,6). Daraus resultiert eine bemerkenswerte rabbinische Diskussion, die im weiteren Verlauf noch zu besprechen sein wird.

Die andere Richtung weist die Existenz eines „missionarischen" Judentums dagegen zurück. Oft wird in diesem Zusammenhang angeführt, daß das zeitgenössische Judentum keine Missionspraxis hätte. Analog dazu wird die Nichtexistenz einer solchen Strategie in der Antike vermutet. Eine Untersuchung des „Umfelds" der Diasporasynagogen kann nur dann sinnvoll sein und einen Beitrag zur Forschung leisten, wenn die beiden genannten Extrempositionen vermieden werden können. Deshalb wird auf die endgültige Annahme eines „missionarischen" Judentums ebenso verzichtet wie auf dessen generelle Verneinung. Vielmehr wird damit gerechnet, daß das Judentum besonders in den Städten der Mittelmeerwelt trotz der existenzerschwerenden Faktoren und Umstände immer wieder eine partielle Wirkung entfalten konnte, deren Breite von einer gewisse Sympathie über gelegentliche Nachahmung von Gewohnheiten und Sitten bis hin zum vollen Übertritt reichen konnte.

Es kann angenommen werden, daß das Umfeld der Diasporasynagogen von mindestens vier „Gruppen" geprägt ist, die durchaus einen qualitativen und sozialen Abstand im Sinne einer Rangfolge besaßen. Nach meiner Einschätzung gab es demnach: a) am Judentum interessierte Heiden im generellen Sinne, hier Sympathisanten genannt, b) Nachahmer jüdischer Bräuche, c) Gottesfürchtige, d) Proselyten, wobei letztere zwar de iure auf die Seite der Synagogen gehören, aber sowohl von ihrer Genese als auch ihrem immer wieder problematisierten Status her dennoch zum „Umfeld" zu zählen sind. All diese „Gruppen" und Kategorisierungen müssen im folgenden terminologisch geprüft und nach ihren soziologischen, politischen und juristischen Zusammenhängen geklärt werden.

Angemerkt sei zunächst, daß das mit diesem Phänomen anvisierte Umfeld der Diasporasynagogen und die damit verbundenen Gruppen sprachlich nur schwer zu fixieren sind, auch wenn sich ihr Verhalten und ihre Intention leicht beschreiben lassen. Sie stellen in soziologischer Hinsicht keine sozialen Gruppen dar, die sich durch typische Details und Verhaltensweisen auszeichnen. Am ehesten eignet sich noch eine Terminologie auf der Basis ihrer Orientierung bzw. Grundorientierung. Andererseits sind „Gottesfürchtige" beschreibbar, besonders hinsichtlich ihres inneren Anliegens („Herzens") und den gleichzeitigen restriktiven äußeren Zwängen (berufliche und gesellschaftliche Stellung), denen sie unterliegen. Damit beschäftigt sich besonders die empirische sozialpsychologische und soziologische Einstellungsforschung („Attitüden oder Haltungen"), indem sie der „Diskrepanz zwischen verbal geäußerter Überzeugung und dem tatsächlich gezeigten Verhalten" ursächlich nachgeht. Aber auch diese vage Beschreibung besitzt nur behelfsmäßigen Charakter im Hinblick auf das sehr komplizierte Phänomen der Erscheinung von „Gottesfürchtigen" und „Sympathisanten".[50] Dennoch läßt sich dieses Phänomen sprachlich aus den alten Quellen in Ansätzen erfassen. Bei der Analyse der einzelnen griechischen Terminologien wird noch zu zeigen sein, daß manche davon – wie etwa die Vokabel σέβομαι – eine Sprachentwicklung durchmachen, die von einer reinen Haltung zu einem Verhalten führt. Dieses Verhalten wiederum ist genau im Auge zu behalten und dahingehend zu befragen, ob es sich nicht in sozialen Formen beschreiben ließe, an deren Ende dann eine Gruppe von „Gottesfürchtigen" stehen würde.

An dieser Stelle sei nur angemerkt, daß sich Sympathisanten, Nachahmer, Gottesfürchtige und Proselyten in einem weiten Kontext in Kreisen um die Synagogengemeinden lagerten. Dabei ist die Vorstellung von konzentrischen Kreisen insofern korrekturbedürftig, als sich immer wieder fließende Grenzen etwa zwischen „Gottesfürchtigen" und Sympathisanten denken lassen, so daß besser von sich überschneidenden Kreisen mit entsprechenden Schnittmengen zu sprechen ist. Möglicherweise hat dies auch für „Nachahmer" gegolten. Unter „Nachahmern" werden solche Personen, Bewegungen und Initiativen verstanden, die jüdische Gewohnheiten aufgreifen und sie nachahmen, ohne irgendeinen besonderen, persönlichen und institutionellen Zusammenhang mit dem Judentum erkennen zu lassen. Solche heidnischen, „judaisierenden" Tendenzen lassen sich in impliziter

---

[50] Vgl. zum Phänomen u. a. MICHEL/NOVAK, Psychologisches Wörterbuch, 1980[5], 75–80.

Form nachweisen und beschreiben, wenn in bestimmten heidnischen Kulten oder im Alltagsleben jüdische Elemente adaptiert, funktionalisiert und in Dienst gestellt werden. Sie lassen sich aber auch explizit nachweisen und beschreiben, wenn etwa der Grammatiker Diogenes auf Rhodos an Sabbattagen öffentliche Vorträge hielt.[51]

7. Die Relevanz für das frühe Christentum

Eine Unterscheidung beim „Umfeld" der Synagogengemeinden in der Diaspora ist deshalb hilfreich, weil sie einerseits das Nebeneinander von Sympathie, Anziehungskraft und Faszination dem Judentum gegenüber erklären kann, andererseits aber wegen der harschen Maßnahmen gegen die Proselytenmacherei nicht in Erklärungsnot kommt. Werden nicht generell „die" jüdischen Gemeinschaften anvisiert, sondern ein vielschichtiges, differenziertes „Umfeld", dann müßte eine genaue Untersuchung dieses „Umfeldes" einen Beitrag innerhalb der Geschichte des Judentums und des Christentums in der Antike leisten können.

Dieser besteht darin, das Judentum als eine komplexe Größe verstehen zu lernen, welches bis in die ersten Jahrhunderte hinein immer wieder neu und verändert eine Folie für das Urchristentum bildete. Wesentlich ist dabei, das Christentum nicht ausschließlich und allein als etwas Neues zu reklamieren, sondern als eine unter vielen Möglichkeiten zu begreifen, Judentum zu interpretieren und sogar zu imitieren. Um hierbei Mißverständnissen vorzubeugen, ist die Bemerkung notwendig, daß diese Form des Christentums das Judentum nicht nachahmen wollte und sich auch nicht nur als eine „Sympathisantengröße" entpuppte, sondern sich vielmehr und entscheidend zu einer Konkurrenzform des organisierten Judentums entwickelte. Die „Konkurrenzform" Christentum zog nämlich Juden selber (wenn auch in geringer Zahl) sowie Proselyten, Gottesfürchtige, Nachahmer und Sympathisanten an und integrierte sie, indem die wesentlichen und attraktiven jüdischen Elemente besonders im Bereich der Ethik[52]

---

[51] Sueton, De vita Caesarum libri, Tiberius, 32,2: „Diogenes grammaticus, disputare sabbatis Rhodi solitus...".

[52] Schürer, Geschichte, 155–162 (ders., History III,1, 153–159) nennt im wesentlichen drei Elemente, die das Judentum als Größe attraktiv machten. Zum einen verstanden es Juden, mit Hilfe eines aufgeklärten Gottesbegriffes und eines präzise beschriebenen bildlosen Monotheismus die religiösen Bedürfnisse der Kaiserzeit außerhalb des offiziellen Kultes zu erfassen und intellektuell zu beschreiben (vgl. etwa die Ausführungen Philos und der Sibyllinen). Zum anderen ist die Ethik zu nennen, die natürlich auch anderen Religionen nicht fremd war, die sich aber im Judentum – so Schürer – „bestimmter, vollkom-

und[53] des Monotheismus beibehalten und die unattraktiven wie die Beschneidung und die volle Toraobservanz relativiert wurden. Damit ist das sogenannte „Umfeld" der Diasporasynagogen nicht allein ein Bereich, in welchem Christusanhänger gewonnen werden konnten. Es stellt in entscheidendem Maße gewissermaßen den Nährboden und die Basis dar, ohne die das Christentum seinen Siegeszug in den ersten Jahrhunderten nicht hätte antreten können.

8. *Die Relevanz der Fragestellung für die „Größe Judentum"*

Im Hintergrund all dieser Überlegungen zum „Umfeld" der Diasporasynagogen ist vor allem die antike wie auch noch neuzeitliche Diskussion von Bedeutung, wer überhaupt den Anspruch jüdischer Zugehörigkeit erheben durfte. Diese Diskussion reicht von besonderen Erwägungen der Erwählung über die Geburt durch eine jüdische Mutter oder die sorgfältige Beobachtung der Tora bis hin zum kompromißlosen Insistieren auf Beschneidung und Reinigungsbad. Die damit verbundenen Schwierigkeiten und Diskussionen sind in der jüdischen Tradition überall greifbar. Für die zu untersuchende Epoche ist besonders Philo von Interesse, der in seinem Gesamtwerk die angerissenen Schwierigkeiten ansatzweise verarbeitet hat. Er unterscheidet u.a. zwischen der Größe „Israel" einerseits und der Größe „Juden" andererseits. Dabei ist bemerkenswert, daß den Proselyten nur der Zugang zu der Größe „Juden" gewährt wird, während den geborenen Juden die Größe „Israel" vorbehalten ist.[54]

---

mener und befriedigender" ausprägte und entsprechend gelebt wurde. Hierher gehört etwa die Sorge und das Gedächtnis für alle eigenen Toten oder das Verbot des Abortus, anscheinend in römischen Augen etwas Ungewöhnliches (vgl. dazu die Notiz des Tacitus aus Historien V,5,3: „Doch ist den Juden sehr an Bevölkerungszuwachs gelegen; selbst von den nachgeborenen Kindern eines zu töten, ist in ihren Augen eine Sünde" und neuerdings LINDEMANN, StTh 49, 1995, 253–271). Schließlich kamen beide genannten Züge besonders zum Tragen und konnten sich profilieren, weil die Religionen des Osten in einem hohen Kurs standen und sich in einem rasanten Tempo ausbreiteten.

[53] Besonders zu nennen ist ebenfalls die Sorge für die Bestattung der Toten, was auch GÜLZOW, Christentum, 14f. hervorhebt. Josephus schreibt in Bell IV,317 angesichts des Frevels der Zeloten, weil diese Leichen unbeerdigt hinauswarfen, daß „die Juden für die Beerdigung der Toten so sehr besorgt sind, daß sie sogar die Leichen der zum Kreuzestod Verurteilten vor Sonnenuntergang herunternehmen und beerdigen". Vgl. auch Ap II,211, wo Josephus unter der jüdischen Verpflichtung zur „helfenden Hand" die Gabe von Wasser, Feuer und Nahrung nennt; weiterhin die Weisung des Weges und niemanden unbeerdigt zu lassen (vgl. auch Philo, Hypothetica, in: Eusebius, Praeparatio Evangelii 7,7).

[54] Vgl. dazu BIRNBAUM, Place, 54–69.

Dieser internen jüdischen Diskussion, wer als Jude oder als Jüdin anzusehen sei, steht nun freilich die schwerer wiegende Frage gegenüber, was in heidnischen Augen als jüdisch galt und wo vor allem „Judentum" begann. Diese Frage ist vor allem von Gewicht für diese Untersuchung. Wenn schon in jüdischen Augen nicht klar ein- und abgrenzbar war, wer unter dieses Dach wirklich gehörte, um wieviel mehr mußte das heidnische Gegenüber diese Diskussion verwirren. In der Forschung wird eine derartige Ein- und Abgrenzung nur sehr flüchtig zur Kenntnis genommen. Es muß aber davor gewarnt werden, unsere neuzeitlichen Begriffe und Terminologien für die antiken Verhältnisse vorauszusetzen und sie unkritisch auf diese zu übertragen. Vielmehr sollte damit gerechnet werden, daß die überall lebendige Frage „Who was a Jew"?[55] auf verschiedenen Ebenen gestellt wurde. Die heidnische Bevölkerung der Städte wußte zwar sicherlich, an welchen Orten und Plätzen sich die jüdischen Gemeinschaften versammelten und wo sie auch überwiegend wohnten. Ebenso sicher aber wußten sie nicht zu unterscheiden, wer als geborener Jude oder Jüdin galt, wer ein Proselyt, ein „Gottesfürchtiger", ein „Nachahmer" oder schlichtweg nur „Interessierter" war. Vielfach wird damit zu rechnen sein, daß hier als Allgemeinplatz von „den Juden" gesprochen wurde, weil aus Gründen der Verachtung und Distanzierung kein Bedarf an einer differenzierten Sicht bestand. Diese Umstände spielen bei den antiken Autoren eine ebenso wichtige Rolle wie im neutestamentlichen Schrifttum, worauf im gegebenen Zusammenhang zurückzukommen ist.

9. Die Relevanz der Überlegungen für die Methodik

Diese Faktoren sind aber nicht nur in terminologischer Hinsicht von entscheidender Bedeutung, sondern auch in methodischer. Für das Phänomen der sogenannten „Gottesfürchtigen" ist das inschriftliche Material von großem Gewicht, aber auch ein heißdiskutierter Gegenstand. Dabei ist nach meinem Dafürhalten die Diskussion stellenweise zu eng geführt. Die Epigraphik[56] diskutiert ihr vielgestaltiges Material zunächst nur intern und setzt es mit anderen inschriftlichen Belegen in Verbindung und Beziehung. Auf diese Weise gelingen ihr die Fortschritte, von denen die neutestamentliche Wissenschaft als Rezipientin immer neu profitiert. In der vorliegenden Untersuchung sollen jedoch besondere Entwicklungen, Prozesse und Phä-

---

[55] So der eindringliche Titel einer Untersuchung von Schiffman.
[56] Vgl. etwa die klassischen Einführungen in die Epigraphik von Klaffenbach, Griechische Epigraphik und Robert, Epigraphik der klassischen Welt.

nomene eruiert werden, die sowohl einen Beitrag zur Geschichte des Urchristentums und des Judentums leisten als auch das Verständnis des neutestamentlichen Schrifttums fördern können. Dafür müssen alle verfügbaren
Quellen herangezogen werden, die aber hinsichtlich ihrer Ausrichtung ein
unumkehrbares Verhältnis besitzen. Wenn eine Entwicklung über bestimmte Zeiträume ermittelt werden soll oder Phänomene wie das „Umfeld" der Diasporasynagogen in ihrer Breite beobachtet werden, hat sich
das archäologische, numismatische und epigraphische Material ebenso wie
die literarischen Fragmente und Briefnotizen zu den erzählenden Quellen
hin zu orientieren. Die Aussagen der antiken Autoren über das Phänomen
„Judentum" sind von ungeheurer Bedeutung und ein Motiv und ein Korrektiv zur Auswertung des epigraphischen Materials. Nur in der Gesamtschau
und der In-Beziehung-Setzung des gesamten Materials wird sich somit ein
überzeugendes Bild ergeben, welche Größe „das Judentum" sowohl in in-
terner als auch externer Hinsicht gewesen ist und wie es die Verhältnisse mit
„den anderen" gestaltete. Diese vorsichtigen Erwägungen sind für die verfolgte Diskussion im Hinblick auf das „Umfeld" der Synagogen im Auge zu
behalten und zu reflektieren, weil sie schlaglichtartig auf die Schwierigkeiten hinweisen, die sich in diesem Zusammenhang zwangsläufig ergeben
werden.

10. Versuch einer vorläufigen Zusammenschau

Zusammenfassend soll festgehalten werden, daß die Frage nach den sogenannten „Gottesfürchtigen" zunächst das gesamte Umfeld der Diasporasynagogen in Augenschein nehmen und hinreichend differenzieren muß.
Eine Passage des auch zu seiner Zeit einflußreichen Philosophen Seneca (1.
Jh. n. Chr.) bringt in besonderer Weise zum Ausdruck, daß das Judentum in
der Antike eine vielbeachtete Wirkung entfaltete und in höchstem Maße als
attraktiv galt. Er schreibt: „Die Sitten der Juden, dieser verfluchten Rasse,
haben einen derartigen Einfluß gewonnen, daß sie überall auf der Welt angenommen worden sind. Die Juden wissen von dem Ursprung und der Bedeutung ihrer Riten. Der größte Teil der Bevölkerung aber begeht ein Ritual, bei dem sie nicht wissen, warum sie es tun.".[57] Dieses Umfeld ist aber
nicht nur durch den Faktor Attraktion, sondern auch durch den Faktor Aggression gekennzeichnet, so daß aus dem Umfeld oft ein Spannungsfeld

---

[57] Seneca, De Superstitione, apud: Augustinus, De Civitate Dei, VI, 11 – Dombart &
Kalb = F 145R = F 593; Text bei STERN, Authors I, Nr. 186.

wird. Es wird bestimmt durch jüdische Separation wie Partizipation, durch heidnische Konfrontation ebenso wie durch innerjüdische Definition und jüdische Dislokation. Dieser weite Bogen ist bei den nun folgenden Überlegungen sehr genau im Blick zu behalten, weil er den Rahmen für die zu treffenden Beobachtungen darstellt. Die Ausführungen sind so angeordnet, daß die einzelnen Kapitel zwar aufeinander aufbauen, aber durchaus separat gelesen werden können.

III. Terminologische Klärungen unter besonderer Berücksichtigung der biblischen und rabbinischen Texte

Nachdem das vielschichtige Koordinatensystem eines angenommenen „Umfeldes" der Synagogengemeinschaften beschrieben worden ist, sollen in den Kapitel III, IV, V und VI terminologische und phänomenologische Einordnungen und Bestimmungen vorgenommen werden. Dabei sind die Grenzen zwischen diesen Kapiteln fließend, da sich immer wieder Überschneidungen ergeben und sich klare Abgrenzungen nicht erreichen lassen.

In Kapitel III wird der Blick zunächst auf grundsätzliche Unterscheidungen sowie auf biblische und rabbinische Aussagen gelenkt. In Kapitel IV sollen dann diejenigen Wortstämme untersucht und ausführlich vorgestellt werden, die mit der „Gottesfurcht" im Griechischen weitläufig in Verbindung gebracht werden können. Hier werden in erster Linie jüdische Quellen angeführt. In Kapitel V sollen demgegenüber die epigraphischen und archäologischen Belege und Nachweise vorgestellt und ausgewertet werden. Diese Nachweise sind von erheblichem Gewicht, da sie einerseits das Wissen über die „Kreise" um die Synagogen in entscheidendem Maße bereichern können, andererseits mit einer Fülle von Problemen besonders hinsichtlich ihrer Attribuierung behaftet sind. In Kapitel VI werden schließlich die Belege gesammelt, in denen das „Umfeld" der Diasporasynagogen von heidnischer Seite aus beobachtet, beschrieben, karikiert oder bekämpft wird. In diesem Kapitel kann die Terminologie nicht so prononciert im Vordergrund stehen, weil das Hauptinteresse bei dem allgemeinen Phänomen liegt.

1. Juden, Proselyten, Heiden

Eine Annäherung an die Frage, wer als Teil des Umfeldes der Synagogen und besonders als ein „Gottesfürchtiger" angesehen wird, kann nur über bestimmte Grenzziehungen geschehen. Die Schwierigkeit derartiger Grenzziehungen besteht darin, daß sie theoretisch ist und dem sehr lebendigen und heterogenen Umfeld und der innerjüdischen Diskussion nicht immer Rechnung tragen kann. Unter diesem Vorbehalt sind grundsätzlich drei verschiedene Gruppen vorausgesetzt, bei denen eine Unterscheidung auf den ersten Blick zwar einfach scheint, bei genauerer Betrachtung oft nur schwer möglich ist. Wenn eine solche Differenzierung trotzdem angestrebt wird, so hat dies überwiegend den praktischen Grund, der terminologischen Willkür nicht Tür und Tor zu öffnen.

An erster[1] Stelle wären die Juden von Geburt zu nennen, an welche sich Heiden und Unbeschnittene in unterschiedlicher Absicht und Intention annähern wollen, wohl wissend, daß sie selber in ihrem Leben diese Zugehörigkeit nie ereichen werden. Der Stolz, der auch bei Paulus mitschwingt: Ἡμεῖς φύσει Ἰουδαῖοι (Gal 2,15)[2] ist ebenso berechtigt wie einsichtig. Das Wesen und die Eigenart dieser Gruppierung soll nun nicht lehrbuchhaft als Größe vorgestellt, sondern via negationis bei der jeweiligen Beschreibung des „Umfeldes" erfaßt werden, wenn sich Heiden diesem Judentum annähern möchten.[3] Gerade die Defiziterfahrungen der Nichtjuden machen auf eine besondere Art und Weise deutlich, welche Faktoren für das Diasporajudentum in den ersten Jahrhunderten unserer Zeitrechnung zentral waren.

An zweiter Stelle ist diejenige Gruppe von Heiden zu nennen, die den Anschluß an das Judentum schon gefunden und rechtsgültig besiegelt hat. Sie haben sich wahrscheinlich nach einer Probezeit und der Unterweisung in der Tora beschneiden[4] lassen, das Reinigungsbad vollzogen[5] und sind so zum Judentum übergetreten. Sie werden Proselyten genannt und tauchen in Aufzählungen wie Acta 2,11 (Ἰουδαῖοί τε καὶ προσήλυτοι) als eigenständige, unmittelbar zum Judentum gehörige und damit verbundene Gruppe auf. Die Proselyten sind selber immer wieder Gegenstand von besonderen Hypothesen und Spekulationen gewesen. Besonders im Zusammenhang der „Gottesfürchtigen" wurde versucht, eine Rangfolge und Differenzie-

---

[1] Zu der hier vorgestellten Unterscheidung vgl. schon BERTHOLET, Stellung, 340–344 und auch McELENEY, NTS 20 (1974) 325.

[2] Vgl. auch den Duktus des Gal, der überall die Aussage entkräften will, daß Unbeschnittenheit eine Mangelerscheinung sei.

[3] Zur Struktur der „Bekehrung" allgemein das Standardwerk von BARDY, Menschen und NOCK, Conversion.

[4] Zu dieser Problematik vgl. besonders DUNN, Issue, 295–317.

[5] Anders als die Beschneidung ist die Frage der Proselytentaufe im höchsten Maße umstritten, was nicht zuletzt durch die Problematik der Datierung und Attribuierung rabbinischer Aussagen bedingt ist. Auch ein klassischer Text von Epiktet, der in Kapitel VI noch ausführlicher behandelt wird, kann in dieser Frage nicht weiterhelfen. Die kontroverse, kaum noch überblickbare Diskussion ist in groben Linien dargestellt bei STERN, Authors I, 543f. Er spricht sich dafür aus, daß die Proselytentaufe spätestens seit tannaitischer Zeit obligatorisch war, wogegen auch wenig spricht (vgl. neuerdings auch mit ähnlicher Tendenz McKNIGHT, Light, 82–85).

rung festzulegen, nach der es Halb- bzw. Teilproselyten, Vollproselyten oder sogar unbeschnittene Proselyten gegeben habe.[6] Proselyten sind immer wieder als feste Größe innerhalb des Judentums vorausgesetzt worden. Ihre Herkunft und ihr Status sind aber besonders in der rabbinischen Literatur Gegenstand der Auseinandersetzung gewesen und ihre Art der Partizipation und Zugehörigkeit zum Gottesvolk bildet bis heute ein weites Feld der Uneinigkeit und Spekulation.[7] An dieser Stelle sei nur so viel bemerkt, daß die eigentlich als abgeschlossen angesehene Diskussion durch Inschriftenfunde neue Nahrung erhalten hat.

Schließlich sind an dritter Stelle all die Personen anzuführen, die keine Juden von Geburt sind und auch den Schritt zum Proselytentum nicht vollzogen haben oder vollziehen wollen, sich aber trotzdem vom Judentum angezogen und animiert fühlen. Um die Untersuchung und den Nachweis dieses Phänomens nun soll es besonders in der vorliegenden Abhandlung gehen. Sie wendet sich den Menschen zu, die einerseits den vollen Übertritt zum Judentum aus verschiedenartigen Gründen nicht vollziehen, andererseits aber auch nicht mehr im Heidentum verbleiben wollen. Dabei geht es ganz besonders um ihre Wahrnehmung im antiken Judentum, ihre Beurteilung durch heidnisches Publikum, um ihr Selbstverständnis gegenüber den Personen, die den Übertritt zum Judentum unternommen haben und auch um ihre Kennzeichnung als soziale Gruppe, wofür -wie noch zu zeigen sein wird – sich nur ungenügende Kriterien anführen lassen.

Ein angemessener Einstieg in den Problemzusammenhang setzt ein bei Quellenangaben, die den Problemkreis der Nichtjuden, Religionsfremden und Heiden im Gegenüber zu Israel enthalten und sich damit auseinandersetzen.[8] Dazu seien zunächst einige jüdische Stimmen vorgestellt. Sie entstammen der rabbinischen Literatur und belegen auf eine besondere Art und Weise die Schwierigkeiten, die hier vorherrschend waren. Der Umstand nämlich, daß Nichtjuden sich mit dem Judentum beschäftigen, wird bei den Rabbinen mannigfach angesprochen, verarbeitet und grundver-

---

[6] In Anlehnung an Acta 13,43 vgl. diese bei McELENEY, NTS 20 (1974) 319–341 vertretene Hypothese; vgl. auch die oben in Kapitel I gemachten Angaben im Bereich der Forschungsgeschichte.

[7] Vgl. dazu etwa BARDY, Menschen, 114f. Die für die neuere Diskussion wohl treffendste Formulierung findet sich bei COHEN, HThR 82 (1989) 13–33, Zitat 30: „In the eyes of outsiders a proselyte or convert was a gentile who became a Jew. But in the eyes of (some?) Jews, a gentile who converted to Judaism became not a Jew but a proselyte, that is, a Jew of a peculiar sort."

[8] In neuerer Zeit hat sich besonders FELDMEIER, Christen, bes. 12–54 mit dieser Fragestellung auseinandergesetzt. Die folgenden Ausführungen setzen durchaus eigene Akzente, ohne die Einsichten Feldmeiers noch einmal wiederholen zu wollen.

schieden bewertet. Letzteres läßt sich mit einem Satz von Rabbi Meir aus dem 2. Jh. n. Chr.[9] ebenso belegen wie mit einem Satz von Rabbi Jochanan aus dem 3. Jh. n. Chr. Während der erste sagte: „Ein Goj, der sich mit Tora beschäftigt, ist wie ein Hoherpriester"[10], lehrte der zweite: „Ein Goj, der sich mit Tora befaßt, verdient den Tod aus der Hand des Himmels"[11]. Damit wird ein Problemzusammenhang auf den Gebrauch der Tora zugespitzt, der sich viel grundsätzlicher an anderer Stelle zeigt. In der Tosefta Sanhedrin 13,2[12] diskutieren Rabbi Eliezer aus der Schule Schammais und Rabbi Jehoschua aus der Schule Hillels die Relevanz der Aussage aus Ps 9,18: „Die Gottlosen kehren in die Unterwelt zurück, alle Völker, die Gott vergessen". Während Eliezer die Frage verneinte, ob es auch Gerechte unter den Heiden geben könne, führte Jehoschua an: „Wenn die Schriftstelle sagte ‚die Gottlosen kehren in die Unterwelt zurück, alle Heiden' und weiter nichts, so würde ich sagen, wie deine Worte lauten; jetzt aber, da die Schriftstelle sagt: ‚... die Gott vergessen' – siehe, so gibt es Gerechte unter den Völkern, die Anteil haben an der zukünftigen Welt". Die Ambivalenz dieser Positionen[13] ist nicht erst Gegenstand der Auseinandersetzung im 2. und 3. Jh. n. Chr., sondern hat Wurzeln, die bis in die Hebräische Bibel zurückreichen. Bei dem nun folgenden Rückblick darauf soll es nur um eine schlaglichtartige Skizzierung und Bilanzierung gehen, weil sich neuere Untersuchungen[14] dieser Vorgeschichte intensiv gewidmet haben und das Phänomen des „Umfeldes" auch nicht aus den Augen verloren werden soll.

2. Die Hebräische Bibel im Vergleich mit der LXX

In der Hebräischen Bibel wird unter den Stichworten גר (ca. 88 mal), נכר (ca. 36 mal), תושב (ca. 14 mal) und זר (ca. 70 mal)[15] „der Fremde" behandelt,

---

9 Zur Datierung und Attribuierung rabbinischer Quellen s.u.

10 Sanhedrin 59a Lev 18,5.

11 Sanhedrin 59a Dtn 33,5.

12 Ausgabe Zuckermandel, 434, Zeile 10ff.

13 Vgl. SIEGERT, JSJ 4 (1973) 119 mit weiterer Diskussion.

14 BULTMANN, Fremde, pass.; MÜLLER, Tora und die neue entbrannte Diskussion um die Vorgeschichte, Gültigkeit und den Geltungsbereich des Aposteldekrets, die von der Anlage her die Proselytenfrage intensiv behandeln. Umgekehrt zeichnen sich diese Arbeiten dadurch aus, daß sie die „Gottesfürchtigen"-Problematik lediglich als Appendix enthalten, die phänomenologische Ausrichtung wahrnehmen, aber nicht die terminologische Auseinandersetzung suchen (vgl. KLINGHARDT, Gesetz, 156–224; CALLAN, CBQ 55, 1993, 284–297; WEDDERBURN, NT XXXV, 1993, 362–389).

15 Angabe der Belege nach EVEN-SHOSHAN.

wobei für den hier zu untersuchenden Zusammenhang die Stichworte גר und תושב die relevanteren Formen sind.

Mit Hilfe der Konkordanz von Even-Shoshan wurde nun überprüft, wie die genannten hebräischen Stichworte in der LXX übersetzt worden sind. Die LXX ist zweifellos das Dokument, welches für das Diasporajudentum die größte Bedeutung besitzt.

Dieser Immediatvergleich zeigt, daß נכר in der LXX mit ἀλλότριος[16], mit ἀλλοεενής[17] und mit ἀλλόφυλος[18] wiedergegeben werden kann.[19] Einige Stellen sind besonders zu beachten, da sie für die nachfolgende Entwicklung erhebliche Bedeutung besitzen. Gen 17,12 und 27 fordern auch die Beschneidung des ἀλλότριος und des ἀλλογενής, obwohl es sich dabei eigentlich nur um den nicht dauerhaft im Lande Lebenden bzw. um den Durchreisenden handelt. Diese Tradition ist insofern herausragend, da die spätere und partielle Radikalität im Umgang und in der Zuordnung von Fremden hier ihre Ursprünge und Wurzeln haben könnte. Auch Ex 12,43 ff. sind besonders zu beachten, weil sie ausführlich die Bestimmungen für ἀλλογενής, πάροικος und προσήλυτος beim Passafest anführen. ἀλλογενής und πάροικος dürfen am Passa nicht teilnehmen.[20] Der προσήλυτος hingegen darf es dann tun, wenn er sich und seine Angehörigen beschneidet. Auch dieser Text spielt in der späteren rabbinischen Tradition eine gewichtige Rolle. Innerhalb der Hebräischen Bibel findet ebenfalls eine Entwicklung statt, die den späteren progressiven Umgang schon präfiguriert. Stellen wie Jes 56,3 und 61,5 sprechen in prophetischer Weise die Überwindung der Unzulänglichkeit und der vollständigen Aufnahme in das „Gottesvolk" an.

Auch זר wird mit ἀλλογενής, ἀλλότριος[21] und sogar ἀσεβής[22] übersetzt.[23] Wichtig sind die Verbotsreihen, die für den זר (ἀλλογενής) gelten. Er darf

---

[16] Gen 35,2.4; Jes 62,8; Jer 5,19; 8,19; Mal 2,11; Ps 18,45f.; 81,10; 137,4; 144,7.11; Dan 11,39; 2 Chr 14,2; 33,15.

[17] Jes 60,10; Ez 44,7.9.

[18] Jes 61,5.

[19] Vgl. dazu besonders STÄHLIN, ThWNT V (1954) 1–36, bes. 8–14.

[20] Vgl. SCHMIDT / SCHMIDT, ThWNT V (1954) 840–848, zu dieser Fragestellung auch nochmals FELDMEIER, Christen, 12–54.

[21] Jes 1,7; Ez 7,21; 11,9; 28,7.10; 30,12; 31,12; Hos 7,9; 8,7. Zu beachten ist der jeweilige Kontext. Alle Stellen betreffen Gerichtsaussagen infolge des Vergehens von Fremden gegen Israel, die es zerstören wollten.

[22] Jes 25,2.5.

[23] Vgl. auch Stellen wie Jes 61,5; Ob 11; Thr 5,2, wo „Fremde" (זר) und „Ausländer" (נכר) nebeneinander genannt werden. Im Griechischen werden sie aber wiederum mit ἀλλογενής, ἀλλότριος, ἀλλόφυλος und ξένος wiedergegeben.

kein Salböl erhalten[24], keinen Teil vom Opfer essen[25], sich nicht der Stifts-
hütte[26] oder den Priestern nähern[27] und kein Räucherwerk opfern[28].

Bringen also נכר und זר und ihre griechischen Äquivalente die ablehnen-
de und eingeschränkte Haltung gegenüber Fremden zum Ausdruck, so sind
nun die Aussagen zu גר und תושב zu vergleichen, die in der Auslegungsgeschichte eine bedeutendere Rolle gespielt haben. Als Vorbemerkung sei
vorausgeschickt, daß beide Termini sich in der Häufigkeit ihres Vorkom-
mens in einem Verhältnis von 6:1 gegenüberstehen, ihre genaue Unterscheidung dennoch sehr schwierig, wenn nicht sogar unmöglich ist. גר entspricht eher dem Fremdling, תושב dem „Beisassen". Erst sehr viel später
entwickelt sich eine eingehende Unterscheidung, worauf im folgenden noch
detailliert eingegangen wird. Zunächst läßt sich grundsätzlich festhalten,
daß unter dem גר ein Fremder zu verstehen ist, der sich für eine bestimmte
und absehbare Zeit im Land Israel aufhält und deshalb für diesen gewählten
Zeitraum einen Status besonderer Art erhält.[29] Innerhalb der allgemeinen
geschichtlichen Entwicklung lassen sich für diese Institution Parallelen
anführen. Genannt seien der πάροικος, der μέτοικος, der κάτοικος oder
peregrinus, wobei aber vor einer zu direkten Ableitung zu warnen ist. Für
den גר gelten bestimmte Verbote der Tora wie etwa das Verbot des Moloch-
dienstes[30], das Verbot der Gotteslästerung[31] und das Verbot der Unzucht
oder des Inzestes[32].

Umgekehrt erhielt der גר Anteil an bestimmten Geboten und Satzungen
der Tora zu seinem Vorteil. Er kommt in den Genuß des Sabbats[33], konnte
das Statut der Rechtsgleichheit erhalten[34] und somit im religiösen und politischen Leben eine wichtige und privilegierte Stellung einnehmen.[35]

---

[24] Ex 30,9.
[25] Ex 29,33; Lev 22,10.13.
[26] Num 1,51; 3,38 (unter Androhung der Todesstrafe); 18,4.
[27] Num 3,10; 18,7 (unter Androhung der Todesstrafe).
[28] Num 17,5.
[29] Dies unterscheidet ihn vom נכר, der als dauerhaft Fremder im Land sich aufhält. Er
genießt wie Witwen und Waisen besondere Fürsorge, hat aber keinerlei Rechte und
Pflichten.
[30] Lev 20,2.
[31] Lev 24,16 vgl. Num 15,30.
[32] Lev 18,26.
[33] Ex 20,10; Dtn 5,14 „Mosetora".
[34] Ex 12,49 vgl. Lev 24,22 vgl. Num 15,15f.29.
[35] Vgl. in diesem Zusammenhang besonders Dtn 29,10f. und 31,12. Nach diesen beiden
Belegstellen gilt die Tora generell für Israel und für „Fremdlinge". Für eine bessere Übersicht vgl. folgende Bestimmungen, die als Gebote und Verbote Israel und den „Fremdling" betreffen. *Gebote*: Sabbat (Ex 20,10; 23,12); Fasten (Lev 16,29); Opfer (Lev 22,18);

Trotzdem waren die Grenzen klar gezogen, wie besonders Ex 12,48 zeigt: Das Passamahl durfte der גר nur dann mitessen, wenn er beschnitten war.[36]

3. Besondere Entwicklungen in der Diaspora und die LXX

Für die hier verfolgte Fragestellung ist einem historischen Wendepunkt ein besonderes Augenmerk zu widmen. Durch die mit der Katastrophe von 587/6 v. Chr. verbundene Exilierung setzte die Ausbreitung des Judentums über die damals bekannte Welt ein. In der Folge wurde die Bedeutung von „Proselyten" auf eine besondere Art und Weise aktuell.[37] Die jüdischen Gemeinschaften in der Diaspora lebten auf engstem Raum mit ihren Nachbarn zusammen. Es gab nun einmal nicht die geschlossenen Siedlungsmöglichkeiten wie im Mutterland Palästina. Ein Leben nach der Tora des Mose konnte durchaus erschwert werden (vgl. Kapitel II). Deshalb war man zu einer Beschäftigung und Auseinandersetzung mit dem Heidentum von Anfang an gezwungen. Heiden wurden künftig entweder von der Existenz jüdischer Gemeinschaften angezogen oder in einem besonderen Sinn „angeworben".[38] Der Zwang zur Auseinandersetzung mit der heidnischen Umwelt ergab von Anfang an eine größere Liberalität beim Umgang mit Glaubensfremden und ihrer Annäherung an die jüdische Religion. Andererseits wurden in der Diaspora mit einer verstärkten Sensibilität Bewegungen zum Judentum hin wahrgenommen und auch verarbeitet. Dazu soll ein Blick auf die literarischen Zeugnisse geworfen werden.

Die verschiedenen Schriften der LXX als Bibel der griechisch denkenden und sprechenden Diasporajuden mußten griechische Äquivalente und Terminologien für die in hebräischer Sprache geprägte Tradition suchen. Es ist

---

Reinigung (Num 19,10); Freistädte (Num 19,35; Jos 20,9); Sabbat (Dtn 5,14); Feste (Dtn 16,11.14); Erstlingsfrüchte (Dtn 26,11). Eschatologischer Ausblick in Ez 47,22f.: Auch der Fremdling darf Land besitzen. *Verbote*: Keinen Sauerteig wegen Passafest (Ex 12,19); Passa (Ex 12,43 γειώρας!); Opferhandlungen (Lev 17,8f.); Blutgenuß (Lev 17,10–12); verbotene Tiere (Lev 17,13–15); sexuelle Vergehen (Lev 18,26); Molochdienst (Lev 20,2); Genuß von Aas (Dtn 14,21; Ausnahme: גר = πάροικος darf es essen!); Götzendienst (Ez 14,7).

[36] Vgl. aber auch Num 9,14, wo die Beschneidung ausdrücklich nicht genannt wird.

[37] Vgl. in diesem Zusammenhang besonders die Ausführungen VIEWEGERS, Fremdling, 271–284, Zitat 271. Dort untersucht und belegt Vieweger seine These, nach der in der Provinz Judäa in der nachexilischen Zeit begonnen wurde, „die Stellung des גר sakralrechtlich zu definieren, ein Vorgehen, das die weitgehende Vereinnahmung der גרים durch die jüdische Gemeinschaft vorbereitete".

[38] Vgl. dazu die Ausführungen in Kapitel VIII.

deshalb wohl kein Zufall, daß der in der Hebräischen Bibel am häufigsten erwähnte, mit Geboten und Verboten qualifizierte Terminus גר das Äquivalent für προσήλυτος wurde und das in ca. 71 von ca. 88 Fällen.[39] Der Terminus προσήλυτος wurde im Diasporajudentum mit den Bestimmungen und Ausführungen für den גר verbunden, wodurch das Proselytenwesen einerseits Verbindlichkeit, andererseits aber auch Freiraum erhielt. Wenn von einer verstärkten Sensibilität im Diasporajudentum gesprochen wurde, so sind dazu drei Beobachtungen zu machen.

An erster Stelle steht die Beobachtung, daß jüdisch-hellenistische Autoren wie Philo den Terminus προσήλυτος zwar kennen[40] oder wie Josephus durch προσέρχεσθαι umschreiben[41], ihn jedoch nach Möglichkeit vermeiden. Denn sie möchten für ein sich öffnendes Judentum werben und den ersten Zugang dazu nicht durch die eingrenzenden Bestimmungen für Proselyten belasten, die als belastend angesehen wurden.

Damit eng zusammmen hängt die zweite Beobachtung, nach der sich auch indirekte Belege für ein Zubewegen auf das Judentum hin verzeichnen lassen (z.B. bei Josephus), die aber anscheinend absichtlich eine Festlegung auf eine bestimmte Terminologie verhindern wollen.[42]

Eine dritte Beobachtung schließlich ergibt sich in Gegenüberstellung und Abgrenzung zu bestimmten Phänomenen im Mutterland Palästina. Wesentlich war hier eine eindeutig distanzierte Haltung gegenüber allem Fremden, was sich sofort nach der Rückkehr ins Land Israel unter den Persern durch Esra und Nehemia niederschlug.[43] Auch auf die Qumranschriften kann in diesem Zusammenhang verwiesen werden, wobei sie aber in vielerlei Hinsicht nicht repräsentativ sind.[44] Von größerer Bedeutung ist der Kontext von 2 Kön 5,17–19, wo nach der Heilung durch Elisa dem syrischen Feldhauptmann auf dessen Bitte hin gewährt wird, künftig JHWH allein zu dienen, gleichzeitig sich aber im Tempel des Gottes Rimnon aus Loyalitätsgründen

---

[39] גר wird weiterhin übersetzt mit πάροικος, ξένος und γειώρας.

[40] Cher 108.119; Som II 273; Spec Leg I,51.308.

[41] Ant XVIII,82.

[42] Genannt seien hier Belege wie Bell II,461–463; VII,45; Ant XX,137–140 oder Ap II,209f., die im weiteren Verlauf auch einer eingehenden Besprechung bedürfen.

[43] Vgl. etwa die Mischehenverordnung in Neh 13 oder die Abgrenzung von den Samaritanern in Neh 3f.

[44] Vgl. etwa 4 Q Flor I,4, nach der Nichtjuden und Gerim den endzeitlichen Tempel nicht betreten dürfen (anders als im MT). Unklar ist aber, ob damit schon Proselyten vorausgesetzt sind. Vgl. auch CD VI,21; XIV,4.6 mit 1 QS 2,19; 6,8, wonach eventuell die Gerim als Gruppe in Qumran gar nicht auftauchen. Hinzuweisen ist besonders auf die aktuelle und einschlägige Untersuchung von DEINES, Abwehr, 59–61 zu den Hintergründen der Abwehr von Fremden in den Qumrantexten.

niederwerfen zu dürfen. Bemerkenswert ist, daß Naeman keinerlei Verpflichtungen wie Toraobservanz oder Beschneidung auferlegt werden.[45] Eine ganz andere Tendenz dagegen findet sich in der apokryphen, wahrscheinlich im palästinischen Raum entstandenen Schrift Judith. Nach Kapitel 14,10 will der Ammoniterführer Achior JHWH allein glauben, doch muß er sich dazu erst einmal beschneiden lassen. Diese doch sehr viel kompromißlosere Haltung findet sich auch an anderen Stellen, die im weiteren Verlauf der Untersuchung besprochen werden. Gegenüber der freieren Einstellung im Diasporajudentum fällt Jdt 14,10 in entscheidender Weise auf. Wesentlich für den qualitativ anderen Umgang mit Fremden und die Einstellung ihnen gegenüber ist im palästinischen Judentum die Terminologie, die anders als im westlichen Diasporajudentum mit sehr genauen Vorstellungen und Differenzierungen verbunden war. Seit der persischen Zeit, die oben schon angesprochen wurde, wird nämlich der Gebrauch des Terminus גר, anders als im Diasporajudentum, in zweifacher Weise weiter entwickelt. Ger sedek meint in diesem Zusammenhang den Proselyten, während der ger toshab einen Nichtjuden in Israel beschreibt und dabei all die alttestamentlichen Stellen attrahiert, an denen גר nicht auf einen Proselyten zu deuten ist. Vor einer präziseren Ausführung hierzu sollen aber einige grundsätzliche Bemerkungen zur Auswertung rabbinischer Literatur stehen.

4. Die rabbinischen Zeugnisse

In den letzten Jahren ist in der internationalen judaistischen Forschung die Frage nach der Datierung und Attribuierung rabbinischer Texte immer wieder aufgeworfen und sehr differenziert beantwortet worden. Das Zutrauen, das Anfang dieses Jahrhunderts in diese Zeugnisse gesetzt wurde, ist einem problemorientierten Umgang gewichen. In dieser Weise soll auch folgende methodische Anmerkung verstanden werden. Die hellenistisch-jüdischen Zeugnisse, die heidnisch-antiken und christlichen Schriften sowie die epigraphischen (und archäologischen?) Belege sind besonders auf das 2. Jh. v. Chr. – 3. Jh. n. Chr. konzentriert und enthalten bei genauer Analyse und Betrachtung auch ein Zeit- und/oder Lokalkolorit.

Die rabbinischen Belege sind wohl auf eine Lehrautorität rückführbar. Die häufig darauf gründende Datierung solcher Belege zeichnet aber in vielen Fällen nicht die Genese oder den aktuellen Stand einer Problematik ab, die in der Quelle genannt wird. Ein wichtiges Indiz dieser Texte ist die Dis-

---

[45] Vgl. dazu neuerdings MARINKOVIC, Frieden, 10f.

kussion über die „Gottesfürchtigen", welche unter dem Stichwort יראי שמים
(den Himmel bzw. Gott Fürchtende) verhandelt werden. Diese Diskussion
löst sich schon um die Mitte des 3. Jh. n. Chr. gewissermaßen in Luft auf, weil
bestimmte Rabbinen die Bedeutung dieser „Gottesfürchtigen" nicht mehr
kennen und sie fälschlich mit Proselyten identifizieren[46]. Eine derartige Behandlung dieses Phänomens sollte zu Vorsicht gegenüber dem Informationsgehalt anderer Belegstellen mahnen. Feldman[47] hat nun gegen diese
Einschätzung vorgebracht, daß sie bezüglich der terminologischen Verwirrung wohl im Recht sei, trotzdem aber das Phänomen eines Sympathisantenstatus über das 3. Jh. hinaus bestehen blieb. Berücksichtigt man beide
Positionen, so kann gesagt werden: die rabbinischen Aussagen zu den „Gottesfürchtigen" tragen überwiegend lehrhaften Charakter und zeichnen sich
als Auseinandersetzung mit der Thematik im allgemeinen aus. Diese Auseinandersetzungen und die damit verbundenen Klärungen sind von der Sache und dem Gegenstand der Untersuchung her durchaus bedeutsam, entbehren aber der präzisen zeitlichen Determinierung und damit der historischen Aussagekraft. Darüber hinaus sind sie für den Bereich der westlichen
Diaspora nur sehr bedingt aussagefähig.[48] Das unterscheidet sie von den antiken Zeugnissen und der patristischen Literatur, die oft zwar auch nicht älter, aber in der Zuordnung auf jeden Fall eindeutiger ist.

Im folgenden seien nun die relevanten rabbinischen Belegstellen und Zusammenhänge aufgezeigt, die für die „Gottesfürchtigen"-Problematik
wichtig sind. Dies geschieht durch die Zusammenstellung von Textgruppen,
die jeweils durch Teilüberschriften gegliedert und ausgewiesen sind.[49]

---

[46] Kuhn / Stegemann, PRE Suppl. IX, 1962, Sp. 1279; Strack-Billerbeck II, 721. Hinter einem solchen Verhalten steckt natürlich auch eine stark distanzierte Position der
Rabbinen (vgl. Goodman, Mission, 131 f.).

[47] BArR 12 (1986) Anm. 52.

[48] Die rabbinische Diskussion ist selbstverständlich nicht auf den syrisch-palästinischen Sprachraum beschränkt, da auch Schriftgelehrte (und rabbinische) Auseinandersetzungen nicht ohne Wirkung auf die Diasporagemeinden geblieben sein werden. Trotzdem ist eine schrankenlose Übertragung nicht möglich und solange Vorsicht geboten, bis
die Verbindungen und Kontakte zwischen Diaspora und Mutterland wirklich ausreichend erforscht sind (vgl. dazu auch die einführenden Bemerkungen in Kapitel VIII).

[49] Die Texte werden nicht im Wortlaut, sondern in einer sinnvollen Zusammenfassung
geboten. Dies geschieht nicht vornehmlich aus Raumgründen, sondern ist überwiegend
sachlich bedingt. Denn so sollen in einer prägnanten Weise die Hauptprobleme und
Stränge der Texte erfaßt und weitergegeben und eine Überflutung mit Details vermieden
werden.

a) Rabbinische Texte, die den Ausdruck „Gottesfürchtige" enthalten und terminologisch behandeln

1. Midrasch Debarim Rabba 2,24: In diesem Text findet sich die zweimalige Erwähnung einer heidnischen hochgestellten Persönlichkeit, die zu den שמים יראי (den Himmel bzw. Gott Fürchtenden) gerechnet wird, womit in der rabbinischen Literatur die „Gottesfürchtigen" generell gemeint sind. Es handelt sich um eine Notlage für die Juden, welche die genannte Persönlichkeit, ein Senator des Kaisers und „Gottesfürchtiger", durch Suizid zu einem guten Ende bringt. Unter den Rabbinen wird diskutiert, ob der Status als „Gottesfürchtiger" und seine aufopfernde Tat nicht umsonst waren, weil er nicht beschnitten war. Diese Vermutung allerdings bestätigt sich nicht, da er sich anscheinend vor seinem Freitod diesem feierlichen Ritual unterworfen hat.[50]

Problematisiert werden also in diesem Zusammenhang die auch anderswo belegten Fragestellungen: die Faktizität der „Gottesfürchtigen" und die Diskussion über ihre Beschneidung; gleichzeitig aber auch der Umstand, daß sie keine Tora lesen, dabei dennoch im entscheidenden Augenblick das Richtige tun. Trotzdem ist die vorgeschlagene zeitliche Einordnung dieser Legende unter Domitian (81 – 96 n. Chr.) nicht zwingend. Sie belegt aber auf ganz eigene Weise den häufig wiederkehrenden Umstand, daß Heiden vom Judentum angezogen wurden.

2. Babylonischer Talmud Sanhedrin 70b: In diesem Abschnitt schilt und züchtigt die Mutter Lemuels (vgl. Prov 31,1ff.) ihren Sohn wegen seines ausschweifenden Lebenswandels. Sie hält ihm dabei das gute Verhalten des Vaters vor, von dem alle wußten, daß er ein שמים יראי war. Der Vater ist dabei als ein Nichtisraelit gedacht.[51]

An dieser Stelle steht im Vordergrund, daß der Vater eine besondere Liebe zur Tora besaß, wodurch er sich vom Sohn unterscheidet. Vom Vater haben alle gewußt, daß er ein „Gottesfürchtiger" war, denn er ist kein Jude. Auch hier wird vorausgesetzt, daß es diese heidnische Gruppierung mit Affinität zum Judentum gegeben hat. Bemerkenswert ist auch, daß sich Generationsfragen und -konflikte unter diesem Problemzusammenhang sowohl bei den paganen Autoren wie im epigraphischen Bereich ebenfalls nachweisen lassen.[52]

---

[50] Vgl. SIEGERT, JSJ 4 (1973) 110–112.
[51] Vgl. SIEGERT, JSJ 4 (1973) 113f.
[52] Vgl. dazu besonders Juvenal, Saturae XIV,96–106 – Clausen = F 172 R; Text bei STERN, Authors II, Nr. 301. Dieser Text ist ausführlich in Kapitel VI. besprochen; vgl. ferner Jub XXIII.

3. Mekhilta des Rabbi Ishmael zu Ex 22,20 und Jes 44,5: Dieser Text überliefert eine Art Staffelung, in welcher es um die Liebe zu Fremden geht (vgl. Ex 22,20). Genannt werden: die eigenen Volksgenossen, die Proselyten, die Büßer, die ירֵאי שמים. Es handelt sich um einen eschatologischen Kontext, in welchem diskutiert wird, wer in der Endzeit aufgenommen werden wird. Der Kontext ergibt ferner, daß mit den „Gottesfürchtigen" Menschen gemeint sind, die kein Leben nach der Tora führen wollen, aber trotzdem „Gott fürchten". Gerade damit aber kann ein besonderes Merkmal von „Gottesfürchtigen" genannt sein[53], wie das auch noch im weiteren Verlauf zu zeigen sein wird. Auch hier wird die Faktizität von „Gottesfürchtigen" betont.[54] Besonders bemerkenswert ist, daß diese nicht die Vorschriften der Tora beachten (müssen).

4. j Megilla 1,11; 27b: Dieser Abschnitt behandelt die Frage, ob Antonius (Freund Rabbi Jehudas und angeblicher Kaiser) Proselyt geworden sei. Sie wird unter Hinweis auf dessen beschädigte Schuhe beantwortet, die er am Sabbat getragen haben soll. Dies sei eben die Weise der ירֵאי שמים, die sich um die jüdischen Vorschriften in derartiger Weise nicht kümmerten.

In der Folge kommt zum Ausdruck, daß die ירֵאי שמים nur das Leviathanmahl in der künftigen Welt essen dürften, aber keinesfalls das Passalamm, was durch Anführung von Ex 12,48 geschieht.[55]

Diese Episode weist noch einmal die Faktizität der „Gottesfürchtigen" nach, betont aber andererseits deren Nichtbeachtung der Tora. Besonders wichtig ist der Hinweis auf die Erlaubnis zur Teilnahme am Leviathanmahl im Gegensatz zum Passamahl. Hinsichtlich einer zeitlichen Fixierung sei nur soviel angemerkt, daß sich die Episode nicht auf die Zeit des Kaisers Antonius Pius (139–161 n.Chr) datieren und einschränken läßt.[56]

5. In der Tosefta Sanhedrin 13,2 wird wie in der Baraita Sanhedrin 105a und Sota 31 par. Tosefta Sota 6,1 die bereits oben angeführte Diskussion fortgesetzt, ob es unter den Heiden Gerechte gebe. Die Schule Schammais

---

[53] Diese Deutung ist aber nicht unbestritten; vgl. anders WILCOX, JSNT 13, 1981, 110.

[54] Vgl. SIEGERT, JSJ 4 (1973) 114–116. Vgl. darüber hinaus Bereschit Rabba 28,5; 44,4; 53,7 = THEODOR / ALBECK, Bd. I, 264.427.564 (Belege bei MÜLLER, Tora, 69f. Anm. 48). Vgl. auch FELDMAN, BArR 12 (1986) Anm. 47: „A similar passage is also found in Numbers Rabbah 8,2; Aboth de Rabbi Nathan A 36 (ed. Solomon Schechter, 54 a), Aboth de Rabbi Nathan B 18, p.40, and Seder Eliyahu Rabbah 18 (ed., Meir Friedman, p.105). Mischnat Eliezer, p.303, has patriarchs, converts, penitents and fearers of Heaven. In some versions of the Midrash on Psalms 118.11 a statement is added that the ‚Heaven Fearers' are the proselytes, but Solomon Buber, in his edition, refuses to accept this reading."

[55] Vgl. SIEGERT, JSJ 4 (1973) 116f.

[56] Zu den unter 1. – 4. genannten Texten vgl. auch MÜLLER, Tora, 70 und FELDMAN, BArR (1986) 68 Anm. 52.

beantwortete diese Frage mit nein, während sie von der Schule Hillels bejaht wurde.[57] In der Folgezeit setzte sich die letzte Richtung durch, wie sie z.B. durch Rabbi Meir aus der Schule Hillels zum Ausdruck gebracht wird. Die Gottesliebe stellt einen gerechten Heiden (gemeint ist dem Kontext nach Hiob) dem Abraham gleich, wodurch dessen Rettung angezeigt wird. Es ist aber zu beachten, daß der Ausdruck יראי שמים nicht vorkommt. Daß diese gemeint oder mitgedacht sind, kann man nur aufgrund der Hiobstelle vermuten.[58] Es bleibt jedoch anzumerken, daß die Offenheit der Rabbinen aus der Schule Hillels, welche sich später de facto durchsetzte[59], nicht überall vorhanden war. In bestimmten Kreisen bestanden die radikalen Positionen weiterhin, besonders im palästinischen Bereich und vor dem Jüdischen Krieg.[60]

b) Rabbinische Texte, die für die „Gottesfürchtigen"-Problematik keine Relevanz haben

6. Nach j Yev 8,1; b avoda zara 65 durfte ein גר תושב nur 12 Monate lang diesen Status innehaben. Innerhalb dieser begrenzten Zeit mußte er sich beschneiden lassen, um nicht wieder in den Zustand eines Heiden zurückzufallen. Derartige Forderungen sind nur hier erhoben worden und lassen sich für das Phänomen der „Gottesfürchtigen" nicht weiter nachweisen. Generell kann gesagt werden, daß für die Gruppierung der „Gottesfürchtigen" kein Katalog von „Forderungen" existiert hat.[61]

7. Ebenso passen die Stellen Mekhilta Ex 23,12; Kerithoth 9a und j Yev 8,1 nicht auf „Gottesfürchtige". Sie sprechen davon, daß dem גר תושב bestimmte Sabbatobservanzen aufgezwungen werden sollen.[62] Diese Stellen sind deshalb nicht weiter ergiebig, weil andere jüdische Vertreter wie Philo

---

[57] Vgl. SIEGERT, JSJ 4 (1973) 119f.

[58] Damit ist die grundsätzliche Beobachtung verbunden, daß die Bezeichnung שמים יראי sich nicht in der älteren Überlieferung der Mischna und der Tosefta findet.

[59] Vgl. Talmud Sanhedrin 105a, Sanhedrin 10b, Hullin 92a, avoda zara 10b (Hinweise bei MÜLLER, Tora, 74) und die verbindlich halachische Entscheidung bei Maimonides: „Auch die Frommen der Weltvölker haben Anteil an der kommenden Welt" (hilkot Tschuvot 3,5). Trotzdem muß deutlich gemacht werden, daß diese letzte Klärung durch Maimonides die grundsätzliche Problematik unterstreicht. Derartige Einsichten kommen allenfalls ziemlich spät und treffen die Problematik, die mit den „Gottesfürchtigen" bestand, wohl nur am Rande.

[60] Vgl. dazu die noch näher zu besprechende Episode von König Izates und die Position des Galiläers Eleazar (Josephus, Ant XX,17–53, bes. 43ff.); vgl. dazu Kapitel IV und VIII.

[61] Vgl. SIEGERT, JSJ 4 (1973) 123f.

[62] Vgl. SIEGERT, JSJ 4 (1973) 124f.

und Josephus von einem ganz anderen Phänomen sprechen, nämlich der weltweiten Sabbatbeachtung und den damit verbundenen Praktiken, was sie mit Stolz verzeichnen.[63] Von einem Zwang zur Sabbatbeachtung von jüdischer Seite kann ebenso keine Rede sein wie von dem gegenläufigen Trend, welcher Heiden angeblich die Sabbateinhaltung verbietet. Solche Passagen sind erst für eine spätere Zeit belegt.[64]

c) Rabbinische Texte, die den „Gottesfürchtigen" scheinbar bestimmte Regeln auferlegen wollen

Für diese Überlegungen müssen nochmals die bereits oben gemachten Unterscheidungen zwischem einem ger sedek und einem ger toshab in Erinnerung gerufen werden. Schon seit persischer Zeit wurde der גר mit dem Proselyten in Verbindung gebracht und eine entsprechende Übersetzung gewählt. All die Stellen nun, wo גר nicht auf einen Proselyten deutbar war, wurden mit der Hilfskonstruktion des ger toshab gebildet.[65] Nach Maimonides[66] ist der ger toshab derjenige, der die sieben noachidischen Gebote[67] auf sich genommen hat und das vor einem Gremium schriftgelehrter Zeugen. Diese Aussage wird auch an anderen Stellen diskutiert. Dabei werden ent-

---

[63] Vgl. dazu die Ausführungen in Kapitel IV.

[64] Maimonides, Hilkot Melakim 10,9; auch für die Tora und jüdische Feste geltend: „Ein Nichtjude ..., der sich mit der Torah befaßt hat, ist des Todes schuldig. Er darf sich nur mit ihren (noachidischen) sieben Geboten allein befassen. Desgleichen ein Nichtjude, der einen Sabbat begangen hat. Und sei es selbst nur an einem von den Wochentagen, falls er ihn für sich als eine Art Sabbat gefeiert hat, ist er des Todes schuldig. Und es bedarf keiner Erwähnung, (daß er schuldig ist), falls er für sich ein (jüdisches) Fest begangen hat." Zu beachten ist besonders der darauf folgende Satz, welcher programmatische Bedeutung besitzt: „Entweder er wird Proselyt und nimmt alle Gebote auf sich, oder er bleibt bei seiner Religion und fügt nichts hinzu und läßt nichts weg" (Übersetzung bei MAIER, Friedensordnung, 161f.). Im Ohr zu behalten ist aber, daß die conditio sine qua non alle dieser „Bestimmungen" die Existenz eines Staates Israel ist, in welchem derartiges Recht gelten und gesprochen werden kann (s.u.).

[65] Vgl. zu dieser Unterscheidung Lev 25,47 und Sifre 110a zu dieser Stelle.

[66] Hilkot Melakim 8,10: „Unser Meister Mose hat die Torah und die Gebote nur Israel (allein) hinterlassen, denn es heißt (Dtn 33,4): Erbteil der Gemeinde Jakobs. Aber jeder aus den anderen Völkern, der es will, kann Proselyt werden, denn es heißt (Num 15,15): wie ihr als ger (Proselyt). Wer aber nicht will, den zwingt man nicht, die Torah und die Gebote anzunehmen, die den Noachiden befohlen worden sind. Und wer sie nicht annimmt, soll getötet werden. Wer sie annimmt, wird stets ger tôshab/Beisasse genannt und muß sie (die noachidischen Gebote) vor drei Toragelehrten (chaberîm) auf sich nehmen. Wer es auf sich genommen hat, sich beschneiden zu lassen, und es sind danach zwölf Monate vergangen und er ist nicht beschnitten, der ist wie ein Mîn/Häretiker aus den Völkern" (Übersetzung bei MAIER, Friedensordnung, 154f.).

[67] Vgl. dazu grundlegend NOVAK, Image, pass.

weder verschärftere Formen geboten, nach der für den ger toshab alle Gebote und Verbote der Tora zu gelten haben mit Ausnahme des Verbots ungeschächteten Fleisches. Oder es werden mildere Aussagen getroffen, nach welchen lediglich der Verzicht auf Götzendienst erfolgen soll. Alle diese Texte sind in ihrer Relevanz für „Gottesfürchtige" deshalb schwer zu beurteilen, weil die genannten Forderungen nie rechtskräftig wurden, da sie die Praxis des Joveljahres voraussetzen.[68] Damit wird indirekt ausgedrückt, daß diese beiden Bestimmungen erst dann Gültigkeit haben und erlangen werden, wenn Israel ein selbständiger Staat sein wird. All diese Bestimmungen kommen daher eher einem großen Entwurf als einer gültigen und intakten Praxis nahe.[69]

Im Zusammenhang der Frage nach den „Gottesfürchtigen" taucht besonders in der älteren Literatur immer wieder die Identifizierung der „Söhne Noahs" mit „Gottesfürchtigen" auf. Diese Gleichsetzung läßt sich weder von der Quellenlage noch von der Sache her rechtfertigen. Ausdrücklich sei noch einmal darauf verwiesen, daß einerseits nach den talmudischen Quellen die יראי שמים keine Proselyten (und deshalb auch keine Halb- oder Teilproselyten oder Proselyten des Tores etc.) waren und daß andererseits die „Gottesfürchtigen" auch nicht dasselbe sind wie die Söhne Noahs und folglich auch keine entsprechenden Regeln einzuhalten haben.[70]

8. Trotzdem soll mit Siegert noch der Versuch unternommen werden, ob sich möglicherweise nicht San 96n (Bar), Gittin 57b auf einen „Gottesfürchtigen" deuten läßt. Der bereits erwähnte Feldhauptmann Naeman (2 Kön 5,17–19), der nicht in Israel lebte, wird dort als ein ger toshab im Gegenüber zu einem ger sedek bezeichnet. Siegert meint, daraus schließen zu können, daß Naeman durchaus als ein „Gottesfürchtiger" gedacht werden denken könne, auch wenn die Einreihung in die יראי שמים terminologisch fehle. Denn die Bezeichnung גר תושב könne die יראי שמים inkludieren.[71] Auch wenn diese letzte Deutung Siegerts nur schwer nachvollzogen werden kann, zeigt doch die rabbinische Diskussion von 2 Kön 5,17–19, daß hier eine

---

[68] „Die Institution des ger toshab hat Geltung nur zur Zeit, in der das Joveljahr Geltung hat" (Arakhin 29a, Lev 25,8ff.; vgl. Müller, Tora, 71f.; Siegert, JSJ (1973) 121f.

[69] Trotzdem muß beachtet werden, daß das biblische Konzept eines echten Zusammenlebens von Juden und dazukommenden Heiden in der vorläufigen Ordnung, in welcher es diesen Staat nicht gibt, zu einer kritischen Reflexion dieser Praxis aufruft. Aus Lev 25,35 leiten die Rabbinen nach pesahim 21b; avoda zara 65a, Sifre 109b zu Lev 25,35 ab: Du bist verplichtet, sein (i.e der außerjüdische Mensch, B.W.) Leben zu fördern"; Übersetzung nach Müller, Tora, 72.

[70] Vgl. zu diesem Zusammenhang besonders Reynolds / Tannenbaum, Jews, 48f., wo die langanhaltende Debatte sehr präzise zusammengefaßt wird.

[71] Siegert, JSJ 4 (1973) 122f.

grundsätzliche Problematik angesprochen wird. Sie besteht darin, daß es immer wieder Menschen gab, die in Loyalitätskonflikte wegen ihrer Zuwendung zum Gott Israels gerieten. Diese Konflikte entstanden wegen einer JHWH nachgeordneten Autorität, die aufgrund bestimmter politischer und sozialer Konstellationen Anspruch auf Gefolgschaft erhob und dadurch einen entsprechenden Gewissenskonflikt auslöste.

9. Interessant und ergiebig ist aber schließlich noch eine Textpassage aus Philo, die Siegert[72] zur Stützung seiner These von einer Nebenbedeutung von ger toshab heranzieht. In Philos Quaest in Ex 22,20 (21) unterscheidet dieser zwei „Arten" von Proselyten. Zum einen diejenigen, die als Proselyten der Gesetze und Sitten (νομίμων καὶ ἐθῶν) bezeichnet und gelobt werden, weil sie zur Wahrheit übergelaufen sind. Zum anderen diejenigen, welche in Ägypten als Fremdlinge lebten, womit die Israeliten gemeint sind. Sie nennt Philo Proselyten des Landes (ἐπήλυδες χώρας). Eine nähere Charakterisierung fehlt hier; es wird weder von Beschneidung noch vom Verzicht auf Polytheismus gesprochen, welchen der Jude im übrigen nach Philo infolge seiner Geburt schon abgelegt hat. Möglicherweise läßt sich diese Stelle auf einen ger toshab deuten. Gefragt werden sollte aber trotzdem, ob Philo hier auf ein tatsächliches Phänomen innerhalb seiner Umwelt reagiert oder ob er nur theoretisch konstruiert.[73] Nach einer sorgfältigen Analyse kommt jedenfalls Borgen neuerdings zu dem Ergebnis, daß an dieser Stelle Philo einen idealtypischen Proselyten vorstellt, der zu seiner äußerlichen Beschneidung auch noch innerlich beschnitten sein sollte, um dem damit verbundenen hohen Anspruch Genüge zu tun.[74] Trotzdem sollte diese Stelle als „impliziter Beleg" im Auge behalten werden, weil seine Überlegungen möglicherweise das heidnische Interesse am Judentum in gemäßigter Form verarbeiten könnten.

Mit den Überlegungen zu Philo sind wir an einen wichtigen Übergang geführt worden. Im folgenden muß es nämlich darum gehen, die Terminologie der griechisch schreibenden Autoren zu untersuchen, die das Phänomen der „Gottesfürchtigen" berühren. Bevor dies im einzelnen geschieht, soll aber rückblickend festgehalten werden, was der Durchgang durch die Hebräische Bibel, die LXX und die rabbinische Kommentierung erbracht hat.

---

[72] SIEGERT, JSJ 4 (1973) 123f.

[73] Der Optimismus FELDMANS, BArR (1986) 61 im Hinblick auf diesen Beleg kann jedenfalls nicht geteilt werden. Von einer „clear allusion to ‚sympathizers'" möchte ich ebenso wenig sprechen wie der nachstehenden Klassifizierung folgen: „Such a proselyte, says Philo, is what we would term a ‚sympathizer'".

[74] BORGEN, Philo, 62–65. 217–232: „Thus nothing in Philo's writings speaks against also understanding the proselyte in Quaes Exod II:2 to mean a full proselyte" (Zitat 63).

5. Versuch einer vorläufigen Zusammenschau

1. Grundsätzlich ist festzuhalten, daß das Verhältnis zu Fremden und zu denen, die sich als Nichtjuden mit der Tora beschäftigen wollen, ambivalent ist.

2. Die Hebräische Bibel kennt und reflektiert trotzdem immer wieder neu das Verhältnis zu Fremden, die aber nicht zur Beschneidung gezwungen werden.

3. Schon in 2 Kön 5,19 wird anhand des syrischen Feldhauptmanns Naemann ein grundsätzliches Problem angesprochen und bejaht: Daß JHWH ohne Beschneidung auch allein gedient werden kann und gleichzeitig trotzdem einer anderen Gottheit, wenn aus Loyalitätsgründen politischer oder sozialer Art eine derartige Verneigung nötig ist.

4. Diese Haltung ist aber keineswegs eindeutig und wird in der jüdischen Literatur intensiv diskutiert. Judith 14,10 u.a. bewahrt Stimmen auf, nach der es nur mit erfolgter Beschneidung möglich ist, JHWH derart zu verehren und ihm allein zu dienen.

5. In der rabbinischen Literatur werden diese Fragen weiter diskutiert und problematisiert. Grundsätzlich läßt sich sagen, daß die Existenz und Faktizität von „Gottesfürchtigen" als יראי שמים vorausgesetzt werden kann, daß ihre Beschneidung gefordert und eingeklagt wird, daß ihr Leben nach der Tora ein Gegenstand der Auseinandersetzung ist und daß die Auferlegung von Regelungen und Geboten und Verboten sich nicht letztgültig beantworten läßt.

6. Die „Gottesfürchtigen" sind besonders innerhalb der rabbinischen Literatur eine Bewegung sui generis gewesen, deren Existenz wohl gesichert ist. Ihre genaue Beschreibung und angemessene Definition fehlt aber ebenso, wie eindeutige Regelungen und Vorschriften zu vermissen sind. Sie waren wohl ein Phänomen, das a priori von den Schulhäuptern nicht bedacht, überlegt oder diskutiert worden war, so daß sie a posteriori darauf nur sehr schwer terminologisch und regulativ reagieren konnten.

In einem weiteren Gang soll nun der Blick auf die Zeugnisse im hellenistischen Judentum gelenkt werden, von denen mehr Licht auf dieses dunkle Phänomen fallen könnte.

IV. Terminologische Klärungen unter besonderer Berücksichtigung der griechischen Wortstämme

Bei der Diskussion um die „Gottesfürchtigen" wird immer kritisch gefragt, ob es sich bei diesem Phänomen überhaupt um eine eigenständige und klassifizierbare Gruppe gehandelt habe. Die Skeptiker räumen lediglich ein, daß „gottesfürchtig" eine häufig verwendete Vokabel war, die vor allem intern im jüdischen Kontext gebraucht und auf Juden angewendet wurde. „Gottesfürchtig" ist nach dieser Meinung eine qualitativ-prädikative Aussage, die Juden als besonders „fromm, gottergeben, demütig" darstellt und dies innerhalb der Literatur[1] oder Inschriften festhält. „Gottesfürchtig" wäre umgekehrt demnach kein spezifisch kategorisierender Terminus, der eine besondere Analyse erfordern würde. Auf solche Tendenzen war schon bei der Problemerfassung in Kapitel I hingewiesen worden. Nun ist sicherlich nicht von der Hand zu weisen, daß „gottesfürchtig" durchaus in dieser Verwendung gebräuchlich ist und sich belegen läßt.[2] Dennoch muß den verallgemeinernden Aussagen ein Riegel vorgeschoben werden. Denn bei genauerer Betrachtung ergeben sich erhebliche terminologische Unterschiede, welche gegen eine einseitige Beurteilung von „gottesfürchtig" sprechen.[3] Die griechische Sprache verwendet zur Um- und Beschreibung der „Gottesfurcht" durch Menschen folgende Wortgruppen:

---

[1] Ein prominentes Beispiel, welches zu einer allgemeinen Ausweitung oder Generalisierung geradezu herausfordert, ist Philo, SpecLeg I,77f. Philo erklärt dort die Einnahmen des Tempels in Jerusalem unter besonderer Berücksichtigung der Tempelsteuer samt ihrer hervorgehobenen Stellung und Bedeutung. Er schließt seine Ausführungen mit der Bemerkung, daß auf den vorgeschriebenen Abgaben die Hoffnungen der εὐσεβούντων beruhen würden. Hier kann es sich nur um eine Ehrenbezeichnung für Juden und Proselyten handeln, die allein zur Zahlung der Tempelsteuer verpflichtet waren. Ob eine solche Stelle allerdings derartig isoliert auszuwerten ist, muß im weiteren Verlauf geklärt werden.

[2] Damit sind Stellen gemeint, die „gottesfürchtig" im Sinne einer „Tugend" beschreiben (vgl. z.B. IV Makk 5,18.24.31.38; 6,2.22; 7,1.3f.16.18.22 etc), wobei dies aber auch nur mit Einschränkungen geschehen kann (zum Problem s.u.).

[3] Das Hebräische setzt für die hier zu untersuchende „Gottesfurcht" (יראת אלהים, יראת אדון) die Verbform ירא (qual, nifal) und das Verbaladjektiv ירא sowie die zum Substantiv gewordene Form יראה voraus. Insgesamt finden sich für diese drei Erscheinungs-

– εὐλάβεια	εὐλαβέομαι	εὐλαβής		(= 1.)
– εὐσέβεια	εὐσεβέω	εὐσεβής	εὐσεβῶς	(= 2.)
– θεοσέβεια	θεοσεβής			(= 3.)
– σέβομαι	σεβόμενος τὸν θεόν			(= 4.)
– φοβέομαι	φοβούμενος τὸν θεόν			(= 5.)

Es soll bei den folgenden Ausführungen keine Wiederholung der Befunde erfolgen, die in den diversen Wörterbüchern und Lexica enthalten sind. Hier wird die Aufmerksamkeit auf das Phänomen „Gottesfurcht" resp. „gottesfürchtig" gelenkt und danach gefragt, ob und wie in den Quellen Hinweise auf soziologisch faßbare und verortbare Gruppen gegeben werden.[4] Die Bedeutung der einzelnen Wortstämme hinsichtlich ihrer vielgestaltigen Bedeutungsgeschichte einschließlich des Wandels werden daher nicht isoliert betrachtet, sondern es sollen die Brücken und Bausteine aus den verschiedenen Quellen ermittelt werden, die zum Verständnis der „Gottesfürchtigen" einen Beitrag leisten können. Die Konzentration auf eine derartige Fragestellung zwingt dazu, manchen Aspekt beiseite zu lassen, um die besondere Ausrichtung nicht zu verlassen.

Besonderer Erwähnung bedarf der Umstand, daß in einigen Quellen (u. a. den Inschriften) auch das lateinische Äquivalent „metuens" auftaucht, auch ohne Hinzufügung eines Objektes.[5] Auf römischer Seite fand nämlich eine besondere Entwicklung statt, womit das relativ seltene Vorkommen

---

formen 293/43/44 = 380 Belege (nach EVEN-SHOSHAN). In der Mehrzahl der Belege ist die Furcht vor Gott/JHWH zentral; ebenso daß er zu fürchten sei oder selber seine Zusage „Fürchtet euch nicht" gibt. Keine geringe Rolle spielt die Aussage, daß Menschen sich vor anderen Menschen fürchten, vor dinglichen Gegenständen, vor Naturkatastrophen, vor anderen Völkern. Wichtig ist aber vor allem die Beobachtung, daß überwiegend die im Hebräischen vorausgesetzte Terminologie mit φοβέομαι und φόβος übersetzt wird. *Ausnahmen* sind σέβομαι (LXX Jos 4,24; 22,25; Jes 29,13; Hi 1,9; Jona 1,9); εὐλαβέομαι (Ex 3,6; 1 Sam 18,29); ἀγωνιάω (Dan 1,10); εὐλογέω (Jes 25,3); πτοιάω (2 Chr 32,7) und θαρσέω. Letzteres wird gebraucht, um das „Fürchtet euch nicht" von Mensch zu Mensch (Gen 35,17; Ex 14,13, Mose!; 20,20; 1 Kön 17,13), von Mensch zum Land Israel (Joel 2,21), zur Stadt Jerusalem (Zeph 3,16) und zum Tier (Joel 2,22) zur Anwendung zu bringen. Jedoch gibt es hiervon auch Ausnahmen, wie Hag 2,5; Sach 8,13. 15 ebenso zeigen wie auch φοβέομαι für den Kontext Mensch – Mensch herhalten muß (Gen 43,23). Das Verbaladjektiv θεοσεβής wird als Übersetzung für diesen Kontext nur in Ex 18,2 vorausgesetzt. Für den zum Substantiv gewordenen Infinitiv gilt, daß er sich in Gen 20,11; Hi 28,28 als θεοσέβεια und in Jes 33,6 und Prov 1,7 εὐσέβεια findet (zum sonstigen Gebrauch s.u.). Ansonsten wird in diesem Kontext φόβος/φοβέομαι übersetzt. Im Zusammenhang mit der Konstruktion φοβούμενος τὸν θεόν wird noch zu klären sein, weshalb diese Formulierung so hervorragend fungiert.

[4] An dieser Stelle sei noch einmal auf die Erwägungen in Kapitel II über die Attitüden-Forschung verwiesen.

[5] Belege dafür finden sich in ThesLL VIII, 906, Sp. 32–41.

dieser Vokabel zu erklären ist. So gibt es den Ausdruck „metuens deorum" etwa in Grabinschriften nicht, während er gleichzeitig öfters mit dem Begriff religio in der Literatur verbunden ist.[6] Der Grund für die nicht so häufige Verwendung liegt wohl darin, daß die „Furcht vor einem persönlich gedachten Gott bzw. persönlichen Göttern sich in Rom deshalb nicht leicht entwickeln u. auch niemals zu einem lebendigen u. festen Bestandteil der vorgriechischen, urrömischen Religion werden konnte, weil in jenem frühen Stadium u. noch recht lange danach göttliche Mächte nie vollständig anthropomorphisiert worden sind …"[7]. So erscheint es also ratsamer, „metuens" nicht in einer eigenen Rubrik zu behandeln, sondern dann aufzugreifen, wenn es in den Inschriften und bei den klassischen Autoren erwähnt wird.

1. Εὐλάβεια, εὐλαβέομαι, εὐλαβής

a) Das Neue Testament benutzt alle drei Vokabeln in unterschiedlichen Zusammenhängen. In Hebr 12,28 wird von der εὐλάβεια folgendermaßen gesprochen: „... und wollen Gott so dienen, wie es ihm gefällt, mit Gehorsam und Furcht; denn unser Gott ist ein verzehrendes Feuer". εὐλάβεια findet sich auch in Hebr 5,7 (textkritisch umstritten)[8], wobei Jesu Gottesfurcht im Sinne von Gehorsam gebraucht wird. εὐλαβέομαι bezeichnet in Hebr 11,7 die Haltung des Noah, der gottesfürchtig, d.h. in frommem Gehorsam die Arche baute. Besondere Beachtung verdient im Neuen Testament[9] die Vokabel εὐλαβής, die sich in Lk 2,25; Acta 2,5; 8,2 und 22,12findet und zur Beschreibung von Individuen und Gruppen angewendet wird.

Dabei handelt es sich jeweils um „Juden von Geburt" und nicht um Personen, die sich dem Judentum anschließen wollen (vielleicht in Ausnahme um Proselyten).

b) Die LXX benutzt diese Wortgruppe im allgemeinen zum Ausdruck von Furcht, wobei zwischen der Furcht vor JHWH (Ex 3,6; Prov 28,14; Jer 5,22), vor Menschen und vor Bedrohungen zu unterscheiden ist (Dtn 2,4; Jes 57,11).

c) Die zwischentestamentliche Literatur, Philo, Josephus, die Apostolischen Väter und die Apologeten kennen diese Wortgruppe wenigstens teil-

---

[6] Seit Plautus Amph. 841 belegt. Öfters bei Cicero inv. 2,66: „religionem eam, quae in metu et caerimonia deorum sit, appellant" (vgl. DIHLE, RAC VIII, 1972, 668).

[7] DIHLE, RAC VIII, 1972, 668f.

[8] Vgl. dazu BULTMANN, ThWNT II (1935) 750f. und BALZ, EWNT II (1981) Sp. 197f.

[9] Beachte auch die Ausführungen von ROMANIUK, Aeg. XLIV (1964) 82–84.

weise, doch trägt ihre Analyse für die hier verfolgte Fragestellung zu wenig bei. Besonders verwiesen werden soll aber auf Philos Verwendung von εὐλαβέομαι im Zusammenhang von SpecLeg I,56. Hier wird die Tat des Pinhas beschrieben, der im Eifer einen abtrünnigen Volksgenossen samt einer Midianiterin erstach. οὐδὲν εὐλαβηθείς bedeutet in diesem Zusammenhang „ohne Vorsicht walten zu lassen", womit auf eine gewisse Rücksichtslosigkeit bei seiner Tat angespielt wird. Vom gesamten Kontext her wird dadurch deutlich, daß die Verwendung dieser Wortgruppe nicht nur eine Haltung impliziert, sondern auch mit einem Verhalten verbunden sein kann. Diesen Umstand verdeutlichen andere Zusammenhänge aber noch klarer, wie der Fortgang zeigen wird.

Zusammenfassende Wertung:
Die in dieser Wortgruppe ermittelten Aussagen haben für die Bewegung und das Phänomen der „Gottesfürchtigen" nur geringe Bedeutung. Dies hängt wohl mit dem Umstand zusammen, daß die Wortgruppe von ihrer ursprünglichen Bedeutung mit „Vorsicht, Achtsamkeit", etc. in Verbindung steht. Eher könnte sie geeignet sein, die Beachtung von Geboten zu beschreiben und auf die Tora angewendet zu werden.[10]

Dennoch kann dieser Aspekt des Wortstammes nicht ausreichend in jüdischen Quellen nachgewiesen werden, um für die Absicht dieser Untersuchung wirklich von Bedeutung zu sein. Denn es sollen die grenzüberschreitenden und öffnenden Aspekte des Judentums (einschließlich der Tora) in Perspektive zum Heidentum aufgezeigt und gerade nicht die eher abgrenzenden Züge betont werden.

2. Εὐσέβεια, εὐσεβέω, εὐσεβής, εὐσεβῶς

a) Im Neuen Testament läßt sich diese Wortgruppe in unterschiedlicher Häufigkeit nachweisen: Εὐσέβεια 15mal, εὐσεβέω 2mal, εὐσεβής 3mal und εὐσεβῶς 2mal. Die Belege sind insofern ambivalent, als sie einerseits auf die Wortbedeutung im Sinne einer individuellen „Tugend" abzielen[11], sie andererseits aber auch Hinweise darauf geben, daß mit ihrer Verwendung eine kollektive Größe oder eine „Gruppe" gemeint sein könnte.

---

[10] Später macht sie eine Entwicklung zu „Zurückhaltung, Furcht, Angst" durch(vgl. dazu nochmals BULTMANN, a.a.O., 749–751).

[11] In der Mehrzahl der Belege ist Gottesfurcht als „Tugend" anvisiert, wobei die Pastoralbriefe eine Hauptquelle darstellen. Verwendet wird zur Beschreibung dieser Tugend am häufigsten εὐσέβεια.

Dabei ist Acta 17,23 noch der schwächste Beleg. Paulus spricht die Athener auf dem Areopag auf den Altar des Ἀγνώστος θεός[12] an und will ihnen verkündigen, was sie unwissend verehren (εὐσεβέω). In Acta 17,23 sind aber die klassischen Voraussetzungen des Wortstamms εὐσεβ- noch am ehesten gegeben. Ohne Nennung eines Objektes oder Zusatzes meint es auch noch zu neutestamentlicher Zeit eine Art von Frömmigkeit, die sich im korrekten Verhalten gegenüber den Göttern ausweist. Dabei ist εὐσεβεῖν zunächst ausschließlich auf die Ehrfurcht vor Göttern und vor Ordnungen wie der Familie oder des Staates ausgerichtet gewesen, während das unten noch näher zu untersuchende σέβεσθαι schon auf ein entsprechendes Verhalten zielt. Diesen Wandel von der Ehrung zur Verehrung erfährt aber auch εὐσεβεῖν in späterer Zeit.[13]

Deutlicher und dem hier untersuchten Phänomen näher ist 2 Tim 3,12. Der Autor erinnert daran, daß gottesfürchtiges (εὐσεβῶς) Leben Verfolgung nach sich ziehen wird. Besonders erwähnenswert ist Acta 10,2 (vgl. 7), wo εὐσεβής den Hauptmann Cornelius ebenso qualifiziert wie seine Almosen und Gebete. Zu beachten ist, daß εὐσεβής durch ein einfaches καί mit φοβούμενος τὸν θεόν verknüpft. Schließt eine derartige Verwendung von εὐσεβής die Annahme aus, es werde bei dieser Wortgruppe auch auf ein soziales Phänomen angespielt, wie es in Form der Gruppierung der „Gottesfürchtigen" nachgewiesen werden soll? Generell ist es zwar möglich, daß Lukas beide Qualifikationen voneinander unterschieden haben will und mit ihnen je etwas Eigenes aussagt. Möglicherweise hat Lukas aber mit der Wortgruppe des Stammes εὐσεβ- auch die sozialen Phänomene anvisiert. Dafür sprechen die Verwendungen in den Belegen Acta 10,7 wie vielleicht auch in 17,23, da dort jeweils Menschen auf diese Weise als „fromm" gekennzeichnet werden. Nur in Acta 3,12 verwendet Lukas εὐσέβεια sonst noch, hier im Munde des Petrus für seine eigene εὐσέβεια. Dafür spricht aber auch die Verwendung des καί, welches unterschiedlich gebraucht werden kann: „zum Teil das Ganze hinzufügend", „durch καί verb. Ausdrücke können ... gemeinsam eine Sache aussagen" oder „explikativ, indem an ein Wort oder ein and. Satz durch καί angereiht wird, der das Vorausgehende erklären soll und zwar, nämlich...".[14] Dafür spricht schließlich die Verwendung der Wortgruppe in der zwischentestamentlichen Literatur sowie bei Philo und Josephus, was im folgenden gezeigt wird.

---

[12] Vgl. dazu schon die Ausführungen von DEISSMANN, Paulus, 178–181; ausführlich VAN DER HORST, Altar, 1426–1456.

[13] Vgl. FÖRSTER, ThWNT VII (1961) 176–184.

[14] WB[5], Sp. 773–778.

b) Der Aristeasbrief weist in den Paragraphen 210ff. auf die εὐσέβεια hin, indem diese einem heidnischen, aber als gottesfürchtig dargestellten König (Ptolemäus II. Philadelphus, 284 – 247 v. Chr.) erklärt wird: Das Wesen der εὐσέβεια besteht „im Glauben, daß Gott alles in allem wirkt und alles kennt und daß kein Mensch, der unrecht oder übel handelt, ihm verborgen bleibt". Diese Einsicht wird nicht nur als Haltung im persönlichen Bereich gekennzeichnet, sondern allgemein gehalten und diesem König als Herrschaftsmaxime empfohlen.[15]

c) Bemerkenswerter sind jedoch die Belege, die Philo bietet.[16] In Plant 107 moniert Philo, daß die Irrmeinung existiere, nach der Frömmigkeit ausgewiesen werde durch heilige Opferhandlungen.[17] Eine solche Auffassung weist er als Aberglauben (δεισιδαιμονία) schroff zurück. Damit stellt Philo klar, daß die mit dem Wortstamm δεισιδαιμ- verbundene Furcht vor Göttern bzw. Frömmigkeit eindeutig zweifelhaft und aus jüdischer Sicht scharf zu verurteilen ist. Plutarch ordnet diesen Sachverhalt ähnlich ein, indem er δεισιδαιμονία noch mehr Gefährlichkeit bescheinigt als der Gottlosigkeit.[18]

Einen wichtigen Beleg stellt auch Abr 127–130 dar. Denn hier wird der Problemkreis der Fremden angesprochen, die Gott ehren wollen. Sie können sich ihm aus unterschiedlichen Beweggründen nähern. Gott nimmt nämlich denjenigen bei sich auf, dessen Annäherung aus Furcht (φόβος) erfolgt. Dadurch werde diese Person nicht moralisch schlimmer, sondern gebessert, sofern in immerwährender Gottesverehrung lautere und reine Frömmigkeit geübt wird. Vom Kontext her geht es also bei εὐσέβεια nicht nur um eine reine Geisteshaltung, sondern um eine Möglichkeit, als Fremder von Gott angenommen zu werden, wenn die entsprechende Furcht vor ihm gegeben ist. Es sei schon hier darauf verwiesen, daß dadurch eine besondere Nähe zu den im Neuen Testament erwähnten φοβούμενοι τὸν θεόν gegeben ist.

Im Zusammenhang von VitMos I,302f. geht es nochmals um die Tat des Pinhas. In dem sich anschließenden Rachefeldzug werden bemerkenswerterweise all diejenigen am Leben gelassen, welche einen Nachweis ihrer εὐσέβεια leisten können. Damit ist auch an dieser Stelle keine Gesinnung oder Tugend gemeint. Vielmehr geht es um eine Haltung, welche die Vereh-

---

[15] Arist 215,3; vgl. 42,4; 229,2.

[16] „Gottesfurcht", ausgedrückt durch εὐσέβεια, meint bei ihm auch oft die Tugend, weshalb der Ausnahme hier besondere Aufmerksamkeit zu schenken ist.

[17] Vgl. ähnlich auch Det 20f., wo eine vergleichbare Beurteilung zur εὐσέβεια gegeben wird.

[18] Plutarch, De Superstitione 165B.

rung der von Menschenhand gefertigten Götter ablehnt. Eine fast parallele
Aussage liegt in VitMos II,171f. vor, wo die Leviten als diejenigen beschrieben werden, welche über eine derartig ausgeprägte εὐσέβεια verfügen.[19]

Daß εὐσέβεια nicht auf die Beschreibung und Klassifizierung als Tugend beschränkt werden kann, zeigt auch SpecLeg I,51f. Der Übergang ins Lager der εὐσέβεια wird mit dem Übergang zur Verehrung des einzigen Gottes in Verbindung gebracht. Dieser Aspekt wird festgeschrieben in SpecLeg I,68f. (vgl. 309), wo der Übertritt zum Judentum als εὐσέβεια bezeichnet wird. Besonders die zuletzt genannten Textstellen zeigen deutlich, daß das Phänomen der Gottesfurcht einerseits eine besonders qualifizierende Eigenschaft ist, andererseits mit einem Verhalten und Handeln in Verbindung stehen kann und damit in die Nähe einer Hinwendung zum Judentum in Form der Verehrung des einzigen Gottes gehört.

Dieser zuletzt genannte Umstand steht auch im Mittelpunkt der Tamar-Erzählung (vgl. Gen 38,6ff.) in Virt 220–225. In starker Allegorisierung wird Tamar als Proselytin dargestellt, die sich unter Lebensgefahr der εὐσέβεια zuwandte, worunter im Näheren die Verehrung des einen und einzigen Gottes verstanden wird.

Zwei besonders hervorzuhebende Belege stellen LegGai 297 und 319 insofern dar, als hier zwei Personen der römischen Geschichte ausdrücklich in den Mittelpunkt der behandelten Problematik treten. In Paragraph 297 wird Marcus Agrippa, der Schwiegersohn des Augustus und Freund Herodes' I., eine freundliche und kooperative Haltung gegenüber dem Judentum seiner Zeit bescheinigt und dieses Verhalten als εὐσέβεια beschrieben. Eine ähnliche Beurteilung erfährt in Paragraph 319 Julia, die Ehefrau des Augustus.

Zusammenfassend soll festgehalten werden, daß durch den Sprachgebrauch Philos eine gewisse Brücke gebildet ist, da hier εὐσέβεια auch eine soziale Komponente haben kann. Diese leitet vorsichtig zu dem Phänomen hinüber, unter dem die sogenannten „Gottesfürchtigen" verhandelt werden. Eine ähnliche Beobachtung kann auch für Josephus reklamiert werden, wie im folgenden zu zeigen ist.

d) Die Verwendung des Wortstammes εὐσεβ- bei Josephus zeichnet sich dadurch aus, daß er einen sehr alten Aspekt des klassischen griechischen Bereichs rezipiert hat, welcher die „Frömmigkeit" als „älteste Tugend"[20] be-

---

[19] Vgl. zu diesem Aspekt ferner SpecLeg I,54.79.316; SpecLeg III,126f.

[20] Nach Dihle, Kanon der zwei Tugenden ist εὐσέβεια nicht älter als die anderen Tugenden (z.B. ἀνδρεία), wohl aber älter als die philosophischen Tugendkanones (seit Platon), in denen sie zu fehlen pflegt (Hinweis von Görgemanns).

greift.[21] Festzuhalten bleibt aber, daß in den folgenden Zusammenhängen damit auch immer ein Verhalten, Handeln oder eine soziale Dimension impliziert ist.

Josephus nennt den Perserkönig Xerxes (486 – 465 v. Chr.) und hebt besonders seine εὐσέβεια hervor, die sich in wohlwollendem Verhalten gegenüber den Juden widerspiegelt.[22] Ähnlich gelagerte Aussagen sind für Ptolemaios II. Philadelphos (283–246 v. Chr.) in Ant XII,52 (vgl. 56) belegt, besonders auch für Antiochus VII. Sidetes (138 – 129 v. Chr.). Dieser sieht um seiner εὐσέβεια willen von einer Ausrottung der Juden ab, wozu ihn seine Ratgeber vergebens drängen wollten.[23]

Vergleichbar sind auch die weiteren Belege. In Ant XIV,72 wird der römische Feldherr Pompeius erwähnt, der bei seinem Zug gegen Jerusalem (63 v. Chr.) in das Allerheiligste des Tempels eindrang, aber aus εὐσέβεια die wertvollen Geräte und Barschaften nicht anrührte. Ein derartiges Motiv, nach der die Gottesfurcht des Mächtigen, hier beschrieben durch εὐσεβής, die Heiligkeit des Tempels schützt, findet sich auch in XVIII,297. König Agrippa I. (37 – 43/44 n. Chr.; König über Judäa ab 41 n. Chr.) bittet Kaiser Gaius (Caligula) um die Rücknahme seines Befehls, das Jerusalemer Heiligtum in einen Tempel des Zeus Epiphanes Gaius umzugestalten, indem er auf die „Gottesfurcht" des Gaius hinweist.[24]

Schließlich wird der Prokurator von Judäa, Tiberius Alexander (46 – 48 n. Chr.), gegenüber anderen Amtsinhabern profiliert, indem er sie an εὐσέβεια übertraf, was ebenfalls mit seinem Verhalten in einem direkten Zusammenhang steht.

Bemerkenswert ist bei den angeführten Belegen, daß auch bei Josephus einer generalisierenden Zuweisung und Verwendung der Wortgruppe widersprochen werden muß. „Gottesfürchtig" und „fromm" lassen sich in den unterschiedlichen Kontexten nicht einfach als „Eigenschaften" pauschalieren. Es werden immer wieder besonders qualifizierte Personen herausgehoben und entsprechend für ihr besonderes Verhalten gerühmt. Sie sind damit keine „Gottesfürchtigen" und stellen auch keine entsprechende Gruppierung dar. Trotzdem sind bei ihnen aber ähnlich wie in Philos Bemerkungen

---

[21] Vgl. FÖRSTER, ThWNT VII (1961) 178f.

[22] Josephus Ant XI,120 vgl. auch 132.

[23] Josephus Ant XIII,242f. vgl. 246.

[24] Es ist natürlich mehr als deutlich, daß sich aufgrund der Quellenlage nirgendwo die Aussage erhärten läßt, Caligula sei εὐσεβής gewesen. Es handelt sich in der von Josephus gestalteten Rede um eine captatio benevolentiae ohne Rückhalt am tatsächlichen Verhalten des Gaius. Trotzdem zeigt die Verwendung, daß die „fromme" Gesinnung nicht ohne entsprechende Handlung bzw. entsprechendes Verhalten gedacht werden kann.

Tendenzen eines sozialen Phänomens erkennbar. Dies soll an anderer Stelle noch näher ausgeführt werden. Besondere Vorsicht sollte auch geboten sein, Erfindungen des Josephus zu unterstellen, um sich so der Diskussion zu entziehen. Vor diesem Hintergrund sollen die letzten beiden Belege ausgewertet werden.

Auch Ap II,280ff. ist als ein hervorragender Beleg zu charakterisieren. Er ist deshalb besonders zu erwähnen, weil unter dem Stichwort εὐσέβεια vom ζῆλος griechischer und barbarischer Städte gesprochen wird, die sich jüdischen Gebräuchen wie Sabbatruhe, Fasten, Anzünden von Lichtern und Abstinenz anschließen bzw. diese nachahmen. Εὐσέβεια meint in diesem Text auf gar keinen Fall eine Eigenschaft oder Haltung. Es zielt vielmehr auf ein bestimmtes Verhalten ab, von welchem Juden nicht in der sonst üblichen Form profitieren, indem Schaden oder Gefahr von ihnen abgewendet wird. Vielmehr handeln und verhalten Heiden sich so und vollziehen damit eine Bewegung auf das Judentum hin. Dadurch wird bei diesen „Nachahmern" ein Zusammenhang mit der Gruppe der „Gottesfürchtigen" hergestellt.

Schließlich und endlich sei auf Vita 112f. verwiesen. Dort rettet Josephus in seiner Funktion als Gouverneur und Militärbefehlshaber von Galiläa zwei heidnische Untertanen des Königs aus der Trachonitis. Diese wollten sich den aufständischen Truppen anschließen und brachten sogar Pferde, Waffen und Geld mit. Die Aufrührer jedoch wollten die Untertanen trotz ihrer Geschenke mit Gewalt zur Beschneidung zwingen. Josephus konnte dank seiner Funktion jedoch mit dem Hinweis intervenieren, daß Gott nach freier Wahl verehrt (εὐσεβέω) werden könne. Mit diesem Hinweis steht Josephus sehr nahe an der Problematik, die mit dem Übertritt des Königshauses von Adiabene verbunden ist.[25] Josephus berichtet in Ant XX,34–48, daß König Izates[26] von Adiabene durch die Initiative des jüdischen Kaufmanns Ananias mit dem Judentum in enge Beziehung kam. Izates' Mutter war schon vor ihrem Sohn mit dem Judentum in Kontakt gekommen und ahmte bestimmte Bräuche nach. Sie wollte aber nicht, daß Izates sich auch noch beschneiden ließ, um seinen Übertritt konsequent zu dokumentieren. Dies begründet sie mit dem Hinweis, daß seine Untertanen kaum akzeptieren würden, einen jüdischen König über sich zu haben. Als Ananias daraufhin konsultiert wurde, teilte er mit, Izates könne Gott auch ohne Beschneidung

---

[25] Diese Episode ist von eminenter Bedeutung und hat in der jüdischen Überlieferung besonderen Nachhall erfahren (vgl. dazu SCHIFFMAN, Conversion, 293–312).

[26] BORGEN, Philo, 221f. hält diese Episode für derartig „unique", daß er sie nicht überstrapazieren möchte. Demgegenüber ist zu betonen, daß diese viele bisher nicht beachtete Aspekte enthält, die es zu entdecken und auszuwerten gilt, was im folgenden auch geschieht.

verehren. Er müsse nur besonders eifrig die Überlieferung beachten. Eine derartige Praxis sei wichtiger als die der Beschneidung. Izates gab sich mit dieser Auskunft zufrieden. Kurz danach tauchte am Königshof ein Gesetzeslehrer auf, der aus Galiläa stammte und den Namen Eleazar trug und sich als Vertreter einer besonders strengen Richtung gab. Er bezeichnete es als Verstoß gegen die Tora, daß Izates nicht beschnitten war und tadelte den König bezüglich seines Verhaltens. Noch unter dem Eindruck dieses Gesprächs ließ sich der König doch beschneiden. Aber zunächst wird in dieser Episode dem übertrittswilligen König als Möglichkeit von einem Diasporajuden offeriert, er könne auch ohne Beschneidung Gott verehren (τὸ θεῖον σέβειν).

Diese Episode weist eine besondere Nähe zu derjenigen aus der Anfangsphase des Jüdischen Krieges auf, da beide die Verehrung des Gottes Israels durch Heiden in ehrfurchtsvoller Form beschreiben. Für die hier verfolgte Fragestellung wirft sie in dreifacher Weise ein Licht auf die damit verbundenen Verhältnisse. Da sind einerseits die Aufständischen zu nennen, die nach Vita 113 den kompromißlosen Weg einschlagen und die Überläufer zu beschneiden beabsichtigen. Hier wird eine Haltung deutlich, die von Anfang an Heiden den Anschluß an das Judentum nur über die Beschneidung öffnen wollte, mit allen damit verbundenenen Konsequenzen.

Da sind andererseits Personen wie der Kaufmann Ananias zu nennen, die insbesondere in der Diaspora Heiden zur Verehrung des Gottes Israels veranlassen wollen und deren Anliegen Wesenselemente des Judentums außer der Beschneidung sind. Es ist zu beachten, daß nach Ant XX,34 und 41 sowohl die Frauen des Königshofes als auch Izates selber durch den Kaufmann Ananias „zur Verehrung Gottes" gebracht werden. Dieser Zusammenhang wird durch τὸν θεὸν σέβειν / τὸ θεῖον σέβειν unmißverständlich beschrieben.

Schließlich ist eine dritte Haltung zu nennen, die im Zusammenhang mit der Mutter des Izates, Helena, steht. Diese war nämlich ebenfalls mit dem Judentum in Kontakt gekommen, ausweislich durch einen anderen jüdischen Lehrer (Ant XX,35). Ihre persönliche Konsequenz ist, daß Helena ihre besondere Affinität zum Judentum dadurch zum Ausdruck bringt, daß sie zu den jüdischen Gesetzen und Gebräuchen – wie es im Text heißt – „übersiedelt, übertritt" (μετακεκομίσθαι νόμους, Ἰουδαίων ἔθεσιν) und es dabei auch belassen will (vgl. Ant XX,38). Es ist unklar, welche Akte bei einem derartigen Übertritt besonders von Frauen vollzogen wurden. Unklar ist in diesem Zusammenhang auch, mit welcher Bezeichnung derartig übergetretene Frauen belegt wurden. Galten sie als „Proselytinnen" oder wurden sie „Gottesfürchtige" bezeichnet? Deutlich ist, daß Izates durch den

Entschluß seiner Mutter animiert wird, einen verbindlichen Anschluß an das Judentum endgültig zu finden. Solche familiären Konstellationen waren kein Einzelfall, sondern spielten für die Frage der „Gottesfürchtigen und Sympathisanten" eine erhebliche Rolle.[27]

Zusammenfassende Wertung:

1. Für die Wortgruppe des εὐσεβ- Stammes kann auch gezeigt werden, daß es sich auf jeden Fall um mehr als nur eine bestimmte Haltung handelt. Es wurden bestimmte Ereignisse und Personen herangezogen, um an ihnen exemplarisch aufzuzeigen, daß „Gottesfurcht" auch auf Verhalten und Handeln zielt und damit konsekutiv verbunden ist.

2. Eine feste Gruppe oder eine soziale Gruppierung ist damit nicht vorausgesetzt. Doch wird ein Phänomen berücksichtigt, das unter bestimmten Kriterien eingeordnet und klassifiziert werden sollte. Noch viel deutlicher als bei dem Stamm εὐλαβ- kann deshalb gesagt werden, daß der Stamm εὐσεβ- stärker auf das ausgerichtet ist, was später unter den empirisch greifbaren Phänomenen von „Gottesfürchtigen" zu besprechen ist.

3. Hierfür haben vor allem die beiden zum Schluß erwähnten Belege von Josephus aus Ap und aus Vita Relevanz. In ihnen kommt zum Ausdruck, daß das Judentum sich dem Phänomen der sogenannten „Gottesfürchtigen" anzunähern und sich mit ihm auseinander zu setzen hatte. Ein Grund dafür war offensichtlich, daß Heiden und Barbaren jüdische Sitten, Gebräuche und Verhaltensweisen nachahmen wollten. Ein anderer Grund bestand darin, daß Heiden in einer Weise am Judentum partizipieren wollten, welche die in vielerlei Hinsicht problembehaftete Beschneidung nicht einschloß. Beide Problemanzeigen, die sich durch genaue Betrachtung des Wortstammes εὐσέβ- ergaben, sind den Prozessen vergleichbar, denen auch das junge Christentum ausgesetzt war. Diese betrafen die Frage, wie mit

---

[27] In Kapitel VI wird ausführlich die XIV. Satire Juvenals besprochen, in welcher der schlechte Einfluß von Eltern auf ihre Kinder im Mittelpunkt steht. Die Izates-Episode paßt haargenau auf den dort vorgestellten Konflikt. Die Mutter ahmt jüdische Sitten nach und der Sohn beginnt dann zuerst darüber hinaus noch die Gottheit zu verehren und will sich schließlich noch beschneiden lassen. Damit ist Juvenals Kritik und Satire nicht auf eine singuläre Erscheinung zurückzuführen, sondern hatte durchaus Anhalt am Alltag. In der Forschung werden diese feinen Nuancen überwiegend nicht zur Kenntnis genommen und die Izates-Episode lediglich in der Gegenüberstellung „Eleazar – Ananias: Verehrung Gottes mit und ohne Beschneidung" vorgestellt (vgl. etwa BERTHOLET, Stellung, 316f.; HENGEL, Judentum, 560f.; NOLLAND, JSJ 12 (1981) 173–194; MARINCOVIC, Frieden, 16–19; GOODMAN, Mission, 68; teilweise wird auch der Gegensatz Palästina – Diaspora nicht gebührend berücksichtigt. Dagegen sind die Ausführungen von McELENEY, NTS 20 (1974) 324f. und COHEN, HThR 80 (1987) 418–425 hervorzuheben, weil sie Ansätze zu einer differenzierteren Sicht bieten.

Personen umzugehen war, die weiterhin jüdische Gebräuche und Sitten ausüben wollten, sich aber gleichzeitig wegen der fehlenden Beschneidung dem Christentum zugehörig fühlten. Hier liegt das eigentliche Spannungsfeld in allen Auseinandersetzungen um die „Gottesfürchtigen". Dabei hat es wesentlichen Anteil auch am Auseinandergehen der Wege von Judentum und Christentum, weshalb ihm nun weitere Aufmerksamkeit geschenkt werden soll.[28]

3. Θεοσέβεια, θεοσεβής

Spätestens seit der Entdeckung der Stele von Aphrodisias sind die dort erwähnten θεοσεβεῖς in den Mittelpunkt des Interesses getreten und ist die Debatte um die „Gottesfürchtigen" neu entfacht worden. Die Aphrodisias-Problematik ist nun aber so vielschichtig gelagert, daß sie an anderer Stelle ausführlicher im Zusammenhang erörtert werden muß und hier nur in Form der terminologischen Frage gestreift wird.[29]Das besondere Augenmerk der folgenden Ausführungen gilt den literarischen Bezeugungen[30], die bei genauerer Betrachtung einen erheblichen Erkenntnisgewinn abwerfen.

---

[28] Besonders soll noch auf zwei Inschriften verwiesen werden, die beide jeweils einen paganen Kontext aufweisen. In einer Inschrift aus Tomi (Nord-West Küste des Schwarzen Meeres) aus dem 2./3. Jh. n. Chr. wird eine Witwe mit Namen Epiphania in einer Grabinschrift erwähnt, die andere Frauen mit wohltätigen Mitteln unterstützt hat. Zweimal wird in diesem Kontext erwähnt, daß sie diese Unterstützung aus Gründen der Frömmigkeit getan hat (εἰς εὐσεβίην ἀφορῶσα ... οὐ κατ, εὐσεβίαν εἰσιν ... = Zeilen 19 und 21 f.). Eine derartig motivierte Tätigkeit ist auch in anderen Fällen nachweisbar (vgl. zum Ganzen SEG 24, 1969, 1081 = NDIEC II, 1982, No. 16: „Charity motivated by piety in an epitaph" = S. 55 f. und der im Kommentar dazu verarbeitete Aufsatz von Slabotsky). Des weiteren sei verwiesen auf eine dreiteilige Inschrift, die sich auf einer Säulenbasis aus Ephesus befindet, datiert auf ca. 162 – 164 n. Chr., wo von der unbedingten Frömmigkeit gegenüber der Artemis die Rede ist (εὐσέβειαν τῆς θεοῦ). Diese Charakterisierung ist im Kontext der gesamten Inschrift zu sehen, den die Herausgeber mit „Holy days in honour of Artemis" überschrieben haben. Diese Inschrift wurde zuerst herausgegeben von E.L. HICKS, The Collections of Ancient Inscriptions in the British Museum, Vol. III.2, Oxford 1890, 482 + add. 294 = NDEIC IV (1987) No. 19 = S. 74–82.
Beide Inschriften zeigen somit, daß εὐσέβεια auch von Heiden ausgesagt werden kann, wobei diese in einem Fall in engem Zusammenhang mit einer karitativen Tätigkeit steht, was auch für Cornelius in Acta 10,2 zutreffend ist.
[29] Mehr dazu in Kapitel V.
[30] Zu vergleichen mit diesen Angaben sind auch die Belege zu θεοσέβεια und θεοσεβής in den Kapiteln V und VI (heidnische Autoren und Inschriften), deren Auswertung unter den dort verfolgten Fragestellungen sinnvoller erschien.

a) Im Neuen Testament sind θεοσέβεια und θεοσεβής nur sehr schwach bezeugt. In 1 Tim 2,10 wird Frauen die θεοσέβεια als unbedingte Tugend anempfohlen, während θεοσεβής in Joh 9,31 den Gegensatz zur Sünde beschreibt.

b) In der LXX findet sich θεοσέβεια insgesamt an 8 Stellen, wobei es sich in Hi 28,28; Sir 1,24; Bar 5,4; 4 Makk 7,6.22; 15,28; 17,15 eher um allgemein gehaltene Aussagen handelt. In Gen 20,11 befürchtet Abraham, daß es in dem Fluchtort Gerar keine Gottesfurcht gibt. Damit wird eine Verbindung zu anderen Kontexten hergestellt, die Gottesfurcht mit einem bestimmten und entsprechenden Verhalten gekoppelt haben. Ertragreicher ist das Adjektiv θεοσεβής, das sich 7mal in der LXX findet. In Jdt 11,17, 4 Makk 15,28 und 16,11 wird es zur besonderen Qualifizierung von Personen gebraucht, was sich in Ex 18,21 fortsetzt. Mose wird dort empfohlen, sich gottesfürchtige Männer als Richter zu suchen.

Hi 1,1.8 und 2,3 bietet demgegenüber aber die weitaus interessanteren Belege. An allen drei Stellen wird Hiob als Prototyp des „gottesfürchtigen" Nichtjuden herausgestellt. Es sind prominente Nachweise gegenüber den Stellen, wo jeweils Juden bzw. das jüdische Volk mit diesen Termini qualifiziert werden. Das Motiv des gottesfürchtigen Hiob wird auch in einer Aufzählung von Gerechten in 1 Clem 17,3 rezipiert.

c) Bei Josephus wird der für Hiob belegte Aussagenkreis fortgesetzt. θεοσέβεια ist nicht belegt, aber θεοσεβής begegnet insgesamt 6mal, wobei Ap II,140 eher allgemeine Aussagen enthält. Die restlichen Belege verteilen sich auf die Profilierung von „gottesfürchtigen" Juden: von König David in Ant VII,130.153, von König Ezekias in Ant IX,260, von Israeliten in Ant XII,284 und von Juden allgemein Ant XIV,308.

Besonders zu erwähnen ist aber eine Stelle aus Ant XX,195. Josephus nennt einen Vorfall unter König Agrippa II. (50–94 n. Chr.), der eine Mauer im Tempel betraf und zu einem Streit zwischen der Tempelaristokratie, dem Prokurator und dem König führte. Dieser Streit wurde durch eine Gesandtschaft an den Kaiserhof in Rom vor Nero getragen und dort zu Gunsten der Tempelaristokratie entschieden. Eine wichtige Rolle spielte dabei Poppaea Sabina, die Gattin des Nero, die von Josephus als „gottesfürchtige" (θεοσεβής) Frau klassifiziert wird.[31] Josephus kannte Poppaea nicht nur

---

[31] In der Literatur werden die Notizen zu Poppaea unter diesem Aspekt oft vorschnell abgetan (SMALLWOOD, Jews, 206 Anm. 15; SOLIN, Juden, 661; vgl. anders dagegen schon VON DOBSCHÜTZ, RE XVI, 1905, 116, der Poppaea als eine Proselytin bezeichnet entspre-

vom Hörensagen, sondern begegnete ihr während einer anderen Mission in Rom. Dort wird Poppaea zwar terminologisch nicht als „gottesfürchtig" qualifiziert, doch wird ihr eine aufrichtige Haltung gegenüber angeklagten jüdischen Priestern attestiert, die zu deren Freilassung führte. Jüdisches Milieu in der Nähe des Kaiserpaares wird auch durch die Existenz des Schauspielers Alityrus bezeugt, der als Jude von Geburt in hoher Gunst bei Nero stand (Vita 16). Gegen diese Qualifizierung Poppeaas kann nicht Ant XX,252 angeführt werden, wo Josephus scheinbar das genau entgegengesetzte Urteil fällt. Die in dieser Passage genannten negativen Beschreibungen beziehen sich allesamt auf den Prokurator Gessius Florus und seine Frau Cleopatra. Poppaea wird lediglich die Freundschaft zu dieser Frau attestiert, was aber ihrer „Gottesfurcht" keinen Abbruch tun würde. Schwerer dagegen wiegen die Beurteilungen des Tacitus, der Poppaea Sabina in seinen Berichten negativ beurteilt. Vermutlich ist das durch ihre Verbindung zu Nero bedingt, den Tacitus ebenfalls abschätzig erwähnt.[32] Für eine „objektive" Beurteilung Poppaeas dürfen nun die Angaben des Josephus und diejenigen des Tacitus nicht gegeneinander ausgespielt werden. Aus der Sicht eines Chronisten wird Tacitus sicher sehr viel mehr von dem Charakter und den Eigenarten der Kaisergattin einschließlich ihrer Liaison und späteren Ehe mit Nero erfahren und beschrieben haben. Würden die Angaben des Josephus in einem engen Sinn gefaßt werden, wonach mit θεοσεβής nur eine Eigenschaft Poppaeas gemeint ist, dann könnte die Beschreibung Poppaeas als einer gottesfürchtigen Frau nicht gelten.[33] Aber in den von Josephus genannten Kontexten in Ant XX,195 und Vita 16 geht es um ein ausgeweitetes Verständnis. Poppaea Sabina sympathisierte mit dem Judentum oder zeigte Interesse daran und umgab sich mit Personen aus diesem Kontext. Eine derartige Ausrichtung wird von Josephus mit dem Terminus θεο-αεβής gekennzeichnet, den er von den σεβόμενοι τὸν θεόν (Ant XIV,110;

---

chend der Gesamttendenz des Artikels, nach dem „Gottesfürchtige" als Proselyten gelten (120).

[32] Tacitus, Historia I,13,3f.; I,22,1f.; I,78,2; Annales XIII,45f.; XIV,1; XIV,60f.; 63–65; XV,23,1; 61; 71; XVI,6f.; 21f. und die zusammenfassende komprimierte Sicht in Annales XIII,45,2: „huic mulieri cuncta alia fuere praeter honestum animum" (!). Sueton erwähnt Poppaea Sabina zwar in seinen Kaiserbiographien (De vita Caesarum libri; Nero 35,1–3; Otho 3,1f.), doch fehlt hier gänzlich irgendeine geringschätzige Beurteilung.

[33] So SMALLWOOD, JThS X (1959) 332f., welche diejenigen Verhaltensweisen Poppaeas anführt, die gegen eine „fromme" Frau sprechen. WILLIAMS, JThS 39 (1988) 97–111 setzt sich intensiv mit diesen Beobachtungen Smallwoods auseinander, kommt aber zu einem ganz anderen Ergebnis. Nach Williams hat Josephus an dieser Stelle diese Vokabel benutzt „to account for the behavior of a person whose very actions showed that she was supportive of Judaism but whose attachment to the religion was very unspecific indeed" (109).

s.u.) nochmals absetzt. Wir haben es hier mit einem der seltenen Belege zu tun, nach welchem eine in einer besonderen Beziehung zum Judentum stehende Person -welcher Art und Intensität auch immer- mit dem Adjektiv θεοσεβής qualifiziert wird. Ihr wird keine θεοσέβεια bescheinigt, was als eine Anspielung auf eine bestimmte Tugend mißverstanden werden könnte. Mit dem Adjektiv θεοσεβής wird vielmehr etwas zum Ausdruck gebracht, was sich in sozialen Kategorien nur sehr schwer verifizieren läßt.[34] Fest steht aber auch, daß Poppaea Sabina nach ihrem grausamen Tod durch Neros Fußtritt nicht eingeäschert, wie es der römischen Sitte entsprochen hätte, sondern einbalsamiert in ein Grabmal eingelassen wurde. Tacitus[35] führt dies auf auf das Vorbild ausländischer Könige zurück.[36] Es könnte sich aber auch um einen versteckten Hinweis darauf handeln, daß Poppaeas letzte Ruhe annähernd der jüdischen Praxis entsprach. Auch dieser Umstand entspricht wie alle anderen Bezeugungen, daß Poppaea eher eine „heimlich" oder „stille" Sympathisantin des Judentums gewesen ist, worüber sich Josephus anscheinend als richtig informiert zeigt.[37]

Aus diesen Beobachtungen wird die These abgeleitet, daß θεοσεβής nicht in allen Fällen für eine Frömmigkeit, welche Tugend zum Ausdruck bringen will, zu reklamieren ist. Das Wort θεοσέβεια drückt diesen Umstand deutlicher und verbindlicher aus. Vielmehr ist θεοσεβής kein selbstverständliches Qualitätsmerkmal, sondern wird bewußt gewählt, um als eine Affinitätsbezeichnung zu fungieren. Damit soll gesagt werden, daß sie als solche die Verbundenheit von Heiden mit dem Judentum besonders zum Ausdruck bringen kann.

Es sei aber an dieser Stelle vor dem Irrtum gewarnt, das antike Verständnis von θεοσέβεια wie auch das von εὐσέβεια seien in irgendeiner Form gleichzusetzen mit „Frömmigkeit" im geläufigen Sinne aus dem neuzeitlichen Pietismus. Nach antikem Verständnis ist θεοσέβεια ganz eng mit dem Kult und der reinen Verehrung der Götter verbunden und impliziert nur un-

---

[34] Vgl. JEREMIAS, Jesu Verheißung, 14 Anm. 56: „θεοσεβής ist offensichtlich nicht als allgemeines Werturteil gemeint, sondern umschreibt die Hinneigung zum Judentum". Dieser interessanten Einschätzung geht Jeremias im folgenden leider nicht weiter nach.

[35] Tacitus, Annales, XVI,6,2.

[36] SMALLWOOD, JThS X (1959) 334führt an, daß die Einbalsamierung keine jüdische Sitte gewesen sei. Dies ist richtig, der entscheidende und ausschlaggebende Akzent in dieser Notiz liegt aber darin, daß sie nicht verbrannt wurde und die Einbalsamierung nur als konservierende Maßnahme hinzutritt.

[37] REYNOLDS / TANNENBAUM, Jews, 50f. besprechen diese Stelle und kommen zu einem ähnlichen Ergebnis, welches sie aber vorsichtig formulieren: „We should, however, note that θεοσεβής is here used by a Jewish Greek author of a gentile favourable to Judaism (whether he is correct as to the fact or not), and not of a pious Jew."

ter diesen Voraussetzungen „echte Frömmigkeit". Θεοσέβεια drückt dies
sogar noch enger und schärfer aus als εὐσέβεια es vermag. So ist dem zentralen Satz Bertrams nur zuzustimmen, wenn er bemerkt: „θεοσέβεια bezeichnet nicht so sehr eine innere Haltung oder Stimmung als vielmehr das fromme Verhalten, die religiöse Übung oder Leistung, die Gottesverehrung."[38]
Gleichzeitig räumt derselbe Autor unter Verweis auf antike Zeugnisse ein,
daß der Begriff durchaus nicht nur mit dem Kult, sondern auch mit der sittli-
chen Haltung von Menschen verbunden sein kann und dann auf die rechte
Gesinnung zielt. „Frömmigkeit" soll so ihre Wirkung entfalten. Der zuletzt
erwähnte Zug wird besonders für die Rezeption im hellenistischen Judentum aktuell. Erinnert sei an die oben aus Philo angeführte Passage aus Plant
107f., wo er die Irrmeinung korrigiert, nach der Frömmigkeit ausgewiesen
werde durch heilige Opferhandlungen, und er demgegenüber auf die Ausübung der Tugend verweist.

Das ist auch sonst bei Philo zu beobachten. Θεοσέβεια ist insgesamt 9mal
belegt[39], doch beschränkt sie sich hauptsächlich wie im nur einmal nachge-
wiesenen θεοσεβής[40] auf die Bedeutung als „größte aller Tugenden". Dieser
Zug ist auch bei den oben vorgestellten Belegen aus LXX zu beobachten.
An diesem Punkt läßt sich festhalten, daß die „antike Frömmigkeit" nicht
zu verwechseln ist mit der neuzeitlichen, jedoch mit Bedeutungsnuancen
besonders in der jüdisch-hellenistischen Literatur zu rechnen ist. Deshalb
mag es zwar möglich sein, θεοσέβεια als höchste aller Tugenden von dem
Adjektiv θεοσεβής in kategorialer Hinsicht abzusetzen, aber nicht, sie davon zu trennen. Beide Termini lassen sich durchaus vergleichen mit dem
Wortpaar δικαιοσύνη und δίκαιος, welche von ihrer Konnotation unterschiedliche Affinitäten zum Ausdruck bringen können.

Interessant ist jedoch darüber hinaus noch die Fragestellung, wo die besondere Aussage ihren Ort hat, nach der „Gottesfürchtige" lediglich als besonders „Fromme" vorzustellen sind. Diese Frage wird in dieser Untersuchung immer wieder aufgeworfen, u.a. im Kapitel über die Inschriften. Hier
sei bereits so viel angemerkt, daß dieser Aussagenkreis vermutlich seine
Wurzeln in der Absolutsetzung bestimmter Abschnitte aus den Psalmen
hat, in welchen der kultische Hintergrund zurücktritt (z.B. Ps 25,14; 33,18;
34,8.10; 103,11.13.17).[41] Daraus könnten dann die „Frommen" geworden

---

[38] BERTRAM, ThWNT III (1938) 124, ZZ. 22f.
[39] Op 154; Her 60; Congr 130; Fug 150; Abr 114; VitMos I,303; SpecLeg IV,134.170;
Virt 186.
[40] Mut 197.
[41] Vgl. zu diesem Aspekt STÄHLI, THAT I (1971) Sp.775 und FUHS, THWAT III (1982)
Sp. 887f.

sein, die eher neuzeitliche als antike Assoziationen wecken. Deutlich gemacht werden muß aber, daß in der Hebräischen Bibel Gottesfurcht und
Liebe zusammen mit Ethik und Kult eine unauflösliche Einheit bilden[42] und
sich somit an die oben ausgeführten Gedanken anschließen. Deshalb ist in
all den Zusammenhängen, in denen sich griechische Äquivalente für „Gottesfurcht" finden, abschließend vor Fehlschlüssen in doppelter Hinsicht zu
warnen: Einerseits dürfen sie auf keinen Fall aus ihrem antiken Kontext gelöst, allerdings auch nicht in dieser Hinsicht verabsolutiert werden. Nach
diesen Zwischenbemerkungen wird die Betrachtug der einzelnen Quellen-
abschnitte fortgesetzt.

d) Anders als bei Philo sieht es in der zwischentestamentlichen Literatur
aus, in der keinmal θεοσέβεια vorkommt[43], dafür aber insgesamt 16mal θεοσεβής enthält. Die Mehrzahl der Belege (14mal) finden sich in dem Bekeh-
rungsroman Joseph und Aseneth (1. Jh. v. – 2. Jh. n. Chr.), wo das Adjektiv
besonders Joseph und seine Brüder qualifiziert. In Arist 179 werden mit der
Vokabel Männer aus Jerusalem gekennzeichnet. Besonders hervorzuheben
ist eine Bemerkung aus dem Testament des Naphtali (2. Jh. v. Chr.). In 1,10
wird einer der Vorfahren Naphtalis als θεοσεβής ἐλεύθερος καὶ εὐγενής bezeichnet. Damit sind in der LXX in Hi 1,1.8; 2,3 (Hiob selber) sowie in Josephus Ant XX,195 (Poppaea) und in TestNaph 1,10 (Vorfahre Naphtalis) jeweils Personen genannt, die keine Juden von Geburt sind und trotzdem eine
entsprechende Qualifikation erhalten. Wenn sich auch nur diese spärlichen
Belege anführen lassen, so sind sie doch ein Hinweis darauf, daß der Zusammenhang einer allgemeinen, religiösen Kategorie durchbrochen ist und
schon etwas von der Bedeutung durchschimmert, welche später u.a. in der
Inschrift von Aphrodisias zu finden ist.

e) Diese Positionsbestimmung wird auch durch die christliche[44] apologetische Literatur (Justin Martyr, Tatian, Athenagoras) bestätigt. θεοσέβεια ist
6mal[45], θεοσεβής 7mal[46] und θεοσεβέω 4mal[47] belegt. Hervorzuheben und
besonders zu betrachten daraus sind zwei Gruppen. Zum einen ist auf Athe-

---

[42] Vgl. WANKE, ThWNT (1970) 198f.

[43] Vgl. aber das sonst selten belegte θεοσεβέω in TestJos 6,7.

[44] In den Apostolischen Vätern finden sich θεοσέβεια und θεοσεβής insgesamt 3mal,
in 2 Clem 20,4 (2 mal) nur als allgemeine Aussage (zu 1 Clem 17,3 vgl. Hiob oben).

[45] Justin Dial 30,3; 44,2; 91,3; 110,2; Tatian, Oratio ad Graecos 17,3; Athenagoras,
Supplicatio pro Christianis 4,2.

[46] Justin Dial 52,4; 93,2; 110,4; 119,6; 131,5; Tatian, Oratio ad Graecos, 13,3; Athenagoras, Supplicatio pro Christianis 37,1.

[47] Justin Dial 46,6; 53,6.; Athenagoras, Supplicatio pro Christianis 12,2f.; 14,2.

nagoras zu verweisen, der in 4,2; 12,2; 14,2 und 37,1 seiner „Supplicatio" die Gottesfurcht gegen den Vorwurf der Gottlosigkeit stellt und davon einen polemischen Gebrauch macht. Gottesfurcht ist also auch hier nicht lediglich eine bestimmte Tugend oder Eigenschaft, sondern bezeichnet jenseits davon ein Wesensmerkmal, das den Verdacht der Gottlosigkeit[48] ausschließt. Zum anderen ist auf Justin hinzuweisen, der unter dem Stichwort θεοσεβής den Zusammenhang einer Allgemeinaussage durchbrochen hat. In Dial 93,2 schreibt er: „Denn der, der von ganzem Herzen und mit ganzer Kraft Gott liebt, ist voll von gottesfürchtiger Gesinnung" (πλήρης θεοσεβοῦς γνώμης). Hintergrund dieser Aussage ist die Frage nach der Erfüllung aller Gerechtigkeit und Frömmigkeit.[49] Das Doppelgebot der Liebe wird hier zwar erwähnt und als Ausgangspunkt genommen, aber auf das Ziel einer gottesfürchtigen Gesinnung ausgeweitet und durch die Aussage bekräftigt, künftig keinen anderen Gott zu ehren (τιμάω). Θεοσεβής bedeutet also nicht, daß hier ein zum Christentum übergetretener besonders herausgehoben wird, sondern hat gewissermaßen „missionarische" Funktion. Wer eine derartige Haltung einnimmt, nämlich „gottesfürchtige Gesinnung", der braucht keine anderen Götter mehr und auch nicht deren Verehrung. Noch deutlicher wird Justin in Dial 110,4, wo er den Aspekt der Christenverfolgungen hervorhebt und sagt: Je häufiger diese (i.e. Martyrien, Hinrichtungen) geschehen, um so größer wird durch den Namen Jesu Christi die Zahl der Gläubigen und der Gottesfürchtigen (θεοσεβεῖς). Das καί könnte in diesem Fall anders als in Acta 10,2 zu verstehen sein und die Gruppe der Gläubigen neben diejenige der „Gottesfürchtigen" stellen. Dafür sprechen einige Punkte. Auch Tertullian bestätigt, daß das Blut der Christen der Same für seine Ausbreitung ist.[50] Im selben Sinne ist auch die Aussage Justins zu verstehen. Denn es ist denkbar, daß die Verfolgungen und Martyrien gleichzeitig „Gläubige" hervorbrachten, d.h. solche, die sich taufen ließen

---

[48] Dadurch kommt ein wohl wesentlicher und charakteristischer Zug zum Tragen. „Die Teilnahme an dem Staatskult war εὐσέβεια, Verweigerung derselben ἀσέβεια. Dieser Zusammenhang bleibt bis zum Ende der Antike ein wesentlicher Zug" (FÖRSTER, ThWNT VII (1961) 184–190, Zitat 185 ZZ. 18f.). Vgl. in diesem Zusammenhang auch das Verhältnis von ἀθεότης und ἀσέβεια, was Förster ab einem bestimmten Zeitpunkt voneinander trennen will, so daß das erste die eher geistige Einstellung, das zweite wiederum das praktische Verhalten meinen müsse. Dazu beruft er sich u.a. auf Plutarch. Klar sein muß aber, daß besonders in christlicher Zeit der Vorwurf der Gottlosigkeit („Atheismus") koinzidiert mit dem der Asebie und nicht voneinander zu trennen ist.

[49] Vgl. dazu besonders BERGER, Gesetzesauslegung, 141–176 mit der Präsentation aller relevanten Texte.

[50] „Plures efficimur, quotiens metimur a vobis: semen est sanguis Christianorum" (Tertullian, Apologeticum 50,13).

und auf diese Weise als „Sympathisanten" an die Oberfläche kamen. Die Textpassage bei Justin ist deshalb für die Geschichte des Urchristentums von enormer und bahnbrechender Bedeutung, als das Milieu der „Gottesfürchtigen", das sich ursprünglich um die Synagogen sammelte, nun auch zu einer Bewegung geworden war, die rund um die Gemeinden und Hauskirchen ansässig wurde. Als θεοσεβεῖς sind bei Justin von daher Menschen zu verstehen, die in irgendeiner Art und Weise mit dem Judentum sympathisierten, dieses Interesse aber in unterschiedlicher Intensität auf das damit unmittelbar verbundene Christentum ausweiteten. Hier liegt ein Urkonflikt zwischen Christentum und Judentum in den ersten Jahrhunderten begründet, worauf an anderen Stellen dieser Arbeit immer wieder hinzuweisen sein wird.

Bei den christlichen Autoren hat sich die Thematik dann gewissermaßen verschoben. Verbindungen des Wortstammes θεοσεβ- sind insofern zu „Kampfbegriffen" geworden, als Christen als Mitglieder des „dritten Geschlechts" sich damit gegen Judaisierer und Heiden abzugrenzen versuchen. Bemerkenswert ist, daß diese Termini immer wieder den Vorwurf der Gottlosigkeit hervorgerufen haben, aber gleichzeitig benutzt werden, um solche Klagen zu widerlegen.[51]

Zusammenfassende Wertung:

Die in dieser Wortgruppe untersuchten Vokabeln sind insofern von weitreichender Bedeutung, als sie eine Brücke zu den Inschriften und den heidnischen Autoren bilden. Besonders das Adjektiv θεοσεβής nimmt eine prominente Rolle ein, da mit ihm nicht nur eine Qualifikation im Sinne einer Tugend zum Ausdruck gebracht wird. Vielmehr fungiert es in bestimmten Zusammenhängen als eine Größe, welche die Orientierung von Heiden in Richtung Judentum anzeigt, unbeschadet seines sonst auch eher allgemeinen Gebrauchs etwa bei Philo oder in der LXX. Immer wieder aber impliziert der Gebrauch des Adjektivs θεοσεβής ein soziales Phänomen und läßt damit eine „Bewegung" oder „Gruppe" in den Blick kommen. Der Charakter einer Bewegung wird insofern untermauert, als sich die christlichen Apologeten über das 1. Jh. n. Chr. hinaus damit beschäftigen müssen, allerdings unter gewandelten Voraussetzungen. Die „Gottesfürchtigen" sind ein Phänomen am Rande der christlichen Gemeinden geworden, die aufgrund

---

[51] Verwiesen sei an dieser Stelle besonders auf den Aufsatz von LIEU, JThS 46, 1995, 483–501, bes. 485f.; 488; 498f., welche diese genannten Aspekte unter Vergleich auch mit dem Wortstamm εὐσεβ- herausgearbeitet hat. Die Stärke der Ausführungen liegt eindeutig an diesem Punkt, während die Diskussion von Acta, hellenistisch-jüdischen Autoren und den Inschriften sehr eklektisch ist und zu vielen Fragen provoziert.

ihrer jüdischen Grundausrichtung für erhebliche Verwirrung und Auseinandersetzung sorgen.

4. *Σέβομαι, σεβόμενος τὸν θεόν*

In der Profangräzität sind die mit dem Stamm σέβ- verbundenen und davon abgeleiteten Vokabeln sehr häufig belegt und in eine Entwicklungsgeschichte eingepaßt. Sie reicht von einer räumlichen Kategorie des Zurück-
scheuens vor Personen und Gegenständen über die ursächliche Kategorie
der Nennung der Gründe dieses Zurücktretens bis hin zum Sich-schämen,
der Scheu und sogar der Furcht. Die mit σέβ- verbundenen Vokabeln sind
deshalb auch so häufig belegt, weil sie „Frömmigkeit" und „Religiosität"
der Griechen in einer besonderen Art und Weise charakteristisch auszudrücken vermögen.[52] Entsprechend häufig ist ihre Verwendungsart und
kann deshalb auch hier nicht ausschöpfend behandelt werden.[53] Dies
gilt und galt auch für die mit den Wortstämmen εὐλαβ-, εὐσεβ-, θεοσεβ-
und φοβ- verbundenen Vokabeln. Entscheidender ist aber an dieser
Stelle, weshalb und wie die mit dem Wortstamm σεβ- verbundenen Kon-
struktionen in der jüdischen und christlichen Literatur aufgenommen werden. Diese Wortbildungen besitzen eher einen unverbindlichen und relati-
ven Charakter und bringen Scheu, Ehrfurcht, Bewunderung oder Erstau-
nen zum Ausdruck. Deshalb waren diese Wortverbindungen etwa nach
Plutarch eindeutig weniger zweifelhaft, weil Göttern Ehrfurcht, Scheu
und Ehre entgegenzubringen, sie aber nicht zu fürchten (φοβέομαι)[54]

---

[52] „Schauder, F., Schrecken, Scheu, die der Mensch angesichts des offenbar werdenden
Handelns der Gottheit empfindet, sind zwar angemessene Reaktion, die auf seine
σωφροσύνη schließen lassen, sie konstituieren jedoch nicht eigentlich ein positives Element seiner Sittlichkeit" (DIHLE, RAC VIII, 1972, 665).

[53] Vgl. die im LIDDELL-SCOTT (JONES) Greek-English Lexicon angeführten Belege, vgl.
auch FÖRSTER, ThWNT VII (1961) 168–172.

[54] Plutarch, Moralia, De Superstitione 165 B. ... καὶ τέλος ἐστὶν αὐτῇ τοῦ μὴ νομίζειν
θεοὺς τὸ μὴ φοβεῖσθαι ... τὴν δεισιδαιμονίαν δὲ μηνύει καὶ τοὔνομα δόξαν ἐμπαθῆ καὶ
δέους ποιητικὴν ὑπόληψιν οὖσαν ἐκταπεινοῦντος καὶ συντρίβοντος τὸν ἄνθρωπον
οἰόμενον μὲν εἶναι θεούς, εἶναι δὲ λυπηροὺς καὶ βλαβερούς. Auch das Neue Testament
legt davon in Acta 18,13 und 19,27 Zeugnis ab. Umgekehrt kann mit Plutarch die Aussage, daß die Götter zu ehren und nicht zu fürchten seien, durchaus relativiert werden, als
„daß bei den meisten Menschen, den Ungebildeten, in ihrer Haltung zu Gott das
σέβεσθαι καὶ τιμᾶν mit etwas Herzklopfen... und Furcht (φόβος), die auch δεισιδαιμονία
heiße, untermischt sei" (FÖRSTER, a.a.O., 170). Vgl. auch den in diesem Zusammenhang
interessanten Beleg aus Plutarch, De Iside et Osiride 18 (II 358a): „die Krokodile greifen
die in Papyruskähnen Fahrenden nicht an, sie fürchten (φοβεῖσθαι) oder scheuen
(σέβεσθαι) die Göttin; sie fürchten ihre Macht u Strafe, sie scheuen ihre Hoheit" (ebd.).

sind.[55] Umgekehrt ist damit natürlich auch verbunden, daß eine persönliche Kategorie der Bindung an einen gedachten Gott in Gestalt des Gehorsams als spezielle Form der Ehrerbietung völlig fehlt. Im Neuen Testament, insbesondere in Acta, wird jedoch eine solche Art der Gottesverehrung immer wieder vorausgesetzt. Deshalb soll in dieser Richtung weitergefragt werden.

a) An dieser Stelle sei nur vorläufig angeführt, daß σέβομαι sich in Mk 7,7 (vgl. Mt 15,9) findet und dort als Zitat aus LXX Jes 29,13. In Acta begegnet es insgesamt 6mal, u.a. auch in der Partizipialkonstruktion σεβόμενοι τὸν θεόν[56] und als Beleg für seine besondere profangriechische Nuance in Acta 18,13 und 19,27. Der Vorgeschichte dieser Partizipialkonstruktion ist nun nachzugehen.

b) In Jos 22,25; 2 Makk 1,3; 4 Makk 5,24; Jes 29,13; Jes 66,14 und Jon 1,9 wird σέβομαι nicht in Partizipialkonstruktion gebraucht und hat dem Kontext nach auch nur Israel und Israeliten im Blick, die ihr Leben vorbildlich führen, weil sie Gott fürchten. Die Verehrung JHWSs wird also mit σέβομαι beschrieben, ungeachtet der eingangs gemachten Beobachtungen, daß es sich hierbei um den moralisch zweifelhafteren Ausdruck handelt.

Jos 4,24 und Hi 1,9 haben dagegen über die Dimension Israels hinaus die Völkerwelt im Blick, die JHWH fürchtet. Dieser Sachverhalt ist in Jos kollektiv gedacht, bei dem als Heiden gekennzeichneten Hiob individuell.

Die Partizipialkonstruktion σεβόμενος (τὸν θεόν) findet sich in Weish 15,6; Jes 66,14; Dan 3,90 und 3 Makk 3,4. Bemerkenswert an diesen Stellen ist, daß es die Heiden sind, die Götzenbilder ehren (Weish 15,6). In Jes 66,14 und Dan 3,90 werden Freude und Offenbarung denen zuteil, die JHWH verehren und fürchten.

Besonders beachtenswert ist aber die in 3 Makk 3,4 begegnende Partizipialkonstruktion. Die Juden werden hier insofern als ein Vorbild gezeigt, weil sie Gott fürchten (σεβόμενοι τὸν θεόν), nach seinem Gesetz leben und sich absondern. Dies ist auch der Weg, den die „Gottesfürchtige" ebenso wie die Proselyten nach der klassischen Vorstellung beschreiten. Ob sich dieses Bild allerdings durchgängig halten läßt, ist eine andere Frage.

---

[55] Die Angabe Plutarch ist natürlich nicht für die Antike zu verallgemeinern, wie u.a. Aischylos, Hik. 478f. zeigt. Dort ist vom Konzept des Zornes Gottes die Rede, welchen man zu fürchten hat (Hinweis von Görgemannns).

[56] Acta 13,43.50; 16,14; 17,4.17; 18,7.

c) In der zwischentestamentlichen Literatur bezieht sich σέβομαι in einem wesentlichen Teil der Aussagen auf die Verehrung ausländischer Götter bzw. fremder Götter. Besonders belegen dies JosAs 2,3; 9,2; 11,7 (2mal); 13,11; 21 (22),13 und in Arist 134,3 sowie Sib 3,606. Der Gebrauch in JosAs ist dabei insofern konsequent, als σεβόμαι nur für ägyptische Götter und Götzen benutzt wird, während Arist und Sib darin nicht folgen. Arist 16,2; 139,7 und 140,4 (vgl. auch Sib 3,606) belegen, daß nur Juden hier von ihrem einzigen Gott zeugen und sprechen lassen.

Arist 139,7 ist in diesem Kontext noch näher zu betrachten und auszuwerten. Wie in 3 Makk 3,4 wird auch hier unter Verwendung des Partizipiums σεβόμενος das den „Gottesfürchtigen" zugrunde gelegte Denkmodell beschrieben. Juden sondern sich ab und verehren / fürchten nur den einen und mächtigen Gott, der über aller Kreatur ist. Übertragen auf Heiden zeigt das auch den Weg an, den sie beschreiten wollen, wenn auch nicht müssen.[57] Der inferiore und moralisch zweifelhafte Charakter der mit dem Wortstamm σεβ- gebildeten Vokabeln ist auch in diesem Zusammenhang durchbrochen. Es geht nicht um Scheu und Staunen, sondern um eine mit ethischen Konsequenzen verbundene Furcht gegenüber dem einen und einzigen und mächtigen Gott. Dieser Umstand kann auch in apologetischer Form herausgestrichen werden. Arist 16,2 führt aus dem Munde des Aristeas an, daß die Juden denselben Gott wie „wir" fürchten. Damit wird eine Parallele zu dem heidnischen und ägyptischen Gott hergestellt.[58]

d) Philo gebraucht σέβομαι an einigen Stellen, aber nie die Partizipialkonstruktion. Er hat den eingeschränkten und inferioren Gebrauch der Vokabel beibehalten, indem er beschreibt, wie andere Menschen und Völker ihre Götter fürchten, die als handgemachte oder als tierische Nachbildungen gedacht sind. Philo tadelt sie wegen dieses Verhaltens, weil sie nicht an den einzigen Gott glauben.[59]

e) Besondere Aufmerksamkeit erfordern die Aussagen des Josephus, welche sich in diesem Fall nur in den Antiquitates belegen lassen. Josephus wendet σέβειν Θεόν sowohl auf JHWH als auf „andere" fremde Götter an. Locus classicus in terminologischer wie in sachlicher Hinsicht ist Ant XIV,110. In diesem Abschnitt berichtet Josephus über die Plünderung des Jerusalemer Tempels durch den römischen Triumvirn Licinius Crassus, als

---

[57] Vgl. dem Kontext nach auch ähnlich und vergleichbar TestJos 4,6 mit der Konstruktion φοβούμενος τὸν θεόν.

[58] Zur Problematik „wie wir" in 16,2 vgl. die einschlägigen Kommentare.

[59] Som I,204; VitMos II,198; Decal 78; SpecLeg II,255; SpecLeg IV,33; Virt 33f.179.

dieser gegen die Parther zu Felde zog (55 – 53 v. Chr.) und dabei den Tod fand.[60] Um die Tragweite dieser Plünderung zu unterstreichen, führt Josephus den gewaltigen Reichtum des Jerusalemer Tempels an.[61] Dazu bemerkt er: „Es darf aber niemanden wundern, daß ein derartiger Reichtum in unserem Tempel vorhanden war; alle Juden der bewohnten Erde und die „Gottesfürchtigen" (πάντων τῶν κατὰ τὴν οἰκουμένην Ἰουδαίων καὶ σεβομένων τὸν θεόν) sowohl aus Asia als auch aus Europa hatten dies über eine lange Zeit zusammengetragen."

Josephus setzt also an prominenter Stelle voraus, daß es Diasporajuden aus der römischen Provinz Asia in Kleinasien und Europa gegeben hat, die für den Reichtum des Tempels ebenso verantwortlich gewesen sind wie die Gruppe der „Gottesfürchtigen". Dieser Hinweis zeigt, daß das Phänomen der „Gottesfürchtigen" nicht lediglich auf den innerjüdischen Bereich beschränkt werden darf oder daraus zu folgern, es habe sich um eine literarische Konstruktion gehandelt. Zum einen besteht die textlich gesicherte Verknüpfung zwischen Juden und (καί) den „Gottesfürchtigen", die in erster Linie die Zusammengehörigkeit und die spezifische Differenz dieser beiden Größen zum Ausdruck bringen will. Zum anderen fällt auf, daß ausgerechnet beim Thema „Reichtum des Tempels" Josephus die Assoziation „Juden aus der Asia und Europa" zusammen mit den „Gottesfürchtigen" hat und sich darüber in einer Art Exkurs ausläßt. Dabei verliert er den Faden und gibt Informationen über die politische Struktur der Städte in Zypern und Cyrene, greift dann aber wieder den Feldzug des Licinius Crassus auf. Denn besonders in den Jahrhunderten vor und nach Christi Geburt waren Juden aus der Provinz Asia und Europa bedeutende Vertreter des Diasporajudentums, die vermutlich mehr noch als den üblichen Halb-Schekel der Tempelsteuer gaben. Diese Aussage gilt aber nicht nur für Juden von Geburt oder von Proselyten, sondern auch auch für die „Gottesfürchtigen", die Josephus sonst sicher nicht so unvermittelt in diesem Zusammenhang aufgenommen hätte.[62]

Einige Ausleger und Historiker haben sich mit dem Wortlaut des griechischen Textes näher beschäftigt. Sie meinen, daß πάντων τῶν κατὰ τὴν οἰκουμένην Ἰουδαίων καὶ σεβομένων τὸν θεόν deshalb nicht zwei eigenständige Gruppen, Juden einerseits und „Gottesfürchtige" andererseits, meinen

---

[60] Josephus Ant XIV,105–109.

[61] Zum Reichtum des Jerusalemer Tempels vgl. besonders die durchaus glaubwürdige Aussage aus Bell VI,317 nach der Zerstörung des Tempels 69/70 n. Chr.: „Mit den geraubten Schätzen des Tempels waren die Soldaten alle so beladen, daß in Syrien das Gold im Vergleich zu vorher im Handel um die Hälfte seines Preises sank".

[62] Vgl. dazu auch LIFSHITZ, JSJ 1 (1970) 77–84.

könne, weil das τῶν vor σεβομένων τὸν θεόν fehle. Somit wäre dieses Satzglied lediglich eine nähere Charakterisierung von πάντων τῶν ... Ἰουδαίων, wodurch der Bezug auf Juden und nicht auf Heiden gesichert sei.[63] Diese Argumentation ist zwar nicht generell abzuweisen, doch existiert eine inschriftliche Parallele, bei der eine ähnlich weitreichende Entscheidung zu treffen ist. Ohne dieser in Kapitel V unter 4 d) ausführlicher vorgestellten Problematik vorgreifen zu wollen, sei auf Schwyzers Griechische Grammatik verwiesen, der festhält, daß τῶν vor σεβομένων τὸν θεόν fehlen darf, ohne dadurch die Funktion als eigenständiges Satzglied einzubüßen.[64]

Ein weiterer zentraler Text von Josephus findet sich in Ant XI,84–87, welcher allerdings an anderer Stelle unter dem Stichwort φοβούμενοι τὸν θεόν (s.u.) ausführlicher zu besprechen ist. Es geht in diesem kurzen Abschnitt, in dem σέβομαι nicht in einer Partizipialkonstruktion gebraucht wird, um die Rückkehr aus dem Babylonischen Exil, den Wiederaufbau des Tempels unter Darius I. (521 – 486 v. Chr.) und ganz besonders um die Samaritaner, die sich an dem Wiederaufbau beteiligen wollten. Sie taten dies mit der Begründung, den gleichen Gott zu verehren (σεβόμεθα γὰρ οὐκ ἔλαττον ἐκείνων τὸν θεόν...). Dieses Ansinnen wird von jüdischer Seite unter formaler Begründung abgewiesen. Man wolle ihnen jedoch erlauben, dort anzubeten. Im übrigen sei dies das einzige, worin die Gemeinschaft der Juden mit ihnen wie mit allen anderen Menschen bestünde, nämlich zum Tempel zu kommen, um dort Gott zu verehren (ἀφικνουμένοις εἰς τὸ ἱερὸν σέβειν τὸν θεόν). Damit aber werden die Samaritaner in Kategorien wie „Gottesfürchtige" und wie die Völkerwelt behandelt (πρὸς αὐτοὺς καὶ πᾶσιν ἀνθρώποις). Sie dürfen dort anbeten und Gott verehren, haben aber einen eigenen Status und werden auch nicht mit dem Tempelbau in Verbindung gebracht.[65] Damit legt der Text Zeugnis davon ab, wie das Judentum im

---

[63] Vgl. u.a. LAKE, Proselytes and Godfearers, in: Beginnings I,5, 85.

[64] SCHWYZER, Grammatik, Bd. II, 24 Zusatz 3; vgl. auch BLASS / DEBRUNNER / REHKOPF, Grammatik, Paragraph 276.

[65] Diese Aussage läßt sich bis in das 1. Jh. n. Chr. weiterverfolgen. Nicht-Juden, wozu eben auch die „Gottesfürchtigen", Sympathisanten und Nachahmer gehörten, war bei Androhung der Todesstrafe das Betreten des inneren Tempelbezirks verboten. Durch eine Steinbalustrade war dieser vom äußeren Tempelbezirk getrennt und auch nur für Juden zugänglich, worauf aufgestellte Warnungstafeln deutlich hinwiesen. In den Jahren 1871 und 1935 wurden die bei Josephus (Ant XV,417; Bell V,194; VI,124–126) bezeugten Warnungsinschriften entdeckt (vgl. BICKERMAN, Inscriptions, 210–224). Ihre Übersetzung lautet: „Daß kein Fremder hineintrete innerhalb der Balustrade und Einfriedung um das Heiligtum! Wer aber ergriffen wird, wird selbst verantwortlich sein für den darauf folgenden Tod!" (Übersetzung nach SCHWIER, Tempel, 57–61; Text 57; zu den philologischen Besonderheiten auch BERTHOLET, Stellung, 311–313).

1. Jh. v. Chr. das Verhältnis zu Samaritanern und Heidenwelt unter Umständen bestimmen konnte.

Ebenfalls ohne Partizipialkonstruktion gebildet, aber dennoch von Wichtigkeit sind die Aussagen aus Ant XII,17–23, welche die große Episode von der Übertragung der Hebräischen Bibel in die griechische Sprache erzählen. Aristeas wirbt in dieser Auftakt-Episode für die Freilassung von Tausenden von Gefangenen beim König Ptolemaeus Philadelphus (283 – 246 v. Chr.) und motiviert sein eigenes wie das Handeln des Königs mit der Aussage, daß der Gott, der den Juden die Gesetze gab, auch derjenige ist, der des Königs Reich regiert. Diesen Gott verehrten auch die Juden (τὸν γὰρ ἅπαντα συστησάμενον θεὸν καὶ οὗτοι καὶ ἡμεῖς σεβόμεθα; 22).

Damit wird deutlich, daß der Stamm σεβ- nicht nur eine abgrenzende Funktion haben kann, sondern auch die Möglichkeit zur Kommunikation bietet. Es zeigt sich aber auch, daß sich Offenheit und Dialogbereitschaft einerseits und Grenzziehung und Einschränkung andererseits gegenüberstehen und daß das Phänomen der „Gottesfürchtigen" immer diese beiden Sichtweisen herausfordert und freisetzt. Auch hier könnte das Prinzip der Komplementarität angewendet werden, weil beide Funktionen von Religion jeweils sinnvoll für ein Ganzes stehen können.

Dieser besondere Aspekt wurde jedoch dann ad absurdum geführt, wenn die Bedingungen und das Rahmenwerk für diesen Dialog von jüdischer Seite nicht mehr als eine Art „Konzession" gewährt wurden, oder wenn von heidnischer Seite Zwang ausgeübt wurde. So berichtet Josephus jedenfalls in Ant XII, 125f., daß die Ionier unter Marcus Agrippa, dem „Begleiter" Octavians, von den Juden verlangten, daß sie auch deren heidnische Götter verehren müßten, wenn sie die gleichen politischen Rechte erwerben wollten (σέβεσθαι τοὺς αὐτῶν θεούς). Dieses Ansinnen wurde freilich abgelehnt. Von jüdischer Seite aus konnte die Verehrung fremder Götter durchaus offensiv dargestellt werden. Als Zwangsmaßnahme aber wurde es umgehend abgelehnt, weil es in dieser verordneten Form nicht mit der Tora vereinbar war.

Schließlich sind noch zwei Angaben des Josephus aus den Antiquitates besonders zu besprechen, in denen er von dem Übertritt des Königshauses von Adiabene berichtet. Dieser Bericht macht nun vollends deutlich, daß Josephus bei den mit dem Stamm σεβ- gebildeten Vokabeln das Phänomen der „Gottesfürchtigen" nicht nur erwähnt und anreißt, sondern reflektiert und differenziert darstellt. Da Josephus die Vokabeln φοβέομαι und Derivate nicht verwendet, liegt mit dem Stamm σεβ- eine besondere Charakterisierung vor.

In der Izates-Episode (Ant XX,17–53, bes. 43ff.) ist der Kaufmann Ananias der Repräsentant des Diasporajudentums schlechthin, der dem König Mut macht, den Status des „Gottesfürchtigen" beizubehalten und sich nicht beschneiden zu lassen. Nach Ananias' liberaler Position kann der Gott der Juden auch ohne Beschneidung verehrt werden, worin ihm der aus Galiläa stammende Eleazar radikal widerspricht.

Somit ist Josephus in all seinen Berichten auf der Höhe seiner Zeit. Er erfaßt und gibt einen wesentlichen und facettenreichen Zusammenhang des Diasporajudentums wieder.

f) Die Apologeten schließlich verarbeiten die mit dem Stamm σεβ- gebildete Vokabeln in besonderer Weise. Von wenigen Ausnahmen abgesehen wenden sie diese nämlich auf die heidnische Gottesverehrung an. Damit aber schließen sie den hier untersuchten Kreis und knüpfen gewissermaßen an die profangriechischen Anfänge an, was im folgenden gezeigt wird.

Unter der Verwendung der Partizipialkonstruktion σεβόμενος τὸν θεόν wird die Verehrung von toten und nutzlosen Bildsäulen gegeißelt und das barbarische Verehren von Tieren verpönt.[66] Lediglich in Apol 13,1 führt Justin vorsichtig aus, daß die Christen keine Gottlosen seien, weil sie den Demiurgen fürchten. Auch bei den anderen Belegstellen wird σέβομαι ausschließlich auf die heidnische Verehrung angewendet.[67] Als Ausnahme ist Justin, Dialogus 35,5 zu verzeichnen, wo die Gottesverehrung der christlichen Ketzer mit σέβειν qualifiziert wird. Ein Bezug zu dem Phänomen der „Gottesfürchtigen", wie er bei Josephus beobachtet werden konnte, ist hier aber nicht gegeben.

Zusammenfassende Wertung:

Es bleibt festzuhalten, daß die mit dem Stamm σεβ- gebildeten Wortverbindungen in der antiken klassischen Literatur häufig verwendet wurden. Der Blick wurde in diesem Zusammenhang aber deutlich auf die Rezeption und Verarbeitung in jüdischer und christlicher Literatur gelenkt, wobei Acta erst in einem späteren Zusammenhang näher betrachtet werden sollen. Ein besonderes Augenmerk galt der Partizipialkonstruktion σεβόμενος τὸν θεόν. In der LXX und in der zwischentestamentlichen Literatur wird mit Hilfe von Verbindungen des Wortstammes σεβ- schon eine Richtung anvisiert, die wegweisend für die „Gottesfürchtigen" ist, indem sich Menschen absondern und nur noch den Gott Israels fürchten. Bei der Partizipialkon-

---

[66] Aristides, Apologias 2,1; 3,2; Justin, Apol 24,1; 25,1 = praekonversionale Erinnerung.

[67] Aristides, Apologia, 7,4; 13,8; Justin Apol 24,1f.; 29,4; Athenagoras, Supplicatio 1,1; 30,1.

struktion ist namentlich Josephus hervorzuheben, der ein Zeugnis für die Gruppe der „Gottesfürchtigen" in terminologischer wie phänomenologischer Hinsicht aufbewahrt hat. Auch sonst ist Josephus in dieser Hinsicht besonders zu beurteilen. Er verwendet die Wortgruppe in Zusammenhängen, um Verbindungen und Kommunikation mit der heidnischen Umwelt herzustellen, wodurch sich eine Überleitung zu den späteren heidnischen Kontexten ergibt.

5. Φοβέομαι, φοβούμενος τὸν θεόν

Innerhalb des antiken Sprachgebrauchs sind die mit dem Stamm φοβ- gebildeten Vokabeln eindeutig als moralisch zweifelhafter einzuschätzen und zu bewerten. Wie bereits erwähnt, waren die Götter nach antikem Verständnis vor allem zu ehren, auch wenn sie natürlich Scheu hervorriefen. Dieser grundlegende Aspekt ist bei der Sichtung aller relevanten Belege genau im Auge zu behalten und entsprechend zu würdigen.

a) Wenden wir uns zunächst den neutestamentlichen Belegen zu, wobei die entscheidende Partizipialkonstruktion auch noch einmal an anderer Stelle ausgewertet werden soll.[68] Diese Konstruktion als Bezeichnung für „Gottesfürchtige" findet sich in Acta 10,2.22 und in Acta 13,16.26. φοβέομαι begegnet auch in Lk 1,50 (τοῖς φοβουμένοις αὐτόν) und 23,40 (οὐδὲ φοβῇ σὺ τὸν θεόν) und in Acta 10,35 (φοβούμενος αὐτόν). Allen Belegen ist aber gemeinsam, daß sie eher als Aussagen mit universalem Charakter einzustufen sind ohne einen auf den ersten Blick[69] näher zu erkennenden Hintergrund.[70] Zu beachten ist aber, daß Acta 10,35 so plaziert ist, daß ein Bezug auf die beginnende Heidenmission zu erkennen ist, weshalb auch αὐτόν für τὸν θεόν gewählt ist. Sprachlich verwandt ist ebenfalls Kol 3,22 (φοβούμενοι τὸν κύριον), wogegen 1 Petr 2,17 die klassische Unterscheidung τὸν θεὸν φοβεῖσθε, τὸν βασιλέα τιμᾶτε nennt. Beide Belege sind darin parallel, daß es sich

---

[68] Vgl. dazu ausführlich Kapitel VII.

[69] KLAUCK, NTS 43 (1997) 134–139 hat in einer kurzen Studie zu Lk 1,50 gezeigt, daß sich die nähere Beschäftigung mit einzelnen Stellen auch in dieser Hinsicht lohnt. Er kommt zu dem Schluß, daß der „Autor des lukanischen Doppelwerks bei ‚denen, die Gott fürchten' ... bereits an die Gottesfürchtigen, wie wir sie aus der Apostelgeschichte kennen", denkt (Zitat 139). Trotz aller Sympathie für diesen methodischen Ansatz bleibt jedoch kritisch anzumerken, daß in Lk 1,50 wie an anderen Stellen der Rekurs auf eine sozial klassifizierbare Gruppe fehlt.

[70] Vgl. etwa auch ApkJoh 14,7; 15,4; 19,5.

um Paränesen handelt, die zur Furcht vor Gott bzw. zur Furcht Gottes auf-
rufen.

b) In der LXX findet sich unter dem Stichwort φοβέομαι die Partizipialkonstruktion ca. 45mal, worunter 20 Belege zu finden sind, die τὸν θεόν durch
das Personalpronomen ersetzen. Auffällig an all diesen Stellen ist, daß mit
der Konstruktion φοβούμενος τὸν θεόν in der Mehrzahl der Fälle keine bestimmte oder faßbare Gruppe verbunden ist. Im Gegenteil: es wird durchgängig eine Allgemeinaussage zur Gottesfurcht getroffen, die teils paräneti-
schen, teils weisheitlichen Charakter trägt. Die in Acta 10,2.22 und 13,16.26
zugrunde liegende Konstruktion φοβούμενος τὸν θεόν findet sich unter den
ca. 45 Belegen nur insgesamt 3mal, wobei überwiegend die dem Gottesna-
men näher stehende Verbindung φοβούμενος τὸν κύριον gewählt wird. Die
erwähnten Belege finden sich in Neh 7,2, Koh 7,18 und 8,12. Neh 7,2 nennt
im Zusammenhang der Sicherungsmaßnahmen für die Stadt Jerusalem unter Nehemia den Burgvogt Hananja, der als zuverlässig, herausragender als
andere und als φοβούμενος τὸν θεόν galt. Obwohl in Kohelet auch bestimmte Personen genannt werden, ist trotzdem die Allgemeingültigkeit
und mangelnde Aussagekraft festzuhalten.

    Vier Belege aus der Gruppe φοβούμενος τὸν κύριον sind insofern her-
vorgehoben, als sie mit Personen verbunden sind, die näher beschreibbar
sind. So wird in 1 Kön 18,3.12 der Hofmeister von Israels König Ahab (871 –
851 v. Chr.) als gottesfürchtig ausgewiesen. Von einem Prophetenjünger Eli-
sas wird in 2 Kön 4,1 die gleiche Aussage getroffen sowie von Susanna in
ZusDan Sus 2. Wenn sich zu den Verbindungen im Neuen Testament überhaupt eine Brücke finden läßt, dann sind wohl diese wenigen Stellen als
sprachliche Parallelen anzuführen. Inhaltlich sagen sie nicht viel aus, da es
sich in allen Fällen um Juden handelt und gerade nicht um Heiden, die sich
auf der Schwelle zum Judentum bewegen.

    Trotzdem ist einem Text besondere Aufmerksamkeit zu widmen, der zu-
mindest eine Richtung anvisiert, die weiterführend und hilfreich sein könnte. Es geht dabei um den großen Komplex 2 Kön 17,24–41, der dem Kontext
nach das vorläufige Ende des Staates Israel und die Katastrophe des Nordreiches durch die neuentstandene assyrische Weltmacht im Jahr 722 v. Chr.
verarbeitet. In dem genannten Abschnitt wird gewissermaßen „ätiologisch"
das schwierige und gestörte Verhältnis zwischen Samaritanern und Juden zu
erklären versucht. Mit der Niederlage des Nordreiches war die Ansiedlung
von Fremdvölkern im Gebiet Samariens verbunden. Von diesen Völkern,
die mit den Samaritanern eine Art Mischbevölkerung bildeten, wird nun
ausgesagt, daß sie ihren eigenen Göttern dienten (καὶ τοῖς θεοῖς αὐτῶν

ἐλάτρευον; V.33) und sie im klassischen Sinne verehrten (vgl. σέβομαι). Gleichzeitig aber – und das ist an diesem diesem Bericht herauszuheben – fürchteten sie auch JHWH. Diese Verehrung wird mit φοβούμενος τὸν κύριον ausgedrückt.[71] Es wird den in polemischer Art charakterisierten Samaritanern die Furcht vor JHWH bescheinigt[72], gleichzeitig aber durch ihre Verehrung anderer Götter die einzige und wahre Furcht JHWH bestritten.[73]

Damit aber lassen sich die in diesem Abschnitt genannten Gruppen als „Prototypen" für die „Gottesfürchtigen" bezeichnen, was auf eine zweifache Weise beschrieben werden kann.

Positiv ließe sich sagen, daß „Gottesfürchtige" deshalb herausgehoben werden können, weil sie sich – polemisch formuliert – von der Verehrung handgemachter, zweifelhafter Götter, Gebilde und Statuen abwenden und sich auf die Furcht vor dem Gott Israels, der den Namen JHWH trägt, zubewegen. Dieser Zug stellt eine liberale Tradition in der jahrhundertelangen jüdischen Auseinandersetzung mit dem Phänomen der „Gottesfürchtigen" dar.

Dagegen ließe sich aber genauso sagen, daß „Gottesfürchtige" zwar als „den-Herrn-Fürchtende" zur Kenntnis genommen werden, dies aber ihre negative Qualifizierung nicht zu ändern vermag. Entscheidender ist, daß sie nicht allein JHWH fürchten, sondern auch noch andere Götter verehren. Dies ist die andere, konservative und strenge Richtung, die uns im Umgang mit „Gottesfürchtigen" ebenfalls immer wieder begegnet. Sie ist streng betrachtet später auch die Folie in Acta 10f[74], wo gefragt wird, ob die Hinwendung eines Heiden zum lebendigen Gott der Grund für überschäumende Freude ist oder im Gegenteil ein Ärgernis.

c) In der zwischentestamentlichen Literatur ist zunächst eine vergleichbare Entwicklung wie in der LXX zu beobachten. TestBenj 10,10; JosAs 27,1; PsSal 2,33; 3,12; 4,23; 5,18; 12,4; 15,13 sprechen allgemein über Gottesfurcht als eine besondere Haltung, wobei die genannten Stellen die Konstruktion φοβούμενος τὸν κύριον vorweisen, während TestJos 2,4; PsSal 2,33 und

---

[71] 2 Kön 17,32.(!) 41(!); vgl. 33.34.35.36.37.38.39.

[72] Nur V.34 scheint diesem Gesamtduktus zu widersprechen.

[73] Es fällt in der Forschung besonders auf, daß dieser Zusammenhang in der hier vorgestellten Weise bisher so nicht gesehen wurde. Bemerkenswert ist etwa an dem materialreichen Aufsatz von MARINKOVIC, Frieden, 3–21, daß er für die Naeman-Episode den Zeitraum 722 v. Chr. und die Ereignisse als möglichen Kontext in extenso erwägt, dabei aber die „Gottesfürchtigen" in dieser besonderen Formulierung hier nicht anspricht (vgl. bes. 4f.; 14f.).

[74] Aber natürlich unter anderen Voraussetzungen.

13,12 dieselbe neben dem Personalpronomen bieten. Einmal findet sich in TesBenj 3,4 auch eine Aussage in allgemein gehaltener Form, die mit der Partizipialform φοβούμενος τὸν θεόν konstruiert ist. Auch hier finden sich Belege, welche Relevanz für die neutestamentliche Terminologie und deren Hintergründe haben. Zu beachten ist einerseits JosAs 8,8, wo φοβούμενος τὸν θεόν als Aussage über Aseneth getroffen wird. Bemerkenswert ist diese Stelle deshalb, weil hier die in LXX 2 Kön 17 entdeckte Linie zumindest partiell und in Ansätzen fortgesetzt wird. Denn Aseneth ist nach dem Duktus dieses Bekehrungsromans gewissermaßen idealtypisch als „Gottesfürchtige" dargestellt, die nicht mehr ihre angestammten Götter verehrt, sondern zum Judentum übertritt und zum Gott Israels hin flieht. Beachtlich ist diese Charakterisierung, weil sie faktisch als eine Art Überleitung bzw. Zwischenstation fungiert.

Ein noch aufschlußreicherer Beleg für die Bedeutung der Entwicklung und Charakterisierung von φοβούμενος τὸν θεόν scheint mir JosAs 28,7 zu sein. Aseneth trifft hier eine Aussage über die Patriarchen. Sie seien nicht nur θεοσεβεῖς, sondern auch φοβούμενοι τὸν θεόν gewesen. Diese Stelle darf natürlich nicht verallgemeinert werden. Aber es sollte doch nicht unbeachtet bleiben, daß die Formulierung φοβούμενος τὸν θεόν im Gegenüber zu θεοσεβής vom dem Verfasser des Bekehrungsromans aus dem 1. Jh. n. Chr. gewählt wird, um eine stärkere Hinwendung zum Judentum hin zu beschreiben und um damit auch schon eine gewisse „Qualität" der Affinität anzusprechen. Um diesen Zusammenhang zu erweitern, ist noch einmal auf Cornelius in Acta 10 zu rekurrieren, weil dieser schon in jüdischen Kategorien gedacht und vorgestellt wird. σεβόμενος τὸν θεόν und φοβούμενος τὸν θεόν sind damit streng genommen jüdische Kategorien, die verständlicherweise zur Qualifizierung von „Gottesfürchtigen" in jüdischer und christlicher Literatur auftauchen. Deshalb fehlen auch überwiegend in paganer Literatur entsprechende Hinweise, die terminologisch und sachlich derartig gelagert sind.[75] Jüdische Inschriften benutzen diese Formulierung wahrscheinlich deshalb nicht oder nur ganz selten[76] und verwenden θεοσεβής, weil σεβόμενος τὸν θεόν und φοβούμενος τὸν θεόν auf eine literarische Verwendung beschränkt sind. Dazu kommt ein zweiter, eher praktisch-technischer Grund. Es könnte sein, daß die jeweiligen Steinmetze die Bezeichnung

---

[75] Vgl. aber Platon, Timaios, 69d „σεβόμενοι μιαίνειν τὸ θεῖον, Plutarch, De Iside et Osiride 44 (II 368f.) „οἱ σεβόμενοι τὸν Ἄνουβιν „, diejenigen, die Anubis verehren.

[76] Vgl. etwa die von SIEGERT u.a. angeführte profangriechische Inschrift aus dem Jahr 207/206 v. Chr. (Magnesisa am Maeander). Dort ist von τοῖς σε[β]ομένοις Ἀπ[όλλωνα Πύθιον] καὶ Ἄρτεμιν Λευκοφρυήνην die Rede (DITTENBERGER, Sylloge Inscr. Graec., II, 557 Zeile 7f.).

θεοσεβής den Formulierungen σεβόμενος τὸν θεόν und φοβούμενος τὸν θεόν vorgezogen haben, weil sie kürzer und damit eben auch einfacher einzustemmen war.[77] Natürlich setzt das die Zustimmung des Auftraggebers voraus, da er andernfalls bei einer eigenmächtigen Änderung des Textes durch den Steinmetzen seine Zahlung hätte verweigern können.

Die mit θεοσεβής qualifizierte Gruppe ist somit als „Begriff" zu verstehen, während σεβόμενος τὸν θεόν und φοβούμενος τὸν θεόν als Termini zu begreifen sind.[78] Die Tendenz, nicht nur als θεοσεβής, sondern auch als φοβούμενος τὸν θεόν charakterisiert zu werden, setzt sich auch später noch fort.

d) Nach Herm mand VII,5 reicht es nämlich nicht aus, Gott zu fürchten (φοβούμενος τὸν θεόν zu sein), sondern es müssen auch seine Gebote gehalten werden. Diese Quellenangabe erinnert an einige rabbinische Belege, die im 3. Kapitel vorgestellt wurden. Dort war mehrfach die Rede von bestimmten Zeitgenossen gewesen, die zwar „Gott fürchten", aber nicht nach den Vorschriften der Tora leben wollten. Eine solche Einstellung wird von Hermas korrigiert, indem er auf die Interdependenz von „gottesfürchtig" und dem Halten der Gebote hinweist.

Der Beleg aus Hermas leitet über zu der Literatur der Apostolischen Väter. In 1 Clem 21,7 und 23,1 wird durch die Partizipialkonstruktion φοβούμενος τὸν θεόν / αὐτόν lediglich eine Aussage allgemeiner Art getroffen. Die Belege mit φοβούμενος τὸν θεόν / κύριον in Barn 10,11 und 1 Clem 45,6 sind ebenfalls nicht aussagefähig und lassen die Annahme einer ermittelbaren und beschreibbaren Gruppe eher als zweifelhaft erscheinen. Trotzdem sind 1 Clem 21,7 und 45,6 insofern zu beachten, als sich die besonders bei Lukas geläufige Terminologie durchzusetzen scheint. Hingewiesen sei auf jeden Fall nochmals auf Herm mand VII,1–5, wo gegen eine bestimmte Art und Weise der „Gottesfurcht" polemisiert wird. Sie scheint als derart oberflächlich empfunden worden zu sein, daß der Verfasser mehrfach einschärft: Gott fürchten reicht allein nicht aus, es müssen auch seine Gebote gehalten werden.

Schließlich sind auch noch die Aussagen von Justin zu beachten, die einige interessante Varianten enthalten. Zunächst wäre auf Dial 10,4 zu verwei-

---

[77] Mündlicher Hinweis von SIEGERT.

[78] Ein Begriff ist das Ergebnis einer Abstraktion von mindestens zwei, meist aber mehreren Gegebenheiten unter Beibehaltung der ihnen gemeinsamen Merkmale und bei gleichzeitiger Weglassung der sie unterscheidenden Merkmale. Ein Terminus stellt demgenüber ein Fachwort dar mit der Diktion der sprachlichen und sachlichen Differenzierung.

sen, wo Justin völlig selbstverständlich und unmittelbar die Gruppe der φοβούμενοι τὸν θεόν nennt und erwähnt. Justin tut dies, indem er dem Juden Tryphon folgende Worte in den Mund legt: Die Christen bemühten sich unablässig die Juden davon zu überzeugen, daß sie (die Christen) Gott erkannt haben. Christen wählten diesen Schritt, ohne das zu tun, was die „Gottesfürchtigen" täten, nämlich das Gesetz zu beobachten. Auch hier existiert ein genauer literarischer Beleg, aus dem hervorgehen könnte, daß die „Gottesfürchtigen" eine sozial ermittelbare Gruppe waren. Justin formuliert an dieser Stelle völlig frei und benutzt die lukanische Form der Partizipialkonstruktion. Dies tut er immer da, wo er Schriftaussagen der LXX in Abwandlung bringt. Obwohl der betreffende LXX-Text φοβούμενος τὸν κύριον hat, wählt Justin bei seiner freien Formulierung θεόν.[79] Wenn Justin aber zitiert[80], dann bleibt er dem LXX-Text treu und behält κύριον bei.[81]

Zusammenfassende Wertung:

Wie bei dem Stamm σεβ- wurde der Blick auf die Partizipialkonstruktion in jüdischer und christlicher Literatur mit Ausnahme von Acta gelenkt. Besondere Bedeutung hat Kapitel 17 aus 2 Kön LXX, weil hier die Samaritaner mit Hilfe der Partizipialkonstruktion als Prototypen der „Gottesfürchtigen" erwähnt werden. Wie bei den mit dem Wortstamm σεβ- gebildeten Verbindungen ist damit endgültig die Engführung auf eine rein religiöse Qualifikation durchbrochen. In der zwischentestamentlichen Literatur findet sich ein weiterer Wesenszug, der bis in die christliche Literatur hineinreicht. Der Wortstamm φοβ- wird dazu benutzt, um den Wortstamm θεοσεβ- zu ergänzen und besonders zu qualifizieren, so daß sich auch von hier aus Verbindungem zu den weiteren Kapiteln dieser Untersuchung ergeben.

6. Versuch einer Gesamtzusammenschau

Abschließend soll angesichts der Fülle des philologischen Materials und seiner Auswertung nach einer darin zum Ausdruck kommenden Richtung und Linie gefragt werden.

Eine genaue Durchsicht aller relevanten Belege besonders zu θεοσεβής, σεβόμενος τὸν θεόν und φοβούμενος τὸν θεόν ergibt in vielen Fällen eine

---

[79] Dial 24,; 106,1.
[80] Dial 98,5, 106,2.
[81] Wie schon an anderer Stelle erwähnt, spielen φοβέομαι und φοβούμενος τὸν θεόν bei Philo und Josephus keine Rolle und können deshalb auch nicht behandelt werden.

Bestätigung der alten und vertrauten Vermutung, es handele sich dabei um interne, qualifizierende und religiöse Termini. Diese besitzen vielfach keinen Bezug zu Gruppierungen, welche eine Nähe zum Judentum herstellen wollen oder hergestellt haben. In einigen, wenn auch wenigen Fällen, stellt sich dieses jedoch anders dar. Denn mancherorts schimmert doch schon etwas davon durch, was die antiken heidnischen Autoren, die Inschriften und vielleicht auch die Apostelgeschichte des Lukas mit ihrer Terminologie und Phänomenologie anvisieren. Das soll im weiteren Fortgang gezeigt und auch belegt werden.

V. Terminologische Klärungen unter besonderer Berücksichtigung des inschriftlichen Materials

Einige Inschriften wurden bereits in den vorangegangenen Kapiteln an hervorgehobener Stelle angeführt, ingesamt bedürfen sie jedoch einer intensiveren Untersuchung. Es existiert eine Fülle von Inschriften, die unter dem Stichwort θεοσεβής und dem lateinischen Äquivalent metuens gesondert behandelt werden müssen. Dabei findet sich θεοσεβής überwiegend in jüdischen Inschriften[1], während auf paganer Seite viel häufiger εὐσεβής belegt ist. Bevor wir uns nun dem epigraphisch erhaltenen Material zuwenden wollen, sind vorab einige Problemzusammenhänge zu nennen, die bei der jeweiligen Auswertung zu berücksichtigen sind. Nicht gesondert behandelt werden soll aber die Frage, weshalb inschriftlichem Material eine besondere Dignität zukommt. Inschriften sind wertvolle Zeugen immer dann, wenn sie zu den sonstigen Informationen in einen sinnvollen Zusammenhang gebracht werden können. Ihre Bedeutung liegt in der Bestätigung oder Widerlegung von Annahmen, die auf anderem Grund gebaut wurden. In manchen Fällen ist ihre Aussagekraft allerdings derartig evident, daß sie zu einem neuen Schlüssel des Verständnisses werden können. Gleichzeitig ist damit natürlich die Gefahr verbunden, daß diese Evidenz verallgemeinert und vereinseitigt wird. Die Entdeckung der Stele von Aphrodisias war ein Meilenstein bei der Erforschung der Problematik der „Gottesfürchtigen" und der Nachweis, daß ein Sympathisantentum auch terminologisch faßbar gewesen sein muß (s.u.). Es ist nun aber keinesfalls so, daß sämtliches literarisches und epigraphisches Material vor dem Hintergrund dieser Inschrift interpretiert werden könnte; auch hier ist davor zu warnen, Ergebnisse unkritisch zu verallgemeinern und lokal auszuweiten. Die Gültigkeitsbeschränkung auf die Situation vor Ort ist bei einer Interpretation zuerst immer einer phänomenologischen Ausweitung vorzuziehen.

---

[1] Mit der Zuschreibung ist immer wieder das Problem und die Frage verbunden, ob die Inschriften als jüdisch einzustufen sind; zum Problem selber s.u.

A.

1. Bemerkungen zur Zitierweise und zu den Corpora

Ohne an dieser Stelle eine Einführung in die Epigraphik geben zu wollen, muß doch auf einige grundlegende Umstände hingewiesen werden. Zunächst einmal ist auf die Zitierweise von inschriftlichem Material in der Sekundärliteratur hinzuweisen. Es reicht dazu nicht aus, einen beliebigen Fundort aus der Literatur anzugeben oder irgendeine Inschriftensammlung zu zitieren. Es muß zumindest in Ansätzen erkennbar sein, wann die betreffende Inschrift entdeckt und durch wen sie wo zuerst publiziert worden ist. Die klassischen Einführungen in die Epigraphik von Klaffenbach[2] und Robert[3] zeigen die Geschichte der Edition von Inschriften auf und lassen erahnen, welch schwieriges Unterfangen eine Darstellung der Editions- und Rezeptionsgeschichte ist.

Zur Zitierpraxis kommt die Schwierigkeit, in welcher Weise neue und bisher nicht beachtete Inschriftenfunde eigentlich fruchtbar gemacht werden können. Hier sei besonders auf die Arbeit von van der Horst verwiesen, der in diese Problematik eingeführt hat.[4] Bei der eigenen Vorgehensweise sollen die genannten Probleme berücksichtigt werden.

a) Ältere Editionen von jüdischen Inschriften

Ein Großteil der Inschriften zum Phänomen der „Gottesfürchtigen" findet sich schon in dem von Frey herausgegebenen Corpus Inscriptionum Judaicarum = CIJ (1936 Vol. I, 1952 Vol. II, posthum). Eine Überarbeitung und Ergänzung seiner Arbeit erfolgte 1975 durch Baruch Lifshitz für Volume I = CIJ[2], welcher einige bis dato neuentdeckte und neu bestimmte Inschriften hinzufügte. Mit diesen beiden Corpora kann also ohne zeitraubende Suche in anderen Editionen ein erheblicher Teil der relevanten Inschriften (auch für die „Gottesfürchtigen") abgedeckt werden. Besonders CIJ hat die Editionsgeschichte bis zur eigenen Veröffentlichung aufgezeigt. Bei der Vorstellung und Auswertung werden unten die Angaben aus CIJ und CIJ[2] deshalb auch aus technischen Gründen zuerst genannt.

---

[2] Griechische Epigraphik.
[3] Epigraphik der klassischen Welt.
[4] Ancient Jewish Epitaphs, 11–21.

b) Neuere Editionen von jüdischen Inschriften

Erst dann werden die dort nicht verzeichneten „neueren" Funde angeführt und die Geschichte ihrer jeweiligen Edition nach bestem Wissen verfolgt. Zur Erleichterung sei aber auf wenigstens drei Möglichkeiten zur Abkürzung dieses Verfahrens verwiesen.

1.1 Es wird auf die bei Epigraphikern inzwischen gängige Methode zurückgegriffen, nach welcher der „Kürze halber ... keine ausführlichen bibliographischen Angaben gemacht (werden), sondern es wird jeweils, soweit vorhanden, die Nummer aus einem Corpus oder SEG .. gegeben".[5] Diese Methode ist allerdings nur ultima ratio in den Fällen, wo eine Untersuchung der Geschichte der Edition als nicht erfolgversprechend und nicht förderlich erscheint.

1.2 Vorbildlich und wegweisend ist ein in Cambridge (U.K.) angesiedeltes Inschriftenprojekt, das sich die Herausgabe aller jüdischen Inschriften zum Ziel gesetzt hat. Wie im CIJ wurde dort nach Regionen geordnet. Bisher sind erschienen: im Jahr 1992 „Jewish Inscriptions of Graeco-Roman Egypt" (JIGRE) unter Federführung von William Horbury und David Noy; im Jahr 1993 „Jewish Inscriptions of Western Europe 1 (excluding the City of Rome), Spain and Gaul (JIWE I), bearbeitet von David Noy und 1995 „Jewish Inscriptions of Western Europe 2: The City of Rome (JIWE II), wiederum bearbeitet von David Noy. Vorbildlich und wegweisend sind diese Sammlungen insofern, als sie für die entsprechende Region nicht nur alle bis dato gefundenen und besprochenen jüdischen Inschriften aufnehmen, beschreiben, klassifizieren, transkribieren, ins Englische übersetzen und sie mit einem Kommentar versehen. Darüber hinaus geben sie nicht nur eine komplette Bibliographie der bisherigen Editionen, sondern verzeichnen sämtliche relevante Sekundärliteratur, in der die jeweilige Inschrift Gegenstand einer Behandlung war. Sofern sich die in der vorliegenden Untersuchung vorgestellten Inschriften in diesen Cambridger Sammlungen befinden, wird darauf unter den im Text genannten Kürzeln hingewiesen und zusätzlich eine Jahreszahl gesetzt, um Mißverständnisse zu vermeiden. Sofern dies möglich war, werden die Texte auch nach diesen Editionen zitiert, weil sie nahezu umfassend recherchiert und sinnvoll ergänzt wurden. Die Cambridger Einzelbände haben im Anhang unter anderem auch eine Konkordanz, die einen schnellen Vergleich mit dem CIJ bzw. CIJ[2] erlauben.

Es ist klar, daß ein derartiges Unternehmen nicht ohne Fehler und Unzulänglichkeiten bleiben kann. Darauf haben in Besprechungen van der

---

[5] Petzl, Religiosität, 41 Anm. 21.

Horst[6] und Horsley[7] hingewiesen. Besonders die Kritik von Horsley ist insofern gewichtig und ernst zu nehmen. Seit 1981 (bis einschließlich 1989) stand er dem Inschriftenprojekt der Macquarie University in North Ride in Australien vor, das unter dem Titel „New Documents Illustrating Early Christianity" bisher sieben Bände veröffentlicht hat, in denen auch die älteren Corpora von CIJ und CIJ[2] berücksichtigt wurden. Trotz dieser Monenda und Addenda ist das Cambridger Projekt von der Anlage und der Durchführung her exzeptionell und bringt sehr viel Zuverlässigkeit und vor allem eine chronologische Ordnung in die Editionsgeschichte der verschiedenen Inschriften.

1.3 Der Bereich der östlichen Diaspora und Syrien wird von einem Tübinger Projekt abgedeckt, für das Hanswulf Bloedhorn verantwortlich zeichnet. Für die Erstellung des „Corpus jüdischer Zeugnisse" hat er die epigraphischen Belege aus Griechenland, Kleinasien und Syrien zusammengetragen. Es existiert dazu bereits eine Karte zusammen mit Ergänzungen, die die jüdische Diaspora bis zum 7. Jh. n. Chr. erfaßt (TAVO[8] B VI 18).[9] Der Inschriftenband selber soll als TAVO Beiheft B 92 erscheinen, worin ähnlich wie im Cambridger Projekt die bisherigen relevanten Editionen genannt werden.

2. Bemerkungen zur Zuweisung von Inschriften

Neben der Transkribierung, der „sinnvollen Ergänzung" von Fragmenten, der Datierung und der Form- und Gattungsbestimmung ist die Zuschreibung einer Inschrift (Trägerkreis, kultureller Kontext) eine bedeutende Aufgabe. In unserem Fall wird nämlich oft die Frage aufgeworfen, ob eine Inschrift einen jüdischen Charakter hat und sie dem jüdischen Milieu zuzuordnen ist. Natürlich existieren Kriterien, mit deren Hilfe und Anwendung eine jüdische Inschrift zugeordnet werden kann. Dazu zählen etwa[10] Symbole wie der sieben- bzw. neunarmige Leuchter (Menorah), Palmwedel und/oder das dazugehörige Gefäß, welche beide für die Feier des Laubhüt-

---

[6] JThS 45 (1994) 701–704.

[7] JSQ 2 (1995) 78–101.

[8] Tübinger Atlas des Vorderen Orients.

[9] In einer Appendix zu HENGELS Beitrag „Der alte und der neue ‚Schürer' (JSS 35, 1990) 19–72 hat BLOEDHORN auf den Seiten 64–72 schon Teile seines Projektes veröffentlicht, indem er Ergänzungen und Korrekturen in epigraphischer Hinsicht zum „neuen Schürer" zusammengestellt hat.

[10] Zum folgenden vgl. auch KANT, Inscriptions, 682f.

tenfestes in der Synagoge benutzt werden, Toraschrein, Widderhorn, welches in der Synagoge an Rosh Hashanah und an Yom Kippur gespielt wird. Dazu zählen aber auch jüdische Namen oder der Hinweis auf die strikte Toraobservanz des/der Verstorbenen, die Bekleidung eines Amtes in der Synagoge oder auch der Ort der Grabstätte wie der Katakomben. Es gibt immer wieder auch Autoren und Editoren, die Inschriften den jüdischen Charakter absprechen und als heidnische Bezeugung einstufen. Besonders im Fall des hier zu untersuchenden Phänomens der „Gottesfürchtigen" ist mit der Diskussion zu rechnen, ob eine Inschrift noch als jüdisch anzusehen ist. Bei diesen „Gottesfürchtigen" handelt es sich um Heiden, die Kontakt zu Synagogen und jüdischen Gemeinden suchten und pflegten, streng genommen aber immer noch als Heiden betrachtet wurden. Dabei spielen nicht nur die Termini θεοσεβής bzw. metuens eine Rolle, sondern auch Ausführungen auf den Inschriften, welche besondere Gesetzesobservanz und Treue zur Synagoge bezeugen, ohne daß von vornherein mit Juden dabei zu rechnen ist. Schwierig und zu diskutieren sind auch die sogenannten D M (dis manibus) Zusätze (s.u.), die anscheinend eindeutig auf heidnisches Milieu verweisen, sich aber ebenso eindeutig auf jüdischen Inschriften finden. Zu beachten ist, daß bei der Frage der Zuordnung auf gar keinen Fall mit einem „orthodoxen" Instrumentarium zu operieren ist. Was jüdisch war und noch war, ist eben nicht mit dem Lehrbuch zu beantworten, sondern setzt einen vielschichtigen Prozeß innerhalb der einzelnen jüdischen Gemeinschaft voraus. Hier sind immer fließende Grenzen zu berücksichtigen. Zudem sollte das synagogale Milieu nicht zu eng gefaßt und vorausgesetzt werden, wie dies leider oft geschieht. Nach Acta 13,14ff. und 14,1ff. werden Juden und Heiden und besonders auch die „Gottesfürchtigen" als fester Bestandteil der Diasporasynagogen erwähnt. Die Synagogen standen im Gegensatz zu bestimmten Teilen des Jerusalemer Tempels allen offen. Die entscheidende Frage dieser Untersuchung, ob „gottesfürchtig" lediglich Juden qualifiziert oder ob damit auch heidnisches Publikum gemeint sein kann, klärt sich nicht zuletzt durch die Beantwortung der Frage, mit welchen Assoziationen die Diasporasynagogen verbunden wurden und welche Korrektive aufgrund des vielschichtigen Quellenmaterials zugelassen werden. Dazu gehört auch die kritische Hinterfragung, ob das heidnische Potential wirklich nur „Anhänge" (Schürer) darstellte oder ob es sich um einen wesentlichen Bestandteil handelte.[11]

Diese Ausführungen sollen auf jeden Fall für den Umstand sensibilisieren, daß es Unwägbarkeiten bei der Zuweisung einer Inschrift an heidni-

---

[11] Auf diese Faktoren hat besonders BELLEN, JAC 8/9 (1965/66) 171f. hingewiesen.

sches, jüdisches oder christliches Milieu gibt.[12] Oft gibt es Grenzfälle, deren Entscheidung dem Rezipienten noch schwerer fällt als dem Herausgeber der betreffenden Inschrift.

In der vorliegenden Untersuchung folge ich den Maßgaben der Herausgeber von CIJ und CIJ[2] sowie JIGRE, JIWE I und JIWE II. Anderslautende Abweichungen werden ebenso notiert, wie in der Wertung einer gesonderten Besprechung unterzogen.

3. Bemerkungen zur Datierung von Inschriften

Bei der Bestimmung des Alters einer Inschrift geht es nicht in erster Linie um technische Schwierigkeiten. Vielmehr muß man sich mit der Frage auseinandersetzen, ob Inschriften aus dem 3. oder 4. Jh. n. Chr. überhaupt Aussagekraft für die Verhältnisse des 1. und 2. Jh. n. Chr. besitzen können. Dieser Problemzusammenhang muß deshalb gesondert behandelt werden, weil einige der θεοσεβής / metuens Inschriften in das 3.–6. Jh. n. Chr. reichen. Die Frage der Aussagefähigkeit spitzt sich besonders zu im Fall der prominenten Aphrodisias-Inschrift, bei der mittlerweile neben der frühen (Anfang 3. Jh. n. Chr.) auch die Möglichkeit einer späteren Datierung erwogen worden ist (4. Jh. n. Chr.).[13] Die alles entscheidende Frage muß dann aber lauten, ob diese Inschriften für den Schwerpunkt der Erforschung von Verhältnissen aus neutestamentlicher Zeit überhaupt einen historischen Wert haben können. Dahinter verbirgt sich indes eine mehrschichtige Problematik, auf die ebenso differenziert geantwortet werden muß.

a) Aus historischer Perspektive muß die gestellte Frage mit einem klaren Ja beantwortet werden, da es sich bei dem untersuchten Phänomen um kein historisches Novum handelt. Die Attraktivität des Judentums für Heiden war über die Jahrhunderte konstant, so daß sich für das 3. und 4. Jh. n. Chr. vorhandene Bezeugungen durchaus auch auf Verhältnisse im 1. Jh. n. Chr. übertragen lassen. Die Antike ist an diesem Punkt in ihrer Aussagekraft durchaus langlebiger als etwa die Moderne.

---

[12] Für höchst bemerkenswert und für die hier vorgestellte Problematik sensibilisierend halte ich den ersten Satz, mit dem die Herausgeber Reynolds und Tannenbaum ihren Kommentar zu der Inschrift von Aphrodisias beginnen, die fast überall als die jüdische Inschrift zur Frage der „Gottesfürchtigen" gehandelt wird: „We publish here as our main text an important but controversial inscribed stone from Aphrodisias in Caria, which we believe to be Jewish, although it carries no statement or symbol to demonstrate it and includes elements which could as well be Christian" (REYNOLDS / TANNENBAUM, Jews, V).

[13] BOTERMANN, ZPE 98, 1993, 175–194.

b) Aus phänomenologischer Perspektive muß die gestellte Frage ebenfalls mit einem Ja beantwortet werden. Denn die Inschriften legen wohl davon Zeugnis ab, daß es etwa in terminologischer Hinsicht einen Wandel in
der Bedeutung (z.B. bei θεοσεβής) gegeben haben könnte. Trotzdem bleibt
das heidnische Interesse am Judentum durch die Jahrhunderte hindurch erkennbar. Die durch die Inschriften bezeugten unterschiedlichen Qualifikationen für ein derartiges Interesse sind zwar von dem Phänomen der Attraktivität des Judentums zu unterscheiden, nicht aber zu trennen. Gewarnt
werden muß allerdings vor einer Überstrapazierung des gesammelten Materials, welches auf keinen Fall einer Verallgemeinerung unterworfen werden darf.

c) Über die phänomenologischen Eigenheiten hinaus sind bei der In-
schriftenauswertung noch weitere Problemkreise zu beachten, welche die
Beobachtungsgabe besonders zu schärfen vermögen.[14]

– Haben wir es bei den θεοσεβής / metuens Inschriften nicht mit einer religiösen Terminologie zu tun, die Juden als besonders fromm und gottergeben qualifizieren will? Diese Position hat besonders der verstorbene Meister der Epigraphik, Louis Robert, in zahlreichen Arbeiten vertreten.

– Damit geht eine weitere Frage Roberts eng zusammen. Wenn es sich
bei theosebes und anderen Verbindungen nicht um eine religiöse Terminologie handelt, dann muß nach Gründen gefragt werden, warum es Juden als
eine besondere Aufgabe empfunden hätten, bestimmte Nicht-Juden so in
der Nähe ihrer Gräber zu haben.

d) Ohne an dieser Stelle schon vorgreifen zu wollen, sei doch schon folgendes angemerkt. Die vom Judentum angezogenen Heiden, die Robert
u.a. im Blick haben, waren einflußreich und auch „irgendwie fromm", was
von jüdischer Seite auch anerkannt wurde bzw. werden sollte. Dennoch war
diese Praxis keinesfalls orthodox und unbestritten. Sie zeugt jedoch von einer faszinierenden Lebendigkeit, von welcher auch die rabbinischen Angaben zu den Fremden Zeugnis ablegen. Nach der Entdeckung der Aphrodisias-Inschrift muß damit gerechnet werden, daß θεοσεβής vielleicht doch innerhalb bestimmter Gattungen eine Art fester Bezeichnung war, welche für
eine definierte „Klasse" von „Gottesfürchtigen" vergeben wurde und von
der sich geborene Juden und Proselyten unterschieden. Schließlich muß
noch einmal darauf hingewiesen werden, daß die Beurteilung des Phänomens von „Gottesfürchtigen" sehr unter der Last eines „inner-view" leidet.
Was Proselyten, Sympathisanten und Nachahmer der jüdischen Religion

---

[14] Auf einige dieser Aspekte war bereits in der Einführung hingewiesen worden, was
aber an dieser Stelle in einer besonderen Weise wiederholt werden soll.

sind, erfolgt oft gerade nicht unter Berücksichtigung der Perspektive des heidnischen Publikums. Vielmehr werden Kriterien aufgestellt, welche diese Gruppen aus orthodoxer Sicht angeblich zu erfüllen haben, um entsprechenden Rollen gerecht zu werden. Dieser Umstand wird angeführt, da für die Aufstellung von Stelen, auf denen Inschriften zu finden sind, Nachkommen oder Angehörige verantwortlich waren. Größtenteils wird es sich dabei auch um Heiden gehandelt haben, denen ein entsprechendes Maß an Differenzierung bei der Klassifikation von Personen fehlte, die sich mit dem Judentum verbunden wußten. So kommt gerade in manchen Inschriften eine genuin heidnische Position zum Tragen und muß entsprechend gewürdigt werden.

4. Bemerkungen zur Anordnung bei der Präsentation des relevanten Materials

Im folgenden werden die relevanten Inschriften präsentiert:

a) nach acht sachlich geordneten Gruppen, in denen die Bedeutung für die Gottesfürchtigen-Problematik qualitativ leicht abnehmend ist. Diese abnehmende Relevanz wird dort jeweils begründet (z.B. wir die Frage gestellt, ob Schenker und Spender eine je eigene Bedeutung besitzen oder es wird der Komplex der problematischen Bezeugung von θεοσεβεῖς in christlichen Inschriften berührt)

b) in Zitierung der relevanten und zugänglichen Werke beginnend mit CIJ und CIJ[2] und gefolgt von verstreut veröffentlichten Inschriften

c) in vollständigem Wortlaut, damit die Erfassung des Textes besser nachvollzogen werden kann

d) unter Berücksichtigung der Editionsgeschichte, soweit dies möglich ist

e) unter Hinzusetzung eines Kommentars, wenn dies nötig erscheint.

Zur Technik sei noch bemerkt, daß Klammern und kritische Zeichen gesetzt werden nach dem sich weitgehend durchsetzenden Leidener System.

[ ]   Ergänzung von Lücken d.h. zerstörten oder weggebrochenen Partien des Steines.

( )   Auflösung von Abkürzungen.

⟨ ⟩   Zusatz bzw. Veränderung durch den Herausgeber.

{ }   Tilgung durch den Herausgeber.

[[ ]]   Tilgung durch den Steinschreiber (Rasur)

.   (also ein Punkt unter dem Buchstaben) Buchstabe, der unsicher gelesen ist und dessen Reste auch anders gedeutet werden können.

.... Lücke auf dem Stein, die nach Zahl der fehlenden Buchstaben bestimmbar ist (hier also 4).

– – – Lücke auf dem Stein von unbestimmbarer Zahl der fehlenden Buchstaben.

v (vacat) freier Raum auf dem Stein von 1 Buchstaben (also v v von 2 Buchstaben usw.). Dieser Gebrauch ist aber nicht einheitlich geregelt, man findet statt v auch das Zeichen x.[15]

An dieser Stelle sei noch vermerkt, daß die Inschriften entsprechend der Anordnung der jeweiligen Herausgeber zitiert werden und keine Vereinheitlichung bei Zeilenumbrüchen u. ä. vorgenommen wurde.

B.

1. Inschriften, die „metuens" ohne Bezug zu jüdischem Milieu enthalten

Diese Gruppe von Inschriften ist dadurch ausgezeichnet, daß sie das lateinische Äquivalent zu θεοσεβής = metuens enthalten. Metuens ist besonders deshalb in die Diskussion gekommen, weil der römische Dichter Juvenal es in der XIV. Satire in einem jüdischen Kontext mehrfach anführt.[16] Die folgenden Belege[17] zeigen die besondere Problematik, die damit verbunden ist.

a) CIJ 5 vgl. CIJ² (1975) = JIWE II (1995) Nr. 626 (i)

Aemilio Va | [l]enti eq(uiti) Ro | mano
metu | [e]nti q(uievit) an(norum) XV |
mes(ium) III die(rum) XXIII.[18]

Diese Inschrift auf einer Marmorplatte wurde in Rom an der Vigna del Pino, in der Nähe der Via Salaria und der Katakombe Priscillas gefunden. Dessau machte 1875 eine Kopie, die seit 1877 (Bernays, S. 78) zitiert wird.

Die Inschrift wurde schon von Leon 1960 als nichtjüdisch ausgeschlossen

---

[15] Vgl. dazu KLAFFENBACH, Epigraphik, 102f.

[16] Vgl. dazu die Ausführungen in Kapitel VI.

[17] Einige der hier angeführten Inschriften sind in Ansätzen besprochen bei REYNOLDS / TANNENBAUM, Jews, 51–53.

[18] Für Aemilius Valens, römischen Ritter, „gottesfürchtig", er hat sich zur Ruhe begeben, 15 Jahre, 3 Monate, 23 Tage.

und erscheint bei ihm nicht mehr. Auch Lifshitz notiert in CIJ[2] (1975) unter Nr. 619a, daß diese und andere metuens-Inschriften außerhalb der Katakomben gefunden wurden. Die Herausgeber von JIWE II (1995) haben die Inschrift unter Appendix 4 („Inscriptions non considered Jewish") angeführt. Sie begründen dies allerdings nicht mehr nur mit dem Fundort, sondern auch inhaltlich. Die Erwähnung von metuens zielt nicht naturgemäß auf einen „Gottesfürchtigen" aus dem jüdischen Umfeld, da sich diese Bezeichnung auch im paganen Milieu belegen läßt.[19]

Beide Argumente sprechen dafür, die Inschrift nicht mehr im Zusammenhang der Rede von „Gottesfürchtigen" innerhalb des Umfeldes der Synagogen anzuführen, da zudem auch noch ein entsprechendes Objekt der Gottesfurcht fehlt. Diese genannten Bemerkungen gelten auch für vergleichbare Inschriften. Zu ihnen zählen die folgenden Inschriften CIJ 285, 524, 529.

b) CIJ 285 = JIWE II (1995) Nr. 626 (ii)

Larciae Quadrati[llae] | Romanae metu[enti].[20]

Diese Inschrift wurde auf einer Marmorplatte gefunden, eingebettet in eine andere pagane Inschrift. Fundort war die Katakombe S. Sebastiano an der Via Appia.

Mit Leon und den Herausgebern von JIWE II wird sie ebenfalls als nichtjüdisch eingestuft und folglich nicht für für das jüdische Umfeld beansprucht.

c) CIJ 524 vgl. CIJ[2] (1975) = JIWE II (1995) Nr. 626 (iii)

Dis Manib(us). | Maianiae | Homeridi |
dae(um) maetu | enti.[21]

Di Manes ist ein zusammenfassender Ausdruck für die Totengeister. Dis Manibus (sacrum) auf Grabsteinen heißt soviel wie: „den guten Göttern geweiht". Die Totengeister haben nämlich die Funktion und besonders die Macht, die Verstorbenen zu sich zu holen oder ihnen den Eintritt in die Totenwelt zu versagen. Die Bezeugung an dieser Stelle entspricht der auch sonst üblichen Form, die ab dem 2. Jh. v. Chr. belegt ist. In der hier vorliegenden Inschrift aus Rom mit ansonsten unbekannter Herkunft wird Dis

---

[19] CIL VI/1, 390a: „Domini metuens I(ovi) O(ptiomo) M(aximo) l(ibens) m(erito) sacr(um)".
[20] Für Larcia Quadratilla, Römerin, „gottesfürchtig".
[21] Den guten Göttern geweiht. Für Maiania Homeris, „gottesfürchtig".

Manibus auf eine einzelne weibliche tote Person bezogen. Bei derartig gelagerten individuellen Fällen meint diese Form, daß entweder den Ahnengeistern oder sogar der Seele der Maiania Homeris geweiht wird.

Gegen eine jüdische Herkunft spricht nicht der scheinbar heidnische Bezug auf die Totengeister. Diesen haben auch andere Inschriften, welche eindeutig als jüdisch oder auch als christlich zu klassifizieren sind.[22] Es ist bei dieser und der folgenden Inschrift in Differenz zu den unter a) und b) genannten darauf zu achten, daß metuens jeweils mit einem Objekt verbunden ist. Eine solche Verbindung zeigt an, daß es sich dabei um „Gottesfürchtige" aus dem jüdischen Milieu gehandelt haben kann und sie dabei auch als eine Art Gruppenbezeichnung fungiert.[23] In diesem Fall spricht jedoch der Fundort gegen eine unkritische Vereinnahmung für das jüdische Milieu. Die Erwähnung eines entsprechenden Objektes der Gottesfurcht zeigt jedoch, daß zu dieser wie auch zu der folgenden Inschrift noch weitere Untersuchungen folgen müssen.

d) CIJ 529 vgl. CIJ² (1975) = JIWE II (1995) Nr. 626 (iv)

[– – de]um metuens hic sita e[st].[24]

Dieses Fragment eines Grabmonumentes aus Rom wurde 1878 in der Via Quirinale gefunden, die aber nicht der ursprüngliche Platz gewesen sein dürfte.

Auch diese Inschrift kann nicht mit letzter Sicherheit dem jüdischen Milieu zugewiesen werden, da der Fundort nicht mehr exakt ermittelbar ist. Es läßt sich aber ein Objekt „Gott" zu metuens benennen. Auf eine Interpretation soll hier verzichtet werden. Angemerkt sei, daß diese beiden Inschriften schon hinweisen auf Kontexte, in denen metuens in einem jüdischen Milieu genannt wird. Sie sind unter 3. mit weiteren Ausführungen zu finden.

e) Eine ebenfalls überleitende Funktion zum jüdischen Milieu hat auch eine bisher wenig beachtete Inschrift aus Ksour el Gennaï (Festis) in Numidien. Die zuerst in CIL VIII, 4321 veröffentlichte Inschrift bietet den Text:

[...fidel] | is metu | [ens][25]

---

[22] Vgl. mehr dazu bei VAN DER HORST, Epitaphs, 42–44.

[23] So VAN DER HORST in einer demnächst in JThS erscheinenden Besprechung zu JIWE II (1995).

[24] Hier ist der Ruheort einer „Gottesfürchtigen".

[25] Überblick über weitere Veröffentlichung bietet LE BOHEC, Antiquités africaines 17 (1981) Nr. 72 = S. 191.

Le Bohec meint, aus metuens folgern zu können, dieser Ausdruck „désignait un païen judaïsant", was letztlich nicht sicher zu erweisen ist. Interessant an diesem Beleg ist sein jüdisches Kolorit[26], was freilich auch nicht unumstritten ist.[27] Ein Objekt der Gottesfurcht fehlt hier aber auch wie in den Inschriften a) und b) dieser Gruppe.

Zusammenfassende Wertung:

Der Gebrauch von metuens in dieser Gruppe weist nicht zwingend darauf hin, daß es sich bei den so bezeichneten Personen um Sympathisanten oder „Gottesfürchtige" aus dem jüdischen Milieu gehandelt hat. Es gibt Hinweise, daß damit eine allgemeine religiöse Kategorie und Qualifizierung gemeint ist. Dafür sprechen bei einigen Inschriften u.a. das fehlende jüdische Kolorit und/oder der Bezug zum jüdischen Gott oder zu einer entsprechenden Institution oder Instanz.

Zu warnen ist von daher vor einer unkritischen Beurteilung aufgrund eines entsprechenden Stichwortes. Das Stichwort kann nur dann ausgewertet werden, wenn stützende Faktoren hinzutreten, die ein jüdisches Umfeld sichtbar werden lassen.

2. Inschriften, die nur θεοσεβής bieten

Diese Gruppe von Inschriften ist von der gerade behandelten insofern unterschieden, als sich die jüdische Herkunft nur in einem Fall (CIJ 500) mit guten Argumenten und Gründen bestreiten läßt. Die anderen Inschriften dieser Gruppe sind dadurch gekennzeichnet, daß sie theosebes / θεοσεβής in einem jüdischen Kontext bieten. Jedoch ist eine Interpretation auf potentielle „Gottesfürchtige" nicht die einzige Möglichkeit, auch andere Muster sind denkbar.

a) CIJ 228 vgl. CIJ² (1975) = JIWE II (1995) Nr. 207

hic posita Ep[vac.] ar | chia theose | bes que [v]i | xit annos LV |
d(ies) VI. dormi | | tio tua in bono(?).[28]

Diese an der Vigna Randanini gefundene Grabinschrift führt direkt in die

---

[26] Bemerkenswert ist in diesem Zusammenhang nämlich, daß die rekonstruierte Form „fidelis" in Jdt 8,22 in der Version der Vulgata zusammen mit „timor" gebraucht wird.

[27] Darauf weist LE BOHEC unter Hinweis auf weitere Literatur selber hin.

[28] Hier wurde Eparchia bestattet, „Gottesfürchtige", die 55 Jahre und sechs Tage lebte. Dein Schlaf unter dem Guten... .

„Gottesfürchtigen"-Problematik hinein. Sie ist verbunden mit der Frage, ob es sich bei theosebes um eine Beschreibung bzw. eine Eigenschaft einer Person handelt oder um eine bestimmte Gruppenbezeichnung. Wahlweise könnte es sich dann um eine jüdische Person gehandelt haben, die als besonders fromm gekennzeichnet wird oder um eine als „Gottesfürchtige" bezeichnete Heidin. Gegen die erste Sicht lassen sich zwei Gründe anführen.[29] Zwar spricht einerseits vieles dafür, daß eine in einer jüdischen Katakombe begrabene Person als besonders fromm gekennzeichnet wird. Doch ist das in dieser Grabinschrift gebrauchte Formular untypisch für die Juden Randaninis.[30] Andererseits wirkt eine adjektivische Übersetzung, auf die so unmittelbar das Relativpronomen folgt, unbeholfen. Eine substantivische Übersetzung wäre auf jeden Fall gefälliger.

Diese beiden Gründe sprechen möglicherweise dafür, daß es sich um eine „Gottesfürchtige" aus dem Heidentum gehandelt hat. Die beiden Argumente sind jedoch nicht gewichtig genug, um daraus allein diese Folgerung zu ziehen. Es muß offenbleiben, ob es nicht auch eine besonders herausgestellte Jüdin gewesen ist. Diese Problematik bei der Zuweisung wird noch des öfteren begegnen.

b) CIJ 500 = JIWE II (1995) Nr. 627 (i)

Ἀγρίππας Φο | ύσκου Φαινή | σιος θεοσεβής. | [31]

Diese in Rom gefundene Inschrift unbekannter Herkunft wurde von den Herausgebern als nichtjüdisch eingestuft. Sie ist nicht aussagekräftig genug, um aus ihr Vermutungen ableiten zu können. Die Herkunft aus Phaene ist kein ausreichender Grund, um einen besonders frommen Juden zu vermuten. Nicht einmal das jüdische Milieu ist zu sichern. Diese Inschrift sollte wie einige der oben genannten metuens-Inschriften aus der Diskussion um die „Gottesfürchtigen" herausgenommen werden. Die Erwähnung des Wortes θεοσεβής allein nötigt jedenfalls nicht zu der Annahme eines heidnischen Sympathisantenmilieus, wenn nicht weitere Faktoren diese Überlegung stützen können.

---

[29] Teilweise folge ich hier wie an anderen Stellen der Darstellung der Herausgeber des Cambridger Inschriftenprojektes. Dort sind auch immer jeweils die Autoren erwähnt, die für bestimmte Positionen stehen. Sie werden hier nicht generell noch einmal angeführt, sondern immmer nur dann, wenn die Diskussion wirklich weiterführend ist.

[30] Vgl. dazu mehr bei Noy, JIWE II (1995) 185f.

[31] Agrippa, Sohn des Fuskus, gebürtig aus Phaena [Trachonitis, zwischen Syrien und Nabataea], „gottesfürchtig".

c) CIJ² (1975) 619a = JIWE I (1993) Nr. 113

Marcus | teuseves[32] | qui vixit | annu qui | ndecim hic | |
receptus est | in pac⟨e⟩.[33]

Diese aus dem 4.–5. Jh. n. Chr. stammende Grabinschrift aus Venosa ist insofern bemerkenswert, da es sich bei Markus um den „first known God-Fearer buried in a Jewish cemetery"[34] handeln könnte. Sie findet sich in den jüdischen Katakomben. Die Inschriften mit metuens in Gruppe 1. lassen sich demgegenüber nicht so eindeutig zuweisen.

Das lokale Argument hat jedoch einige Ausleger nicht davon überzeugen können, daß es sich bei Marcus um einen „gottesfürchtigen" Heiden gehandelt hat. Sie sehen darin vielmehr eine besondere Qualifizierung seines Judentums.[35] Doch auch diese Beurteilung ist nicht zwingend und sogar die unverdächtigen Herausgeber von JIWE I (1993) urteilen: „Marcus was probably someone on the fringes (!) of Judaism, but may have been a full Jew."[36]

Die wirklich entscheidende Frage, die wie auch für CIJ 228 = 2. a) oben von Bedeutung ist, betrifft die Bestattung von Heiden in jüdischer Umgebung. Ist es denkbar, daß ein derartiger Vorgang erlaubt wurde? In Bezug auf die jüdischen Vorschriften kann dies nur verneint werden. Wenn ein solcher Vorgang tatsächlich erfolgt wäre, dann nur als eine Ausnahme[37], die nur in ganz wenigen Fällen möglich gewesen ist. Die unter a) und c) genannten Inschriften können das Phänomen der „gottesfürchtigen" Heiden zwar ebenfalls nicht beweisen, halten aber die Möglichkeit einer begründeten Annahme zumindest offen.

d) CIJ² (1975) 731e = Robert, Etudes Anatoliennes, S. 441 Anm. 5

Εὐφρο(σ)ύνα θεοσεβῆς
χρηστὰ χαῖρε.[38]

Diese Inschrift auf einem rechteckigen Altar aus Marmor stammt von der Insel Rhodos. Lifshitz führt in seinem Kommentar an, daß Robert sie als jüdisch oder als judaisierend[39] ansieht. Nach meinem Dafürhalten ist Robert

---

[32] Zur lateinischen Schreibung von θεοσεβής vgl. den Kommentar in JIWE I (1993) S. 145.

[33] Marcus, „Gottesfürchtiger", der fünfzehn Jahre lebte, ist hier in Frieden begraben.

[34] So LIFSHITZ in seinem Kommentar zu CIJ² (1975) 619a = S. 47.

[35] Vgl. SIEGERT, JSJ 4 (1973) 157.

[36] JIWE I (1993) S. 145. Die Formulierung „in pac⟨e⟩" läßt sich sowohl jüdisch als auch christlich in Inschriften belegen.

[37] Vgl. dazu HOMMEL, Juden, 208 mit ähnlicher Skepsis und Fragestellung.

[38] Euphrosyna, „Gottesfürchtige", die Tüchtige, lebe wohl.

[39] „L. Robert regards this inscription as Jewish or Judaizing", CIJ² (1975) S. 89.

wohl nur für die erste Sichtweise offen, da er diese Inschrift und CIJ 754 anführt, um die jüdische Herkunft einer anderen Inschrift, der Capitolina-Inschrift, nachzuweisen. Beide Inschriften werden uns in der 4. Gruppe noch weiter beschäftigen.

Diese Inschrift hat in der isolierten Betrachtung nur einen bedingten Aussagewert. An anderer Stelle wird jedoch nochmals auf sie Bezug genommen.

e) Paton / Hicks Nr. 278 = SEG XXVI (1976/1977) Nr. 949

In der Kurzanzeige von SEG wird auf eine Inschrift aus dem 3. Jh. n. Chr. von der Insel Kos und deren weitere Erforschung hingewiesen. Sie wurde zuerst von Paton und Hicks im Jahr 1891 veröffentlicht.[40]

Εἰρήνη θεοσεβής
χρηστὴ χαῖρε.[41]

Auf der Insel Kos[42] gab es wie auf Rhodos jüdische Gemeinden. Bemerkenswerterweise sind die unter d) und die hier genannte Inschrift nahezu identisch.

Auch der Kommentar ist ähnlich, weil u. a. Robert[43] für diese Inschrift einen jüdischen Hintergrund annimmt und sie mit der unter d) genannten Inschrift in Verbindung bringt. Ob sie einen Hinweis auf eine „gottesfürchtige" Person darstellt, muß in jedem Fall offenbleiben. Denkbar wäre sogar, daß sie einen paganen griechischen Hintergrund hat.

Zusammenfassende Wertung:
Die Gruppen 1. und 2. haben gezeigt, daß das Phänomen der „Gottesfürchtigen" von einer großen Bandbreite geprägt ist. Probleme bestehen in der Zuschreibung, in der Zuordnung und bei der Übersetzung. Allen hier vorgestellten Inschriften ist gemeinsam, daß sie sich nicht „eindeutig" zuordnen lassen. Entweder haben sie keine jüdische Herkunft und fallen deshalb aus dem hier behandelten Problemkreis heraus. Oder die Entscheidung, ob „gottesfürchtig" eine jüdische oder heidnische Person meint, ist aufgrund mangelnder Indizien nur subjektiv oder tendenziell zu beantworten.[44]

---

[40] PATON / HICKS, Inscriptions, Nr. 278.
[41] Eirene, „Gottesfürchtige", die Tüchtige, lebe wohl.
[42] SHERWIN-WHITE, ZPE 21 (1976) 183–188.
[43] ROBERT, Inscriptions Sardes, 44 Anm. 8; vgl. J. und L. ROBERT, REG 65 (1952) 138 Anm. 31 und REG XC (1977), darin dies., BE Nr. 332.
[44] „These inscriptions so far tell us nothing that will help us define the status of θεοσε-

Weil Vollständigkeit erreicht werden sollte und diese Inschriften auch immer wieder in der Literatur genannt werden, wurden sie hier angeführt und auch besprochen. Nun soll aber der Blick hinübergelenkt werden zu Belegen, die über die ausschließliche Erwähnung der Termini Hinweise darauf geben, daß es im jüdischen Milieu tatsächlich ein heidnisches Umfeld gegeben hat, in welchem „Gottesfürchtige" zu finden sind.

3. Inschriften, die „metuens" enthalten und explizit Bezug auf jüdisches Milieu nehmen

Die Inschriften dieser Gruppe sind zwar nicht so zahlreich, enthalten jedoch zwei interessante Verweise darauf, daß die Erwähnung von metuens auch jüdisches Milieu implizieren kann.

a) CIJ 642 = JIWE I (1993) Nr. 9

Aur(elius) Soter et Aur(elius) | Stephanus Aur(eliae) |
Soteriae matri pien | tissimae religioni | Iudaicae metuenti | |
f(ilii) p(osuerunt).[45]

Diese Inschrift aus Pula kann nicht mit Sicherheit datiert werden. Die Angaben in der Literatur schwanken zwischen dem 3. und dem 5. Jahrhundert. Eine adäquate Übersetzung stellt ebenfalls ein nicht unerhebliches Problem dar. Der Grund dafür liegt in der Unsicherheit darüber, ob die Inschrift als Beleg für eine besonders fromme Jüdin anzusehen ist oder ob sich dahinter eine heidnische Sympathisantin des Judentums verbirgt. Eine Aurelia Soteria wird ebenfalls auf einer weiteren Inschrift aus Pula aus vergleichbarer Zeit genannt, deren Wortlaut von einigen Auslegern auch in die Überlegungen zu a) einbezogen wird. Dabei sind die Ergänzungs- und Übersetzungsvorschläge besonders der Wortabfolge matri... metuenti ebenso zahlreich wie vielgestaltig.[46] Die folgende Interpretation lehnt sich

---

βής, except that some of them were rich enough to make donations and they made them to synagogues, sometimes in fulfilment of vows, which indicates that they took part in Jewish worship in some way." Dieses Urteil von REYNOLDS / TANNENBAUM, Jews 53f. ist von der Tendenz her sicherlich richtig, doch birgt es die Gefahr in sich, von den Bestreitern einer Existenz von „Gottesfürchtigen" vereinnahmt zu werden.

[45] Aurelius Soter und Aurelius Stephanus für Aurelia Soteria, ihrer sehr frommen Mutter, einer „Gottesfürchtigen" der jüdischen Religion. Ihre Söhne stellten auf (dieses Monument).

[46] Vgl. JIWE I (1992) S. 17.

eng an den Übersetzungsvorschlag der Herausgeber von JIWE I (1993) an, welcher als natürlicher im Hinblick auf die Wortanordnung erscheint.

1. Die beiden Söhne haben ihrer Mutter nach deren Tod ein Monument gestiftet.

2. Dieses Monument sollte u. a. darauf hinweisen, daß Aurelia Soter eine sehr gottergebene Frau gewesen ist.

3. Das Adjektiv pientissima wird darüber hinaus dem Wortlaut nach näher ausgeführt und konkretisiert durch den Zusatz „religioni Iudaicae". Damit zeigen die Söhne an, daß die sehr große Frömmigkeit der Mutter sich nicht auf irgendeine Religion bezog, sondern explizit auf die jüdische.

4. Somit könnte diese Inschrift dem Wortlaut nach auf eine „Gottesfürchtige" hinweisen. Die Söhne wollten u.U. der Umwelt mitteilen, daß der Glaube der Mutter sich auf den Gott der Juden bezog.

5. Gegen diese Interpretation können berechtigterweise die Gründe angeführt werden, die oben schon unter 2 c) für die Inschrift mit Markus teuseves[47] genannt wurden. Wenn diese Inschrift in einem jüdischen Kontext gefunden wurde, muß es sich um eine Jüdin gehandelt haben, deren Frömmigkeit in ihrer besonderen Ausprägung gerühmt wird. Allerdings gestalten sich gerade bei einer Frau die Gegebenheiten noch weitaus komplizierter. Eindeutige Kriterien wie die Beschneidung fehlen. Ob die Proselytentaufe eine gängige Praxis gewesen ist, wird ebenfalls heftig diskutiert.[48]

6. Es könnte aber wenigstens theoretisch die Möglichkeit in Erwägung gezogen werden, daß Aurelia Soteria eine „Gottesfürchtige" gewesen ist, Verbindungen zum Judentum besaß und vielleicht sogar übergetreten war.

7. Letzte Sicherheit läßt sich auch hier nicht finden. Eine weitere, oben erwähnte Inschrift einer Aurelia Soteria[49] aus Pula, welche mit D(is) M(anibus) beginnt, beweist jedenfalls nicht, daß sie eine Heidin gewesen sein muß. Falls es sich überhaupt um dieselbe Person gehandelt hat, muß auf die Bemerkungen zur Inschrift unter 1. c) verwiesen werden. Es existieren andere Inschriften, die diese Weihung tragen und eindeutig jüdisch sind.

Zusammenfassende Wertung:
Gezeigt werden kann mit dieser Inschrift jedenfalls, daß die Erwähnung von metuens weder nur ein heidnisches Umfeld impliziert, noch jüdisches Sympathisantentum voraussetzt. Die Dinge liegen komplizierter, und vor Gene-

---

[47] CIJ² (1975) 619a = JIWE I (1993) Nr. 113.

[48] Vgl. dazu die Angaben in Kapitel III.

[49] CIJ 641 = JIWE I (1993) 202: D(is) M(anibus) | Aur(eliae) Rufinae | alumnae | pientiss(imae) | et incomparabili, | quae vixit ann(os) XXVII | | m(enses) X d(ies) II, | fide cognita | memor obsequii eius; | Aurelia Soteria | piet(ate) plena p(osuit).

ralisierungen wird gewarnt. Doch gerade bei Aurelia Soter sprechen wenige Hinweise dafür, daß es sich um eine „Gottesfürchtige" gehandelt haben kann. Eindeutigere Belege aber lassen sich in der nun folgenden Gruppe anführen.

4. Inschriften, die „θεοσεβής" enthalten und explizit Bezug auf jüdisches Milieu nehmen

a) CIJ 202 = JIWE II (1995) 392

Die folgende jüdische Inschrift, die unter Umständen aus dem 3. oder 4. Jh. n. Chr. stammt, wurde an der Vigna Randanini in Rom gefunden. Sie ist in griechischer Sprache abgefaßt. Die ursprünglich einem Sarkophag zugehörige Inschrift befindet sich heute im Museo di S. Sebastiano fuori le Mura an der Via Appia.

Sie wird an dieser Stelle nur der Vollständigkeit halber angeführt, da sie in älteren Abhandlungen immer genannt ist. Ihr fragmentarischer Zustand nötigt zu einer Ergänzung, die Frey für das CIJ folgendermaßen versucht hatte:

.....’Io]υδέα προσή[λυτος....θ]εοσεβ(ή)[ς......] νον [....]ν.

Er übersetzte mit: „(Hier liegt) eine Jüdin, Proselytin, (auch genannt) (Gottesfürchtige)", weshalb diese Inschrift auch im Zusammenhang der Debatte über die „Gottesfürchtigen" immer wieder zitiert wird. Aber schon Leon hatte 1960 diese Inschrift anders ergänzt und übersetzt:

[.... ’Io]υδέα προσή[λυτος....]εος ἐβί [ωσε βίον κοι?]νόν [....]ν

„Jüdin, Proselytin. Sie lebte (ihr Leben gemeinsam mit?)".

Die Herausgeber von JIWE II (1995) schließlich rekonstruierten einen Text, der dem fragmentarischen Charakter Rechnung trägt und ihn „sinnvoll ergänzt":

[– –]υδεα προσή | [λυτος – –]ΕΟC ἐβί | [ωσε – –]ΝΟΝ 3 [– –]Ν.

In dem Fall bleibt als Übersetzung nur noch:

„....Proselytin ... Sie (?) lebte...".

Diese Inschrift enthält also den hier zu untersuchenden Terminus nicht und sollte deshalb auch nicht mehr in entsprechenden Abhandlungen als Beleg angeführt werden. Demgegenüber wird aber mit Sicherheit eine Proselytin[50] erwähnt, worauf auch die Darstellung einer Menorah auf dem Sarkophag hinweist.

b) CIJ 748 = Deißmann, Licht vom Osten, S. 391f. (SEG 4, 1930, 75 Nr. 441)

Diese im CIJ aufgenommene Inschrift stammt aus dem Theater von Milet und stellt eine sogenannte Sitzplatzinschrift[51], „zweifellos aus der Kaiserzeit"[52], dar. Theodor Wiegand stellte Adolf Deißmann im Jahr 1906 für die Publikation einen Abklatsch zur Verfügung, der die Inschrift mit folgendem Text publizierte:

τόπος Εἰουδέων τῶν καὶ Θεοσεβίον.[53]

1. Von Anfang an und immer wieder wurde die Milet-Inschrift unter verschiedenen Gesichtspunkten heftig und kontrovers diskutiert.[54] Die Kontroverse entzündete sich an der Frage, ob hier von zwei Gruppen die Rede ist (Juden u n d „Gottesfürchtigen") oder ob die Gruppe der Juden durch eine Ehrenbezeichnung besonders ausgewiesen wird. Deißmann hatte sich von Anfang an der letzteren Sicht angeschlossen, worin ihm viele gefolgt sind.[55] Demgegenüber hat sich Hommel nach einer intensiven Auseinan-

---

[50] Proselyten und Proselytinnen (hier mit „w" gekennzeichnet) werden im CIJ und anderswo häufiger erwähnt (zur gesamten Problematik vgl. VAN DER HORST, Epitaphs, 110f.; zur komplizierten historischen wie hermeneutischen Situation vgl. LIEU, NTS 40, 1994, 358–370). CIJ 21 (w); 37 (?); 68; 202; (w), 222 (w); 256; 462 (w); 523 (w); 576; 1385. Ferner sind zu vergleichen BAGATTI / MILIK, Gli, Nr. 13; 21; 22; 31 (w); ferner LIFSHITZ, RB 68 (1961) 115 Nr. 2 (w); LÜDERITZ, Corpus, Nr. 12, COHEN, HThR 80 (1987) 430; REYNOLDS / TANNENBAUM mit der Inschrift von Aphrodisias, die 3 Proselyten erwähnt und FIGUERAS, Imm. 24/25 (1990) 194–206. Grundsätzlich wird die Frage der Proselyten in der folgenden Untersuchung immer wieder aufgegriffen und intensiv diskutiert. Das epigraphische Material wurde aber nicht gesondert ausgewertet, weil es in diesem Fall zur Frage der „Gottesfürchtigen" nichts Weiterführendes beiträgt.

[51] Zu den sogenannten Toposinschriften vgl. die Ausführungen von HOMMEL, Juden, 200f. Anm. 2–5.

[52] DEISSMANN, Licht, 391, nach HOMMEL, a.a.O., 202 ist eine Datierung auf das 2. / Anfang 3. Jh. n. Chr. möglich.

[53] Platz der Juden, die auch Gottesfürchtige heißen (Übersetzung nach DEISSMANN; beachte besonders die Großschreibung). FREY rekonstruierte demgegenüber Τόπος ⟨Ε⟩ἰουδ⟨αί⟩ων τῶν καὶ Θεοσεβ⟨ῶ⟩ν, übersetzte aber trotzdem wie DEISSMANN: „Place de Juifs qui s'appellent aussi craignant Dieu".

[54] Vgl. etwa SMALLWOOD, JThS X (1959) 331; RAJAK, Jews, 258f.

[55] DEISSMANN, Licht, 392. Bemerkenswert ist, daß Deissmann sich von der Logik der Anordnung irritiert zeigte, aber letztlich nicht erschüttern ließ. „Als ich die Inschrift an Ort und Stelle las, wunderte ich mich, daß sie nicht lautete ‚Platz der Juden und der Gottesfürchtigen'. Aber es kann kein Zweifel sein, Gottesfürchtige ist hier Beiname der Juden" (ebd.).

dersetzung dafür ausgesprochen, daß es sich bei der zweiten Gruppe um heidnische „Gottesfürchtige" gehandelt haben muß, die von den Juden Milets zu unterscheiden sind.[56] Dieser Beurteilung hat besonders Delling[57] widersprochen, wobei er sich auf Argumente stützt, die schon Robert vorgetragen hatte und die unter f) noch ausführlicher genannt werden. Die Inschrift ist für Robert und seine Gefolgsleute einer der klassischen Belege dafür, daß der Terminus θεοσεβής durch und durch jüdisch geprägt ist und auf jeden Fall Juden in besonderer Weise kennzeichnet.[58] Dies wäre sogar der Theaterleitung von Milet bekannt gewesen, die diese Tatsache durch eine Sitzplatzinschrift entsprechend würdigte.

Die Stärke der Argumentation von Deißmann, Robert u.a liegt besonders darin, daß sie die Inschrift vom Wortlaut und der Anordnung her auslegen und sich nicht auf Umstellungen einzelner Elemente einlassen müssen. Dies ist umgekehrt die Schwäche derer, die für ihre Interpretation derartige Annahmen machen. Die „mangelhafte Ausführung der Inschrift"[59] hatte selbst Deißmann beklagt und hypothetisch auf eine schlechte finanzielle Situation der jüdischen Gemeinde geschlossen. Trotzdem ist die Annahme der Vertauschung[60] von τῶν καὶ eindeutig eine Verkomplizierung, die letztlich nur Sinn machen würde, wenn eine andere annehmbare Erklärung nicht beizusteuern wäre. Aus philologischer Sicht muß ich deshalb Deißmann, Robert u.a.[61] beipflichten. Die Frage ist nur, ob der philologische Bestand der Inschrift tatsächlich nur die eine Interpretation zuläßt, die „Gottesfürchtige" als Beinamen der jüdischen Gemeinde deutet oder ob sich nicht doch eine andere Möglichkeit anbietet.

Dazu wird auf eine Stelle aus Cassius Dios Historia Romana zurückgegriffen und in weiterer Folge eine zentrale These entwickelt, die nicht unwesentlich für das hier vorgelegte Verständnis von „Gottesfürchtigen" ist.

---

[56] HOMMEL, Juden, 202f. θεοσεβίον wäre demnach als versteckter Itazismus zu verstehen und entsprechend in θεοσεβέων = -ῶν) zu verbessern; möglicherweise handelt es sich bei θεοσεβίον auch um einen „milesischen Provinzialismus".

[57] DELLING, Bewältigung, 62f.

[58] Robert hatte unter θεοσέβιοι einen Gruppennamen verstanden und ein Analogon zu Λεόντιοι oder Εὐσέβιοι vermutet, die für Sardis belegt sind (vgl. ROBERT, Inscriptions Sardes, 41 und 46f.). Damit wären die θεοσέβιοι lediglich eine bestimmte Gruppe (etwa Zirkus?-Fraktion) innerhalb der jüdischen Gemeinde. Ich folge bei der Auslegung der Inschrift der Übersetzung Hommels, weil sie die weitere Interpretation ermöglicht und die These eines terminologisch benennbaren Sympathisantentums stützen kann. Damit sollen die Ausführungen Roberts aber auf keinen Fall herabgesetzt werden, die auch einen hohen Anspruch an Wahrscheinlichkeit haben.

[59] DEISSMANN, Licht, 392.

[60] Vgl. auch REYNOLDS / TANNENBAUM, Jews, 54.

[61] Vgl. auch NDIEC III (1983) 54f., KANT, Inscriptions, 698 Anm. 109.

2. In XXXII,17,1 spricht Dio von der Herkunft und der Bezeichnung der Juden und erwähnt in diesem Kontext fast beiläufig, daß der Name Jude auch für all diejenigen zur Anwendung komme, die unbeschadet ihrer sonstigen Herkunft, die Sitten der Juden nachahmten.[62] Dieser Hinweis wird deshalb für so wertvoll erachtet, weil er einerseits eine genuin heidnische Sichtweise zum Ausdruck bringt, andererseits eine Entwicklung und Tendenz bestätigt, die sich schon im Neuen Testament findet.

In Acta 16,19f. werden Paulus und Silas in Philippi bei den Stadtbehörden angeklagt. Der Vorwurf lautet, daß die beiden Juden seien und Sitten und Bräuche verkündeten, die Römer nicht annehmen könnten und ausüben dürften. Die Folge ist, daß sich die latente Aggression gegen die jüdische Bevölkerung an den Judenchristen Paulus und Silas entlädt, weil die Kläger an einer Differenzierung kein Interesse zeigen. Denn für diese Kläger und die heidnische Stadtbevölkerung wurden Juden und Judenchristen als ein gemeinsamer „Verein" angesehen, welcher ihren und übergeordneten Interessen zuwider handelte.

Auch in Acta 19,23–40 kommt dieses Grundproblem zum Ausdruck, als beim Aufstand der Silberschmiede in Ephesus neben Paulus auch Teile der jüdischen Gemeinde in die Auseinandersetzung hineingezogen werden. So deute ich Acta 19,33f., wonach mit Ἰουδαῖος[63] Juden und keine Judenchristen gemeint sind. Peter Lampe hatte dagegen angenommen[64], daß es sich an dieser Stelle um Judenchristen handelte.

Um diese Behauptung zu widerlegen[65], sei zunächst ein Blick in die Konkordanz getan. Ἰουδαῖος findet sich insgesamt ca. 100mal in Acta, den Paulinen und der ApkJoh. Eine Übersetzung mit „Judenchrist" ist bei all diesen Stellen wohl nur in Acta 18,2; 21,20 (21?) und in Gal 2,13 (14?) angebracht und sinnvoll. Acta 19,33f. ist im Sprachgebrauch schwierig. Wenn es sich um Judenchristen gehandelt hat, wie Lampe meint, hätte Lukas sicher wie auch sonst von „Brüdern" gesprochen, nicht von Juden. Juden treten in Acta mit Ausnahme von 18,2 und 21,20f. immer als diejenigen auf, die gegen Paulus Widerstand leisten. Auch die Reaktion des Publikums nach V.34 spricht gegen Lampes Annahme. Sie erkennen Alexander als Juden und nicht explizit

---

[62] ἡ δὲ ἐπίκλησις αὕτη ἐκείνοις μὲν οὐκ οἶδ' ὅθεν ἤρξατο γενέσθαι, φέρει δὲ καὶ ἐπὶ τοὺς ἄλλους ἀνθρώπους ὅσοι τὰ νόμιμα αὐτῶν, καίπερ ἀλλοεθνεῖς ὄντες, ζηλοῦσι.

[63] KRAEMER, HThR 82 (1989) 35–53 hat für die Bedeutung von Ἰουδαῖος in Inschriften insgesamt vier Bedeutungen zu ermitteln versucht, was ihr aber nicht in allem überzeugend gelungen ist (vgl. die Besprechung bei VAN DER HORST, Epitaphs, 68–72).

[64] LAMPE, BZ 36 (1992) 59–76, hier 72f.

[65] Vgl. auch FAUST, Pax Christi, 328–330, der sich mit Lampes Thesen innerhalb einer anderen Fragestellung auseinandersetzt. Auch er kommt zu dem Ergebnis, daß sich Lampes ansonsten „anregende Konstruktion" (329) nicht halten läßt.

als Judenchristen, weil ihnen eine Differenzierung und ein Unterschied
überhaupt nicht klar war. So ist auch die Absicht der Erzählung in Acta 19.
Wie in Philippi werden Juden und Judenchristen als eine Gemeinschaft betrachtet. Diesen Umstand versuchen Juden selber klarzustellen, was ihnen
aber nicht gelingt.

Juden und Judenchristen gehören aus der Sicht des heidnischen Pöbels[66]
zusammen.[67] Ein Bedarf an Differenzierung bestand bei diesen nicht. Daß
zu diesem Verein neben den Judenchristen auch Sympathisanten oder
Nachahmer gezählt werden konnten, davon legt ApkJoh 3,9 eindrucksvoll
Zeugnis ab. Dort heißt es von der Gemeinde Philadelphia, daß Menschen
auftreten, die sich als Juden ausgeben, aber keine sind. Selbst für Heidenchristen waren anscheinend Leute ein Problem, die in irgendeiner Form mit
der Synagoge in Beziehung standen, letztlich aber keine Juden[68] waren.[69]

Damit sind wir wieder bei der Notiz von Cassius Dio. Sein Zeugnis reprä-
sentiert insofern einen Fortschritt, als er die heidnische Sicht für seine Zeit
zusammenfaßt. Das Problem der Differenzierung zwischen Juden und Judenchristen beschäftigt ihn überhaupt nicht. Im Gegenteil. Nach seiner Be-
kundung werden alle diejenigen als Juden bezeichnet, die in irgendeiner
Form jüdische Sitten nachahmten. Wer wirklich als Jude, Proselyt, „Gottesfürchtiger" oder nur als Sympathisant anzusehen war, das wurde in jüdischen Kreisen heftig diskutiert, während die Bewertungsmaßstäbe bei der
heidnischen Bevölkerung und der schreibenden Intelligenz anscheinend
völlig andere waren.

3. Vor diesem Hintergrund soll nun die Inschrift von Milet betrachtet werden. Die Sitzplatzinschrift ist mit hoher Wahrscheinlichkeit von der heidnischen Theaterleitung gestiftet worden. Daß sie Juden gleichzeitig einen Beinamen beilegen wollte, halte ich eher für unwahrscheinlich. Sinnvoller
scheint die Erklärung, daß es in Milet ähnlich wie in Aphrodisias Juden und

---

[66] Vgl. auch zu diesem Aspekt nochmals FAUST, a.a.O., 330–340.

[67] Vgl. in Kapitel VI. die Episode um den Konsul Flavius Clemens, bei dem die Anklage auf „Judentum" oder „Christentum" offenbleiben muß, weil die Quellenlage nur die
Sicht von außen bedingt und deshalb eine endgültige Entscheidung nicht gefällt werden
kann.

[68] Vgl. WILSON, NTS 38 (1992) 613f., nach dem es sich an dieser Stelle um judaisierende
Heiden gehandelt haben muß und der deshalb andere Deutungsmöglichkeiten abwehrt.
Wilson zeigt das Phänomen der „Gentile Judaizers" (so der Titel seines Aufsatzes) auch
in anderen zeitlichen Kontexten auf.

[69] Weiterhin sei verwiesen auf die in Bell II,461–463 besprochene Problematik der „Judaisierenden", deren Zugehörigkeit ebenfalls schwierig zu bestimmen war (vgl. dazu
ebenfalls Kapitel VI und VIII).

„Gottesfürchtige" gegeben hat. Eine Differenzierung zwischen ihnen bestand für die heidnische Theaterleitung ebenso wenig wie für die anderen
Zeitgenossen. Diese Inschrift bringt auch zum Ausdruck, daß diejenigen,
die jüdische Sitten nachahmen, als Juden gelten. Sie berücksichtigt nicht,
daß es unterschiedliche Gruppen gab, die aus innerjüdischer Sicht zu unterscheiden, wenn nicht sogar zu trennen waren. Deshalb ist auch der Wortlaut
der Inschrift als folgerichtig anzusehen und nicht umzustellen. „Gottesfürchtige" werden als Juden angesehen – das könnte diese Inschrift zur
Kenntnis beitragen. Dann wäre sie nicht lediglich ein Dokument, welches
„Gottesfürchtige" als einen jüdischen Ehrennamen versteht, sondern gäbe
Hinweise auf eine Gruppe von „Gottesfürchtigen" in den jüdischen Gemeinden der Kaiserzeit.

Im Zusammenhang damit könnte die bereits an anderer Stelle erwähnte
These abgeleitet werden, daß θεοσεβής nicht den gleichen Aussagegehalt
wie das Substantiv θεοσέβεια haben muß. Vielmehr sollte offen gelassen
werden, ob θεοσεβής nicht nur eine bestimmte Qualifikation zum Ausdruck
bringen will, sondern auch eine Affinitätsbezeichnung sein kann, die die
Verbundenheit von Heiden mit dem Judentum in einigen Inschriften und
ausgewählter Literatur bezeichnet.

Im folgenden sollen noch die Überlegungen Hommels vorgestellt werden, dessen Arbeit die vorgestellten Hypothesen um interessante Varianten
bereichert. Hommel nähert sich dem Wortlaut der Inschrift mit philologischer Akribie und möchte „in der bekannten deklinierbaren Formel[70] ὁ
καί... (τοῦ καί... etc., οἱ καί..., τῶν καί... etc.) stillschweigend καλούμενος,
καλουμένου etc. (in unserem Fall καλουμένων)" ergänzen. Bei Eigenna-
men würde eine solche einleitende Wendung einen Relativsatz implizieren
oder vertreten. „Diese unbezweifelbare Charakterisierung der Kurzform ὁ
καί... als Vertretung eines Relativsatzes bietet den Schlüssel für die richtige
Interpretation unserer Inschrift."[71] Bei seiner intensiven Erforschung griechischer Grammatiken ist Hommel auf den synthetischen Relativsatz[72] gestoßen, der ihn zu der interpretatorischen Übersetzung der Inschrift führte:
„Platz (nicht der Juden schlechthin, sondern nur) derjenigen Juden, die
auch die Gottesfürchtigen genannt werden". Für die Stützung dieser Übersetzung führt Hommel neben einigen klassischen Belegen auch die Prä-
skripte der Briefe des Ignatius von Antiochien an, der sich in seinen Briefen
– analog zur Formel der Inschrift aus Milet – stets als Ἰγνάτιος ὁ καὶ Θεοφό-

---

[70] Gemeint ist τῶν καί...
[71] HOMMEL, Juden, 211f.
[72] Belege und Beispiele zu dieser Form bei HOMMEL, a.a.O., 212f.

ϱος bezeichnet.[73] Das Ziel einer derartigen Praxis wäre hier wie dort gewesen, bei Personennamen Verwechslungen zu vermeiden. Aus diesen philologischen Überlegungen folgert Hommel drei mögliche Interpretationsansätze. Zum einen könnten die „Gottesfürchtigen" von Teilen der Bevölkerung Juden genannt worden sein, wie es oben auch schon aus anderen Gründen in Betracht gezogen worden war. Zum anderen könnte die Bezeichnung von der jüdischen Gemeinde selber stammen, um den „Gottesfürchtigen" das Gefühl der Zugehörigkeit und der Verbundenheit zu vermitteln. Schließlich könnten angesichts des Theatermilieus ohnehin nur Heiden vermutet werden, weil Juden der Besuch der Vorstellungen nach der rabbinischen Überlieferung[74] nicht gestattet gewesen sei.[75]

Weil sich der erste Interpretationsansatz annähernd mit der eigenen Deutung deckt und der dritte Ansatz hinsichtlich der rabbinischen Autorität auf unsicherem Boden steht[76], hebe ich den zweiten besonders heraus. Denn er ermöglicht die Annahme eines jüdischen Milieus, das den „Gottesfürchtigen" eine Brücke bauen und sie auf den weiteren Weg in das Gemeindeleben führen will. In der Inschrift aus Pantikapaion unter d) wird für das 1. Jh. n. Chr. ein ähnliches Milieu angenommen wie auch unter h) für Aphrodisias. Damit könnten diese Inschriften für die Frage nach einem „missionarischen Judentum" einen ganz eigenen Akzent bekommen. Die Interpretation Hommels schließt den oben vorgestellten Ansatz nicht aus, der der heidnischen Bevölkerung oder der Theaterleitung ein besonderes Gewicht gab. Es wird vielmehr dadurch deutlich, daß die Inschriften ein faszinierendes Spektrum der Mehrschichtigkeit analog den literarischen Quellen besitzen.

c) CIJ 754 = Robert, RPh 32 (1958) S. 43 Anm. 4

[T]ῇ ἁγιοτ[άτῃ σ]υναγωγῇ τῶν Ἑβραίων Εὐστάθιος ὁ θεοσεβὴς ὑπὲρ μνίας τοῦ ἀδελφοῦ Ἑρμοφίλου τὸν μασκαύλην ἀνέθηκα ἅμα τῇ νύμφ(ῃ) μου Ἀθανασίᾳ.[77]

Diese zuerst von Keil und Premerstein[78] im Jahr 1911 veröffentlichte Inschrift stammt aus Deliler in der Nähe von Philadelphia in Lydien und wird

---

[73] Hommel, a.a.O., 213.

[74] Tosefta Aboda zara 2,5 (Zuckermandel); b Aboda zara 18b.

[75] Hommel, a.a.O., 217–220.

[76] In der Diaspora stellte sich eben manches anders dar. Philo zumindest ist als Theaterbesucher ausgewiesen (Prob 141f.).

[77] Der allerheiligsten Synagoge der Hebräer habe ich, Eusthatios, der „Gottesfürchtige", zum Andenken an meinen Bruder Hermophilos, zusammen mit meiner Verlobten Athanasia, dieses Reinigungsbecken aufgestellt.

[78] Keil und Premerstein, Bericht, Nr. 42 = S. 32–34.

in das 3. Jh. n. Chr.[79] datiert. Ihre jüdische Herkunft ist einerseits durch die Widmung gesichert, die sich auf die Synagoge der Hebräer[80] bezieht. Andererseits weist auch das in der antiken Literatur nur hier belegte μασκαύλης auf einen jüdischen Hintergrund hin. Das ungewöhnliche Wort basiert wahrscheinlich auf dem nur talmudisch belegten משכל und ist in Anlehnung daran übertragen. Unter Maskol ist ein Reinigungsbecken zu verstehen.[81]

Die interessantere Frage ist aber wohl, was mit der Formulierung Εὐστάθιος ὁ θεοσεβής gemeint ist. Robert und Deißmann haben diesen Ausdruck wiederum im Sinne eines Beinamens verstanden. Eine solche Interpretation, die unter Eustathios den Frommen begreift, ist natürlich legitim. Es liegt jedoch kein Grund vor, ὁ θεοσεβής nicht ebenfalls als Affinitätsbezeichnung zu verstehen. Demnach könnte durch θεοσεβής eine besondere Affinität des Eusthatios zum Judentum zum Ausdruck kommen, der zum Andenken an seinen verstorbenen Bruder ein Reinigungsbecken aufgestellt hat.

Nach der Entdeckung der Stele von Aphrodisias kann die Inschrift aus Deliler nicht mehr aus zeitlichen Gründen von einer Interpretation ausgeschlossen werden.[82] Auch in Aphrodisias werden Stifter einer jüdischen Einrichtung mit der Kennzeichnung θεοσεβής genannt, die als „Gottesfürchtige" vorzustellen sind. Für die Inschrift aus Deliler läßt sich dies nicht derartig zwingend nachweisen, doch besteht auch Grund zur Annahme, daß man Eustathios als einen derartigen „Gottesfürchtigen" zu begreifen habe. Eine solche Annahme ist nicht zwingend, wohl aber denkmöglich.

d) CIJ² (1975) Nr. 683a N.6 = Izwestija Gosud Akademii Istorii Materialnoj Kulturyi 104, Leningrad 1935, 66 Nr. 5 = CIRB Nr. 71[83]

– – – ΚΑ – – –
κου ἀφίημι ἐπὶ τῆς προσευ-
χῆς Ἐλπια[ν ἐμ]α[υ]τῆς θρεπτ[ὴν?]
ὅπως ἐστὶν ἀπαρενόχλητος

---

[79] Datierung nach KEIL und PREMERSTEIN vgl. DEISSMANN, Licht, 392 Anm. 4.

[80] Synagogen der Hebräer sind besonders für Rom (vgl. CIJ Nr. 291,317,510,535) und andernorts belegt.

[81] Hinweis von HAGEDORN: „Das allein in CIJ 754 belegte Wort μασκαύλης könnte zu dem in mehreren Papyri bezeugten βασκαύλης gestellt werden; vgl. dazu zuletzt P. Oxy. LIX 3998,36 Komm."

[82] SIEGERT, JSJ 4 (1973) hat die Inschrift aus Deliler zwar registriert (156 Anm. 6), sie aber aufgrund seines zeitlich gesetzten Rahmens nicht interpretiert.

[83] Der Text wird nach der Ausgabe CIJ² (1975) wiedergegeben. BELLEN, JAC 8/9 (1965/66) 171–176 hat diese Inschrift wiederhergestellt, die auch in CIJ abgedruckt ist. Geringfügige Änderungen sind dort verzeichnet.

καὶ ἀνεπίληπτος ἀπὸ παντὸς
κληρονόμου χωρὶς τοῦ προσ-
καρτερεῖν τῇ προσευχῇ ἐπιτροπευούσης τῆς συναγω-
γῆς τῶν Ἰουδαίων καὶ θεὸν
σέβων.[84]

Diese Freilassungsinschrift[85] stammt aus dem 1. Jh. n. Chr. von der Nordküste des Schwarzen Meeres aus dem Ort Pantikapaion (Kertsch). Sie gehört
unter der hier behandelten Fragestellung eng mit den beiden zuletzt ausgeführten Inschriften zusammen. Eine besondere Nähe hat sie zu der Theaterinschrift aus Milet (= b).

Das Augenmerk ist zunächst auf das Ende der Inschrift zu richten. Der
Wortlaut θεὸν σέβων im Hinblick auf das ν in θεόν ist besonders zu beachten, weil sich durch ihn die Inschrift erst auf „Gottesfürchtige" deuten läßt.
Bellen weist unter Präsentation einer neuen Fotografie darauf hin, daß das ν
zwar ein Bestandteil der Inschrift ist, es sich jedoch immer noch um einen
Irrtum des Steinmetzen gehandelt haben kann. Dieser hat wohl das auch
pagan selten belegte θεοσεβής aus der Vorlage nicht richtig erschlossen und
eine Verschreibung verursacht. Deshalb kann davon ausgegangen werden,
daß das Ende der Inschrift von Ἰουδαίων καὶ θεοσεβῶν spricht[86] und hier
seinen sachlichen Zusammenhang hat.[87]

Die Nähe zur Inschrift von Milet wird u.a. deutlich durch die Beurteilung
der Autoren Siegert und Simon. Siegert[88] hatte die in der Inschrift von Milet
festgehaltene Reihenfolge τῶν καὶ θεοσεβίον verteidigt und sich gegen eine
Umstellung in καὶ τῶν ausgesprochen. Nach seiner Einschätzung waren die
„Gottesfürchtigen" eine Beigabe zu der Bezeichnung Juden, womit diese
von der Theaterleitung besonders ausgewiesen wurden. So versteht er dann
auch die Inschrift aus Pantikapaion. Er deutet sie in der Form, „daß die jüdische Gemeinde sich vor der Öffentlichkeit ein ehrendes Epitheton bei-

---

[84] „[Datierung, Name] lasse ich in der Synagoge frei: Elpis (a ?), meine im Haus aufge-
zogene Sklavin. Sie soll (in ihrer Freiheit) unbelästigt und unangefochten sein von jedem
(meiner) Erben, nur muß sie der Synagoge weiter anhangen. Den Schutz (ihrer Freiheit)
übernimmt die Gemeinde der Juden und der Gottesfürchtigen" (Übersetzung nach BEL-
LEN, a.a.O., 176).

[85] Vgl. auch CIJ 683 und 684 = CIRB 70 und 73, welche auch Freilassungsinschriften
sind und die Formel ἐπιτροπευούσης τῆς συναγωγῆς τῶν Ἰουδαίων haben.

[86] Vgl. BELLEN, JAC 8/9 (1965/66) 173.

[87] Brieflicher Hinweis von HAGEDORN: „Bei der Verbindung von Ἰουδαίων καὶ θεὸν
σέβων kann es sich *nur* um einen Schreibfehler für θεοσεβῶν handeln, da es ein Wort
σέβος oder σέβης nicht gibt; θεὸν σεβ<ομέν>ων oder ev. σεβ<όντ>ων wäre eine kom-
pliziertere Heilung."

[88] JSJ 4 (1975) 158f.

legt"[89] und sieht darin eine Parallele zu der Inschrift von Milet. Simon[90] hingegen möchte einen Schreibfehler in der Inschrift von Milet annehmen und nahm die Umstellung καὶ τῶν vor. So wollte er eine Gruppe von Juden einerseits und von „Gottesfürchtigen" andererseits sowohl in Milet als auch in Pantikapaion nachweisen.

Es wurde oben unter b) der Versuch unternommen, in Milet eine Gruppe von „gottesfürchtigen" Heiden nachzuweisen, ohne den Wortlaut der Inschrift zu verändern. Wenn also Simon bei seinem Umstellungsversuch[91] auch nicht gefolgt wird, so kommt doch seine übrige Deutung der hier vorgelegten entgegen. Es wird sich auch in Pantikapaion schon im 1. Jh. n. Chr. ein heidnisches Milieu um die Synagogengemeinschaften gebildet haben, das mit dem Adjektiv θεοσεβής gekennzeichnet wurde. Es ist nicht zwingend anzunehmen, daß es sich dabei um „ein ehrendes Epitheton" gehandelt hat. Vielmehr könnte vermutet werden, daß die „Gottesfürchtigen" eine solch besondere Rolle in der Gemeinde spielten, daß sie in einem Atemzug mit den geborenen Juden und Proselyten öffentlich genannt werden konnten. Eine vergleichbare Haltung kann auch bei der Inschrift von Aphrodisias beobachtet werden, in der θεοσεβεῖς sogar in einer Gemeinschaft erwähnt werden, die sich dem Schriftstudium und der Tora widmen. Sie werden als „Gottesfürchtige" als ein fester Bestandteil der jüdischen Gemeinde angesehen. Dann wäre der Bezug zur Synagoge nicht besonders unverbindlich, wie dies immer wieder behauptet wird, sondern verbindlich und fest.

Ein näherer Blick auf die Inschrift zeigt, daß in ihr die Sorge zum Ausdruck gebracht wird, daß die Freigelassene ihre religiösen Pflichten nicht vernachlässigen möge. Dafür wäre die jüdische Hausgemeinschaft verantwortlich gewesen. Neben der Erhaltung der leiblichen Freiheit soll nach ihrer Freilassung die Synagoge dafür Sorge tragen. Obwohl die Deutung der Inschrift auf eine Sklavin nicht unbestritten ist, kann dennoch eine heidnische Besitzerin vermutet werden, die sich mit der Synagoge verbunden wußte und auch für den Zusatz θεοσεβῶν verantwortlich zeichnete. Wenn diese von Bellen[92] vorgelegte Interpretation richtig ist, dann ergeben sich daraus zweierlei Folgerungen. Die eine beträfe das Selbstverständnis dieser Besitzerin, die sich durchaus selbstbewußt in die Synagogengemeinde als Bestandteil einer eigenen Formation einreiht und dies auch so schriftlich dokumentiert wissen will. Durchbrochen wäre jedenfalls wieder einmal die eingeschränkte Beurteilung der „Gottesfürchtigen" als Anhang der Syn-

---

[89] Ebd.
[90] RAC XI (1981) Sp. 1064.
[91] Vgl. auch Reynolds / Tannenbaum, Jews, 54.
[92] Bellen, JAC 8/9 (1965/66) 174f.

agogen. Die andere Folgerung beträfe die jüdische Gemeinde von Pantikapaion, welche derartiges Gebaren nicht nur stillschweigend hingenommen,
sondern eventuell sogar gefördert hat. Die Besitzerin war anscheinend eine
wohlhabende Frau, außerdem stellte sie eine spätere potentielle Proselytin
dar.[93] Diese Inschrift wird somit zu einem eindrucksvollen Zeugnis, daß die
jüdischen Gemeinden einem heidnischen Publikum vielleicht sogar den
Status als „Gottesfürchtige" offerierten, um dadurch ihres Ansehens und
ihres Bestandes nicht verlustig zu gehen. Dann sind die Verhältnisse im 1.
Jh. n. Chr. gar nicht so sehr von denen des 3. oder 4. Jh. unterschieden. Die
Inschrift könnte neben derjenigen aus Milet ein Beispiel für ein besonders
ausgerichtetes Judentum sein, was uns noch später beschäftigen wird.

Allerdings darf die Frage nicht außer acht gelassen werden, wie eine solche Inschrift von der Nordküste des Schwarzen Meeres insgesamt zu beurteilen ist, worauf Siegert mit Recht hinweist. Natürlich ist sie nicht repräsentativ und auch nicht zu generalisieren. Sie spiegelt möglicherweise auch
nicht die Verhältnisse im 1. Jh. n. Chr. im ganzen. Solche Erwägungen betreffen ebenso die Inschrift von Aphrodisias und diejenigen aus Milet und
Deliler (= c).

Auf Verallgemeinerungen und Ausweitungen liegt auch nicht der
Schwerpunkt dieser Erwägungen. Im Vordergrund all der hier vorgetrage-
nen Überlegungen steht vielmehr der Aspekt des Denkmöglichen, um so eine Linie von den „Gottesfürchtigen" aus neutestamentlicher Zeit bis in die
späteren Jahrhunderte der christlichen Zeitrechnung ziehen zu können. Dabei geht es immer um ein vorsichtiges Abwägen und die Berücksichtigung
des Umstandes, daß die Erwähnung von „Gottesfürchtigen" ein exklusives
Verständnis nicht notwendigerweise ausschließt, sondern nach sorgfältiger
Prüfung gelegentlich legitim mit einschließt.

e) CIG 2924[94] = Robert, Études Anatoliennes, S. 409 Nr. 2[95]

Καπετωλῖνα
ἡ ἀξιόλογ(ος)? καὶ

---

[93] Nicht nachvollziehen kann ich allerdings die von Bellen vorgelegte Deutung, nach
der θρεπτοί Personen waren, welche „mit der jüdischen Religion bereits vertraut, wohl
auch beschnitten waren" (ebd.). Diese Annahme ist in diesem Fall eher unwahrscheinlich, da es sich zum einen um eine Frau und zum anderen um eine Untergebene gehandelt
hat, die kaum einen „höheren" religiösen Status als ihre Herrin gehabt haben wird, unbe-
nommen der Beobachtung, daß Proselyten in vielen Fällen aus der Unterschicht stammen konnten.

[94] Bekannt gemacht durch Pococke, publiziert durch Boeckh in CIG (zu diesen Namen
und Corpora vgl. etwa KLAFFENBACH, Epigraphik, 12–20).

[95] Vgl. auch Inschriften aus Tralleis, hg. v. F.B. POLJAKOV, 1989, Nr. 240.

[θ]εοσεβ(ὴς) [π]οιήσα-
σα τό [τε] ἀ[νάβ]αθϱο[ν ?
‒ ‒ ‒ ‒ ‒ ‒ ‒
ἀ]ναβασμὸν ὑπ[ὲϱ]
εὐχῆς ἑαυτῆς [καὶ]?
π[αι]δίων τε κ[αὶ] ἐγ-
γόνων, Εὐλογία[ς ? etc.⁹⁶

Capitolina gehörte einer sehr bedeutenden Familie aus Tralles an. Sie war
vermutlich die Ehefrau oder auch Schwester eines Prokonsuls. Lange Zeit
war vermutet worden, daß diese Inschrift aufgrund der Formel ὑπὲϱ εὐχῆς
einen christlichen Hintergrund habe.⁹⁷ Robert hat demgegenüber gezeigt,
daß die Formel auch jüdisch belegt ist. Gewißheit für den jüdischen Charakter der Inschrift zieht er jedoch aus der Verwendung der Vokabel θεοσε-
βής.⁹⁸ Auch hier hat er sich für die Übersetzung „fromm" ausgesprochen
und dafür plädiert, daß Capitolina eine Proselytin⁹⁹ gewesen ist, die die
Treppenstufen in der Synagoge hat fliesen lassen.

Es ist bemerkenswert, daß zur Interpretation dieser Inschrift wiederum
die Inschrift von Milet herangezogen wird.¹⁰⁰ Ohne nochmals alle oben genannten Faktoren zu wiederholen, sei darauf hingewiesen, daß es sich zweifelsfrei um eine Inschrift aus dem jüdischen Milieu handelt. Es kann sich bei
Capitolina natürlich um eine Proselytin gehandelt haben, der eine besondere Ehrenbezeichnung beigelegt worden ist, weil sie über das übliche Maß
hinaus sich an der Ausstattung einer Synagoge beteiligt hat. Jedoch lassen
die Umstände, daß sie eine Frau aus einer hochgestellten, heidnischen Familie ist, durchaus auch die Interpretation zu, daß Capitolina eine „Gottesfürchtige" war und damit ein exklusives Verständnis des Wortes auch noch
möglich ist.

f) *Amati, Giorn. Arcad. 24 (1824) Nr. 11 = JIWE I (1993) Nr. 12*

ἐνθάδε ἐν εἰϱήνῃ κεῖτε | Ῥουφεῖνος ἀμύμων |
θεοσεβὴς ἁγίων τε νόμων | σοφίης τε συνίστωρ. |
ἐτῶν κα' ἡμ(εϱῶν) η' ὥϱ(ᾳ) νυ(κτὸς) ι'.¹⁰¹

---

⁹⁶ Capitolina, die Angesehene und „Gottesfürchtige", die fertigte Treppe und Trep-
penaufgang, um ihrer Gebete und der ihrer Kinder und Enkel...

⁹⁷ Vgl. dazu die bei Robert, Études, 410 verzeichnete Diskussion.

⁹⁸ „Mais c'est ce mot qui assure, joint à θεοσεβής, le caractère juif de l'inscription."
(a.a.O., 411).

⁹⁹ Vgl. auch hier die Gewißheit Roberts: „...était une prosélyte..." (ebd.).

¹⁰⁰ Ebd., Anm. 1.

¹⁰¹ Hier ruht in Frieden Rufinus, untadelig, „Gottesfürchtiger", in heiligen Gesetzen

Bei dieser metrischen Grabinschrift aus Lorium in der Nähe von Rom ist die Datierung sehr unsicher, was sich aus der vagen Angabe der Herausgeber erschließen läßt, die den Zeitraum zwischen dem 2. und 4. Jh. n. Chr. anführen. Ein ebenso großer Unsicherheitsfaktor ist die Zuschreibung der Inschrift. Die Herausgeber erwägen neben der jüdischen auch die christliche oder sogar heidnische Herkunft.[102] Von enormer Bedeutung sind die beiden Wendungen θεοσεβής und ἁγίων τε νόμων. Auch die in jüdischen Inschriften bezeugte σοφία[103] wäre hier zu nennen, die aber nicht notwendigerweise ein Hinweis auf jüdische Herkunft ist. Über die Zusammengehörigkeit dieser Wendungen ist viel geschrieben und spekuliert worden.[104] Für den jüdischen Charakter der Inschrift[105] sind wohl die Wendungen θεοσεβής und ἁγίων τε νόμων maßgeblich, entscheidend bleibt jedoch ihre Übersetzung. Die Herausgeber von JIWE I übersetzen „godfearer of the holy laws", was aber nicht befriedigt. Denn ἁγίων τε νόμων gehört nicht zu θεοσεβής, sondern steht eigenständig. Zur Beurteilung sei aber auf eine weitere Inschrift verwiesen, die inhaltlich in die Nähe der hier erwähnten gehört und sich im CIJ findet.

CIJ 72 = JIWE II (1995) 616

Iul(iae) Irene Aristae | m[at(ri) pe]r Dei virtu | te[m e]t fidem
sa | tionis conserva | tae iuste legem | | colenti | Atronius
Tullia | nus Eusebius | v(ir) o(ptimus) filius pro | debito
obs | | eq[uio ann(orum)] XLI.[106]

Diese Inschrift befindet sich auf einem Sarkophag und wurde in Rom in der Via Nomentana gefunden. Der jüdische Charakter dieser Inschrift wurde schon häufiger bezweifelt.[107] Die Herausgeber von JIWE II (1995) haben entgegen den Argumenten von Siegert[108] und van der Horst[109] die Inschrift unter der Appendix „Inscriptions not considered Jewish" aufgenommen.

---

und in der Weisheit bewandert, 21 Jahre und 8 Tage alt. Er starb in der 10. Stunde der Nacht.

[102] Diskussion bei JIWE I (1993) 20f.

[103] Vgl. VAN DER HORST, Epitaphs, 152.

[104] Vgl. etwa SIEGERT, JSJ 4 (1973) 158; REYNOLDS / TANNENBAUM, Jews, 31.

[105] Dafür sprechen sich aus SIEGERT, JSJ 4 (1973) 158 und die Herausgeber von JIWE I (1993) 21.

[106] Für Julia Irene Arista, seine Mutter, bewahrt durch Gottes Kraft und den Glauben von dem Geschlecht (?), mit Recht das Gesetz pflegend. Atronius Tullianus Eusebius, ein „vir optimus" (t.t.), ihr Sohn, in gebührendem Gehorsam. 41 Jahre alt.

[107] LEON, Jews, 247.

[108] JSJ 4 (1975) 158 Anm. 3.

[109] Epitaphs, 65 und 116 Anm. 8.

Argumente waren für sie, neben dem Fundort außerhalb der jüdischen Katakomben, die Formulierung „legem colenti", die sie nicht für genuin jüdisch halten. Gilt dies auch für die Wendungen θεοσεβὴς und ἁγίων τε νόμων der Inschrift aus Lorium (JIWE I, 1993, Nr. 12)? Welche Umstände können die Ansicht der Herausgeber stützen, daß es sich dabei um eine jüdische Inschrift gehandelt hat, wenn die Heranziehung von CIJ 72 diesen Dienst nicht leistet?

Die Wendung „fidem sationis" könnte sowohl für eine jüdische wie für eine christliche Herkunft sprechen.[110] Auch θεοσεβὴς kann in diesem Fall wenig Hilfe leisten. Selbst die um den Nachweis der Existenz von „Gottesfürchtigen" sehr bemühten Autoren Reynolds und Tannenbaum sehen in der Beigabe von θεοσεβής nur Gründe der Metrik.[111] Ihre Erwägungen finden sich freilich in einem Abschnitt der Besprechung der Stele von Aphrodisias, die im Zentrum die Einrichtung einer δεϰαν(ία) τῶν φιλομαϑῶ[ν] τῶν ϰὲ παντευλογ (−−ων) nennt. Die Deutung dieser Formulierung und die damit verbundene Funktion ist ebenfalls schwer zu bestimmen. Tannenbaum wählte die Übersetzung „association denominated by its religious activities".[112] Dahinter verbirgt sich wahrscheinlich eine Gemeinschaft, die sich regelmäßig zu Torastudien und zum Gebet traf. Bemerkenswert ist nun, daß dieser anscheinend privaten Vereinigung neben drei Proselyten auch zwei theosebeis angehörten.[113] Obwohl Reynolds und Tannenbaum die Inschrift aus Lorium in diesem Zusammenhang nicht mehr nennen, könnte die private Einrichtung aus Aphrodisias doch auch ein Licht auf die Verhältnisse in Italien werfen. Demnach hätte es dort auch „Gottesfürchtige" geben können, die sich zum Studium der Tora getroffen haben.

Obwohl dies im Licht der Stele von Aphrodisias möglich wäre, sind die Argumente dafür schwächer als in den Inschriften von 4b-e. Die jüdische Herkunft ist nicht so zweifelsfrei zu erkennen wie in den anderen Fällen, die Funktion von θεοσεβής könnte entweder metrische Gründe haben oder einem Juden eine Ehrenbezeichnung geben. Weiterhin ist nicht zwingend zu beweisen, daß es sich in Lorium um eine vergleichbare Einrichtung wie in Aphrodisias gehandelt hat, die schon schwer genug deutbar ist. Alles in al-

---

[110] Vgl. dazu die Anmerkungen in JIWE II (1995) 499f.

[111] REYNOLDS / TANNENBAUM, Jews, 31. Korrekt müßte dann doch eigentlich θειοσεβής stehen. Wenn man nur den Platz im Vers (-vv-) füllen wollte, hätte man eher ein anderes Wort gewählt, etwa σώφρων ϰαὶ als θεοσεβής (vvv-), das nur mit Gewalt durch Längung des ε hierhin paßt.

[112] REYNOLDS / TANNENBAUM, a.a.O., 37.

[113] Text der Stele auch bei REYNOLDS / TANNENBAUM, Jews, 5–7; hier Face a: Zeilen 3–5; Text auch in SEG XXXVI, 1986, Nr. 970 und SEG XXXVII, 1987; Nr. 843.

lem kann nur die Möglichkeit in Erwägung gezogen worden, in Lorium habe es einen „Gottesfürchtigen" namens Rufinus gegeben. Trotzdem kann diese Inschrift bedingt für den Nachweis des Phänomens von „Gottesfürchtigen" angeführt werden.

g) Im folgenden sollen noch eine Anzahl von jüdischen Inschriften aus Sardis angeführt werden, die sehr verstreut und auch noch längst nicht vollständig publiziert worden sind. In der Forschung ist mit diesen Inschriften die Frage der Datierung der Synagoge von Sardis verschränkt, in deren unmittelbarer Umgebung sie gefunden wurden. Auch hier gibt es noch viele ungeklärte Fragen, auf die an dieser Stelle aber nicht weiter eingegangen werden kann.[114]

Hintergrund der Kontroverse ist, daß am 28. Juli 1962 der Amerikaner George Hanfman bei einer Ausgrabung in Sardis auf die Überreste einer Synagoge stieß, die beträchtliche Ausmaße hatte. Dabei wurden neben Münzen auch Inschriften zutage gefördert. Die Inschriften wurden seinerzeit von Robert ausgewertet, wobei er zwei für unsere Fragestellung relevante in seinen Bericht aufgenommen hat:

– Robert, Inscriptions Sardes, 39 Nr. 4

Αὐρ(ήλιος) Εὐλό-
γιος θεο-
σεβὴς εὐ-
χὴν ἐτέ-
λεσα.[115]

– Robert, Inscriptions Sardes, 39 Nr. 5

Αὐρ(ήλιος)
Πολύιππος
θεοσεβὴς εὐ-
ξάμενος ἐ-
πλήρωσα.[116]

Neben diesen Inschriften, die von Robert ausführlich kommentiert wurden und deren Hauptlinien gleich noch vorgestellt werden, sind inzwischen vier weitere bekannt geworden. Sie wurden Trebilco für dessen Dissertation zur Verfügung gestellt, allerdings nimmt er außer einer Datierung nach dem Jahr 320 n. Chr. keine weiteren Untersuchungen vor. Daher kann an dieser

---

[114] In diese vielschichtig gelagerte Problematik führt der Aufsatz von BOTERMANN, ZPE 98 (1993) bes. 188–194, ein.

[115] Ich, Aurelius Eulogios, „gottesfürchtig", habe mein Gelübde erfüllt.

[116] Ich, Aurelius Polyhippos, „gottesfürchtig", ein Gelübde abgelegt habend, habe es erfüllt.

Stelle auch nicht mehr als der Text dieser Inschriften genannt werden.[117] Denn was Helga Botermann 1993 schrieb, gilt auch heute: „Die Fachwelt wartet auf die Publikation der Inschriften wie auf den abschließenden Bericht, von dem Hanfman schon 1986 schrieb: ‚The preliminary manuscripts of the final synagogue publication by Seager, Majewski, J.H. Kroll und I. Rabinowitz is in hand' (24).[118] Der Jahrestag der Entdeckung wäre eigentlich eine gute Gelegenheit, den Kollegen das Material zugänglich zu machen."[119]

Doch nun zu den Inschriften, die Robert vorlagen und die oben genannt sind. Die Aussagen dazu sind insofern repräsentativ, da sie Roberts Position zu den theosebeis zusammenfassen.[120]

1. Die Inschriften sind unabhängig von ihrem Fundort als jüdisch einzustufen (40).

2. Die Inschriften stützen nicht die von anderen aufgestellte These, die theosebeis seien identisch mit den sebomenoi ton theon (41 vgl. 45).

3. Die Inschriften machen nicht den Eindruck, daß das Adjektiv θεοσεβής außerhalb des jüdischen Bereichs Anwendung fand. Demgegenüber ist aber klar, daß sich θεοσεβής und θεοσεβεῖν in der paganen griechischen Literatur finden (44).

4. Was jüdische Inschriften mit dem Adjektiv θεοσεβής beschreiben, geschieht in paganen durch das Wort εὐσεβής (44).

5. Aus diesen Angaben ist nach Robert zu folgern: „Théosébès est l'équivalent d'eusébès, mais spécialisé dans le monde juif" (45).[121]

---

[117] TREBILCO, Communities, 252 Anm. 60: „The other four inscriptions are in Kroll, forthcoming, nos. 22, 57, 59, 66 [vgl. dazu den Hinweis in der folgenden Fußnote]. They read respectively: (a) Λεόντιος θεοσεβὴς ἐκ τῶν τῆς Προνοίας δομάτων τὸ διαχώρον ὑπὲρ εὐχῆς ἐσκούτλωσα. (b) Εὐχὴ Εὐτυχ[ίδο]υ θεοσε[εβοῦς.] (c) [Εὐχὴ – – – θ]εοσεβοῦς.] (d) Αὐϱ. Ἑϱμογένης Σαϱδ. θεοσεβὴς ἐκ τῶν τῆς Προνοίας εὐξάμενος τὸ ἐπταμύξιον ἐποίησα." Die unten angegebene Interpretation Roberts würde auch bei diesen Inschriften vermutlich seinem sonstigen Duktus folgen. Denn eine von ihm gesichtete und angeführte Inschrift ist wohl identisch mit der hier genannten (c); vgl. ROBERT, Inscriptions Sardes, 45.

[118] Vgl. auch den optimistischen Hinweis von TREBILCO, Communities, 158 Anm. 59, wo er auf ein Werk von Kroll mit dem Zusatz „forthcoming" hinweist und es im Literaturverzeichnis schon mit Titel nennt: KROLL, J.H., The Greek Inscriptions, in: The Synagogue of Sardis, Archaeological Exploration of Sardis Report, Cambridge (Mass.), Harvard University Press. Auch dieses Werk ist immer noch nicht erschienen!

[119] BOTERMANN, ZPE 98 (1993) 188 Anm. 12, zu den archäologischen Ergebnissen in Sardes weiterhin dies., ZNW 81 (1990) 103–120, dazu ergänzend und weiterführend PALMER BONZ, HThR 86 (1993) 139–154.

[120] Die Seitenzahlen in Klammern beziehen sich auf ROBERT, Inscriptions Sardes, 39–45.

[121] Diese Ansicht wird fortgeschrieben und geteilt u. a. von SMALLWOOD, Jews, und WILCOX, JSNT 13, 1981, 102–122.

Die Ausführungen Roberts sind von großer Bedeutung und müssen an dieser Stelle nicht noch einmal gewürdigt werden. Sie dürfen jedoch nicht unkritisch übernommen werden, worauf auch schon bei den einzelnen Inschriften hingewiesen wurde. Die folgenden Ausführungen versuchen, den Bogen noch etwas weiter zu spannen.[122]

1. Die hier vorgelegten Aussagen Roberts hatten die Ausgrabungen in Sardis in den sechziger Jahren zum Mittelpunkt, von denen aus Schlüsse für andere Orte und Gegebenheiten gezogen wurden. Dies ist insofern problematisch, als gerade Sardis nicht repräsentativ für die jüdische Diaspora war, sondern sich in vielfacher Hinsicht durch außergewöhnliche Verhältnisse auszeichnete. Dies gilt für das sehr gute Verhältnis von Juden und Christen wie auch für die soziale, wirtschaftliche und politische Macht der jüdischen Gemeinde(n).[123]

2. Aufgrund des hier vorgelegten Materials und seiner Deutung durch Robert setzte eine Entwicklung ein, die theosebes noch enger und exklusiver fassen wollte, als Robert dies bereits getan hatte. Kraabel u.a. zogen insofern weitreichende Konsequenzen, als sie vor dem Hintergrund des sardischen Materials die These vom „Verschwinden der Gottesfürchtigen"[124] entwickelten und die Aussagen des Lukas in Acta zu einem theologischen Konstrukt („figment of the scholarly imagination")[125] degradierten. Gegen eine solche Deutung spricht allerdings einiges, insbesondere die Inschrift von Aphrodisias, worauf schon an anderer Stelle hingewiesen wurde.[126]

3. Ein besonderes Augenmerk sollte schließlich auf Roberts grundsätzliche Hypothesen gelenkt werden, nach der das Adjektiv θεοσεβής auf jüdische Inschriften beschränkt ist und sich ausschließlich dort findet. Dazu sollen in der fünften Gruppe heidnische Quellen und Inschriften zum Stamm θεοσεβ – verglichen und besprochen werden. Bevor dies geschieht, soll aber der bisherige Befund zusammengefaßt sowie die Inschrift aus Aphrodisias vorgestellt werden.

---

[122] Die Herausgeber der Aphrodisias-Inschrift betonen in ihrem Vorwort ausdrücklich, daß sich ihre eigene Interpretation von derjenigen Roberts unterscheide (REYNOLDS / TANNENBAUM, Jews, VI). Die eigenen Bemerkungen sind unabhängig davon entwickelt worden, kreuzen sich aber gelegentlich. Auch LIFSHITZ hatte sich schon 1970 kritisch mit der Wertung Roberts auseinandergesetzt (JSJ 1, 1970, 77–84).

[123] Vgl. dazu besonders die Ausführungen TREBILCOS, Communities, bes. 49.

[124] Vgl. nochmals den programmatischen Titel des Aufsatzes von KRAABEL: The Disappearance of the Godfearers, Numen 28 (1981) 113–126; vgl. auch MACLENNAN / KRAABEL, BArR 12 (1986) 46–53.

[125] MACLENNAN / KRAABEL, a.a.O., 48.

[126] Schürer, History III,1, 166.

Zusammenfassende Wertung:

1. Verschiedene Ausleger interpretieren in dieser Rubrik das Vorhandensein von theosebeis in Inschriften entweder als Ehrenbezeichnung für Juden oder als Hinweis auf eine bestimmte Gruppe von Heiden, die mit dem Judentum in Verbindung stehen.

2. Die hier vorgelegten Analysen gehen davon aus, daß theosebes nicht unbedingt eine Qualifikationsbezeichnung sein muß, welche zum Ausdruck bringen will, was eigentlich theosebeia leistet. Theosebes kann auch als eine Affinitätsbezeichnung verstanden werden, die unbeschadet des Verständnisses von „fromm" auch die Beziehung von Heiden zum Judentum meinen kann. Dies soll in erster Linie als Denkmöglichkeit verstanden sein.

3. Bei der Interpretation der Inschriften in dieser Gruppe muß jedoch immer vorsichtig und sorgfältig geprüft werden, ob es sich mit an Sicherheit grenzender Wahrscheinlichkeit um eine jüdische Inschrift handelt, ob theosebes nicht aus bestimmten Gründen (z.B. der Metrik) aufgenommen wurde oder ob sich die erwähnten Institutionen und Einrichtungen auf die Diasporagemeinden übertragen und verallgemeinern lassen.

Erst an diesem Punkt soll nun die Stele von Aphrodisias vorgestellt und bewertet werden. Dies geschieht erst jetzt, da eine einseitig auf der Grundlage dieser Inschrift fußende Interpretation des bisher besprochenen Materials vermieden werden sollte.

h) Die Inschrift von Aphrodisias ist die längste bisher entdeckte jüdische Inschrift. Sie wurde 1976 bei Grabungsarbeiten gefunden, nachdem die archäologische Expedition unter der Leitung von Kenan T. Erim bereits auf einen Tempelkomplex und mehrere Marmorstatuen gestoßen war. In den Jahren nach der Entdeckung wurde auf diesen bedeutsamen Fund nur hingewiesen, ohne daß der Text zugänglich gemacht worden wäre.[127] Die Publikation erfolgte im Jahre 1987.[128] Miss Joyce Reynolds wurde die Inschrift anvertraut, die sie dann zusammen mit Robert F. Tannenbaum unter dem Titel „Jews and Godfearers at Aphrodisias" mit einem ausführlichen Kommentar publizierte.

Die Inschrift[129] ist auf einer marmornen Stele mit ungefähr 2,80m Höhe

---

[127] Vgl. MELLINK, AJA 181 (1977) 306; MEEKS, Christians, 207f. Anm. 175; GAGER, Paulus, 303.

[128] Vgl. aber auch SEG XXXVI, 1986 (!), Nr. 970 und SEG XXXVII, 1987; Nr. 843; deutsche Übersetzung bei BRODERSEN, Gym. 96 (1989) 178ff.

[129] Aus Platzgründen ist die Inschrift an dieser Stelle in ihrem griechischen Wortlaut und einer deutschen Übersetzung nicht gegeben worden. Sie findet sich am Ende der Arbeit vor dem Literaturverzeichnis als Anlage.

und 0,45m Seitenlänge bewahrt. Sie findet sich auf einer roh bearbeiteten Rückseite („face b") und auf einer Vorderseite („face a"), die den Charakter einer Bauinschrift besitzt. Streng genommen handelt es sich also um zwei Inschriften, die aber ursächlich zusammengehören und aufgrund der technischen Anordnung einen Eingang flankiert haben könnten. Die Inschrift war von der jüdischen Gemeinde Aphrodisias aufgestellt worden und nannte wohl für eine bestimmte Einrichtung Unterstützer oder Spender.

Seite a) der Stele umfaßt 27 Zeilen und nennt 15 Mitglieder einer Einrichtung, welche als δεκαν(ία) τῶν φιλομαθῶ[ν] τῶν κὲ παντευλογ(– –ων)[130] bezeichnet ist. Diese haben zur Errichtung eines bestimmten Gebäudes Eigenmittel zur Verfügung gestellt. Bemerkenswert ist, daß sich unter den aufgezählten Personen drei Proselyten[131] und zwei theosebeis[132] befinden. Das genannte Gebäude wird in der Inschrift als πάτελλα[133] bezeichnet. Was damit genau gemeint ist, kann nicht mehr exakt erkannt werden und wird folglich in der Literatur heftig diskutiert.[134] In aller Vorläufigkeit ließe sich aber doch soviel sagen, daß es sich dabei um eine karitative Einrichtung in Form einer Suppenküche gehandelt haben könnte, welche die jüdische Gemeinde von Aphrodisias gemeinsam mit Spendern errichtete, um Bedürftige mit Mahlzeiten zu versorgen.[135]

Seite b) der Stele umfaßt 61 Zeilen. Nach einer Namensaufzählung von 55 Personen wird in Zeile 33 eine Leerzeile gelassen, wodurch wahrscheinlich eine neue Rubrik angezeigt wird. Diese wird in Zeile 34 durch die Sammelbezeichnung καὶ ὅσοι θεοσεβῖς eingeleitet, woran sich wiederum 52 Namen anschließen.

Die Inschrift umfaßte somit 125 (126?) Namen, deren Zuordnung und Auswertung einer Sensation nahekam und die im folgenden vorgestellt werden sollen.

1. 68 der genannten Namen gehören zu Juden. Dies wird zwar nicht explizit hervorgehoben, doch aufgrund der biblischen und hebräischen Namen, welche zudem undekliniert und ungräzisiert sind, vorausgesetzt.[136]

---

[130] Face a) Zeilen 3–5 = REYNOLDS / TANNENBAUM, Jews, 5.

[131] Face a) Zeilen 13, 17 und 22 = REYNOLDS / TANNENBAUM, Jews, 5.

[132] Face a) Zeilen 19 und 20 = REYNOLDS / TANNENBAUM, Jews, 5.

[133] Face a) Zeile 1 = REYNOLDS / TANNENBAUM, Jews, 5.

[134] WILLIAMS, Hist. 41 (1992) 308f.; McKNIGHT, Light, 158 Anm. 64; BOWERSOCK, in: FELDMAN, Jew, 577 Anm. 138; VAN MINNEN, ZPE 100 (1994) 255–257; STEGEMANN / STEGEMANN, Sozialgeschichte, 223f.; vgl. auch SEG XLI (1991) Nr. 918.

[135] So jedenfalls die Deutung von REYNOLDS / TANNENBAUM, Jews, 26–28, trotz aller Kritik daran ebenfalls in dieser Bedeutung bei LEVINSKAYA, Book, 72 Anm. 79.

[136] Seite a) Zeilen 9–12.14–16.18.21.23–26; Seite b) Zeilen 2.4–34 = REYNOLDS / TANNENBAUM, Jews, 6–7.

2. 3 der Personennamen tragen die Bezeichnung „Proselyten".[137]

3. 54 der Personennamen werden mit dem Zusatz θεοσεβής klassifiziert.[138]

4. Die große Überraschung bei der Auswertung der Stele von Aphrodisias war, daß sich getrennt voneinander die Gruppen der geborenen Juden, Proselyten und der „Gottesfürchtigen" nachweisen lassen und eine prozentuale Bestimmung ihres Verhältnisses möglich ist.

– Die Zahl der thesobeis ist relativ hoch, denn über 43% der Unterstützer der jüdischen Gemeinde von Aphrodisias werden so benannt.

– Dieser Personenkreis trägt von einer Ausnahme abgesehen[139] keine jüdischen, sondern ausgewiesen heidnische Namen.

– Drei Proselyten und zwei theosebeis werden neben Juden als Mitglieder der δεκαν(ία) τῶν φιλομαθῶ[ν] τῶν κὲ παντευλογ(– –ων) genannt, einer Art lokaler Vereinigung vor Ort, die sich regelmäßig zu Torastudien und zum Gebet getroffen hat. Dieser Hinweis ist deshalb wichtig, weil „Gottesfürchtige" in Aphrodisias demnach keine untergeordnete Rolle in der Gemeinde spielten, sondern sich aktiv an prominenten Verrichtungen beteiligen konnten und durften. Wichtig ist in diesem Zusammenhang eine Notiz aus den Scriptores Historiae Augustae (Ende des 4. Jh. n. Chr.). Dort heißt es über Kaiser Septimius Severus (Kaiser von 193 – 211 n. Chr.): „Iudaeos fieri sub gravi poena vetuit. Idem etiam de C⟨h⟩ristianis sanxit".[140] Demnach hätten sich Heiden in einer Zeit kaiserlichen Beschneidungsverbotes auf das Risiko des Proselytentums eingelassen und dies auch offensiv gelebt. Schwierig bei der Deutung ist jedoch der Umstand, daß Aphrodisias eine freie Stadt war und deshalb das kaiserliche Beschneidungsverbot umgehen und aussetzen konnte.[141] Dann wäre das Verhältnis von Heiden, Juden und „Gottesfürchtigen" in Aphrodisias vergleichbar mit den sehr ausgewogenen Zuständen der Stadt Sardis.[142]

– Neun Personen, die als theosebeis gekennzeichnet werden, tragen den Zusatz βουλευτής.[143] Demnach waren unter den Spendern und Unterstützern der jüdischen Gemeinde auch Mitglieder aus dem Senat der Stadt

---

[137] Seite a) Zeilen 13, 17 und 22 = REYNOLDS / TANNENBAUM, Jews, 5.

[138] Seite a) Zeilen 19 und 20; Seite b) Zeilen 34–61 = REYNOLDS / TANNENBAUM, Jews, 5–7.

[139] Seite b) Zeile 48 (Εὐσαββάθιος) = REYNOLDS / TANNENBAUM, Jews, 7.

[140] Septimius Severus, 17:1 – Hohl = F 201dR; Text bei STERN, Authors II, Nr. 515; vgl. auch den ausführlichen Kommentar 619–621.625.

[141] So REYNOLDS / TANNENBAUM, Jews, 43.

[142] Vgl. auch in Kapitel VI die Ausführungen zu Epiktet, wo eine Argumentation gezeigt wird, nach der das Beschneidungsverbot als in Kraft vorausgesetzt wird.

[143] Seite b) Zeilen 35–38 = REYNOLDS / TANNENBAUM, Jews, 7.

Aphrodisias. Nach Sueton[144] bestand aufgrund der Senatsreformen unter Octavian und Agrippa für jeden Senator die Pflicht, vor der Einnahme des ihm zugeteilten Platzes ein Opfer von Weihrauch und ungemischtem Wein am Altar des Gottes darzubringen, in dessen Tempel die jeweilige Sitzung stattfand.[145] Deshalb kann die Möglichkeit erwogen werden, ob diese Ratsherren den Status „nur" von „Gottesfürchtigen" innehatten, weil sie zu diesen heidnischen Handlungen zwangsweise amtlich verpflichtet wurden.

5. Der Fund der Inschrift von Aphrodisias hat nach der Veröffentlichung und Kommentierung durch Reynolds und Tannenbaum die bisherige Forschung bereichert, aber auch zu kritischen Rückfragen angeregt. Ohne Anspruch auf Vollständigkeit sollen einige dieser Fragenkomplexe vorgestellt werden.

Das mit Abstand wichtigste Ergebnis der Entdeckung der Marmorstele von Aphrodisias war die Relativierung bzw. Widerlegung der These vom „Verschwinden der Gottesfürchtigen", die Kraabel u.a.[146] hauptsächlich aufgrund des sardischen Materials aufgestellt hatten. Ohne die Inschrift aus Aphrodisias überstrapazieren zu wollen, ist die Existenz einer Gruppe von „Gottesfürchtigen" sowohl historisch als auch terminologisch mehr als wahrscheinlich geworden.[147] Die Aufzählung von zwei weiteren Gruppen insgesamt und die Unterscheidung von Proselyten und theosebeis neben Juden auf Seite a) der Inschrift machen eine Deutung eher unmöglich, nach der hier ein besonderes Verhalten oder eine Eigenschaft von Juden gemeint ist. Zu warnen ist allerdings vor einer terminologischen Einebnung. Reynolds und Tannenbaum ziehen nämlich den Schluß, daß damit alle sonstigen biblischen und rabbinischen Bezeichnungen, die in den vorangegangenen Kapiteln vorgestellt wurden, „interchangeable"[148] seien. Um der sehr vielschichtigen und differenzierten Quellenlage Rechnung zu tragen, empfiehlt sich daher eine sehr genaue Prüfung der einzelnen Quellen. Dabei muß vor allem die Frage berücksichtigt werden, ob es sich bei der jeweiligen Terminologie um eine Qualifikationsbezeichnung oder um eine Affinitätsbezeichnung gehandelt hat. Die Entdeckung der Inschrift von Aphrodisias

---

[144] De vita Caesarum libri, Divus Augustus, 35,3.

[145] Zu fragen bleibt natürlich, ob sich die Verhältnisse zwischen Senatoren und munizipalen Bouleutai vergleichen lassen.

[146] KRAABEL, Numen 28 (1981) 113–126; MACLENNAN / KRAABEL, BArR 12 (1986) 46–53.

[147] Vgl. auch die Erwiderungen von TANNENBAUM, BArR 12 (1986) 55–57 und FELDMAN, BArR 12 (1986); vgl. ferner GAGER, HThR 79 (1986) 91–99.

[148] REYNOLDS / TANNENBAUM, Jews, 56; vgl. ähnlich LINDERSKI, Gn. 63 (1991) 559–561; MOLTHAGEN, Hist. 40 (1991) 46f.; MURPHY O'CONNOR, RB 99 (1992) 418–424.

bietet für die Erforschung des Phänomens der „Gottesfürchtigen" weiteren Diskussionsstoff.

6. Eng mit der terminologischen Fragestellung hängt die Frage nach der Datierung der Inschrift zusammen. Reynolds und Tannenbaum waren aufgrund bestimmter Namenszusätze, der schrifttechnischen Verarbeitung eines Teils der Inschrift und der Zuordnung der Inschriftenseiten a) und b) zueinander auf den Anfang des 3. Jh. n. Chr., genau genommen auf das Jahr 210 n. Chr., gekommen. Helga Botermann[149] hat aufgezeigt, daß der Datierungsvorschlag der beiden Herausgeber möglich, aber nicht zwingend sei. Denn sie hätten sich zwischen verschiedenen Möglichkeiten gegen eine spätere Datierung entschieden, die aufgrund der Fakten durchaus auch möglich sei.

Helga Botermann hat auf einen interessanten Umstand verwiesen, der die theosebeis berührt. Auf der Grundlage der Suppenküche der jüdischen Gemeinde Aphrodisias beleuchtet sie einen Wesenszug der jüdischen Wohlfahrtseinrichtungen. Sie zeigt[150] unter Verweis auf Bolkestein[151], daß sich die jüdische Wohltätigkeit explizit nur auf Arme bezog, wohingegen in der antiken Polis alle dort Lebenden von derartigen Zuwendungen profitierten, vom privaten Verein bis hin zur Bürgerschaft insgesamt. Natürlich wird es neben der jüdischen Armenfürsorge auch immer wieder individuelle Spender auf heidnischer Seite gegeben haben. Bestimmte Hinweise aus anderen Quellen (z.B. das Wohlfahrtsprojekt Basilius des Großen) könnten jedoch dafür sprechen, daß in den Städten des 4. Jh. n. Chr. (Datierungsfrage!) die Notlage so groß wurde, daß individuelle Spender nicht mehr in der Lage waren, die von ihnen als politischer und gesellschaftlicher Größe[152] erwarteten Aufgaben zu erfüllen. Deshalb könnte es nach Botermann sein, daß sich die βουλευταί und andere wohlhabende Personen der jüdischen, organisierten und bestehenden Armenfürsorge angeschlossen und diese unterstützt haben. Damit hinge vielleicht auch ihre relativ hohe Anzahl in Aphrodisias, dokumentiert durch Seite b) der Inschrift, zusammen.

Liegt die Althistorikerin mit ihren Beobachtungen richtig, dann müßte

---

[149] BOTERMANN, ZPE 98 (1993) 184–194; zur Datierung vgl. auch TREBILCO, Communities, 152–155 (Stützung der Datierung von Reynolds und Tannenbaum).

[150] BOTERMANN, a.a.O., 192.

[151] BOLKESTEIN, Wohltätigkeit, pass.; VAN DER HORST, Epitaphs, 67.

[152] Obwohl die Liste der Namen auf Seite b) nach einer sozialen Rangfolge angeordnet ist (Stadträte, Goldschmied bis hin zu einem Walker), ist der Mehrheit der Namen keine nähere Bezeichnung beigegeben. Auch Angaben zur politischen Struktur fehlen, weshalb bei einer Auswertung zu großer Vorsicht zu mahnen ist. Reynolds und Tannenbaum geben deshalb auch nur in Ansätzen mögliche Forschungsperspektiven an, ohne weitreichende Schlüsse zu ziehen (124–131).

streng genommen von zwei verschiedenen Formen der Ausprägung von „Gottesfürchtigen" in Aphrodisias gesprochen werden. Die „Gottesfürchtigen" auf Seite a) der Inschrift, ausgewiesen als Mitglieder der Vereinigung für Torastudien und Gebet, wären demnach assoziierte Mitglieder der jüdischen Gemeinde. Unbeschadet dieses Engagements können sie natürlich auch noch andere Aufgaben gehabt und Aktivitäten ausgeübt haben. Die „Gottesfürchtigen" auf Seite b) der Inschrift könnten wiederum Personen sein, die aufgrund ihrer Unterstützung und Spendentätigkeit – aus welchen Motiven auch immer – ebenfalls als theosebeis gekennzeichnet werden, wodurch ihre Affinität zur jüdischen Gemeinde von Aphrodisias dokumentiert, nichts aber über ihre sonstigen Aktivitäten dort ausgesagt wäre.[153] Diese Gruppierung von „Gottesfürchtigen" verhält sich wie Sympathisanten, wird aber darüberhinaus terminologisch genau erfaßt. Es könnte vielleicht gesagt werden, daß für die „Gottesfürchtigen" in Aphrodisias trotz dieser terminologischer Bestimmung eine inklusive und exklusive Deutung zulässig ist und die Grenzen zwischen einer Qualifikationsbezeichnung und einer Affinitätsbezeichnung fließend sind und auch bleiben. Wichtig ist, daß eine derartige Bandbreite von jüdischer Seite ermöglicht wurde – von der Unterstützung der Armen bis hin zum Studium der Tora. Darüber hinaus erlaubt die Inschrift von Aphrodisias die vorsichtige Aussage, daß in bestimmten Zusammenhängen mit mindestens drei Kategorien von „Gottesfürchtigen" gerechnet werden kann, die allesamt – und das ist das Besondere – terminologisch faßbar[154] sind. Demnach könnte θεοσεβής / metuens einerseits als eine Binnenbezeichnung im jüdischen Milieu fungieren und dort eine bestimmte jüdische Person besonders herausheben. Die Übersetzung „fromm" ist dafür zwar nicht ausreichend, gibt aber doch die grundsätzliche Richtung an. Andererseits könnte θεοσεβής innerhalb einer jüdischen Institution eine heidnische Person charakterisieren, die dort bestimmte Aufgaben und Pflichten übernommen hat, wie wir es bei den Mitgliedern der Dekanie in Aphrodisias finden. Diese Mitglieder sind keine Juden, haben

---

[153] REISER, BZ 39 (1995) 84 Anm. 45 hat eine ähnlich gelagerte Beurteilung MURPHY O'CONNORS, RB 99 (1992) 418–424 mit dem Hinweis „Diese Vermutung ist unwahrscheinlich" abgetan. Ohne Auseinandersetzung mit den zeitlichen Umständen ist ein solches Urteil aber unangemessen.

[154] Darauf ist besonders hinzuweisen, weil immer wieder die Terminologie des Stammes θεοσεβ- verkürzt unter der Kategorie von Spendern oder Zuwendern interpretiert wird, wie folgendes Votum von LIEU zeigt: „That the term could equally be used of, or claimed by, those non-Jews who put into action their attraction for an active patronage of Judaism is self-evident; the Aphrodisias inscription fits well here – the label is an appreciation of patronage and not an acknowledgement of obedience to certain practices" (JThS 46, 1995, 496f.).

aber doch einen eindrucksvollen Freiraum, in dem sie ihre Affinität zum Judentum in nahezu uneingeschränkter Weise leben dürfen. Schließlich kann θεοσεβής eine Bezeichnung für einen Sympathisanten sein, der seiner Sympathie in Form von Spenden Ausdruck verleiht und aus einem nicht näher ermittelbaren Grund terminologisch so angesprochen wird. Es ist nicht mehr auszumachen, ob eine solche Kategorie von Stiftern und Spendern eine ähnliche Struktur besessen hat wie die unter 7 a) vorgestellten Personen. Die auf Seite b) erhaltenen θεοσεβεῖς von Aphrodisias haben auf alle Fälle einen Überschuß. Sie werden explizit als „Gottesfürchtige" bezeichnet. Ob dadurch noch mehr ausgedrückt werden soll, muß dahingestellt bleiben.

Zusammenfassende Wertung:

1. Die These vom „Verschwinden der Gottesfürchtigen" (Kraabel) ist durch die Inschrift aus Aphrodisias wohl endgültig widerlegt worden. Gleichzeitig ist aber vor einer Überschätzung der „Gottesfürchtigen" in phänomenologischer wie terminologischer Hinsicht zu warnen.

2. Ein bedeutendes Problem bleibt, daß die „Gottesfürchtigen" neben Juden und Proselyten zwar belegt sind, sich dennoch über ihr Wesen und nähere Charakterisierung wenig allgemeingültiges aussagen läßt. Einerseits haben sie mehr Rechte und Pflichten gehabt, als es die Rede vom Kreis um die Synagoge auszudrücken vermag. Andererseits könnten damit darüber hinaus auch Heiden gemeint sein, die als Unterstützer und Spender auftreten, ohne weitere Aktivitäten in der jüdischen Gemeinde anzustreben. „Gottesfürchtig" würde damit zu einer Bezeichnung, die eine Grundorientierung und Affinität ausdrückt. Gerade diese zweite Deutung gewinnt durch die Datierung in eine spätere Zeit an Gewicht.

3. Die Datierung in das 4. Jh. n. Chr. oder sogar noch später spricht dabei nicht gegen eine Rückbeziehung auf das neutestamentliche Material. Sie legt im Gegenteil eindrucksvoll davon Zeugnis ab, daß die terminologische Unsicherheit von vor 70 n. Chr. (z.B im Hinblick auf die „gottesfürchtigen Proselyten" in Acta 13,43[155]) sich auch für die spätere Zeit belegen läßt und

---

[155] Vgl. dazu GOODMAN, Proselytizing, 62f.; DERS., Mission, 72f., der in neueren Untersuchungen darauf verwiesen hat, daß προσήλυτος erst 1. Jh. n. Chr. eine entsprechende Terminierung erhalten hat („What I suggest, therefore, is that proselytos in the first century had both a technical sense, and that in that latter sense it could quite easily be applied to Jews. This usage is precisely parallel to that long ago noted for the term ‚Godfearer' in this period, which also often, sometimes apparently as a semi-technical term, referred to gentiles, but was also, perhaps metaphorically, used to describe Jews" = S. 73). Dieser Zeitraum hat sich möglicherweise noch weiter erstreckt. Vgl. nun auch LEVINSKAYA, Book, 47, die im Zusammenhang von Acta 13,43 von einem „basic ‚verbal' sense of coming to any-thing new" spricht.

ein wesentliches Konstitutivum bei der Frage nach den „Gottesfürchtigen"
ist und bleibt.

5. Inschriften und Quellen, die den θεοσεβ-Stamm enthalten und aus paganem Milieu stammen

Die folgenden Ausführungen wenden sich den paganen Quellen und Inschriften zu und untersuchen die dortige Verwendung insbesondere von θεοσέβεια, θεοσεβέω und θεοσεβής. Nach Robert[156] ist das Adjektiv θεοσεβής kaum außerhalb des jüdischen Umfeldes in Inschriften zur Anwendung
gekommen, während sich θεοσεβεῖν und θεοσέβεια öfter finden. Robert
fügt an, daß insbesondere pagane Inschriften an dieser Stelle das Adjektiv
εὐσεβής haben. Hieraus folgert er, wie bereits zitiert: „Théosébès est l'équivalent d'eusébès, mais spécialisé dans le monde juif".

Zu einer Überprüfung soll der Blick deshalb auf die Quellen und Inschriften mit paganem Hintergrund gelenkt werden. In Auswahl ergibt sich nach
Liddell-Scott (Jones) daraus folgender Befund: θεοσέβεια findet sich insgesamt 5mal, θεοσεβέω 3mal, θεοσεβής 7mal und θεοσεβῶς schließlich 1mal.
Die Belege gliedern sich im einzelnen wie folgt.

1. θεοσέβεια:
– In Xenophons „Anabasis" (4. Jh. v. Chr.) wird in 2,6,26 im Kontrast zu
den Eigenschaften des Menon θεοσέβεια καὶ ἀλήθεια καὶ δικαιότης als
wahrhafte Zierde eines Mannes dargestellt.
   – In der pseudo-platonischen „Epinomis" (4. Jh. v. Chr.) wird in 985c der
Gesetzgeber ermahnt. Wenn er Verantwortungsgefühl besäße, würde er es
nicht wagen, durch Gesetzesänderungen eine Gottesverehrung zu veranlassen, die ohne Gewißheit (Sicherheit) ist (οὔποτε μὴ τολμήσῃ καινοτομῶν
ἐπὶ θεοσέβειαν, ἥτις μὴ σαφὲς ἔχει τι, τρέψαι πόλιν ἑαυτοῦ).
   – Dieselbe Schrift beschäftigt sich auch mit der Art der rechten Gottesverehrung (θεοσεβείας ᾧτινι τρόπῳ τις τίνα μαθήσεται). In 977e wird im
Kontext eines pythagoreischen Arguments zur göttlichen Einflußnahme bei
Geburt und Tod gezeigt, daß Furcht vor Gott in Verbindung mit Zahlen (Py-
thagoras!) bekannt werden wird (εἰ δέ τις ἴδοι τὸ θεῖον τῆς γενέσεως καὶ τὸ
θνητόν, ἐν ᾧ καὶ τὸ θεοσεβὲς γνωρισθήσεται καὶ ὁ ἀριθμὸς ὄντως).
   – In einem Kommentar zu Hesiods Satz „εὔχεσθαι δὲ Διὶ χθονίῳ" „in
Hesiodum" 46 nennt Plutarch (50 – 130 n. Chr.) Beschlüsse, die im Zusam-

---

[156] Inscriptions Sardes, 44f.

menhang mit der Gottesverehrung stehen (ταῦτα καὶ θεοσεβείας ἐστὶ δόγματα).
- Eine Inschrift aus Histria in Moesia (SEG XXVII, 1977, Nr. 369) erwähnt θεοσέβεια. Es handelt sich dabei um eine Liste von Spendern für ein Kultgebäude für Helios Mithraos. Sie wird in das 2. Jh. n. Chr. datiert und nennt als Zweck der Spende Gottesverehrung „...εἰς τ[ὴν] [ο]ἰκοδομίαν τοῦ ἱεροῦ σπηλέου καὶ [θεο]σέβειαν..." (Zeilen 5–8).
- Eine weitere, stark fragmentierte Inschrift aus Histria aus dem 3. Jh. n. Chr. (SEG XXXII, 1982, Nr. 684) enthält eine Namensliste, die in Zeile 5 „... τα τὴν θεο[σέβειαν– –]...„, erwähnt, wobei die Ergänzung zweifelhaft ist.

Alle Belege innerhalb dieser Gruppe zeigen, daß θεοσέβεια im paganen Bereich keinerlei besondere Merkmale aufzeigt, die die hier verfolgte Fragestellung berühren. Aus Gründen der Vollständigkeit wurden sie dennoch angeführt.

2. *θεοσεβέω*:
- In den „fragmenta incerta" 22 vergleicht Plutarch ein Verhalten, bei dem schändlicher Gewinn für Gutes eingesetzt wird, als ebenso unnützen Dienst, als wenn mit Diebesgut aus Heiligtümern Gott verehrt würde (Οἱ ἀπὸ τῶν αἰσχρῶν κερδῶν εἰς τὰς καλὰς ἀναλίσκοντες λειτουργίας ὅμοιόν τι ποιοῦσι τοῖς ἀπὸ ἱεροσυλίας θεοσεβοῦσιν).
- Iamblichus (3. – 4. Jh. n. Chr.) beginnt in seinem grundlegenden Werk „Protreptikos" Kapitel XX,1f. („Aufruf zur Philosophie" bzw. „Anleitung zum rechten Leben") mit den Worten: „Nach dieser Methode beginnen wir mit dem Wichtigsten zuerst, daß nämlich Gottesfurcht zu üben sei. Sie aber kann nur erwerben, wer das Verehrende dem Verehrten anpaßt, und diese Ähnlichkeit vermittelt allein die Philosophie (κατὰ δὴ ταύτην οὖν τὴν μέθοδον ἀπὸ τῶν τιμιωτάτων ἀρχόμεθα πρῶτον, ὡς δεῖ θεοσέβειαν ἀσκεῖν)".
- Cassius Dio (160 – 230 n. Chr.) beschreibt in seiner Historia Romanorum LIV,30,1 die Anordnungen des Augustus unmittelbar nach dem Tode des Marcus Agrippa. Im Zuge der Senatsreformen sollen die Senatoren künftig bei Sitzungsbeginn im Raum Weihrauch entzünden, aber bei ihm selber keine Aufwartung mehr machen. Dies geschähe in der Absicht, daß die Senatoren sowohl den Göttern die nötige Gottesfurcht bezeugten als auch die Sitzungen ungehindert abgehalten werden könnten (τὸ μὲν ἵνα θεοσεβῶσι, τὸ δὲ ἵν' ἀπονητὶ συνίωσιν).
- In einer Ehreninschrift aus Histria vor 100 v. Chr.[157] wird ein Bürger der

---

[157] DITTENBERGER, SIG 708 = SEG XXIV, 1974, Nr. 1104.

Stadt namens Aristagoras lobend erwähnt. Er hatte sich in Kriegszeiten um das Wohl und den Wiederaufbau seiner Stadt bemüht und finanzielle Großtaten vollbracht.[158] In diesem Zusammenhang werden seine Vorzüge hervorgehoben und erwähnt, daß er selber auf dem Gebiet der Gottesverehrung mit zunehmendem Alter Fortschritte machte (εἰς τὸ θεοσεβεῖν, Zeilen 18–20). Bemerkenswert ist, daß sich θεοσεβεῖν in dieser Inschrift auf einen Götterplural bezieht.

3. θεοσεβῶς:
– Eine Inschrift aus Akraiphia in Böotien aus dem 1. Jh. n. Chr.[159] belegt θεοσεβῶς. Prozession und Tanz werden demnach mit Gottesverehrung ausgeführt (... τ]ὰς δὲ πατρίους πομπὰς μεγάλας καὶ τὴν τῶν συρτῶν πάτριο[ν] | ὄρχησιν θεοσεβῶς ἐπετέλεσεν; Zeilen 66f.).

Die angeführten Texte und Inschriften in diesen beiden Gruppen widersprechen nicht Roberts Beobachtungen. Er hatte eingeräumt, daß sich θεοσεβεῖν auch pagan belegen ließe. Vorrangig kann es aber nicht nur um das Vorhandensein dieser Vokabel(n) gehen, sondern es muß sorgfältig ihre Funktion geprüft werden. Besonders der Text von Plutarch und die Inschrift aus Histria (SEG 24, 1974, Nr. 1104) weichen Roberts Aussagen auf. Hier wird auf paganer Seite ein Umstand reflektiert und mit einem Terminus versehen, an den sich der jüdische Sprachgebrauch anschließen konnte. Die am Judentum interessierten Heiden mußten ja in irgendeiner Form benennbar sein, um ihre Stellung und Funktion ausdrücken zu können. So wurden sie unter Umständen mit einer Formulierung bedacht, die hier ihren Rückhalt hat. Das zeigt auch die folgende Gruppe, die das Adjektiv θεοσεβής enthält und an welchem Robert seine Hypothese erhärten wollte.

4. θεοσεβής:
– In Herodots Historien (5. Jh. v. Chr.) werden in Buch I,86 feierliche Handlungen nach der Einnahme von Sardis durch die Perser beschrieben. In diesem Zusammenhang spricht Herodot davon, daß Kroesus als ein gottesfürchtiger Mann galt (εἴτε καὶ πυθόμενος τὸν Κροῖσον εἶναι θεοσεβέα...). In Buch II,37 wird das ägyptische Volk als sehr gottesfürchtig beschrieben, wobei es darin vor allen Völkern heraussticht (θεοσεβέες δὲ περισσῶς ἐόντες μάλιστα πάντων ἀνθρώπων).
– Sophokles singt in seinem Spätwerk „Oedipus Coloneus" (5. Jh. v. Chr.) das Hohelied auf seine Stadt Athen. In dieser Tragödie (260) läßt So-

---

[158] Vgl. mehr bei QUASS, Honoratiorenschicht, 124f.
[159] IG VII 2712.

phokles Oedipus fragen, ob nicht Athen von allen Städten die gottesfürch-
tigste sei (εἰ τάς γ' Ἀθήνας φασὶ θεοσεβεστάτας εἶναι).

– In Platos Kratylos (5./4. Jh. v. Chr.) 394d-421c wird in einem Dialog
zwischen Hermogenes und Sokrates (394d) der Gegensatz beschrieben, der
entsteht, wenn einem gottesfürchtigen Vater ein gottloser Sohn geboren
wird (οἷον ὅταν ἐξ ἀνδρὸς ἀγαθοῦ καὶ θεοσεβοῦς ἀσεβὴς γένηται).

Aristophanes (5./4. Jh. v. Chr.) gebraucht in seiner Komödie Aves 897
θεοσεβής zur Charakterisierung der wahren Andacht und läßt durch den
Chor zu dieser Gottesfurcht rufen (vgl. die in diesem Zusammenhang ab
881 beginnende Auseinandersetzung zwischen Priester und Wahrsager über
die gültige Art des Opferns; in diesem Kontext fällt der Ausdruck θεοσεβής).

– Schließlich ist eine Inschrift unbekannter Herkunft aus dem 3. Jh. n.
Chr. zu nennen, die zuerst von Pfuhl und Möbius mit Foto veröffentlicht
wurde und sich in SEG XXIX (1979) Nr. 1697 findet. Dargestellt sind auf
diesem Grabstein von Epitherses und Theoktiste ein liegender Mann, eine
sitzende Frau und ein Junge, der ein Trankopfer bringt. Darunter befinden
sich die Anfangsworte: Ἐπιθέρσῃ τῷ θεοσέβῃ κ⟨α⟩ὶ Θεοκτίστῃ...

Diese Inschrift, die Epitherses eindeutig als einen „Gottesfürchtigen"
ausweist, macht neben den anderen Texten in dieser letzten Gruppe vollends deutlich, daß sich Roberts These in ihrer überspitzten Form nicht halten läßt.[160] Zum einen ist das Adjektiv θεοσεβής auch im paganen Bereich
sowohl literarisch (was Robert nicht bestritten hatte) als auch epigraphisch
belegt und nicht auf das jüdische Milieu beschränkt. Zum anderen ließe sich
denken, daß dieser pagane Sprachgebrauch eine Brückenfunktion gehabt
hat und Juden deshalb am Judentum Interessierte mit der Bezeichnung
θεοσεβεῖς versehen haben (oder diese es vielleicht auch selber für sich als eine Art Selbstbezeichnung wählten). Dieser zuletzt genannte Aspekt hat
dann auch eine ernstzunehmende Bedeutung für den Umstand, wie θεοσεβής auf jüdischer Seite in Gebrauch gekommen ist.

Zusammenfassende Wertung:
Aus all diesen Angaben läßt sich die Annahme erhärten, daß das Vorhandensein von θεοσεβής besonders in jüdischen Inschriften nicht sofort bedeutet, daß damit Juden generell in besonderer Weise qualifiziert werden.
Es muß vielmehr immer mit der Möglichkeit gerechnet werden, daß damit

---

[160] Inzwischen hat auch Joyce Reynolds unter dem Eindruck der Inschrift von Aphrodisias darauf hingewiesen, daß θεοσεβής auch auf Heiden bezogen werden könnte (REY-
NOLDS / TANNENBAUM, Jews, 126).

„Gottesfürchtige" aus dem Heidentum gemeint und angesprochen sein könnten. In dem einen wie in dem anderen Fall lassen sich derartige Aussagen jedoch nicht generalisieren, sondern erfordern eine genaue Prüfung der Inschrift hinsichtlich ihrer Zuordnung, ihres Alters, ihres Sprachgebrauchs und ihres Herkunftortes.

6. Christliche Inschriften, die θεοσεβής enthalten

Bei der Präsentation der Inschriften in den Gruppen 1. bis 4. war hin und wieder darauf verwiesen worden, daß manche Ausleger die Möglichkeit einer christlichen Herkunft erwägen. Jedoch hatte sich in den oben genannten Fällen diese Position nicht durchsetzen können. Im folgenden sollen aber die Inschriften genannt werden, die den θεοσεβ-Stamm enthalten und eindeutig christlichen Ursprungs sind. Für die hier verfolgte Fragestellung tragen sie zwar nichts bei, werden aber der Vollständigkeit halber aufgezählt, nicht zuletzt, um das Bild abzurunden.[161]

7. Die „impliziten Gottesfürchtigen" in ihrem unterschiedlichen Erscheinungsbild

In den Gruppen 7. und 8. werden nun noch abschließend Inschriften vorgestellt, die auf eine ganz eigene Weise das Phänomen der sogenannten „Gottesfürchtigen" berühren. Es geht dabei um eine sehr schmale Gratwanderung, da diese Inschriften mit vielen Fragen und Problemen belastet sind.

---

[161] SEG XXX (1980) Nr. 1704,1: 5./6. Jh. n. Chr., Arabien, Grabinschrift: – – –]ἐτελι-ώθη ὁ θεοσεβ[– – –; SEG XXX (1980) Nr. 1715,8a: 534 n. Chr., Arabien, Widmungsin-schrift: ...θεοσεβ(εστάτου)...; SEG XXX (1980) 1787 B: 539/540 n. Chr., Cyrenaika, Mo-saikinschrift: ...θεοσεβε[στάτου νεόυ]...; SEG XXXII (1982) Nr. 1492: 482/483 n. Chr., Palästina, Mosaikinschrift: (ἐπὶ τοῦ θεο|σεβ(εστάτου)...; SEG XXXV (1985) Nr. 1552,28,4: o.J., Palästina, Widmungsinschrift: ... καὶ θεοσεβεσ(τάτου)|Πέτρου ...; SEG XXXVII (1987) Nr. 1435: 511 n. Chr., Syrien, Mosaikinschrift zur Erinnerung an ein Hospital: ...ἐπὶ τοῦ θεοσεβ(εστάτου)...; SEG XXXVII (1987) Nr. 1468, 5./6. Jh. n. Chr., Palästina, Mosaikinschrift in einer Kapelle: ... [θεοσε]β(εστάτου)...; SEG XXXVII (1987) Nr. 1512 (40,3): 442/443 n. Chr., Palästina, Bauinschrift: ...τοῦ ἁγιοτάτου καὶ θε-οσεβ(εστάτου)...; SEG XXXVIII (1988) Nr. 1594 (303f.,1) ca. 500 n. Chr., Palästina, Mo-saikinschrift in einer Kapelle: ...τοῦ θε|οσεβ(εστάτου) καὶ ἁγιωτ(άτου)...; SEG XL (1990) Nr. 1538 (406–408): Arabien, Kircheninschrift: ...τοῦ [θεο]σε[βεστάτου]...; SEG XL (1990) Nr. 1766 (303) 5. Jh. n. Chr., Syrien, Mosaikinschrift: [ἐπὶ τοῦ– – –καὶ θε]ο-σεβεστάτου ἐπισ|[κόπου ἡμῶν– – –...; Literatur siehe in SEG XXXIX (1989) unter Nr. 1036.

Sie betreffen weniger den jüdischen Charakter, der gewiß auch in einigen Fällen zur Disposition steht. Entscheidender ist aber die Terminologie. Diese Inschriften erfassen das heidnische Interesse am Judentum und entsprechende Sympathieerweise nicht mehr über die Stichworte theosebes und metuens. Das Fehlen dieser Termini könnte manchen Kritiker dazu veranlassen, an dieser Stelle die Diskussion abzubrechen. Andererseits sind einige der Inschriften so aussagekräftig und beleuchten das Sympathisantenfeld derartig deutlich, daß auf eine Präsentation dieses Materials nicht verzichtet werden konnte. Die Überschrift „implizite Gottesfürchtige" trägt der genannten Problematik insofern Rechnung, als die fehlende Terminologie damit deutlich gemacht ist. Weiterhin will die Formulierung „unterschiedliche(s)" Erscheinungsbild aufzeigen, daß es sich bei diesem Phänomen nicht um ein homogenes Gebilde handelt, sondern verschiedenartige Ausprägungen und Gruppenbildungen zu finden sind.

a) *CIJ 766 = Ramsay, RAr 12 (1888) S. 225*[162]

Τὸν κατασκευασθέ[ν]τα ο[ἶ]κον ὑπὸ Ἰουλίας Σεουήρας
Π. Τυρρώνιος Κλάδος ὁ διὰ βίου ἀρχισυνάγωγος
καὶ Λούκιος Λουκίου ἀρχισυνάγωγος καὶ Ποπίλιος
Ζωτικὸς ἄρχων ἐπεσκεύασαν ἔκ τε τῶν ἰδίων καὶ τῶν
συνκαταθεμένων καὶ ἔγραψαν τοὺς τοίχους καὶ τὴν
ὀροφὴν καὶ ἐποίησαν τὴν τῶν θυρίδων ἀσφάλειαν καὶ τὸν
[λυ]πὸν πάντα κόσμον οὕτινας κα[ὶ] ἡ συναγωγὴ
ἐτείμησεν ὅπλῳ ἐπιχρύσῳ διά τε τὴν ἐνάρετον αὐτῶν
δ[ι]άθ[ε]σιν καὶ τὴν πρὸς τὴν συναγωγὴν εὔνοιαν τε καὶ
σ[που]δήν.[163]

Die vorliegende Inschrift stammt aus Akmonia in Phrygien. Es ist bekannt, daß Akmonia ab dem 1. Jh. v. Chr. eine eigene Münzprägung begann und Sitz einer Hohenpriesterschaft des Kaiserkultes war.

Die hier vorliegende Inschrift ist in vielerlei Hinsicht von großer Bedeutung. Sie besitzt Aussagekraft über die wirtschaftliche Potenz der drei Mit-

---

[162] Vgl. DERS., Cities, 649–652, Nr. 559 = MAMA VI, Nr. 264, dieser Ausgabe folgt der hier vorgelegte Text, weil CIJ zuviele Unstimmigkeiten enthält; vgl. für weitere Editionen TREBILCO, Communities, 58 Anm. 2.

[163] Dieses Gebäude wurde erstellt von Julia Severa; P(ublius) Tyrronios Klados, dem lebenslänglichen Synagogenvorsteher, und Lukius, Sohn des Lukius, Synagogenvorsteher, und Publius Zotikos, Archon, stellten es wieder her mit ihrem Vermögen und mit Geld, welches zusammengebracht worden war, und sie schenkten die Bemalungen für die Wände und die Decke, und sie verstärkten die Fenster und stellten auch den Rest der Ausschmückung her, und die Synagoge ehrte sie mit einem vergoldeten Schild wegen ihrer tugendhaften Gesinnung, ihres Wohlwollens und Eifers für die Synagoge.

glieder des Leitungsgremiums und informiert über die Bauweise und die Art der Innengestaltung der Synagoge.

Von ebenfalls großer Bedeutung ist die erwähnte Julia Severa. Durch glückliche Umstände sind wir aufgrund von Münzfunden darüber informiert, daß sie zwischen 60 – 80 n. Chr. aktiv war und die Inschrift deshalb in diesen Zeitraum datiert werden kann. Von außerordentlichem Gewicht ist, daß sie nach dem numismatischen und epigraphischen Befund eine ἀρχιέρεια des Kaiserkultes vor Ort war und einer sehr bedeutenden Familie durch Heirat angehörte.

Seit der Veröffentlichung der Inschrift durch Ramsay wird immer wieder diskutiert, ob Julia Severa eine Jüdin war und/oder ob sie mit einem Juden verheiratet gewesen ist. Diese Vermutungen werden durch Rückschlüsse der Namen auf der vorgestellten Inschrift hergestellt. Es muß jedoch angemerkt werden, daß es keinerlei ernstzunehmende Hinweise darauf gibt, daß sie eine Jüdin gewesen ist oder mit einem der genannten Männer verheiratet war. Auch ist es kaum vorstellbar, daß sie den Status einer Apostatin hatte, denn dann wäre ein derartig bedeutendes Geschenk von ihr wohl kaum angenommen worden.[164]

Es handelt sich bei Julia Severa, der Hohenpriesterin des Kaiserkultes in Akmonia, um eine „Schenkerin" bzw. „Stifterin/Gründerin". Sie verfügte über außerordentliche Beziehungen zur Synagogengemeinde vor Ort, ohne daß diese ihrer Art nach näher bestimmbar wären. Insgesamt war sie wohl eine Art Patronin, die sich um das Wohl der Judengemeinde bemühte. Sie tat dies als höchste Repräsentantin eines anderen Kultes, wie es unter Umständen nicht selten geschah. Terminologisch faßbar ist diese Art der Unterstützung und Förderung nicht. Sie begegnet im gleichen Zeitraum auch im Neuen Testament, wo nach Lk 7,5 der herodianische Centurio in Kapernaum diesem Ort den Bau einer Synagoge ermöglichte. Lifshitz hat einen Teil der Inschriften, die dieses Phänomen belegen, gesammelt und unter dem Titel „Donateurs et fondateurs..." publiziert. „Schenker und Stifter" sind nicht identisch mit der oben vorgestellten „Gottesfürchtigen". Sie sind terminologisch besser mit der Bezeichnung „Sympathisanten" erfaßt, wobei neben den besonders von Lifshitz gesammelten Inschriften noch weitere Belege zu nennen[165] sind.

---

[164] Vgl. TREBILCO, Communities, 58–60.83f.

[165] Neben den bei LIFSHITZ, Donateurs genannten Belegen seinen genannt: CIJ 639; 720; 738 (Kyme) = NDIEC I, 1981, 111f. Nr. 69; 757 und 694 (Stobi) = HENGEL, ZNW 57 (1966) 145–183; ROBERT, Nouvelles Inscriptions, (Sardes) 55 Nr. 14–17 = LIFSHITZ, Donateurs, 24.25.26; ROBERT, Hellenica I, 54f. Nr. 13–16 (div.); LÜDERITZ, Cyrenaika, 155–158 Nr. 72 (Cyrenaika).

b) Yann Le Bohec hat 1981 Inschriftenmaterial aus dem römischen Nord-afrika und dessen Einflußbereich gesammelt und unter dem Titel „Inscriptions Juives et Judaïsantes..." veröffentlicht.[166] Das Material ist besonders im Hinblick auf die „Judaisierenden" nicht unproblematisch, was dem Herausgeber auch bewußt war und worauf oben in 1.e) bei der metuens-Frage verwiesen wurde.[167] Die übrigen Inschriften mit postuliertem Bezug auf „Judaïsantes" zeichnen sich dadurch aus, daß sie den Sabbat und seine Ausübung reflektieren.[168]

Es ist jedoch nicht sicher, ob sich hinter derartigen Stichworten „Judaisierende" und/oder andere Sympathisanten verbergen konnten. Der ganze Bereich des Sabbats und seiner Verehrung hat in der Antike eine komplizierte Geschichte, was noch einmal in diesem Kapitel in Gruppe 8 erörtert wird, vor allem aber bei den Notizen der heidnischen Autoren in Kapitel VI verarbeitet ist.

An dieser Stelle wird die Frage nach der Gruppe der „Gottesfürchtigen" nicht weiterverfolgt, da die Terminologie einen solchen Bezug nicht hergibt. Eventuell sind damit Sympathisanten angesprochen, was sich aber nicht mit letzter Gewißheit belegen läßt.

c) Ganz besondere Aufmerksamkeit muß in dieser Gruppe all den Versuchen und Zeugnissen geschenkt werden, die wohl in die Kategorie „indirektes" epigraphisches Material fallen. Indirekt meint in diesen Fällen, daß „Gottesfürchtige" und auch Sympathisanten auf den ersten Blick weder durch die Terminologie noch durch den Rahmen auffallen und einsichtig sind.

Methodisches Verfahren ist hierbei, daß diese Inschriften aufgrund bestimmter philologischer Besonderheiten als ein Hinweis auf jüdisches Milieu gedeutet werden. Schon vor über 30 Jahren wurde das Verfahren von

---

[166] LE BOHEC, Antiquités africaines 17 (1981) 165–207.

[167] Vgl. dazu die Ausführungen LE BOHEC, a.a.O., 167f.

[168] LE BOHEC, a.a.O., 179 Nr. 17 = CIL VIII,24976: „DMS.| Sabbatis pia uix(it)| anno (uno) dieb(us) (viginti uno)"; 189 Nr. 64 = CIL VIII,14271: „DM | L. Octauius Sabb[atarius] | ...ISDITIMI?"; 189 Nr. 66: „(Chrisme) Sabbat|(i)olus q(u)i et Iuben|tinus posi|tus in | [pace]„; 193 Nr. 77 = CIL VIII,9114, linke Seite: „DMS.| Memori|(a)e Iul(ii) Ci|ceronis; | u(ixit) a(nnis) (quindecim). | Sissoi, |filio dul|cis(s)imo, | et Sabbat|trai, nepo|ti f(ecerunt et) d(e)d(icauerunt)" –rechte Seite:"DMS.| Memori|ae Kalen|zonis; | u(ixit) a(nnis) (quinquaginta uno). | Iul(ia) Sis|soi, ma|rito d|ulcissimo, |f(ecit et) d(e)d(icauit)"; 195 Nr. 81 = Frézoul, MEFR (68) 1956, 99f. Nr. 34: „DMS | Ant(onii) Sabba|tr[a]i; uix(it) an| nis (tribus), menses (quinque) et die|bus (quattuor); pater | pi(i)ssimus fe|c(i)t".

Nilsson[169], Bickermann[170], Delling[171] u.a. zur Anwendung gebracht. In den letzten Jahren hat es van der Horst aktualisiert.

Eine erst 1988 veröffentlichte Inschrift (Belkis, Pamphylien, 1./2. Jh. n. Chr.)[172] hat folgenden Wortlaut:

θεῷ ἀψευδ[εῖ καὶ]
ἀχειροποιήτῳ
εὐχήν[173]

Van der Horst sieht in dieser Inschrift einen Hinweis auf einen „Gottes-fürchtigen" wie auch in der Inschrift, die Paulus in Athen nach Acta 17,23 vorfindet.[174]

Das Verfahren der philologisch-internen Erklärung und Deutung ist ebenso reizvoll wie auch überzeugend für den, der ein „gottesfürchtiges Mi-lieu" in der Antike voraussetzt. Die Kritiker dieser Annahme wird dieses Verfahren dagegen nicht überzeugen, weil sie darin eine Unzulässigkeit oder ein argumentum e silentio sehen. Ein methodisch geregeltes Verfahren einer derartigen Ermittlung sollte jedoch nicht pauschal diskreditiert wer-den. Andere Versuche einer impliziten Ermittlung sind dagegen viel proble-matischer. Der Willkür ist bei mancher Vorgehensweise Tür und Tor geöff-net. So wurde dieser Ansatz an dieser Stelle zwar vorgestellt und gewürdigt, ohne daß die inhaltlichen Ergebnisse jedoch in die Argumentation eingin-gen.

Zusammenfassende Wertung:
Die in dieser Gruppe vorgestellten Inschriften unterscheiden sich von den bisher präsentierten insofern, daß sie über keine entsprechende Terminolo-gie verfügen, welche explizit auf „Gottesfürchtige" hinweist. Das vorge-stellte Material belegt das Phänomen eines Sympathisantentums deshalb nur indirekt oder implizit. Über Schenkungen oder Stiftungen, über Sabbat-praxis oder einen bestimmten philologischen Bestand sollen Hinweise auf dieses Milieu erschlossen werden.

Alle genannten Belege sind aber als Zeugnisse sui generis zu behandeln. Sie werden für den Nachweis von „Gottesfürchtigen" zwar angeführt und benannt, für die Argumentation ingesamt aber nur nachrangig verwendet.

---

[169] Eranos 54 (1956) 167–173.

[170] Altars, 324–346.

[171] Altarinschrift, 32–38.

[172] Nachweis bei VAN DER HORST, JJS XLII (1994) 1992 32 Anm. 1.

[173] Für den wahrhaftigen Gott, der nicht mit Händen gemacht ist, (in Erfüllung) eines Gelübdes.

[174] VAN DER HORST, Altar, 1426–1456.

8. Noch mehr „Gottesfürchtige"?

Am äußersten Rand des hier vorgestellten Spektrums sind noch die Inschriften zu nennen, die auf besondere Weise einen Einfluß des Judentums
auf heidnische Kulte, Einrichtungen und Praktiken reflektieren. Sie alle
aufzuzählen und auszuwerten würde den Rahmen dieser Arbeit sprengen.
Einige Inschriften und Kommentare werden jedoch in Auswahl genannt.[175]
Sie tauchen in dieser Präsentation auf, weil in der Literatur bei ihrer Behandlung das Stichwort „Gottesfürchtige" fällt. Sie haben jedoch in der hier
verfolgten Fragestellung nicht ihren angemessenen Ort.[176] Denn hier sollte
der Nachweis geführt werden, daß „Gottesfürchtige" kein Phänomen sind,
welches sich voraussetzungslos übertragen und generalisieren läßt, sondern
terminologischen und inhaltlichen Kriterien Rechnung tragen muß. Für
diese Ausgangshypothese haben sich Teile des epigraphischen Materials als
schlüssig erwiesen.

---

[175] SEG XXV (1971) Nr. 1089 vgl. APPLEBAUM, Status, 712 Anm. 6; NDIEC I (1981)
25f. Nr. 5 (Akmonia, Phrygien); NDIEC IV (1987) 201 (Athrisbis, Ägypten); NDIEC V
(1989) 145 unter Verweis auf eine neue Inschrift aus Stratonikeia, publiziert von VARIN-
LIOGLU, Epigraphica Anatolica 12 (1988) 84–88, Nr. 6–11 (alle Inschriften beziehen sich
auf θεὸς ὕψιστος); vgl. dazu SCHÜRER, Geschichte III, 174 Anm. 70; DERS., History III,1,
169f.; HENGEL, Proseuche, 174f.; LIFSHITZ, Donateurs, Nr. 5–7; SIMON, RAC XI (1981)
1068–1070; FELDMAN, BArR 12 (1986) 69 Anm. 65; NDIEC III (1983) 121; NDIEC IV
(1987) 78.128; KANT, Inscriptions, 684 Anm. 81; 687 Anm. 100; HENGEL, JSS 35 (1990) 37,
TREBILCO, Communities, 163f.

[176] An dieser Stelle sei noch einmal auf die Arbeit von LEVINSKAYA aus dem Jahr 1996
verwiesen. In der Präsentation des inschriftlichen Materials und der Auswertung gibt es
interessante Übereinstimmungen mit dem vorliegenden Entwurf, obwohl beide Arbeiten ohne gegenseitige Kenntnisnahme entstanden. Besonders hervorzuheben sind jedoch die Ausführungen in Kapitel 5 unter der Überschrift „God-Fearers and the Cult of
the Most High God" (83–103). Sie behandeln einen enorm wichtigen Forschungsschwer-
punkt, der hier aus verschiedenen Gründen nicht angegangen werden sollte.

VI. Implizite und indirekte Verweise auf das Phänomen der „Gottesfürchtigen"

A.

Als nächster Schritt soll nun eine Fülle von Quellenangaben betrachtet und ausgewertet werden, welche in indirekter und impliziter Form das Phänomen der „Gottesfürchtigen" aufbewahrt haben und es reflektieren. Wiederholt sei noch einmal einer d e r Leitsätze, die die verschiedenen Kapitel dieser Untersuchung prägen. Er lautet: Der inklusive Gebrauch von „gottesfürchtig" als einer qualifizierenden Größe bzw. einer religiösen Klassifikation schließt ein exklusives Verständnis im Sinne eines greifbaren Phänomens bzw. einer eingrenzbaren und benennbaren Gruppe nicht notwendig aus, sondern legitim mit ein. Die indirekten Belege[1] zum Phänomen der „Gottesfürchtigen" zeigen dies auf eine besondere Weise. Nach Gruppen und Herkunft getrennt, sollen sie im folgenden angeführt und ausgewertet werden. Die indirekten Belege sind deshalb wichtig und aussagekräftig, weil sie unverdächtigere Zeugen sind als diejenigen Quellen, welche das Phänomen der

---

[1] Nochmals soll darauf verwiesen werden, daß die Kategorisierung der entsprechenden Quellen in „direkte" und „indirekte" Belege nicht zwingend ist und sich deshalb auch nicht immer unproblematisch durchhalten läßt. So sind etwa die in Kapitel III angeführten Texte aus der rabbinischen Literatur sowohl formal als auch inhaltlich durchaus als indirekte Belege zu werten, weil die Bezeichnung שמים יראי (den Himmel bzw. Gott Fürchtenden) auch hier nicht durchgängig ist. Trotzdem wurde versucht, zusammengehöriges Material von der Intention her zusammenzuhalten, um sowohl die Lektüre als die Gedankenführung zu verdeutlichen. Auch für die Anführung der Inschrift von Aphrodisias gilt eine entsprechende Einschränkung. Obwohl sie doch einerseits einen direkten Beleg wegen ihrer Terminologie (θεοσεβεῖς) darstellt, ist sie andererseits eine wichtige Quelle für viele Beobachtungen, die das Phänomen der „Gottesfürchtigen" indirekt belegen und stützen. Schließlich sind die jüdischen Belege aus Philo und Josephus zu nennen. Sie belegen das Phänomen innerhalb eines größeren und intensiveren Kontextes, zu der auch immer das Proselytentum und damit der volle Übertritt zum Judentum zählt. „Gereinigte" Belege für das großzügigere Phänomen der „Gottesfürchtigen" sind daher seltener und so ist manche Beobachtung erst aus dem Kontext des Proselytenwesens erschließbar. Durch besondere Verweise ist aber eine Orientierung für die Leser jeweils gegeben, so daß entsprechende Überschneidungen und Doppelungen entfallen.

„Gottesfürchtigen" durch entsprechende Wortfelder ausweisen. Die For-mulierung „unverdächtigere Zeugen" bedeutet, daß sie in der Mehrzahl kei-ne apologetischen Tendenzen verfolgen, sondern die entsprechenden Phä-nomene kritisieren, verwerfen, zurückweisen, besprechen oder karikieren. Diese Bemerkung trifft auch auf die ähnlich gelagerten Angaben in jüdi-schen und christlichen Quellen zu, die zu Rekonstruktionen deshalb taugli-cher sind, weil ihnen wenigstens teilweise der apologetische Charakter fehlt.

Feldman hat einen Teil der indirekten Belege unter drei Gesichtspunkten systematisiert, denen partiell auch hier gefolgt wird.[2] Er wählt die Unter-scheidungen der „circumstantial, literary and archaeological evidence", wo-bei letztere besser „epigraphical" lauten sollte.

Problematisch und zweifelhaft sind die Belege vor allem unter der Kate-gorie „circumstantial evidence". Feldman betrachtet die Periode zwischen 323 v. Chr.- 70 n. Chr. und kommt mit Hilfe von geschätzten Angaben aus Salo Barons „Social History" zu folgendem Ergebnis: Zur Zeit der Zerstö-rung des 1. Tempels lebten in Judäa geschätzte 150.000 Juden, denen im 1. Jh. n. Chr. dann geschätzte 8.000.000 Juden gegenüberstehen. Unter Ver-weis auf Baron führt Feldman an, daß im Imperium Romanum jeder zehnte Einwohner Jude gewesen ist. Daraus folgert er, daß ein derartiges Anwach-sen der jüdischen Bevölkerung nur durch entsprechende Proselytenmache-rei erklärbar ist, weil natürliche Faktoren wie fehlende Geburtenkontrolle oder verbotener Abortus dieses Anwachsen nicht erklären. Die von Feld-man beigebrachten Zahlen, Fakten und Schlüsse sind natürlich nicht gene-rell von der Hand zu weisen. Sie erscheinen jedoch nicht als so aussagekräf-tig, daß sie als Überlegungen zu dem Phänomen der „Gottesfürchtigen" dienen könnten. In Feldmans Ausführungen wird das Anwachsen der jüdi-schen Bevölkerung monokausal mit Notizen über Proselytismus in Verbin-dung gebracht. Es muß aber beachtet werden, daß der These eines missiona-rischen Judentums heute nicht mehr das Vertrauen entgegengebracht wird, welches Feldman bedenkenlos voraussetzt.[3] Obwohl ich selber von der „Anziehungskraft" des Judentums in der Antike überzeugt bin, soll darauf nicht allein und monokausal das unsichere Hypothesengebäude zur demo-graphischen Entwicklung[4] in der Antike gebaut werden. Denn gerade diese

---

[2] FELDMAN, BArR 12 (1986) 59f.

[3] Vgl. etwa GOODMAN, JJS 40, 1989, 181, der sich in seinen Ausführungen genau auf diese umstrittenen Beobachtungen bezieht; mehr dazu in Kapitel VIII dieser Untersu-chung.

[4] VAN DER HORST, Epitaphs, 73–84 hat auf die Problematik solcher Einschätzungen am Beispiel jüdischer Grabinschriften hingewiesen und entsprechend zu vorsichtiger Bewer-tung geraten.

Entwicklung ist ein schwer kalkulierbarer Faktor für die zu untersuchende Periode, weil Quellenaussagen fehlen oder höchst disparat sind. Die Ermittlung der tatsächlichen Bevölkerungszahlen beruht auf sehr groben Schätzungen und trägt demzufolge auch für Rückschlüsse auf jüdische Bevölkerungszahlen ein erhebliches Risiko der Fehleinschätzung in sich. Gelten diese Bedenken schon für unverdächtigere Aussagen genereller Art, so doch erst recht für das ohnehin komplizierte Phänomen der „Gottesfürchtigen". Das Argument einer „circumstantial evidence" wird deshalb hier auch nicht weiter verfolgt, weil nur an eigentlichen und unmittelbaren Quellen Evidenzen für das Phänomen beobachtet und erschlossen werden sollen.[5] Derartige Aussagen gelten auch für andere Faktoren der „circumstantial evidence", wie etwa der Nachahmung von jüdischen Gebräuchen durch Heiden. Natürlich lassen sich dafür bis ins späte Mittelalter hinein immer wieder Nachweise anführen. Die Frage ist jedoch, ob aus diesen eher allgemein gehaltenen Aussagen ernsthafte Schlüsse gezogen werden können oder ob sich diese nicht vielmehr vor dem Forum einer gewissenhaften und strengen Quellenauslegung rechtfertigen müssen. Das soll im folgenden geschehen, nach verschiedenen Kategorien und Gruppen geordnet.

1. Angaben aus Philo

1. Philo berichtet in VitMos II,20–24 von einem dreifachen Phänomen, welches sich auch bei Josephus belegen läßt und für die heidnische Bevölkerung (nicht nur in Alexandria) gilt. Nach dieser Notiz sind sowohl die Beachtung des Sabbats als auch das Fasten an bestimmten Tagen derartig in Mode, daß ganze Städte sich entsprechend verhalten und handeln. Ein solches Verhalten soll hier nur zur Kenntnis genommen und als ein Reflex verstanden werden, der die Attraktivität des Judentums belegt. Berücksichtigt werden muß natürlich, daß sowohl der Sabbat als auch das Fasten pagane Parallelen besitzen und daher weder ausschließlich noch apologetisch auf das Konto jüdischer Attraktivität verbucht werden können. Enger wird es

---

[5] Vgl. demgegenüber die sehr differenzierte Auflistung von Faktoren, die neben dem Proselytentum zu der großen Ausbreitung des Judentums geführt haben mag: Vertreibung, politische Differenzen, religiöse Verfolgung in Palästina, interne Konflikte in der jüdischen Gesellschaft und wachsender ökonomischer Fortschritt in anderen Regionen (STERN, Diaspora, 117). Am Rande sei noch bemerkt, daß Proselytentum als gewichtiger Faktor insofern nur bedingt aussagefähig ist, als die Sympathisantenbewegung einflußreicher und zahlreicher war und der eigentliche Teil dieser Sympathisanten eben nicht übertrat und somit auch nicht als zur jüdischen Bevölkerung zugehörig gelten konnte.

dann aber in der dritten Kategorie in dieser Passage, nach der viele von den jüdischen Gesetzen angelockt werden. Philo erinnert im weiteren Fortgang in den Paragraphen 41–44 an das Ereignis der griechischen Übersetzung der Hebräischen Bibel, welches jährlich mit einem Fest auf der Insel Pharos gefeiert wird. An diesem würden nicht nur Juden, sondern auch andere nicht-jüdische Teilnehmer teilnehmen. Besonderes Attraktivum sollen in diesem allerdings stark verallgemeinerten Zusammenhang die jüdischen Gesetze sein.[6] Nach Philos Angaben förderte eine günstige politische Situation die Bekehrung zu diesen Gesetzen. Wenn auch der protreptische Charakter natürlich nicht zu verkennen ist, so muß doch die zum Ausdruck gebrachte Attraktivität des antiken Judentums relativiert werden. Tatsache ist, daß ein Übertritt zum Judentum den sozialen und bürgerlichen Status der Konvertiten auch verschlechtern konnte.

Unter den philonischen Angaben muß lediglich an einem Punkt eine gewisse Einschränkung vorgenommen werden. In LegGai 245 wird der syrische Legat Petronius, der während der Krise unter Caligula[7] eine wichtige Rolle gespielt hat, besonders eingeführt. Philo merkt an, daß Petronius wohl einen Schimmer jüdischer Bildung besessen haben muß und deshalb auch derartig umsichtig und besonnen handeln konnte. Gerade dieser, ebenfalls von Feldman[8] angeführte Beleg bringt nicht exakt zum Ausdruck, daß Petronius als ein „Sympathisant" zu begreifen ist.[9] Vielmehr ist zu beachten, daß Petronius eine genaue politische Analyse betreibt und in sein Kalkül die zu erwartenden heftigen Reaktionen auf Seiten der jüdischen Bevölkerung einbezieht. Die Folgen eines Landarbeiterstreiks für die Ernte und eines eventuellen Bürgerkrieges mußte er in seiner Funktion politisch verantworten und dafür die Konsequenzen tragen. Petronius' Verhalten ist auf den ersten Blick durchaus von Sympathie für das Judentum bestimmt. Letztlich steht es aber für die Politik des Augustus und seiner Erben, welche die Bürgerkriege eingedämmt hatten und die Pax Romana durchsetzten.[10]

So sollen abschließend diese Stellen als Reflex gewertet werden, nach denen Philo die Sympathisantenbewegung des Judentums kennt, schätzt und auch Bezug auf sie zu nehmen weiß. Der Blick darf aber nicht bei diesem

---

[6] VitMos II,43: οὕτω μὲν οἱ νόμοι ζηλωτοὶ καὶ περιμάχητοι πᾶσιν ἰδιώταις τε καὶ ἡγεμόσιν ἐπιδείκνυνται, καὶ ταῦτ' ἐκ πολλῶν χρόνων τοῦ ἔθνους οὐκ εὐτυχοῦντος–τὰ δὲ τῶν μὴ ἐν ἀκμαῖς πέφυκέ πως ἐπισκιάζεσθαι–.

[7] Vgl. dazu ausführlich THEISSEN, Lokalkolorit, 133–176.

[8] FELDMAN, BArR 12 (1986) 66 Anm. 26.

[9] Vgl. auch die ähnlich gelagerten Überlegungen STERNS, Authors II, 383.

[10] Diesen Zusammenhang hat unter Berücksichtigung vieler Einzelaspekte FAUST, Pax Christi ausführlich dargestellt.

Phänomen verharren, sondern muß auch das Proselytentum und seine Charakteristika streifen.

2. Fünfmal wird προσήλυτος in Philos Gesamtwerk erwähnt. In Cher 108 und 119 sowie in Som II,273 findet sich προσήλυτος lediglich als Anführung verschiedener LXX-Zitate aus dem Pentateuch, ohne daß sich daraus nähere Informationen ableiten ließen.

In SpecLeg I,51–53 dann gebraucht Philo die Bezeichnung προσήλυτος einmal, um damit dessen besonderen Status und dessen implizite Unterscheidung von anderen „Sympathisanten" des Judentums zu beschreiben. Der Proselyt ist wirklich übergetreten und besitzt deshalb ἰσονομία und ἰσοτέλεια. Hier ist die besondere rechtliche Gleichstellung innerhalb der Diasporagemeinden anvisiert, womit eine komplizierte juristische Diskussion verbunden ist, die nicht wiederholt werden soll.[11] In SpecLeg I,308f. taucht ebenfalls der Terminus προσήλυτος auf und würdigt ihre besondere Rolle sowie die Fürsorge, die sie erhalten: Weil die Proselyten all ihre angestammten sozialen und familiären Bande hinter sich gelassen haben, stehen sie unter dem besonderen Schutz des Gottes Israels. Philo verwendet auch die Bezeichnung ἐπήλυτος, ein Synonym für προσήλυτος, worüber in SpecLeg IV,177f. vergleichbare Aussagen getroffen werden. Der ἐπήλυτος ist dadurch gekennzeichnet, daß er zur Wahrheit und zum Monotheismus übergetreten ist und gleichzeitig den Mythen und dem Polytheismus abgesagt hat.

Diese beiden Belegstellen aus SpecLeg I,51–53.308 und IV,177f. haben nur scheinbar keinen näheren Bezug zum Phänomen einer wie auch immer gearteten Sympathisantenbewegung. Um diese zu erkennen, soll der Blick auf 1 Thess 1,9 gelenkt werden. Dort hebt Paulus das Verhalten der Thessalonicher hervor, für das sie allenthalben gelobt werden, nämlich für ihre Hinwendung zu Gott (ἐπεστρέψατε πρὸς τὸν θεόν) weg von den Götzenbildern (ἀπὸ τῶν εἰδέλων), um dem lebendigen und wahren Gott zu dienen (δουλεύειν θεῷ ζῶντι καὶ ἀληθινῷ). Dieses natürlich längst entdeckte und bekannte Bekehrungsschema bringt zum Ausdruck, daß Paulus sich bei seinen frühesten missionarischen Aktivitäten analog dem bei Philo beschriebenen Phänomen orientierte. Paulus hat demnach in Thessalonich (und anderswo) Heiden von Polytheismus zum Gott Israels bekehrt und zu Christusanhängern gemacht. Er nahm Thessalonicher in Gemeinschaften von Christusanhängern auf, ohne daß diese sich vorher beschneiden lassen oder andere Verpflichtungen übernehmen mußten. Deshalb sind die Neubekehrten in Konflikte geraten, was in 1,6, 3,3f. und besonders in 2,14 zum

---

[11] Vgl. dazu besonders die Ausführungen in Kapitel II und Applebaum, Status, 434ff.

Ausdruck kommt. Die Thessalonicher ertragen von ihren eigenen Landsleuten (συμφυλέτης) verursachtes Leid ebenso wie bestimmte Teile der Urgemeinden in Judäa.

Ohne dies näher ausführen zu wollen, sei doch darauf verwiesen, daß es sich hier um einen entscheidenden Konfliktherd bei der gesamten Sympathisantenbewegung handelt. Er lag keinesfalls nur auf jüdischer (so ist vielleicht Acta 17,5ff. zu verstehen), sondern ebenso auf heidnischer Seite.

Abschließend sei zunächst angemerkt, daß die Notizen über die Proselyten durchaus auch Relevanz für die Sympathisantenbewegung und die Geschichte des Urchristentums haben können. In Praem 152 wird die besondere Rolle der Proselyten und ihr neuer Status gewürdigt. Sie sind zu Gott übergetreten und haben einen sicheren Platz im Himmel, womit ihre eschatologische Rettung angezeigt ist.

Es sollen noch zwei Texte von Philo angeführt werden, die sich nicht mit der Konkordanz ermitteln lassen, sondern nur aus ihrem Kontext heraus etwas über die „Sympathisanten"-„Gottesfürchtigen"-Problematik aussagen. Zum einen ist SpecLeg I,67–69 zu nennen, wo ohne eine entsprechende Terminologie die Wallfahrt zum Jerusalemer Tempel angeführt wird. Nach Philo ist sie ein Sinnbild für die, die Vaterland, Freunde und Verwandte verlassen haben und wie bei der Tempelwallfahrt nun in die Fremde ziehen. Zum anderen wäre Virt 220–225 zu nennen, wo Philo eine stark idealisierte Vorstellung von Tamar (vgl. Gen 38,6ff.) gibt, welche zur εὐσέβεια übertritt.

Zusammenfassende Wertung:
Alle Ausführungen Philos sind einschließlich der Stelle aus Quaest in Ex[12] dahingehend zusammenzufassen, daß er sowohl eine Sympathisantenbewegung vermerkt als auch den vollen Übertritt zum Judentum kennt, schätzt, forciert und beschreibt. Ein Gewinn aus seinem Schrifttum läßt sich ziehen aus seinen Aussagen über die Attraktivität der Tora, des Sabbats und der Qualität der Hinwendung zum lebendigen Gott, worin sich eine Nähe zum paulinischen Schrifttum entdecken läßt.

2. Angaben aus Josephus

Bei Josephus läßt sich eine Fülle von Belegen anführen, die indirekt auf die Attraktivität und Anziehungskraft des Judentums verweisen. Sie sollen zur besseren Übersicht und wegen ihrer unterschiedlichen Aussagekraft ver-

---

[12] Vgl. dazu Kapitel III.

schiedenen Gruppen zugeordnet werden, die im folgenden genannt werden.

a) Maßnahmen von Zwangsbekehrungen

Vier Belegstellen lassen sich dazu anführen, die alle sehr problembehaftet sind. In den genannten Zwangsbekehrungen kommen nach meiner Einschätzung keine „Anziehungskraft des Judentums", sondern lediglich politisches Kalkül, Machtvakuen oder Repressionspolitik zum Ausdruck. Diese Faktoren haben aber sicher kaum etwas mit der Tatsache zu tun, daß das Judentum einen besonderen Reiz auf seine Umwelt ausübte.

Genannt sei Bell II,454, wo über Kampfhandlungen in der Anfangszeit des Jüdischen Krieges berichtet wird. Während diesen werden die Truppen des römischen Befehlshabers Metilius aufgerieben und alle Angehörigen niedergemetzelt. Eine Ausnahme stellt der Truppenführer Metilius selber dar, der deshalb verschont wurde, weil er versprach, Jude zu werden und selbst die Beschneidung auf sich zu nehmen (μέχρι περιτομῆς ἰουδαΐσειν). Aus dem gesamten Kontext geht hervor, daß das oberste Ziel der Aufständischen nicht etwa die Gewinnung von Proselyten, sondern der Vollzug eines äußerst harten Urteils (Rache!) war. Der Ausnahmefall des Metilius ist eben keine Regel, sondern ein äußerst geschicktes, fast opportunistisches Verhalten des römischen Militärs, um das eigene Leben zu retten.

Ebenfalls in diese Linie gehört Ant XI,285. Den Kontext dieser Stelle bildet die Esther-Episode, die Josephus auf ganz besondere Weise gestaltet hat. Einerseits stellt er die antisemitischen Vorwürfe und Verdächtigungen in extenso dar, andererseits will er sie mit dem gleichen Gewicht entkräften. Am Ende der erzählten Einheit steht dann auch ein angeblich weltweites Edikt, nach welchem Juden uneingeschränkt nach ihren Rechten leben dürfen. Dieses Edikt löst nicht nur Jubel bei den Juden und großen Respekt bei den Heiden aus, sondern auch Furcht vor den Juden, welche durch die freiwillige Übernahme der Beschneidung kompensiert wird. Hier geht es auch um eine defensive Maßnahme, bei der Angst um das eigene Leben die eigentliche Motivation und den Hintergrund bildet. Aber auch diese Belegstelle ist denkbar ungeeignet, um von der Attraktivität das Judentum zu überzeugen.

Anders gelagert ist dagegen Ant XIII,257, wo eine „graduell missionarische" Maßnahme beschrieben wird. Die Idumäer wurden durch die Zwangsmaßnahme der Beschneidung unterworfen. Hiervon spricht auch die in Kapitel IV bereits ausführlich besprochene Episode aus Vita 113. Beide Stellen bringen zwar den Eifer für die eigene Religion zum Ausdruck,

sind aber keineswegs repräsentativ. Denn es geht in beiden Fällen um Aus-
nahmesituationen in Zusammenhang mit Krieg und militärischen Absichten, die keinesfalls generalisiert und ausgeweitet werden dürfen, besonders
nicht für die Diaspora.[13] Abschließend sei gesagt, daß die Belegstellen innerhalb dieser Gruppe zwar bestimmte Hintergrundinformationen bieten,
sich aber dennoch nicht für den Nachweis der Attraktivität des Judentums
eignen.

b) Von der Anziehungskraft des Judentums

Besonders in seiner Schrift „Contra Apionem" gibt Josephus ein eindrucks-
volles Zeugnis davon, wie das Judentum in der antiken Welt auch positive
Wirkungen entfaltet hat. In Ap I,166 bemerkt er gewissermaßen nebenbei,
daß die ἔθη der jüdischen Nation schon von alters her in einigen Städten
Verbreitung und Nachahmung gefunden hätten.[14] Dieses Zeugnis wird besonders in Ap II,282f. fortgesetzt. Dort führt Josephus aus, daß in sehr vielen Orten der Eifer für die jüdische Religion und die Verbreitung der ἔθη
die Massen ergriffen habe. Es gebe faktisch keine griechische oder barbarische Stadt, in der nicht der Sabbat, bestimmte Speisegebote oder das Anzünden von Lichtern beachtet würden (vgl. dazu auch die oben angeführten
Notizen Philos). Wenn die Erwähnung dieser Praxis aufgrund heidnischer
Parallelen auch nicht unkritisch zu übernehmen ist, so ist doch die Fortsetzung dieser Belegstelle bemerkenswert. Denn Josephus führt weiterhin und
sicher auch glaubwürdig die tatsächlichen Gründe für die Attraktivität des
Judentums in der Antike an: Eintracht untereinander, Wohltätigkeit, womit
besonders die Armenpflege gemeint sein wird, Fleiß, Ausdauer in Martyrien. Sie fänden immer mehr Nachahmer. Wenn sie auch nicht alle spezifisch
jüdisch sind und Eintracht und Fleiß auch bei Heiden zu finden sind, so stellen doch die Armenpflege, die Ausdauer in Martyrien und die hier nicht er-

---

[13] Eine Zwitterfunktion nimmt in dieser Rubrik die Notiz aus Ant XX,137–140 ein.
König Agrippa II. (50 – 94 n. Chr.) vermählte seine Schwester Drusilla mit Azizus, dem
König von Emesa. Dieser war bereit, für die Hochzeit mit einer Jüdin die Beschneidung
anzunehmen, was Epiphanes, der Sohn des Königs Antiochus, schließlich doch verwei-
gert hatte. Dieser Übertritt zum Judentum ist überwiegend politisch motiviert und enthält wenig Hinweise auf Sympathie mit dem Judentum. Diese Passage wird deshalb auch
nur aus Gründen der Vollständigkeit angeführt. Die besagte Drusilla heiratete kurz darauf den römischen Prokurator Felix, der freilich nicht zum Judentum übertrat und Drusilla, wie Josephus es formuliert, zur Übertretung der Tora verleitete (Ant XX,141–144; vgl.
auch Acta 24,24, wo Drusilla und Felix ebenfalls erwähnt werden).
[14] Beachte in diesem Zusammenhang den Hinweis auf den Eifer (ζῆλος), vgl. auch das
folgende Zitat: πολὺς ζῆλος.

wähnte Sorge um die Toten entscheidende Momente dar, durch die Juden aus dem üblichen gesellschaftlichen Standard herausragten.

Konkretisiert werden diese Ausführungen nun durch einen Beleg aus Bell II,559f. Im Zusammenhang der begonnenen Kriegshandlungen und der Niederlage des Statthalters von Syrien, Cestius Gallus, hörten die Einwohner von Damaskus von der Niederlage der Römer. Daraufhin wollten sie gegen die jüdischen Bewohner der Stadt, die sie schon längere Zeit wegen bestimmter Verdächtigungen im Gymnasium gefangen hielten, mit Todesstrafen vorgehen. Die männlichen Bewohner von Damaskus fürchteten sich aber, diese Absichten durchzusetzen, da ihre Frauen bis auf wenige Ausnahmen der jüdischen Gottesverehrung ergeben waren (γυναῖκας ἁπάσας πλὴν ὀλίγων ὑπηγμένας τῇ Ἰουδαϊκῇ θρησκείᾳ).[15] Folglich mußten die Männer ihr Vorhaben geheimhalten, was der blutigen Realisierung allerdings keinen Abbruch tun sollte.

Dieser wichtige Beleg wird in diesem Zusammenhang angeführt, weil er verdeutlicht, daß die allgemeine Attraktion des Judentums kein rein literarisches Phänomen oder lediglich Übertreibung ist. Es lassen sich nämlich, wie dieses Beispiel zeigt, durchaus konkrete und handfeste „Sitze im Leben" für dieses Phänomen finden. Besonders wichtig scheint mir, daß sich die Notiz des Josephus nicht in einem apologetischen Kontext findet, sondern innerhalb eines unverdächtigen, historischen Berichtes. So wird gewissermaßen en passant eine wichtige Information für unseren Zusammenhang durch diese Stelle gegeben. Im übrigen ist die besondere Bedeutung von Frauen für die jüdische Religion längst erkannt und auch entsprechend behandelt worden.

c) Zweifelhafte Gruppe

In den gleichen zeitlichen Kontext, nämlich die Wirren in Syrien zu Beginn des Jüdischen Krieges, gehört ein zweiter Beleg aus Bell II,461–463, der hier näher betrachtet werden soll. In den syrischen Städten wurde die jüdische Bevölkerung aus Haß und aus Angst vor den kommenden Ereignissen ergriffen und niedergemetzelt. Zu beachten ist die Notiz, daß man in jeder Stadt des syrischen Raums den Verdacht gegen die sogenannten ἰουδαΐζοντες, die Judaisierenden, aufrechterhielt. Zu diskutieren wäre, ob sich auf-

---

[15] Zu diesem Phänomen vgl. neben Acta 13,50; 16,14; 17,4.12; BREMMER, Christianity, 37–47, VAN DER HORST, Epitaphs, 102–113, bes. 109–113. Der Aufsatz von ILAN mit dem verheißungsvollen Titel „The Attraction of Aristocratic Women to Pharisaism during the Second Temple Period", HThR 88 (1995) 1–33 ist sehr enttäuschend. Die sogenannte „Gottesfürchtigen"-Problematik wird darin überhaupt nicht gestreift.

grund der vorliegenden Informationen die Frage positiv beantworten läßt,
ob es sich dabei um Sympathisanten bzw. um „Gottesfürchtige" im weiteren
Sinne gehandelt hat und wir so einen bedeutenden, indirekten Hinweis erhalten. Zwei wichtige Charakteristika dieser „Judensympathisanten"
(ἰουδαΐζοντες) werden in dem Text mitgeteilt. Es wird ausgesagt, daß man
sie nicht so ohne weiteres umbringen konnte, weil sie im Licht der Öffentlichkeit als eine nach beiden Seiten hin zweifelhafte Gruppe erschienen (τὸ
παρ'ἑκάστοις ἀμφίβολον). Worin mag das „nach beiden Seiten hin" bestanden haben? Welche beiden Seiten sind gemeint? Eine wird jedenfalls ganz
sicher die jüdische Seite gewesen sein, was sich aus dem Kontext folgerichtig
ergibt. Wieso aber waren diese Menschen der anderen Seite suspekt? Waren sie der heidnischen, syrischen Seite verdächtig, weil sie mit den Juden in
Verbindung standen oder waren sie gleichzeitig der jüdischen Seite suspekt,
weil sie mit der heidnischen Bevölkerung noch Kontakt hatten? Eine Klärung könnte die Art und Weise des Anschlusses an die Juden bringen. Die
Verbindung wird durch das Partizip μεμιγμένον zum Ausdruck gebracht,
was durch „vermischen, verbinden" am ehesten übersetzt werden kann. Ein
derartiges Mischen von heidnischer und jüdischer Tradition könnte rein
phänomenologisch zwei Gruppen implizieren. Zum einen die sogenannten
„Gottesfürchtigen" und Sympathisanten des Judentums, zum anderen die
damals zahlreicher werdenden Heidenchristen. Eine Entscheidung läßt sich
nicht aufgrund des Textbestandes dieser Paragraphen herbeiführen, sondern einerseits mit dem Blick auf das Gesamtwerk des Josephus und andererseits durch eine soziologische Beobachtung. Das Gesamtwerk impliziert,
daß Rolle und Funktion von Sympathisanten des Judentums durch Josephus immer wieder und sehr genau aufgezeigt werden, weshalb ein Überge-
hen innerhalb eines derartig unerhörten Vorgangs eher unwahrscheinlich
ist. Dann hätte Josephus auch mehr Kapital aus ihrem heidnischen Potential
gezogen, was durchaus zur Fürsprache hätte eingesetzt werden können. Die
soziologische Beobachtung nun impliziert, daß heidnische Christusanhänger[16] sehr viel wahrscheinlicher sind, denen aber Josephus in seinem Werk
bekanntermaßen auch sonst keine Aufmerksamkeit schenkt. Man mag darüber streiten, ob er sie nicht gekannt oder wissentlich ignoriert hat. Fest
steht wohl, daß Josephus die hier geschilderte Gruppe weder terminologisch noch sachlich genau einschätzen kann, sie mit einer Hilfskonstruktion
versieht und somit zumindest die Möglichkeit schafft, daß es sich bei ihnen
um Christen heidnischer Provenienz gehandelt hat. Da diese Christen auf
den Wegen der alten und neuen Sympathisanten des Judentums wandeln, ist

---

[16] Vgl. THEISSEN, Lokalkolorit, 281f.

seine Entscheidung und Wertung gar nicht exklusiv, sondern vorsichtig in-
klusiv zu fassen.[17] Denn Christentum ist anfangs eine sich verselbständigen-
de Form jüdischen Sympathisantentums.

d) „Gottesfürchtige" schlechthin?

In diesem abschließenden Teilabschnitt zu den Angaben des Josephus soll
der Blick auf insgesamt vier Belegstellen gelenkt werden, die als besonders
prominent einzustufen sind und einen weiterführenden Beitrag leisten können.

Zunächst sei auf Bell VII,43–45 verwiesen, wo Josephus auf Syrien und
dessen Hauptstadt Antiochia als einen besonderen Aufenthaltsort und
Wohnort für Juden zu sprechen kommt. Obwohl dieser Bericht hinsichtlich
seiner historischen Aussagekraft sehr vorsichtig zu behandeln[18] ist, erscheint die folgende Nachricht doch beachtenswert. Nach dieser Notiz veranlaßten (προάγομαι) die Juden ständig eine Menge, zu ihren Gottesdien-
sten (θρησκεία) zu kommen, und machten sie auch zu einem Teil von ihnen
(μοῖραν αὐτῶν πεποίηντο). Diese Angabe zeigt, daß die jüdischen Gemeinden selber aktiv die griechische Bevölkerung aufforderten und einluden, an
ihren Versammlungen teilzunehmen. Das mediale Partizip προσαγόμενοι
bringt nicht zum Ausdruck, daß die griechische Bevölkerung durch die Ver-
anstaltung von bestimmten Feierlichkeiten nur indirekt die jüdischen Gemeinden aufsucht. Vielmehr ist mit dieser Wortform deutlich ein Zu-sich-
holen, auf Seine-Seite-bringen, Für-sich-gewinnen impliziert. Es ist bemerkenswert, daß Josephus in seiner Kommentierung diesen Zustand nicht als
despektierlich qualifiziert oder irgendeine Form von Ungenügen erkennen
läßt. Auch wird nicht wie im Bericht über Izates von Adiabene davon gesprochen[19], daß diese Sympathisanten sich beschneiden lassen müßten. Ihre
Existenz wird einfach hingenommen. Obwohl der Fortgang der Erzählung
ein brutales Niedermetzeln der Juden Antiochias berichtet und die Episode
auch das einst-jetzt-Schema enthält, ist sie anscheinend nicht so übertrie-

---

[17] Auch HENGEL / SCHWEMER, Paul, 364 Anm. 368 weisen auf die Möglichkeit hin, daß
Josephus beide Gruppen gemeint haben kann, weil vor 70 n. Chr. entsprechende Differenzierungen nur schwer möglich waren.

[18] Vgl. zum Beispiel die unkritisch weitergegebene Nachricht, nach der die Juden in
Antiochia die gleichen Rechte wie die griechischen Bewohner besaßen, was sich als generelle Aussage so nicht halten läßt. In diesem Zusammenhang sei auf die Diskussion in Kapitel II verwiesen und nochmals auf die Position APPLEBAUMS, Status, 434: „...but citizen-
ship still remained an exclusive privilege which could not be obtained automatically or as
a matter of course".

[19] Vgl. Kapitel III.

ben, daß an ihrer grundsätzlichen Aussagekraft gezweifelt werden müßte. Vielmehr kann und soll festgehalten werden, daß es in der Diaspora Sympathisanten gegeben hat. Das Judentum vor Ort gestattete diesen Gruppen den Zugang zu ihren Gemeinschaftsformen nicht nur, sondern förderte ihn auch. Über die Art und Weise dieser Förderung muß an anderer Stelle noch ebenso gesprochen werden wie über die Frage, ob es sich damit bereits um eine „Mission" gehandelt hat.

In zwei Episoden in Ant III und Ant VIII wird das Sympathisantentum auf eine jeweilig besondere Art und Weise reflektiert und gewissermaßen anachronistisch vorgestellt.

Ant III,318 stellt eine Auseinandersetzung mit der Zeit des Mose dar, aus der Josephus folgende Begebenheit zu berichten weiß.[20] Es hätten schon damals jenseits des Euphrats wohnende Menschen teure und gefährliche Reisen zum Jerusalemer Tempel unternommen. Dort selbst wollten sie Gott opfern, was Mose ihnen aber verboten habe, weil sie nicht mit den väterlichen Gesetzen vertraut waren. Obwohl diese Bemerkungen insgesamt nur schwer deutbar sind, läßt sich doch aber feststellen, daß das Zentrum dieser Episode die Heiden sind, die weder Kosten noch Mühen scheuen, um Anteil an den Opfern des Jerusalemer Tempels zu erhalten. Josephus stellt hier Sympathisanten des Judentums als Wallfahrer vor, die aber keinen Zutritt zum Tempel und den damit verbundenen Handlungen haben dürfen. Josephus reflektiert einen Umstand, über den wir durch andere Stellen, durch die gefundenen Verbotstafeln sowie durch die Verhaftung des Paulus gut informiert sind: Das Verbot des Betretens des inneren Tempelbezirks für Nichtjuden.[21] Josephus bringt damit einerseits das Interesse am Jerusalemer Tempel zum Ausdruck, andererseits benennt er auch die Grenze, die angeblich schon zu Moses Zeiten (als es noch überhaupt keinen Tempel gab), nicht überschritten werden durfte. Diese Episode ist eine rückprojizierte Mahnung mit dem Ziel, daß Mose Autorität erhält, um durch ihn die Grenzen des Sympathisantentums aufzuzeigen. Besondere Brisanz erhält die Begebenheit durch den Umstand, daß zur Zeit der Abfassung der Antiquitates der 2. Tempel bereits seit annähernd zwei Jahrzehnten in Schutt und Asche lag. Es handelt sich sicherlich um einen Reflex darauf, welche Dringlichkeit bei der Frage der Heiligkeit des Tempels gegeben war.

Im Gegenzug wird dann aber nicht nur die Grenze, sondern auch die Offenheit akzentuiert. Das kommt in Ant VIII,116 zum Ausdruck. Im Tempel-

---

[20] Vgl. dazu bes. SCHWARTZ, Sacrifice, 108f.

[21] Vgl. zu diesem Komplex ausführlich SCHWIER, Tempel, 57–61; für die Verhaftung des Paulus vgl. WANDER, Trennungsprozesse, 244–262.

weihgebet bittet Salomo: Falls jemand von den äußersten Enden der Erde zum Jerusalemer Heiligtum käme, um Hilfe zu erhalten, dann möge JHWH doch helfen, damit das jüdische Volk nicht für feindselig und gehässig gehalten werde. Was in Ant III,318 als Exklusivität und Abschottung eingeschätzt werden und nach Josephus auch antisemitische Einstellungen fördern kann, wird durch das Tempelweihgebet offensiv gelöst und als ein aktueller Beitrag beigesteuert. Die Anbetung und Fürbitte in Jerusalem ist für alle Menschen möglich. Damit wird allen Sympathisanten ein Weg zum Judentum gezeigt, der den Tempel ohne die Gefahr der Verletzung der Heiligkeit miteinbezieht. Dies wird natürlich an dieser Stelle nur in aller Vorläufigkeit genannt.

Schließlich sei noch ein besonders wichtiger Beleg aus dem XVIII. Buch der Antiquitates besprochen, der die aktuelle Problematik des 1. Jh. n. Chr. besonders beleuchtet und neben der bereits angeführten Episode des Izates von Adiabene einen Markstein für die Werbekraft des Judentums in der Antike darstellt.

Über die mit der Fulvia-Episode eng zusammenhängenden Ereignisse sind wir neben Josephus (Ant XVIII,81–84) auch durch Sueton[22], Tacitus[23], Cassius Dio[24] und wahrscheinlich auch durch einen Anklang bei Seneca[25] gut unterrichtet. Der Hauptstrang der Berichte ist die Ausweisung von Juden aus Rom unter Tiberius im Jahr 19 n. Chr., wobei Josephus und Cassius Dio auch bzw. ausschließlich über den Anlaß des Ereignisses reflektieren.[26]

Nach Josephus trat ein Jude in Rom auf, der wegen Gesetzesübertretung (παραβάσεων νόμων)[81] aus seinem Land geflohen war und in jeder Hinsicht als verderbter Mensch geschildert wird (πονηρὸς δὲ εἰς τὰ πάντα)[81]. In Rom angekommen, gab er sich als ein Ausleger des mosaischen Gesetzes aus (ἐξηγεῖσθαι σοφίαν νόμων τῶν Μωυσέως) [82] und verband sich mit drei ihm charakterlich ebenbürtigen Männern. Zusammen nun traten sie an eine hochgestellte Frau (ἀξιώματι γυναικῶν) [82] namens Fulvia heran, die allem Anschein nach eine Proselytin geworden war (νομίμοις προσεληλυθυῖαν[27]

---

[22] De vita Caesarum libri, Tiberius 36.

[23] Annales II,85,4.

[24] Historia Romana LVII,18,5a.

[25] Epistulae Morales CVIII,22 – Reynolds, Text bei STERN, Authors I, Nr. 189.

[26] Vgl. zum ganzen SMALLWOOD, Jews, 201–219, besonders 203–210 und LEVINSKAYA, Book, 29–32.

[27] Hinter dieser Formulierung verbirgt sich ihr Proselytentum, weil Josephus den Terminus Proselyt mit Rücksicht auf nichtjüdische Leser meidet und alternativ die Umschreibung mit der Verbalform wählt, um so in Annäherung das Phänomen beschreiben zu können. Die Verbalform könnte damit in die Nähe eines Verständnisses kommen, welches ein offenes Sympathisantentum anzeigt.

τοῖς Ἰουδαϊκοῖς πείθουσι) [82]. Sie beschwatzten Fulvia, Gold und Purpur an den Jerusalemer Tempel zu übersenden, verpraßten diese Spenden aber für eigene Zwecke. Daraufhin beschwerte sich der Ehemann Fulvias, Sabinus mit Namen, bei Kaiser Tiberius über diesen Vorfall. Tiberius wies daraufhin an, alle Juden aus Rom zu vertreiben (κελεύει πᾶν τὸ Ἰουδαϊκὸν τῆς Ῥώμης ἀπελθεῖν) [83]. Die Konsuln veranlaßten im weiteren Gefolge eine Aushebung unter ihnen und schickten viertausend als Soldaten auf die Insel Sardinien. Die meisten weigerten sich jedoch unter Berufung auf die Tora und die bisher verfügten Ausnahmegenehmigungen (Privilegien), diesen Kriegsdienst zu leisten. Daraufhin wurden sie mit hohen Strafen belegt. Josephus schließt die Episode mit der Bemerkung, daß wegen der Boshaftigkeit von vier Männern die Juden aus Rom vertrieben wurden.

Ein dreifaches Augenmerk ist nun zu richten auf die Rolle und Funktion der „Proselytin" Fulvia, den Anlaß der Vertreibung aus Rom und die Parallelität und Verschiedenheit der anderen Berichte. Zunächst aber zu den beiden letzteren Punkten.

Nur in dem bei Cassius Dio erhaltenen Fragment ist wie bei Josephus eine Kausalvernetzung zwischen der „missionarischen Aktivität" bestimmter Juden und ihrer Ausweisung hergestellt. Lapidar wird festgestellt: „Da die Juden in großer Zahl in Rom zusammengeströmt waren und viele Einheimische zu ihren Sitten bekehrten (καὶ συχνοὺς τῶν ἐπιχωρίων ἐς τὰ σφέτερα ἔθη μεθιστάντων), verbannte er die Mehrzahl von ihnen (τοὺς πλείονας ἐξήλασεν).[28] Cassius Dio macht in seinem Bericht ähnlich wie Josephus die Werbung um Sympathisanten für die Ausweisung der Juden verantwortlich, wobei natürlich die Personalisierung und damit auch Entkräftung bei Josephus zu beachten ist. Cassius Dio erwähnt weiterhin, daß die Mehrzahl von ihnen ausgewiesen wurde, was eher den Umständen entspricht, als die Angabe, daß alle Juden aus Rom vertrieben wurden.[29] Der Bericht des Josephus enthält eine merkwürdige Spannung zwischen dem „alle" (83) und der Aushebung von „4.000 Soldaten" durch die Konsuln (84). Das Faktum beider Berichte bleibt aber, daß die „(kriminelle) Werbung" unter Heiden der Grund für eine Verbannung von (bestimmten) Juden aus Rom war. Die Be-

---

[28] Historia Romana LVII,18,5a.

[29] BOTERMANN, Juden, 50–54 hat nachdrücklich darauf hingewiesen, daß eine Ausweisung „aller" Juden faktisch unmöglich gewesen sei, vor allem aus verwaltungstechnischen und rechtlichen Gründen: „Sie alle zu erfassen und auszuweisen, hätte einen erheblichen Verwaltungsaufwand bedeutet. Da sie zum Teil das römische Bürgerrecht besessen zu haben scheinen, müßten Verfahren stattgefunden haben" (Zitat 50). Deshalb konnte eine Ausweisung von Juden „also immer nur die treffen, die als solche bekannt waren, d.h. diejenigen, die sich als Juden deklariert hatten oder solche, die von Denunzianten angezeigt wurden" (Zitat 53).

richte von Sueton und Tacitus bleiben an diesem Punkte blasser, da sie nur von dem „Daß" einer Vertreibung wissen und nur durch den Kontext Gründe erahnen lassen.

Nach Sueton[30] verhinderte Tiberius erfolgreich die Einführung von ägyptischen[31] und jüdischen Kulten (Aegyptios Iudaicosque ritus compescuit) und erzwang die Verbrennung von gottesdienstlichen Kleidern und Geräten, die mit diesem Aberglauben in Verbindung standen (superstitione ea). Junge Juden wurden nach Sueton zum Kriegsdienst ausgehoben und auf die Provinzen mit ungesundem Klima verteilt. Die Übrigen wurden neben den Anhängern vergleichbarer Sekten (similia sectantes) ausgewiesen. Verbunden war diese Maßgabe mit der Androhung lebenslänglicher Versklavung als Strafe für all jene, die dieser Verfügung nicht nachkamen.

Suetons Darstellung kann zum einen so verstanden werden, daß die Aushebung der Soldaten als eine besondere Maßnahme neben der generellen Vertreibung zu verstehen ist. Auch die angedrohten Strafen für Verweigerer erwähnt er in Form der angedrohten lebenslänglichen Sklaverei.[32]

Tacitus[33] berichtet von einem Senatsbeschluß (patrum consultum)[34] hinsichtlich der Verhandlung über die Beseitigung (pellendis) der ägyptischen und jüdischen Kulte. 4.000 Freigelassene, die von diesem Aberglauben angesteckt waren (superstitione infecta) wurden zu paramilitärischen Zwek-

---

[30] De vita Caesarum libri, Tiberius 36.

[31] Noch unter Augustus war gegenüber den ägyptischen Kulten wie Isis, Serapis und Kybele eine andere Religionspolitik betrieben worden, worauf besonders Becher, Augustus, 168f. hingewiesen hat: „Beim Vergleich ergibt sich, daß Augustus die beiden orientalischen Kulte behutsam gefördert bzw. unter Vermeidung von Härten zurückgedrängt hat, nicht in dem Maße ihres religiösen Gehaltes, ihrer moralischen Wertvorstellungen oder entsprechend den Wünschen und Bedürfnissen der Bevölkerung, sondern in dem Maß ihrer Brauchbarkeit zur Durchsetzung politischer Ziele, zur Verbreitung des römischen Herrschaftsgedankens, zur Festigung einer dynastieorientierten Staatsideologie, zur Reinhaltung der römischen Kultreligion und zur Abwehr alles dessen, was sich nationaler Thematik verschloß". Unter Tiberius wurde diesen -in Weberschen Kategorien gesprochen- kompensatorischen und integrativen Wirkungsweisen von Religion anscheinend weniger getraut als deren kritische Wirkungsweise um so heftiger gefürchtet.

[32] Ein Reflex auf diese von Tiberius allein verfügten Maßnahmen findet sich bei Seneca, Epistulae Morales, CVIII,22 – Reynolds, Text bei Stern, Authors I, Nr. 189 in einem Bericht aus seiner Jugendzeit, als er durch die unter Tiberius in Mode gekommenen Kulte selber zum Fleischverzicht überging: „In primum Tiberii Caesaris principatum iuventae tempus inciderat: alienigena tum sacra movebantur et inter argumenta superstitionis ponebatur quorundam animalium abstinentia. Von jüdischem Einfluß und entsprechenden Maßnahmen spricht der Text aber nicht, obwohl es sich nahelegen würde.

[33] Annales II,85,4.

[34] Zu beachten ist auch der Hinweis von Horsley, NDIEC III (1983) 165 unter Nr. 108 (d), wo auf eine inschriftliche Bezeugung eines neuen senatus consultum verwiesen ist.

ken nach Sardinien[35] gesandt, während die anderen Italien verlassen mußten.

Diese Aussage ist insofern von der des Sueton unterschieden, als eine
Frist gesetzt wurde. Eine Ausweisung hätte nur dann zu erfolgen, falls die
Anhänger der Kulte bis zu einem bestimmten Termin ihren gottlosen Bräu-
chen (profanos ritus) nicht entsagt hätten.

Zusammenfassend und die Quellenangaben harmonisierend läßt sich also sagen:

1. Im Jahr 19 n. Chr. wurden Juden aus Rom aufgrund bestimmter „werbender" Aktivitäten ausgewiesen.

2. Diese Maßnahme traf neben den jüdischen Gemeinden auch die Anhänger vergleichbarer Sekten, worunter wohl auch „sympathisierende"
Heiden gewesen sind.[36]

3. Betroffen waren von der Maßnahme 4.000 junge Juden oder Freigelassene, die nach Sardinien geschickt wurden. Unter Umständen können es sogar noch mehr gewesen sein.

4. Jedoch wurden nicht alle Juden verbannt. Dafür spricht die Angabe des
Tacitus, nach welcher eine Frist zur Ablegung entsprechender Sitten gesetzt
wurde, der sich einige gebeugt haben werden.

Nun ist aber erneut Aufmerksamkeit auf die als pars pro toto geltende Fulvia und ihre besondere Funktion zu lenken. Fulvia stammte aus einer hochgestellten und sehr angesehenen Familie. Sie sympathisierte offensichtlich
nicht nur mit dem Judentum, sondern hatte sich sich zu großzügiger finan-
zieller Unterstützung bereit erklärt. Ob dies automatisch den Status einer
Proselytin bedeutete, muß mangels entsprechender Aussagen dahingestellt
bleiben. Fest steht aber, daß Fulvia wertvolle Gaben zum Jerusalemer Tempel schickte, wie es neben den Juden auch die „Gottesfürchtigen" nach Ant
XIV,110 tun. Jedenfalls mußten sowohl die jeweilige Diasporagemeinde als
auch die Kultgemeinschaft in Jerusalem ein massives Interesse an Personen
wie Fulvia haben, da ihre Gaben ja letztlich auch Jerusalem zu Gute kamen.
Ob Kaiser und Senat solche Aktivitäten aus politischen und steuerlichen
Gründen zulassen konnten und wollten, ist eine andere hochbrisante Frage
in diesem Komplex, die aber an anderer Stelle neu aufgegriffen werden muß.

Zusammenfassende Wertung:
Die Angaben bei Josephus sind von enormer Bedeutung, müssen aber in ihrer Fülle systematisiert und bereinigt werden. Die Attraktivität des Juden

---

[35] Vgl. Josephus Ant XVIII,84 mit der gleichen Ortsangabe.
[36] So auch APPLEBAUM, Status, 459f.

tums und das partielle Sendungsbewußtsein werden in völlig unterschiedlichen Kontexten deutlich. Zum einen geht es um den Komplex der Zwangsbekehrungen als einer wichtigen Hintergrundinformation für das allgemeine Milieu, in welchem die hier zu untersuchenden Fragen anzusiedeln sind. Zum anderen geht es um die immer wieder berichtete Anziehungskraft des Judentums schlechthin und die Nennung der Gründe dafür, die vom bildlosen Monotheismus bis hin zu ethischen Konkretionen reichen. Aber auch solche Gruppen sind hier zu nennen, die sich besonders einem jüdischen oder judaisierenden Lebensentwurf verpflichtet wußten. Drittens geht es um Gruppen, die Josephus nicht deutlicher benennen kann oder will, deren Verbundenheit mit dem Judentum aber offensichtlich ist. Besonders die unter zweitens und drittens vorgestellten Beobachtungen sind als deutliche, aber dennoch implizite Hinweise auf ein Milieu von „Sympathisanten" zu verstehen. Schließlich geht es viertens um einen Kontext, in welchem die politischen und rechtlichen Implikationen deutlich werden, denen „Sympathisanten" und „Judaisierende" immer wieder ausgesetzt waren. Alle genannten Kontexte belegen auf eigene Weise ein Milieu von „Gottesfürchtigen" auch jenseits einer entsprechenden Terminologie.

3. Angaben aus neutestamentlichen und patristischen Quellen

Dieser Komplex von Quellen soll in diesem Zusammenhang allenfalls am Rande gestreift werden, weil sich aussagekräftige Angaben nur partiell ableiten lassen. Es geht in all diesen Quellen um die besondere Einflußnahme und Intensität jüdischer Anschauungen und jüdischen Gedankenguts. Für das mit dem Judentum zusammengehörige Christentum ist dies aber weder untypisch noch verwunderlich.

Die sogenannten „judaistischen Gegner"[37] in den paulinischen Briefen schaffen Verwirrung in den paulinisch gegründeten oder orientierten Gemeinden und fordern die Einhaltung von bestimmten Speiseverordnungen[38] über Götzenopferfleischbeachtung[39] bis hin zur Beschneidung[40] ihr jüdisches Erbe ein, das für sie das wesentliche Merkmal des Christentums ist. Einige der Gegner berufen sich dabei auch auf ihren Status als Hebräer, Is-

---

[37] Immer vorausgesetzt, daß es sich wirklich um solche gehandelt hat (zur Problematik vgl. WANDER, Trennungsprozesse, 209f.).

[38] Röm 14,1ff.

[39] 1 Kor 8,1ff.

[40] Gal 5,2; 6,12; Phil 3,2f.

raeliten und Kinder Abrahams[41], was in den heidenchristlichen Gemeinschaften anscheinend ein Qualitätsmerkmal und Autoritätsmoment darstellte. Heidenchristen waren von Anfang an vom Judentum und von einzelnen Juden fasziniert und fühlten sich damit von etwas stark angezogen, was bei anderen Widerspruch, Verwirrung und entsprechende Konflikte hervorrufen konnte. Auch in der deuteropaulinischen Zeit hält diese Attraktivität an, so daß die Autoren vor der Beachtung jüdischer Vorschriften bezüglich Speisen, Trank, Feiertagen, Neumonden und Sabbaten warnen müssen.[42] Sie warnen auch vor den „Frechen", die aus der Beschneidung stammen und kennzeichnen sie als unnütze Schwätzer und Verführer[43], die jüdische Fabeln weiterleiten.[44] Andere Autoren reflektieren das vielschichtig geänderte Verhältnis von Judentum und Heidentum und damit auch jenes von Judenchristentum und Heidenchristentum. Sie weisen auf das besondere und geänderte Verhältnis zur Tora und den Geboten hin.[45]

Bei der Auflistung und Auswertung sollte im Auge behalten werden, daß die Quellenlage keineswegs eindeutig und transparent ist. Es muß immer bedacht werden, daß das Sympathisantenmilieu nicht nur mit agitierenden Repräsentanten des Judentums verbunden ist. Vielmehr muß die oben besprochene Aussage des Sueton[46] beachtet werden, nach der Juden ebenso ausgewiesen wurden wie vergleichbare Sekten. Durch Sueton erhalten wir für die Diaspora einen Hinweis, nach dem es auch Sekten in der Antike gegeben hat, die von heidnischer Seite mit den Juden in Verbindung gebracht werden. Es wird sich um Heiden gehandelt haben, die jüdische „Weisen" – in welcher Art und Intensität auch immer – gelehrt und praktiziert haben, so daß sie für den römischen Staat eine Bedrohung wurden und ausgewiesen werden mußten. Ein derartiges heidnisch-judaistisches Milieu ist möglicherweise auch in Ansätzen in den neutestamentlichen Schriften zu vermuten und hypothetisch zu überprüfen. In ApkJoh 3,9 kann ein solches Umfeld vermutet werden, wenn von denen gesprochen wird, die vorgeben, aus dem Umfeld der Synagoge zu stammen, aber keine Juden sind.

Vielleicht könnte auch eine Stelle aus Justin[47] hier angesiedelt werden und tendenziell so zu verstehen sein. Justin wirft Tryphon nämlich vor, daß die Proselyten noch einmal soviel lästern wie die Juden. Vor allem aber töte-

---

[41] 2 Kor 11,22.
[42] Kol 2,16.
[43] Tit 1,10.
[44] Tit 1,14.
[45] Eph 2,12ff.,bes.15.
[46] De vita Caesarum libri, Tiberius 36.
[47] Dial 122,2.

ten und marterten sie Christen. Auch wenn hierin eine Überspitzung zu sehen ist, so könnte das doch so verstanden werden, daß die Konvertiten des
Judentums grausamer sind als die ursprünglichen Vertreter.

Aussagen aus den Apostolischen Vätern erinnern an die Mahnungen des
neutestamentlichen Schrifttums. Besonders Ignatius von Antiochien warnt
vor denen, die κατὰ ᾽Ιουδαϊσμὸν ζῶμεν.[48] Er hebt besonders diejenigen
hervor, die den Sabbat nicht mehr halten und in alten Bräuchen wandeln.[49]
Er warnt auch vor dem Hören auf solche, die Judentum vortragen.[50] Er verweist scharf darauf, daß es nicht möglich sei, Jesus Christus zu sagen und jüdisch zu leben bzw. jüdische Lebensart nachzuempfinden.[51] Besonders die
Vokabel ἰουδαΐζειν begegnete uns schon bei Josephus.[52] Die Warnung des
Ignatius weist auf ein entsprechendes Umfeld in Antiochia hin, ohne daß
daraus nähere Schlüsse zu ziehen wären.[53] Judentum war für Heiden eben
attraktiv, was anscheinend auch vor konvertierten Heidenchristen nicht halt
machte. So ließe sich umgekehrt sagen, daß die Übernahme von jüdischen
Anweisungen und Regeln wie etwa in der Didache nicht nur einen sachlichen Hintergrund hat, sondern vielleicht auch mit den Sympathisanten aus
dem Heidentum zusammenhängen könnte.

Die Warnung vor Judaisierenden setzt sich in der weiteren christlichen
Literatur fort. Erwähnt sei hier Tertullian[54], der Heiden wegen der Beachtung jüdischer Zeremonien, des Sabbats und des Passafestes scharf attak-
kiert.[55] Auch bei Commodianus[56] finden sich entsprechende Hinweise. In
seinen Instructiones, die aus insgesamt 80 akrostisch angelegten, in Hexa-
metern abgefaßten Gedichten bestehen, gibt er neben der Belehrung von
Heiden und Juden auch Anweisungen für verschiedene Lebensaufgaben
der Christen. Darin finden sich spitzfindige Bemerkungen über Judaisierende. Er spielt darauf an, daß sie auf zwei Wegen leben würden, nämlich einem

---

[48] IgnMagn 8,1.
[49] IgnMagn 9,1.
[50] IgnPhil 6,1.
[51] ἄτοπόν ἐστιν, ᾽Ιησοῦν Χριστὸν λαλεῖν καὶ ἰουδαΐζειν (IgnMagn 10,3).
[52] Bell II,454 und 463.
[53] Vgl. mehr dazu in Kapitel VIII.
[54] Ad Nationes I,13.
[55] Zu beachten bei Tertullian bleibt ferner, daß er in der Schrift „Adversus Iudaeos"
nicht nur ein Sympathisantenmilieu, sondern einen Proselyten als Gesprächspartner
gleich zu Anfang in Kapitel 1 vorstellt. Ob es darüber hinaus in der Schrift „De baptismo"
in Kapitel 15 einen Realgrund für die Polemik gegen die jüdischen Taufbäder gibt, kann
nicht mit Sicherheit gesagt werden, ist aber denkmöglich.
[56] Eine Datierung ist schwierig und mit Unwägbarkeiten verbunden, die Lebenszeit
schwankt zwischen dem Anfang des 3. Jh. n. Chr. und Mitte des 5. Jh. n. Chr. und pendelt
sich zwischen 350 – 420 n. Chr. ein.

jüdischen und einem christlichen. In Richtung des Christen fragt er süffisant, ob es sich bei seinem Gegenüber um einen halben Juden handele.[57]

All diese Angaben sind hier nicht näher auszuwerten, da sie nur einen Reflex auf all die Erscheinungsformen darstellen, mit denen sich das Heidenchristentum auseinanderzusetzen hatte. Nähere Informationen und terminologische Klärungen lassen sich dadurch allerdings nicht gewinnen.

Hingewiesen sei bei den patristischen Quellen noch auf weitere Möglichkeiten, die Attraktivität des Judentums entsprechend zu verarbeiten. Dafür stehen Johannes Chrysostomus[58] und Augustin[59], die das Phänomen aufgrund seiner erheblichen Konsequenzen in ihren Judenpredigten sehr scharf bekämpfen. Wirkungsgeschichtlich werden derartige Aussagen und Maßnahmen nicht mehr als allein gegen Judaisierende gerichtet verstanden, sondern gegen Juden und das jüdische Volk selber. Dadurch wurde auch Nahrung für den Antisemitismus des Mittelalters und der Reformationszeit geschaffen.

Origenes reagierte auf die Attraktivität des Judentums in christlichen Kreisen sehr viel besonnener, indem er erklärte[60]: Die buchstäbliche Beachtung der Tora ließ sich nicht mit der Berufung der Heiden vereinbaren, weil diese unter der Herrschaft der Römer standen. Nach Origenes entstand auf diese Weise das Christentum samt seinem Lehrgebäude. Er bringt auf originelle Weise gelassen zum Ausdruck, wie mit dem Problem von Judaisierenden umzugehen sei. Aus heilsgeschichtlicher Sicht sei dieses Problem nämlich schon gelöst, weil die Christen den Sieg davon getragen hätten.

Ebenfalls zu nennen sind Kanones 16, 29, 37 und 38 der Synode von Laodicea (um 360 n. Chr.), welche die Feier jüdischer Feste und des Sabbats für Christen ausdrücklich verbieten.[61] Diese Maßnahmen wirkten deshalb besonders drastisch, weil sich die rechtliche Situation der Juden von staatlicher Seite aus gesehen in den beiden Generationen nach Konstantin nicht verschlechterte. Bekehrungen zum Judentum und Beschneidung von Nichtjuden blieben natürlich wie unter den Vorgängern Konstantins verboten. Erst ab 393 n. Chr. änderte sich die Situation für die Juden gründlich.[62]

---

[57] Commodianus, Instructiones, I,24; I,37.

[58] Vgl. z.B. dessen acht Predigten gegen die Juden PG 48,843–942, vgl. dazu BRÄNDLE, Acht Reden gegen die Juden.

[59] Vgl. auch Augustin, Epistulae XLIV, CSEL XXXIIII und Cyrill von Alexandria, PG 72 (1864) 281f.

[60] Contra Celsum VII,26.

[61] Vgl. MANSI, Sacrorum conciliorum nova et amplissima collectio, II, 567.570f. Vgl. dazu SIMON, Israel, 383.

[62] Die einzelnen Aspekte und entsprechenden Gesetzestexte aus dem Codex Theodosianus werden hier nicht vorgestellt. Sie sind in knapper und übersichtlicher Form zusam-

Weiterhin sei noch auf einen Brief[63] des Kaisers Julian „Apostata" (361 – 363 n. Chr.) verwiesen, der nach der Konstantinischen Wende nochmals einen Versuch zur Restauration des Heidentums unternahm. Dennoch zeigte Julian großes Interesse am Judentum und bot sogar an, den Jerusalemer Tempel wieder zu errichten. In diesem Zusammenhang schreibt er an den Hohenpriester Theodorus, der ihm durch Maximus von Ephesus bekannt geworden ist. In seinem Brief kommt Julian auch auf das Phänomen derjenigen zu sprechen, die den Lehren der jüdischen Religion „anhängen".[64] Sie seien bereit, dafür zu sterben und den ärgsten Hunger zu ertragen, um nur nicht Schweinefleisch und das Fleisch strangulierter Tiere essen zu müssen. Nach Julian muß ein derartiges Phänomen der Religionsapathie im Imperium Romanum gegenübergestellt und gewürdigt werden, weil in solchem Verhalten auf die Sitten der Vorväter zurückgegriffen werde, was er als beispielhaft empfindet. Diese „Juden" aber seien zu einem Teil „Gottesfürchtige"(θεοσεβεῖς!)[65], da sie einem Gott die Ehre gäben, der der Stärkste sei und von anderen Menschen unter einem anderen Namen verehrt werde.[66] Das ist in Julians Augen gut und richtig, wenn die römischen Gesetze dabei nicht überschritten werden.

Dieser Text ist für die Auseinandersetzungen zwischen Heidentum und dem Christentum im 4. Jh. n. Chr. beispielhaft, vielleicht aber auch eine gute Quelle für das immer noch existierende Phänomen, daß sich Personen vom Judentum angezogen fühlen und entsprechende Gebräuche nachahmen. In der Bewertung zeitgenössischer Tatsachen billigt Julian den Juden (und ihren Anhängern?) echte „Frömmigkeit" zu, weil sie denselben Gott verehren, den Julian und andere fromme Heiden unter anderem Namen ehren. Allerdings ist nach Julian die jüdische Frömmigkeit nur partiell (ἐν μέρει), weil sie sich auf den Nationalgott beschränkt und andere ausschließt.

Man könnte Julian deshalb so verstehen, daß er θεοσεβής als deskriptiven Ausdruck gebrauchte, den er primär für seine eigene Religiosität in Anspruch nimmt, und von der er ein wenig auch der jüdischen konzediert. Es bleibt jedoch auch ein Verständnis möglich, ob Julian an dieser Stelle nicht all diejenigen als Juden bezeichnen will, die den jüdischen Lebensentwurf

---

mengestellt bei RITTER, Alte Kirche, Nr. 87 (vgl. auch Nr. 86 c und d); vgl. auch BOTER-MANN, ZPE 98 (1993) 190–192.

[63] Ad Theodorum, Bidez Nr. 89a [453Cf.]; vgl. LCL III, Nr. 20. In dieser Ausgabe findet sich auf den Seiten 435–438 eine Konkordanz zu den verschiedenen Julian-Ausgaben.

[64] τοὺς μὲν τῇ Ἰουδαίων εὐσεβείᾳ σχολῇ προσέχοντας οὕτω διαπύρους.

[65] ἀλλ᾽ οὗτοι μὲν ἐν μέρει θεοσεβεῖς ὄντες .

[66] In der Schrift „Gegen die Galiläer" sagt Julian, daß er immer den Gott Abrahams verehren würde, der groß und mächtig sei (354 B).

nachahmen und zu einem guten Teil „Gottesfürchtige" sind (ἐν μέρει θεοσεβεῖς ὄντες !). Damit soll gar keine Gruppenbezeichnung ins Spiel gebracht
werden, sondern kann auch ein allgemeines religiöses Phänomen gemeint
sein, welches Julian genauso kennt wie die im Kontext erwähnte εὐσέβεια.
Damit wird an so prominenter Stelle durch eine so prominente Person möglicherweise die Tatsache der Attraktion des Judentums noch einmal belegt.

Die Anführung und Besprechung von Quellen in dieser Kategorie soll
abgeschlossen werden mit einem hervorragenden Beleg aus den Pilatusakten und dem Nikodemusevangelium. Soweit ich sehe, ist dieser Zusammenhang in der Literatur bisher nicht erkannt und beachtet worden. Es ist klar,
daß es sich bei diesen Quellen um sehr späte Belege handelt, deren Endfas-
sung wohl in das 5. Jh. n. Chr. zu datieren ist. Eine Grundschrift muß aber
schon in den Jahrhunderten vorher existiert haben. Das wissen wir u.a.
durch Erwähnungen bei Epiphanius, der auf diese Weise das Jahr 375 n.
Chr. für eine tatsächliche Existenz sichert.[67]

Nach den Pilatusakten, deren Textgrundlage noch immer die Version
von Tischendorf aus dem Jahr 1871 ist, gerät Pontius Pilatus während des
Verhörs Jesu (Kapitel II) in Furcht. Seine Frau versucht ihn in diesem Kontext an weiteren Schritten zu hindern und verweist auf ihren Traum, der
auch durch Mt 27,19 aufbewahrt ist. Pilatus läßt daraufhin die Verantwort-
lichen des jüdischen Volkes zu sich rufen und erklärt ihnen: „Ihr wißt, daß
meine Frau gottesfürchtig ist und eher mit euch dem Judentum anhängt"
(οἴδατε ὅτι ἡ γυνή μου θεοσεβής ἐστίν καὶ μᾶλλον ἰουδαΐζει σὺν ὑμῖν").
Diese Aussage ist deshalb bemerkenswert, weil die Affinität einer heidnischen Frau zum Judentum durch das Adjektiv θεοσεβής zum Ausdruck gebracht wird und damit ein Zusammenhang hergestellt wird zu den Inschriften aus den verschiedenen Jahrhunderten, insbesondere zur Aphrosdisias-
inschrift, sofern sich die Spätdatierung durchsetzen sollte. In den Kapiteln
XV,1 und XVI,2 taucht das Adjektiv „gottesfürchtig" noch einmal auf.
Dort bezeichnet die Vokabel aber keine heidnischen Personen, sondern
Juden. Bemerkenswert ist dabei, daß hierfür in Anlehnung an den lukanischen Sprachgebrauch die Partizipialkonstruktion φοβούμενος τὸν θεόν
benutzt wird.[68] Damit ist aber für diese Literatur in einer eindrücklichen
Weise gezeigt, wie die Wortstämme für bestimmte Personengruppen ange-

---

[67] Vgl. zu den Datierungsfragen besonders die Einleitung von Scheidweiler in der 5.
Aufl. von HENNEKE-SCHNEEMELCHERS neutestamentlichen Apokryphen, Teil I (Evangelien) 395–339.

[68] XV,1: ὅτι αὐτοὶ φοβούμενοι τὸν θεόν; XVI,2: τοὺς γονεῖς αὐτοῦ οἶδα φοβούμενος
τὸν θεόν .

wendet werden und daß sich dahinter ein realer Hintergrund verbergen könnte.

Zusammenfassende Wertung:
Die christlichen und patristischen Quellen belegen und verweisen insgesamt auf das jüdische Milieu, das in vergleichbarer Form auch anderswo nachgewiesen wurde. Doch ist dieser indirekte Weg einer Ermittlung eines Sympathisantenmilieus noch längst nicht so vielversprechend und aussagekräftig wie die Auswertung der Notizen der heidnischen Autoren, was im folgenden geschehen soll.

B.

1. Angaben aus den heidnischen antiken Autoren

Die vorzustellenden Autoren und Texte sollen im folgenden in mehreren großen Gruppen genannt werden, wobei die erste Gruppe nur einen geringfügigen Raum einnimmt. In ihr werden nämlich erste Kontaktaufnahmen der heidnischen Autoren mit jüdischen Praktiken verarbeitet, die primär durch das Neue und Fremdartige bestimmt sind und sich noch nicht ablehnend oder restriktiv äußern.

a) Kontaktaufnahmen mit dem Judentum

Die Autoren Meleagros, Tibullus, Ovid und Persius zeichnen sich dadurch aus, daß sie u.a. das Abhalten des Sabbats durch Juden erkennen und als Notizen jeweils verarbeiten. Dabei sind sie „wertneutral", d.h. sie schmähen und höhnen auch nicht über eine derartige Praxis.
    In den kurzen Zeilen des Dichters Meleagros[69] (Ende des 2. – Anfang des 1. Jh. v. Chr.?) liegt die wohl früheste Referenz für den Sabbat und auch einer Person vor, die diesen beachtet. Ein Bezug oder eine Wirkung auf das heidnische Milieu ist dabei aber noch nicht erkennbar. Auch bei Tibullus[70] (2. Hälfte des 1. Jh. v. Chr.) und bei Ovid[71] (43 v. Chr. – 17/18 n. Chr.) finden

---

[69] Anthologia Graeca V,160 – Waltz = XXVI, Page – in: A.S.F. Gow & D.L. Page, The Greek Anthology – Hellenistic Epigrams I, Cambridge 1965, p.223 = F 24 R; Text bei STERN, Authors I, Nr.43.
[70] Carmina I,3,15–18- Lenz = F 133 R; Text bei STERN, Authors I, Nr.126.
[71] Ars Amatoria I,75–80.413–416 – Kenney = 134 aR.136 bR; Text bei STERN, Authors I, Nr.141 und 142; Remedia Amoris, 217–220 – Kenney = 135 R; Text bei STERN, Authors I, Nr.143.

sich Belege und Beispiele dafür, wie der Sabbat als besonderes Kennzeichen in der römischen Gesellschaft zur Kenntnis genommen und verarbeitet wurde. Aber auch hier ist das Problem der nächsten Generation, das in der Nachahmung dieses Brauches durch Heiden besteht, noch nicht gegeben. Schließlich ist auf Persius[72] (34 – 62 n. Chr.) hinzuweisen. Auch bei ihm wird der Sabbat einschließlich der Praxis des Lampenanzündens und des Fischessens am Abend zuvor erwähnt.

b) Kontaktaufnahmen mit dem Judentum und erste Wertungen

Der Ton bei Plutarch ist gegenüber den Ausführungen in a) teilweise schon rauher, wobei er aber die Juden nicht nur bezüglich ihres Verhaltens tadelt, sondern auch wichtige Informationen weitergibt.

Plutarch[73] (ca. 50 – 130 n. Chr.) nennt unter verschiedenen Praktiken, die nach seiner Beurteilung aus Gründen der superstitio getan werden, auch das Abhalten des Sabbats.[74] Im weiteren Text gibt er[75] das seiner Ansicht nach ebenfalls superstitiös begründete Verhalten der Juden wieder, an Sabbattagen keine Kriegshandlungen zu vollziehen.[76] Schließlich läßt er[77] in einem fingierten Dialog die Frage stellen, was Juden eigentlich zur Enthaltung von Schweinefleisch zwinge und sie zur Feier des Sabbats und verschiedener anderer Feste bewege.

Es sollte beachtet werden, daß langsam die Informationen über den Sabbat samt seiner besonderen Facetten, die Enthaltung von Schweinefleisch und die Feier bestimmter Feste in den Gesichtskreis der heidnischen Autoren kommen und Nachfragen provozieren, was wiederum weitere Kreise zieht.

---

[72] Saturae V, 176–184 = F 147 R; Text bei STERN, Authors I, Nr. 190.

[73] De Superstitione, 3, p. 166 A; Text bei STERN, Authors I, Nr. 255.

[74] „...τῇ δεισιδαιμονίᾳ ... σαββατισμούς ... (vgl. Hebr 4,9).

[75] De Superstitione, 8, p. 169 C – = F 66 R; Text bei STERN, Authors I, Nr. 256

[76] Vgl. dazu Josephus Ap I,205–211 und die dort aufbewahrten Angaben des Agatharchides (2. Jh. v. Chr.). Vgl. auch Frontius (40 – 104 n. Chr.), Strategemata II,1,17 – Gundermann, Text bei STERN, Authors I, Nr. 229, wo von Vespasians Vorgehen im Jüdischen Krieg am Tag des Saturn die Rede ist, die aber insgesamt mit vielen sachlichen und historischen Problemen behaftet ist und von daher wenig Aussagekraft besitzt (vgl. den Kommentar von Stern).

[77] Quaestiones Convivales, IV, 4,4 – 6,2, pp. 669 C – 672 B = F 69 R; Text bei STERN, Authors I, Nr. 258.

c) Zunahme von schärferen Beurteilungen

Diese neue Phase wird durch einen Text von Seneca deutlich. Die Ausführungen haben insofern eine Übergangsfunktion, da der Autor einerseits das superstitiöse Verhalten der Sabbatbeachtung scharf tadelt und entsprechende restriktive Maßnahmen fordert, andererseits sich entsetzt darüber zeigt, daß die Bevölkerung diese Rituale nachahmt.

Seneca (Ende des 1. Jh. v. Chr. – 65 n. Chr.) stellt in dieser Passage[78] die Praxis des Lichteranzündens am Sabbat in eine Reihe mit anderen „abergläubischen" und nicht notwendigen Praktiken. Weil die Götter nach seiner Ansicht kein Licht benötigen, hält er es für wichtig, das Lichteranzünden am Sabbat zu verbieten.[79] Bemerkenswert ist, daß die rationale Argumentation (Götter brauchen kein Licht) verbunden wird mit der Forderung nach restriktiven Maßnahmen im Hinblick auf die Religionsausübung der Juden.

Doch er geht noch weiter. In einem bei Augustin aufbewahrten Abschnitt[80] läßt sich Seneca über die Beachtung des Sabbats aus. Er bemängelt, daß nicht nur 1/7 der Woche, sondern auch des ganzen Lebens durch Nichtstun verlorengingen. Nicht einmal im Fall höchster Gefahr, so Seneca, könne bei entsprechender Beobachtung reagiert werden. Wichtiger erscheinen jedoch seine grundlegenden Bemerkungen. Die Sitten dieser „verfluchten Rasse" hätten einen derartigen Einfluß gewonnen, daß sie überall auf der Welt angenommen worden seien. Diesen Umstand wertet Seneca als Katastrophe, denn nun hätten die Bezwungenen ihre Gesetze an die Besieger gegeben.[81] Beachtenswert ist aber vor allem der Anschluß: „Die Juden wissen von dem Ursprung und der Bedeutung ihrer Riten. Der größte Teil der Bevölkerung aber begeht ein Ritual, bei welchem sie nicht wissen, warum sie es tun."[82]

Dieser zweite Text von Seneca bildet damit gewissermaßen eine Wasserscheide zu den anders gelagerten Texten. In dieser nun folgenden Gruppe

---

[78] Epistulae Morales XCV,47 – Reynolds = F 146 R; Text bei STERN, Authors I, Nr. 188.

[79] Accendere aliquem lucernas sabbatis prohibeamus, quoniam nec lumine dii egent...

[80] De Superstitione, apud: Augustinus, De Civitate Dei, VI,11 – Dombart & Kalb = F 145 R = F 593; H. Hagendahl, Augustine and the Latin Classics I, Göteborg 1967; Text bei STERN, Authors I, Nr. 186.

[81] „Cum interim usque eo sceleratissimae gentis consuetudo convaluit, ut per omnes iam terras recepta sit". Zu beachten ist besonders der daran anschließende Satz, in welchem der verletzte Stolz eines Zeitzeugen der Pax Romana ebenso mitschwingt wie die abgrundtiefe Verachtung gegenüber dem jüdischen Volk: „victi victoribus leges dederunt". Der Satz erschöpft sich eben nicht darin, ein „rhetorical commonplace" zu sein, wie LEVINSKAYA, Book, 28 annimmt.

[82] „Illi tamen causas ritus sui noverunt; maior pars populi facit, quod cur faciat ignorat".

geht es um jüdisches Leben und Gewohnheiten, die nicht mehr nur bezeugt, sondern beobachtet, kritisiert und auch karikiert werden. Andere Phänomene wie die Nachahmung durch die heidnische Bevölkerung, Anziehungskraft des Judentums und Zwangsmaßnahmen bis hin zu Hinrichtungen treten dazu. Das Kontinuum der Texte ist weitgehend die Existenz eines Umfeldes der Synagogen, in dem sich vielseitig und verschiedenartig interessierte Individuen aufhalten.

2. Der Aspekt eines „missionarischen Judentums" nach Horaz und Valerius Maximus

Der Dichter Horaz (65 – 8 v. Chr.) zieht in einer Satire[83] einen ganz besonders gelagerten Vergleich. Wenn er in einer bestehenden Angelegenheit keine Nachsicht üben würde, dann käme eine große Anzahl von Poeten ihm zur Hilfe. Dann würde der Delinquent, um den es in dieser Angelegenheit geht, gezwungen werden, einer der ihren, nämlich ein Poet zu werden.[84] Interessant ist dieser Vergleich aber deshalb, weil das Druckausüben durch die Dichterfreunde des Horaz verglichen wird mit dem Haufen der Juden, die andere in diesen hinein zu zwingen versuchten (ac veluti te Iudaei cogemus in hanc concedere turbam). Einerseits dokumentiert damit eine heidnische Stimme den Zwang, mit welchem Juden angeblich im Rom des 1. Jh. v. Chr. vorgehen würden, um Anhänger zu gewinnen. Dies erinnert von der Tendenz her an die Stellen aus Josephus, die oben unter den Zwangsmaßnahmen zur Beschneidung verhandelt wurden. Darum handelte es sich hier bestimmt nicht. Trotzdem belegt die Stimme des Horaz auf ganz eigene Weise den „missionarischen" Eifer einzelner Juden, die den Sympathisantenstatus möglicherweise in verbindlichere Formen bringen wollten. Vorzustellen hat man sich das vielleicht in der Weise, wie es in der Izates-Episode beschrieben ist. Andererseits bringt Horaz zum Ausdruck, was er von den jüdischen Gemeinschaften und ihren neugewonnenen Anhängern hält. Sie stellen für ihn lediglich einen zügellosen Haufen oder eine gemeine Masse[85] dar.

Auch der „Sammler" von denkwürdigen Taten und Aussprüchen, Valeri-

---

[83] Horaz, Sermones, I, 4, 139–143 – Bo = F 131 aR; Text bei STERN, Authors I, Nr. 127.

[84] ... Hoc est mediocribus illis ex vitiis unum; cui si concedere nolis, multa poetarum veniat manus, auxilio quae sit mihi: nam multo plures sumus, ac veluti te Iudaei cogemus in hanc concedere turbam.

[85] Zum Ausdruck vgl. auch Cicero (106 – 43 v. Chr.), Pro Flacco 28,66 – Clark = 126 R; Text bei STERN, Authors, Nr. 68: ... atque illa turba quaesita est... .

us Maximus (Anfang des 1. Jh. n. Chr.), spricht in einem seiner Fragmente den Eifer bestimmter Juden an. Der Beleg dafür liegt in zwei Exzerpten vor, die beide hier in einer eigenen Übersetzung vorgestellt werden, weil in beiden die allgemeine Tendenz als wichtig erscheint.

Version 1: „Cornelius Hispalus vertrieb die Astrologen aus Rom und befahl ihnen, innerhalb von zehn Tagen Italien zu verlassen, damit sie nicht ihre fremde Wissenschaft zum Verkauf anbieten konnten. Derselbe Hispalus verbannte die Juden aus Rom, weil sie versuchten, ihre heiligen Riten an die Römer zu vermitteln und warf alle ihre privaten Altäre auf öffentlichen Plätzen um."[86]

Version 2: „Cn. Cornelius Hispalus, Praetor peregrinus[87], befahl im Jahr des Konsulates des P. Popilius und des L. Calpurnius durch ein Edikt allen Sterndeutern, Rom und Italien innerhalb von zehn Tagen zu verlassen, weil sie durch eine irreführende Interpretation der Sterne unbeständige und dumme Gemüter störten und Profit machten mit ihren Lügen. Derselbe Praetor zwang die Juden, die versuchten, die römischen Gebräuche durch den Kult von Jupiter Sabazius anzustecken, in ihre Heimat zurückzukehren."[88]

Beide Texte gehen ursprünglich auf eine Schrift des Valerius Maximus zurück, die den Titel „De Superstitionibus" trug und nur noch durch zwei Epitomatoren (Paris 4. Jh. n. Chr.) und Nepotiomus (4./5. Jh. n. Chr.) erhalten ist. Nach der sorgfältigen Analyse von Stern[89] ist der Pariser Version (=Version 2) der Vorzug zu geben, weil die Ereignisse detaillierter und präziser berichtet sind.

Wichtiger für die hier verfolgte Fragestellung ist jedoch die in beiden Versionen erhaltene Mitteilung, nach der im Jahr 139 v. Chr.[90] Juden aus Rom und Italien wegen „werbender Aktivitäten" vertrieben wurden. Diese Notiz ist insofern von großem Belang, als sie die früheste Erwähnung derartig drastischer Maßnahmen gegen Juden darstellt. Obwohl beide Ausschnitte in ihren Aussagen nicht deckungsgleich sind, wird das Anliegen in beiden doch erkennbar. Juden in Rom versuchen entweder, ihre „heiligen Riten" an die übrige Bevölkerung zu vermitteln[91], oder, die römischen Gebräuche

---

[86] Facta et Dicta Memorabilia,I,3:3, Ex Epitoma Ianuarii Nepotiani-Kempf; Text bei STERN, Authors I, Nr. 147a.

[87] Dies entspricht dem Richteramt für Nichtbürger Roms.

[88] Valerius Maximus, Facta et Dicta Memorabilia,I,3:3, Ex Epitoma Iulii Paridis – Kempf; Text bei STERN, Authors I, Nr. 147b.

[89] STERN, Authors I, 358–360.

[90] Datierung nach der Amtszeit der Konsuln.

[91] ...qui Romanis tradere sacra sua conati erant (147a).

durch den Kult von Jupiter Sabazius anzustecken.[92] Wenn die Zusammenhänge auch in historischen und sachlichen Details nicht befriedigend sind
(Umwerfen der Altäre?, Kult des Jupiter Sabazius?[93]), so bleibt doch festzuhalten, daß die Juden in Rom anscheinend Anhänger gewinnen konnten, da
sonst eine entsprechende Maßnahme kaum nötig gewesen wäre.

Ein weiterer Text des Horaz bezeugt keine Maßnahmen von jüdischer
Seite, sondern beschreibt die passive, implizite Weise, wie das Diasporajudentum in der Antike Anhänger erreichen konnte.

Aristius Fuscus, ein teurer Freund des Horaz, kommt zu ihm, um ihm eigentlich etwas Privates zu berichten. Letztlich kann er sich dazu aber nicht
überwinden, weil an diesem Tag ein Sabbat ist, und begründet es auch:
„Willst du die beschnittenen Juden beleidigen?“ Horaz antwortet darauf:
„Ich habe keine Skrupel.“ Aristius Fuscus entgegnet: „Aber ich habe welche. Ich bin ein ziemlich schwacher Bruder, einer von vielen“.[94]

Dieser Text ist ebenfalls ein bedeutender Beleg für eine Sympathisantenbewegung innerhalb des Diasporajudentums, wie es an anderen Stellen
schon vorgestellt und besprochen wurde. Dabei scheint es hier wie auch anderswo gar nicht so sehr um eine aggressive oder massive Form der Agitation oder Propaganda gegangen zu sein, sondern in vielen Fällen um eine
„stille Verbreitung“. Aristius Fuscus zeigt sich in der Darstellung durch Horaz eher beeindruckt als überzeugt, vielleicht sogar verunsichert durch die
Kenntnis und Kunde von jüdischen Praktiken. Er ist keinesfalls so entschieden wie Horaz, der keinerlei Skrupel wegen des Sabbats empfindet und wenig Verständnis für seinen Freund zeigt, der sich als „paulo infirmior“ bezeichnet. Er ist auch ein Beleg dafür, daß es die „schwachen Brüder“ nicht
nur in den Gemeinschaften der Christusanhänger gab. Horaz bietet in den
hier vorgestellten Texten ein Spektrum, welches beim Diasporajudentum
vorausgesetzt werden kann und das in seiner Bewertung von einer „strong
... missionary activity“[95] bis hin zu der eher indirekten Wirkung reicht.[96]
Wichtig ist jedenfalls, solche Maßnahmen einerseits nicht zu ignorieren, sie

---

[92] ...qui Sabazi Iovis cultu Romanos inficere mores conati erant... (147b).

[93] „Sabazius was a Phrygian deity identified with Dionysus. It seems that the similarity
of the name Sabazius to that of the Jewish Sabaoth also induced an identification with the
Jewish God... Whatever the derivation, it seems clear that in Valerius Maximus, and probably in his presumable source, Livy, Iupiter Sabazius is meant to be the Jewish God“ (zur
Problematik vgl. STERN, Authors, 357–360, Zitat 359; vgl. auch CUMONT, Religionen, 58–
60, der ebenfalls den jüdischen Bezug von Sabazius betont).

[94] ...sum paulo infirmior, unus multorum. Horaz, Sermones, I,9:60–78 – Bo = F131cR;
Text bei STERN, Authors I, Nr. 129.

[95] STERN, Authors, 323.

[96] Vgl. auch die Behandlung der Frage in Kapitel VIII.

aber andererseits auch nicht in entsprechenden Bereichen zu vereinseitigen. Auch hier wird mit einer Vielschichtigkeit und Nuanciertheit zu rechnen sein.

3. Der Aspekt von Sympathisanten und Proselyten nach Epiktet

In einer äußerst komplizierten und schwer übersetzbaren Passage[97] wird von Epiktet (ca. 50 – 130 n. Chr.) eine Parallele zwischen „echten" und „scheinbaren" Philosophen und zwischen „echten" Juden und „Scheinjuden" hergestellt. Sowohl die „scheinbaren" Philosophen als auch die „scheinbaren" Juden scheitern an dem Umstand, daß sie nicht dem entsprechen können, was und wie sie eigentlich gerne wären. Deshalb fordert Epiktet von seinen „Kollegen" auch genau das, was den Skopus dieser Passage bildet: Daß nämlich Wort und Tat in einem angemessenen Verhältnis zu stehen haben.

Ein Nebenprodukt für die hier verfolgte Fragestellung sind die Informationen über die fingierte Person, an welche die folgende Passage gerichtet ist: „Warum nennst du dich Stoiker, warum betrügst du die Menge? Was heuchelst du ein Jude zu sein, obwohl du ein Grieche bist? Siehst du nicht, wie einer Jude, wie Syrer, wie Ägypter genannt wird? Und wenn wir jemanden auf beiden Beinen hinken sehen, sind wir gewohnt zu sagen: ‚Er ist kein Jude, sondern er heuchelt.' Wenn er aber annimmt die Gemütsart eines Getauften und eines, der seine Wahl getroffen hat, dann ist er wirklich ein Jude und wird auch so genannt. So sind auch wir unechte Täufer, dem Wort nach Juden, der Tat nach etwas anderes, nicht in Übereinstimmung (wörtl.: Sympathie) mit unserem Grundsatz, weit davon entfernt, das anzuwenden, was wir sagen, auf das wir stolz sind, als ob wir es wüßten. So nehmen wir zusätzlich den Titel Philosophen an, obgleich wir noch nicht einmal den des Menschen ausfüllen können...".

In der Forschung wurde dieser Text bisher vornehmlich in zweifacher Richtung befragt. Einerseits, ob Epiktet hier Juden und Christen miteinander verwechsele oder auch implizit meine, andererseits, welche Relevanz die in diesem Zusammenhang genannte Taufe für einen Proselyten hat.[98] Vernachlässigt wurde nach meiner Einschätzung aber eine intensive Befra-

---

[97] Epiktet, apud: Arrianus, Dissertationes, II,9:19–21 – Souilhé = F78R; Text bei Stern, Authors I, Nr. 254; deutsche Übersetzung nach Berger / Colpe, Religionsgeschichtliches Textbuch, Nr. 499.

[98] Vgl. etwa Nolland, JSJ 12 (1981) 179–182 mit keineswegs überzeugenden Ausführungen.

gung vor dem Hintergrund der „Gottesfürchtigen"-Problematik. Zum einen ließe sich an Acta 13,43 denken, wo Lukas die rätselhafte Formulierung von den σεβόμενοι προσήλυτοι bewahrt. Das Spektrum möglicher Auslegung hierzu reicht von den in schwierigen Fällen gern angenommenen Glossen[99] his hin zu der These, daß es auch „gottesfürchtige", d.h. in diesem Fall unbeschnittene Proselyten[100] gegeben haben könnte. Eine mögliche Erhellung des Zusammenhangs könnte einerseits durch die Aphrodisias-Inschrift beigebracht werden, andererseits durch die offensive Interpretation der Epiktet-Aussage. In der Inschrift aus Aphrodisias werden drei Proselyten angeführt. Dies ist verwunderlich, da per kaiserlichem Dekret für die Zeit ein generelles Beschneidungsverbot bestand. Es kann eingewendet werden, daß Aphrodisias als freie Stadt diese kaiserliche Entscheidung nicht nachvollziehen mußte und es sich deshalb um Proselyten im engeren Sinne gehandelt haben kann. Schwieriger ist die Erklärungssituation allerdings dann, wenn das Beschneidungsverbot als in Kraft akzeptiert wird. Dann könnte man nämlich vermuten, daß es auch unbeschnittene Proselyten gegeben hat, die nach der Aussage Epiktets aber „anstatt" oder „erst einmal nur" getauft worden sind. Rabbinische Aussagen sind zu solcher Interpretation zwar zu finden[101], aber auch nicht unproblematisch. Trotzdem ist eine derartige Interpretation dennoch möglich, weil der zeitliche Rahmen nicht dagegen spricht. Auch schon in der Zeit Epiktets gab es Maßnahmen gegen die Durchführung der Beschneidung.[102]

Deutlich ist, daß Epiktet nicht zwischen ungetauften und getauften Juden unterscheidet, sondern daß beide Gruppen als Getaufte vorausgesetzt werden. Ihre spezifische Differenz ist das Verhalten, ihre Gemütsart (πάθος). Bei einem „echten" Proselyten fallen Status und erforderliches Verhalten nicht auseinander, so lautet die Idealvorstellung des Epiktet. Bemerkenswert ist, daß Epiktet als Heide aufmerksam zur Kenntnis nimmt, daß es wie bei seinen philosophischen Kollegen auch bei den Juden zweierlei „Klassen" gibt. Anscheinend weichte eine Liberalisierung der Aufnahme von Proselyten die ethischen Verpflichtungen so auf, daß diese öffentlich zur Kenntnis genommen wurden.

Auch wenn die These, daß es auch unbeschnittene Proselyten gegeben haben kann, nicht überzeugt und die Unsicherheit über die Proselytentaufe

---

[99] CONZELMANN, Acta, 85.
[100] KLINGHARDT, Gesetz, 184.
[101] REYNOLDS / TANNENBAUM, Jews, 44f. (zur Problematik der Taufe von Proselyten vgl. die Erwägungen in Kapitel III dieser Untersuchung).
[102] Sie beginnen aller Wahrscheinlichkeit nach unter Kaiser Hadrian (117–138 n. Chr.) und erleben eine wechselvolle Geschichte.

weiterhin besteht, so bleibt trotzdem der Umstand des durch Epiktet mitgeteilten Milieus erhalten. Er nennt „jüdische Nachahmer" und „echte Juden", und damit ist ein weiterer Beleg gefunden, laut welchem im 1. und 2. Jh. n. Chr. Heiden sich am jüdischen Leben orientieren und es in bestimmter Weise nachahmen.

4. Der Aspekt von Sympathisanten und Proselyten nach Juvenal

Ein besonders prominentes, aussagekräftiges und vielzitiertes Zeugnis stellt Juvenals XIV. Satire dar.[103] Da in diesen Zeilen verschiedene bedeutende Stichworte und Zusammenhänge angeführt werden, sei zunächst die Übersetzung genannt:

96 Einige, denen beschieden ein Sabbat feiernder Vater (metuentem sabbata patrem),
97 beten allein zu den Wolken und ehren im Himmel die Gottheit,
98 menschliches Fleisch auch halten sie gleich mit dem Fleisch des Schweines (nec distare putant humana carne suillam)
99 welches der Vater vermied; und schon früh folgt die Beschneidung (qua pater abstinuit, mox et praeputia ponunt).
100 Doch zu verachten gewohnt, was Roms Gesetze gebieten,
101 lernen sie jüdisches Recht, sie bewahren und halten es heilig (Iudaicum ediscunt et servant ac metuunt[104] ius),
102 was in verborgener Rolle einst Mose dem Volk befohlen,
103 keinem zu zeigen den Weg, der andere Götter verehrt,
104 und die Beschnittnen allein zum Quell, dem gesuchten, zu führen (quaesitum ad fontem solos deducere verpos)
105 Aber der Vater bewirkt es, der immer am siebten Tag
106 müßig verblieb und die Hand nicht rührte zum kleinsten Geschäft.

Der Anlaß zu diesen Satiren Juvenals sind die schlechten Einflüsse, die Eltern entfalten können und die sich dann entsprechend und verstärkt auf die Kinder auswirkten. Dazu führt Juvenal gleich zu Anfang einen Vater an, der den Sabbat feiert und beachtet.

1. Dieses „sympathisierende" Verhalten entfaltet nun aber in der zweiten Generation eine verschärfte Wirkungsweise, als der Sohn sich nicht mit dem

---

[103] Juvenal, Saturae XIV,96–106 – Clausen = F 172 R; Text bei Stern, Authors II, Nr. 301.
[104] Zu metuens vgl. die Ausführungen zu den Inschriften.

Verhalten des Vaters begnügt, sondern noch steigert. Er betet auch zu den Wolken und verehrt die Gottheit dort selbst. Auch die Enthaltung von Schweinefleisch ist bei dieser Nachahmung eingeschlossen. Schließlich läßt dieser Sohn sich auch noch beschneiden und wird folglich Proselyt. Der Vater hat Juvenals Intention zufolge dem Sohn sowohl ein schlechtes Beispiel gegeben als auch den Weg zu einem noch schlimmeren Übel geebnet. Obwohl Juvenal in diesen Versen zurückhaltend formuliert, ist doch durch vergleichbare Aussagen die beabsichtigte Schärfe gesichert.[105] Zu beachten ist dazu besonders die Fortsetzung ab Paragraph 100, wo die scheinbar defätistische und illoyale Haltung von eben diesen Proselyten beschrieben wird. Sie verachten Roms Gesetze[106], lernen und verehren jetzt jüdisches Recht und bilden einen abgeschlossenen Zirkel. Dazu ist noch einmal auf Tacitus' großes Judenkapitel zu verweisen: „Wer zu ihrem Kult übertritt, hält sich auch an diesen Brauch (i.e. die Beschneidung), auch wird den Proselyten zu allererst das Gebot beigebracht, die Götter zu verachten, das Vaterland zu verleugnen...".[107] In diesem Zusammenhang sei nebenbei noch eine Beobachtung angeführt: Eventuell zeigt sich Juvenal sogar über Details bei dem Proselytenstatus informiert, als er in 104 auf die Beschnittenen anspielt, die zur lang gesuchten Quelle (ad fontem) der rechten Gottesverehrung geführt wurden. Es ist zwar keine eindeutige, aber möglicherweise doch geschickte Anspielung auf die Proselytentaufe, die neben der Beschneidung eine Rolle gespielt haben könnte.[108]

Wichtiger ist allerdings doch die Grundaussage zum Kontext des familiären Grundmusters, zu welchem Juvenal nochmals in 105f. zurückkehrt. All diese beklagenswerte Verhaltensweise des Sohnes hat der Vater bewirkt, weil er am Sabbat keinen Finger rührte und so der Sohn zu einer intensiven Auseinandersetzung mit derartiger Religionsausübung angeregt wurde. Dadurch teilt Juvenal indirekt und sehr perfide mit, was er von dem Milieu der „Gottesfürchtigen" unter seinen Landsleuten hält. Er untersagt es nicht oder fordert die Beschränkung, weil sein literarisches Genre dies nicht erlauben würde. Aber er führt die einschneidenden Konsequenzen vor, wodurch diese Satire zu einem weiteren Baustein für die These wird, daß es ein heidnisches Sympathisantenfeld nicht nur gab, sondern daran auch von heidnischer Seite Anstoß genommen wurde.

Durch den Fund der Stele von Aphrodisias ist im übrigen die von Juvenal angesprochene familiäre Konstellation auf besondere Art und Weise ge-

---

[105] Vgl. damit etwa den folgenden Text von Petronius.
[106] Vgl. nochmals die Formulierung „servant ac metuunt ius".
[107] Tacitus, Historiae, V,5,2.
[108] Vgl. dazu nochmals die Aussagen in der Passage zu Epiktet.

stützt worden. Denn die Stele enthält sowohl bei den Juden als auch bei den θεοσεβεῖς Vater/Sohn-Paare und nennt darüber hinaus auch noch Bruder-Verbindungen.[109] Damit wird noch einmal in besonderer Weise ausgesagt, daß „Gottesfürchtige" ihr Verhalten an die Söhne weitergeben und diese vielleicht sogar einmal Proselyten werden.

5. Der Aspekt von Sympathisanten und Proselyten nach Petronius

In einem recht kurzen Abschnitt[110] zeigt Petronius (1. Jh. n. Chr.) in einer sehr scharfen Form auf, daß ein Jude für sich selber Grenzen zu ziehen hat. Nach Petronius soll „der Jude" ruhig seinen Schweinegott (porcinum numen) verehren und in die Ohren des Himmels schreien. Wenn er aber seine Vorhaut mit einem Messer beschneidet, dann soll er sich von den Menschen entfernen und in griechische Städte auswandern und möge nicht zittern beim Fasten am Sabbat, was ihm ja bekanntlich vom Gesetz auferlegt sei.

Dieser Text ist wohl deshalb instruktiv, weil es sich bei dem hier als „Iudaeus" bezeichneten Menschen faktisch nicht um einen Juden handeln kann, da dieser zunächst nicht als beschnitten vorausgesetzt wird und die Beschneidung erst später erfolgt. Ein solcher Mensch also, mithin ein Sympathisant, darf ohne Risiko anbeten und verehren nach seinem Gefallen. Aber wenn die Beschneidung vollzogen und er Proselyt geworden ist, dann soll er emigrieren, um möglicher Folgen wegen nicht beim Sabbatfasten zittern müssen.

Petronius empfindet die Beschneidung nicht nur als Makel, sondern macht sich auch über sie lustig.[111] Aber sie stellt auch eine Grenze des Tolerierbaren dar. Sympathisanten, die Speisegebote beachten und Anbeter ja, Proselyten mit Beschneidung nein, so lautet plakativ die Aussage dieses Textes. Auch durch ihn wird für das 1. Jh. n. Chr. deutlich, daß es in der antiken Gesellschaft ein Feld von jüdischen Sympathisanten gegeben hat.

---

[109] Vgl. dazu REYNOLDS / TANNENBAUM, Jews, 23 Anm. 13.

[110] Petronius, Fragmenta, Nr. 37 – Ernout = F 149 R = Baehrens, PLM, IV, 97, S. 98; Text bei STERN, Authors I, Nr. 195.

[111] Vgl. Petronius, Satyricon, 68,4–8; 102,13f. – Müller, Text bei STERN, Authors I, Nr. 193 und 194.

6. Der Aspekt von Sympathisanten und Proselyten nach Plutarch

Von Plutarch, der oben schon mehrfach angeführt worden war, soll nochmals eine Passage zu einem anderen, ebenfalls interessanten Vorgang genannt werden.[112] Er sucht Beispiele, in denen gezeigt werden kann, wie der große Cicero geistreiche Anspielungen plazieren konnte und greift dazu auf einen historischen Vorgang zurück.

Verres war als Propraetor von Sizilien (73 – 71 v. Chr.) von den Einwohnern der Erpressung angeklagt worden. Ein Freigelassener namens Caecilius, in den Prozeß als Quaestor involviert, wurde verdächtigt, jüdischen Sitten zugetan zu sein.[113] Dieser nun wollte die sizilianischen Ankläger beiseite schieben und Verres selber anzeigen, worauf Cicero als Kläger geantwortet haben soll: „Was hat ein Jude mit einem Verres zu tun?"[114]. Die Schlagfertigkeit besteht darin, daß Verres auch das lateinische Wort für ein kastriertes Schwein ist.

Die historischen Umstände der Episode sind höchst umstritten. Die Diskussion entzündet sich besonders an der Frage, ob Caecilius als Freigelassener überhaupt ein derartiges Amt bekleiden durfte.[115] Wichtiger scheint mir jedoch die Bedeutung der Tatsache zu sein, daß Caecilius als ein Freigelassener verdächtigt wird, jüdischen Sitten zugetan zu sein. Diese Aussage läßt sich sowohl hinsichtlich des Status' als Freigelassener als auch hinsichtlich der Verdächtigung mit den oben gemachten Angaben aus Sueton[116] und Tacitus[117] untermauern. Hervorzuheben ist aber vor allem, daß die judaisierenden Praktiken eines Heiden zur Kenntnis genommen und dann in eine Sentenz eingebunden wurden, deren einzelne Wahrheitsmomente natürlich stark in Frage zu ziehen sind. Im Vordergrund steht also die Beziehung dieses Heiden zum Judentum. Besonders zu beachten ist die Wortwahl. Sein Sympathisantentum wird mit ἰουδαΐζειν beschrieben. Dies könnte als ein Hinweis darauf zu verstehen sein, daß auch die von Josephus so bezeichneten Personen Sympathisanten gewesen sind.

---

[112] Plutarch, Vita Ciceronis, 7,6, S. 864 C – Ziegler = F 74 R, Text bei STERN, Authors I, Nr. 263.

[113] ὡς οὖν ἀπελευθερικὸς ἄνθρωπος ἔνοχος τῷ ἰουδαΐζειν ὄνομα Κεκίλιος .

[114] τί Ἰουδαίῳ πρὸς χοῖρον;.

[115] Zu dieser vgl. den Kommentar von STERN, Authors I, 566.

[116] Sueton, De vita Caesarum libri, Tiberius, 36.

[117] Tacitus, Annales, II,85,4.

7. Der Aspekt von Sympathisanten und Proselyten nach Sueton

Sueton[118] berichtet, daß Kaiser Domitian (81 – 96 n. Chr.) die seit der Zerstörung Jerusalems bestehende Steuer[119] auf den Jupiter Capitolinus besonders hart eintreiben ließ. Im Zuge dieser Maßnahmen wurden zwei Gruppen von Einwohnern denunziert (ad quem deferebantur): Zum einen solche, die nichtöffentlich eine jüdische Lebensweise praktizierten[120], zum anderen die, welche ihre Abstammung verheimlichten, um nicht Steuern bezahlen zu müssen.[121] Um diese letzte Gruppe zu überführen, wurden erniedrigende Praktiken angewendet. Sueton erinnert sich, daß er als junger Mann erlebt hatte, wie sich ein neunzigjähriger Greis von einem Prokurator und einem entsprechenden Gremium besichtigen lassen mußte, um so zu prüfen, ob er beschnitten sei. Als wichtig an der gesamten Notiz erscheint mir nun, daß hier nicht notwendigerweise an Juden durch Übertritt (Proselyten) und an Juden von Geburt gedacht werden muß.[122] Gerade das Beispiel Suetons bezieht sich auf diese Gruppe, deren Mitglieder ihre Abstammung verheimlichen und die deshalb untersucht werden. Bei der ersten Gruppe handelt es sich dagegen vermutlich wieder um Sympathisanten des Judentums, die nun in Zeiten verpflichtender Zahlung unter Druck gerieten und nur noch heimlich in dieser Form leben konnten. Das historische Novum unter Domitian ist nicht die Einführung dieser Steuer (die gab es schon seit Vespasian[123]), sondern die Härte der Eintreibung.[124] Von jenen Maßnahmen werden auch Sympathisanten[125] betroffen gewesen sein, während es andererseits noch kein allgemeines Beschneidungsverbot, sondern nur ein Kastrationsverbot[126] gab.

---

[118] Sueton, De vita Caesarum libri, Domitian, 12,2 vgl. 15,1.

[119] Zur Rolle, Bedeutung und finanziellen Höhe dieser Steuer vgl. die instruktiven Ausführungen von STERN, Authors II, 129f.

[120] qui uel[ut] inprofessi Iudaicam uiuerent uiitam.

[121] uel dissimulata origine imposita genti tributa non pependissent.

[122] So STERN, Authors II, 129f.

[123] Josephus, Bell VII,218; Cassius Dio, Historia Romana, LXVI,7,2.

[124] praeter ceteros Iudaicus fiscus acerbissime actus est (Sueton, De vita Caesarum libri, Domitian, 12,2).

[125] BOTERMANN, Judenedikt, 184 Anm. 601: „Man muß ... unterscheiden zwischen der generellen Steuerpflicht, die unbestreitbar seit Vespasian für alle Juden bestand, und der praktischen Handhabung. Ein Gesetz ist nicht gleichbedeutend mit seiner Durchführung. Nur wer in ein entsprechendes Steuerregister eingetragen war, mußte tatsächlich zahlen. Man darf in dieser Hinsicht die Verhältnisse in einem ägyptischen Dorf, wo jeder jeden kannte, nicht mit denen in einer Großstadt vergleichen. Hier genügte vielleicht ein Wohnungswechsel, um sich dem Zugriff, zumindest zeitweilig, zu entziehen."

[126] Sueton, De vita Caesarum libri, Domitian, 7,1.

Domitian ließ nach Sueton[127] auch einen seiner Vettern, den Konsul Flavius Clemens, hinrichten. Von dieser Person und den näheren Umständen hat Cassius Dio[128] mehr an Informationen bewahrt. Da diese Vorgänge auch das Umfeld des Judentums im weiteren Sinne berühren, muß darauf an dieser Stelle eingegangen werden. Nach Cassius Dio ließ Domitian im Jahr 95 n. Chr. neben anderen Personen auch den erwähnten Konsul Flavius Clemens, trotz der verwandtschaftlichen Nähe zwischen ihnen, hinrichten und obwohl dessen Frau ebenfalls eine Verwandte des Kaisers war. Während Clemens mit dem Leben bezahlen mußte, wurde die Gattin Domitilla „lediglich" in die Verbannung geschickt.

Diese kurze Passage ist von Historikern und Exegeten in vielgestaltiger Weise ausgewertet worden. Das betrifft sowohl prosopographische Fragen als auch den besonders Exegeten interessierenden Umstand, ob Clemens und Domitilla als Christen hingerichtet wurden. Der auch gegen Christen erhobene Vorwurf der Gottlosigkeit[129], eine von einigen Forschern unter

---

[127] Sueton, De vita Caesarum libri, Domitian, 15,1.

[128] Cassius Dio, Historia Romana, LXVII,14,1–3.

[129] Vgl. zu diesem Vorwurf etwa Justin Apol 4,9; 5,1; 6,1; 13,1; 46,3; Dial 108,2. Vgl. auch die in diesem Zusammenhang von dem Plotinschüler Porphyrius (232/33 – 300 n. Chr.) verfaßte Schrift „Κατὰ Χριστιανῶν", die in ihrer Vorrede folgendermaßen anklagt: „"…Wie sollten nicht solche Menschen für ganz und gar unfromm und gottlos zu gelten haben, welche von der Väter Sitten (ἄθεοι οἱ τῶν πατρῴων ἐθῶν ἀποστάντες) abgefallen sind, jenen Sitten, die einem jeden Volk und einem jeden Staat seinen Zusammenhalt geben? Oder was sollten diejenigen billigerweise Gutes zu erwarten haben, die sich als Gegner und Feinde der Heilbringer erklärt und die Wohltäter verstoßen haben (τοὺς τῶν σωτηρίων ἐχθροὺς καὶ πολεμίους καταστάντας καὶ τοὺς εὐεργέτας)? Was sind sie anderes als Gottesfeinde (θεομαχοῦντες)? … Welchen Strafen sind nicht mit vollem Recht die zu unterziehen, die das Vätererbe (τὰ πάτρια) im Stich gelassen haben und stattdessen den fremdländischen, überall verachteten Fabeleien der Juden nacheifern? Ist es nicht Beweis äußerster Nichtswürdigkeit und Leichtfertigkeit, unbekümmert vom Eigenen abzufallen und in unvernünftigem und unüberprüfbarem Glauben (ἀλόγῳ…καὶ ἀνεξετάστῳ πίστει) der Sache unfrommer und bei allen Völkern verhaßter Menschen (πᾶσιν ἔθνεσι πολεμίων ἐλέσθαι) anzuhangen, ja sich dabei nicht einmal an den von den Juden verehrten Gott entsprechend den bei jenen geltenden Satzungen zu halten, sondern sich eine neue, isolierte, ausweglose Lehre zurechtzimmern, welche weder den Überlieferungen der Griechen, noch denen der Juden die Treue bewahrt?" (Porphyrius, Adversus Christianos, apud: Eusebius, Praeparatio Evangelica,I,2:1–5 – Mras = Harnack,F 1, Text bei Stern, Authors II, Nr. 458; deutsche und kommentierte Übersetzung in: Ritter, Alte Kirche; Nr. 44).
Dieser Text ist insofern von Bedeutung, als er den Zusammenhang zwischen Judentum und Christentum gerade aus dem Munde des gelehrtesten Kritikers prominent herausstellt. Er ist aber auch deshalb zu würdigen und herauszuheben, als er diejenigen scharf angreift, die das Vätererbe verlassen und den fremdländischen Fabeleien der Juden nacheifern. Hier spricht wohl nicht nur die Kritik an den in Kontinuität gesehenen gottlosen Christen, sondern auch an solchen Volksgenossen, die sich für das Judentum interessie-

Domitian postulierte Christenverfolgung und die bei Euseb[130] festgehaltene Verbannung von Flavia Domitilla wegen ihres Bekenntnisses zu Christus, führte Historiker und Exegeten in die Versuchung, diese Notiz als Hinweis zu bewerten, daß die beiden Christen gewesen seien.[131] Gegen eine solche Annahme sprechen einige Indizien, die aber nur in aller Vorläufigkeit
vorgetragen werden können, weil eine endgültige Aussage wegen der Quellenlage nicht möglich ist.[132] Aber sowohl der Vorwurf der Gottlosigkeit[133],
der nicht nur Christen betraf[134], als auch der kausale Zusammenhang in
Cassius Dios Darstellung lassen eine Auslegung zu, nach der es im gesamten
Kontext um ein jüdisches Milieu geht.[135]

Clemens und Domitilla wurde Gottlosigkeit zum Vorwurf gemacht. Das
kausal angehängte Satzglied ist für die Auswertung von enormer Wichtigkeit: „...weshalb auch viele andere, die sich in jüdische Lebensformen hin-

---

ren. Die Verbreitung des Christenstums geht Hand in Hand und gewissermaßen als Nebenprodukt mit dem ungeheuren Interesse an allem Jüdischen. Vgl. in diesem Zusammenhang auch weiterhin den historisch fiktiven Rat, den Maecenas dem Augustus erteilt
und der die Verhältnisse des 3. Jh. n. Chr. beschreibt: „Willst du wahrhaft unsterblich werden, so...verehre hinfort die Gottheit allenthalben, ganz nach der Väter Sitte, und nötige
(ἀνάγκαζε) auch die anderen, sie zu ehren. Die aber hiervon [sc. von der rechten Gottes-
verehrung] abweichen, die hasse und züchtige, und zwar nicht allein der Götter wegen –
wer sie verachtet, dürfte sich auch aus nichts anderem mehr etwas machen! –, sondern
auch, weil Leute, die an ihre Stelle irgendwelche neuen göttlichen Wesen (δαιμόνια) setzen, viele dazu verleiten, sich eigene Gesetze zu machen, woraus dann Verschwörungen,
Komplotts und Geheimbünde ['Vereine'] entstehen, was der Monarchie ganz und gar un-
zuträglich ist. Dulde deshalb keinen Gottlosen und keinen Gaukler..." (Cassius Dio, Historia Romana LII,36,1f.; Übersetzung nach Ritter, Alte Kirche; Nr. 34).

[130] Euseb, h.e. III,18,4.

[131] Diese Einzelschicksale scheinen der Grund für die unter Domitian postulierte allgemeine Christenverfolgung zu sein, weil sie dazu verallgemeinert und ausgeweitet wurden.

[132] Darauf hat besonders Hengel in seiner Besprechung des neuen Schürers hingewiesen, weil die Herausgeber sich allzu unkritisch der im übrigen meisterhaften Darstellung
von Menahem Stern, Authors II, 380–384 angeschlossen hatten: „Die Frage ‚Judentum'
oder ‚Christentum' muß in diesem sonderbaren Fall weiterhin offenbleiben" (JSS 35,
1990, 40). Sterns Analyse ist sicher in seiner Aussage eindeutig, aber keinesfalls apodik-
tisch. Er räumt sogar ein, daß Domitilla vielleicht später eine Christin geworden ist und
Eusebs Notiz darin ernst zu nehmen ist (384).

[133] Vgl. auch Levinskaya, Book, 2–12, bes. 5f.

[134] Vgl. etwa Justin, Dial 17,1; 108,2, wo Juden diesen Vorwurf gegen Christen erheben;
vgl. 120,2, wo Christen diesen Vorwurf Juden machen. Dabei wiederholen Christen Vorwürfe, die Apollonius Molon schon gegen Juden angeführt hatte (Josephus, Ap
II,145.148).

[135] Historisch gesehen ist zu alledem überhaupt nicht geklärt, ob Christentum nicht im
1. Jh. n. Chr. und später noch eine besondere Form Judentum war und ob die um jeden
Preis durchgesetzte terminologische Unterscheidung allzusehr moderne und konfessio-
nalistische Aspekte trägt.

eintreiben[136] ließen, verurteilt wurden".[137] Gottlosigkeit[138] war die Anklage gegen Clemens, Domitilla und andere, die sich in jüdische Lebensweise hineintreiben ließen. Damit ist aber nicht nur für ein Sympathisantentum unter den Heiden ein wichtiger Hinweis gegeben, sondern eine doppelte und sich ergänzende Auslegungsmöglichkeit. Die eine Interpretationsmöglichkeit wäre, daß es nach dieser Notiz überhaupt Menschen gab, die sich in jüdische Sitten hineintreiben ließen, wodurch zumindest dieser Umstand gesichert wäre. Die andere Möglichkeit der Interpretation wäre noch weitgehender, weil hinter den „Hineingetriebenen" auch noch „Hineintreiber" zu vermuten wären. Zumindest indirekt wird hier sowohl etwas über ein „Missionsobjekt" als auch über ein „Missionssubjekt" weitergegeben. Ob sich eine derartige Auslegung durchhalten läßt, wird aber erst im weiteren Verlauf geklärt werden können.

8. Der Aspekt von Sympathisanten und Proselyten nach Tacitus

In Tacitus' großem Judenkapitel seiner Historien[139] werden die Ausführungen durch Stichworte über das durch und durch von der Tora geprägte Leben der jüdischen Gemeinden eingeleitet. Tacitus bemerkt, daß sich die verwerflichen und abscheulichen Einrichtungen der Juden wegen ihrer Schlechtigkeit (gravitas) durchsetzten. Durch diese würden die schlechtesten Elemente angezogen, welche ihre heimische Religion (religionibus patriis) aufgaben, durch Tempelsteuer und Spenden die Macht der Juden

---

[136] Das Verbum ἐξοκέλλειν ist eigentlich eine Seefahrtsmetapher: „auf eine Sandbank auflaufen" und meint metaphorisch etwa „auf Abwege geraten". Der Aspekt der Unbedachtsamkeit steht dabei im Vordergrund. Und das will Cassius Dio auch wohl zum Ausdruck bringen, daß aufgrund jüdischer Propaganda andere auf Abwege gerieten und sich in etwas „hineintreiben" ließen.

[137] ἐπηνέχθη δὲ ἀμφοῖν ἔγκλημα ἀθεότητος ὑφ' ἧς καὶ ἄλλοι ἐς τὰ τῶν Ἰουδαίων ἤθη ἐξοκέλλοντες πολλοὶ κατεδικάσθησαν.

[138] Eine vergleichbare Anklage, aber längst nicht so genau bestimmbar, erging an Pomponia Graecina, die mit Plautius, dem Eroberer Britanniens, verheiratet war (Tacitus, Annales, XIII, 32,2). Die Anklage wurde im Jahr 57 n. Chr. erhoben und lautete superstitio externa (vgl. dazu auch das Beispiel des Sokrates: der Vorwurf der Einführung neuer Sitten fällt zusammen mit dem Vorwurf der fehlenden Verehrung der Götter, was als ἀσέβεια gilt). Leider ist weder durch den Kontext noch durch den Text festzustellen, um welche Art von superstitio es sich gehandelt hat. Den Optimismus mancher Ausleger (vgl. etwa STERN, Authors II, 88), daß es sich dabei entweder um Judentum oder Christentum gehandelt hat, teile ich nicht. Das Feld der Sekten war sehr groß, besonders der in einem Atemzug mit dem Judentum genannten ägyptischen Kulte (Tacitus, Annales, II,85,4).

[139] Tacitus, Historiae V,5,1ff.

enorm hoben und ihnen Zulauf sicherten. Mit diesem kurzen Hinweis wird auch durch Tacitus die Anziehunsgskraft des Judentums belegt und ein Hinweis auf das besondere Umfeld der Synagogen in der Diaspora gegeben.

9. Der Aspekt von Sympathisanten und Proselyten nach Martial

Martial (2. Hälfte des 1. Jh. n. Chr.) hat als römischer Dichter seine Beobachtungen ausschließlich in die Form von Epigrammen gekleidet. Seine Satire beschäftigt sich immer wieder mit den Lastern der Hauptstadt Roms, die aber als typisch großstädtische Laster auf andere Orte übertragbar sind: Gefräßigkeit, Protzerei, sexuelle Ausschweifungen, Luxus und Geiz. Dabei sollten die Aussagen Martials nicht generalisiert werden, weil der Autor nicht das Durchschnittliche, sondern eher das Ausgefallene, Besondere und Schichtenspezifische der höheren Klassen unter Beschuß nimmt. Seine oft sehr deutlichen und degoutanten Anspielungen finden sich so auch in dem hier genannten Text, der folgendermaßen lautet[140]:

„Der Gestank von dem Bett eines trockengelegten Sumpfes, von dem rauhen Dunst einer schwefeligen Quelle, der faule Dampf von einem Seewasserfischteich, von einem alten Ziegenbock inmitten seiner Liebschaft, von einem Militärstiefel eines abgeplagten Veteranen, von einer zweifachen Wollfärbung mit Purpur, von dem (übelriechenden) Atemzug von Frauen, die den Sabbat feiern (quod ieiunia sabbatariarum)...".

Martial „bevorzugt" nach diesen Angaben solche Gerüche, während sein „Freund" Bassa andere Vorlieben besitzt. Bemerkenswert ist aber auch hier die satarische Verarbeitung eines verbreiteten jüdischen Brauchs. Es werden nämlich die durch den Fastenvorgang austretenden Mundgerüche aufs Korn genommen, die für das Gegenüber unangenehm sind. Daß der Sabbat auch als Fasttag begangen wird, ist u.a. durch Josephus[141] belegt. Wichtig ist jedoch an Martials Satire, daß er jüdische Sitten, die anscheinend beachtet werden, verspottet und ihm darüber hinaus auch der Umstand bekannt ist, daß Frauen sich von ihnen besonders angesprochen fühlen. In der Einführung zu Martial war kurz auf das Milieu hingewiesen worden, welches er in seinem Schrifttum verarbeitet. Demnach kann es sich auch in diesem Text um Frauen aus höheren Gesellschaftsschichten gehandelt haben. Auch durch Martial ist die Attraktion jüdischer Verhaltensweisen im 1. Jh. n. Chr. belegt.

---

[140] Martial, Epigrammata, IV,4 – Lindsay = F166R; Text bei STERN, Authors I, Nr. 239.
[141] Josephus, Ant XIV,66.

10. Der Aspekt von Sympathisanten und Proselyten nach Cassius Dio

Das Werk von Cassius Dio ist für die hier verfolgte Fragestellung insofern wegweisend und von entscheidender Bedeutung, als er über mehrere Kaiser (Tiberius, Claudius, Domitian, Nerva und die Severische Dynastie) Aktivitäten und Maßnahmen aufbewahrt hat, die alle im Zusammenhang der Ausbreitung und Attraktivität des Judentums gestanden haben. Die Maßnahmen unter Tiberius und unter Domitian wurden schon behandelt. Bevor die restlichen drei Quellenangaben vorgestellt werden, sei doch noch einmal eher Grundsätzliches angemerkt. Durch Cassius Dio kann wohl als gesichert gelten, daß in den ersten drei Jahrhunderten unserer Zeitrechnung das jüdische Umfeld in der römischen Gesellschaft derartig an Aktualität und Attraktivität zunahm, daß restriktive Maßnahmen von staatlicher Seite ergriffen werden mußten. Wichtig an dieser Feststellung ist nicht in erster Linie, daß es sich dabei keineswegs immer um sogenannte „Proselytenmacherei" gehandelt haben muß. Vielmehr sollte das Augenmerk auf das „Umfeld" der Synagogengemeinden gerichtet bleiben, welches von heidnischen Nachahmern über judaisierende Christen bis hin zu abtrünnigen und vagabundierenden Juden gereicht haben wird. Die Sympathisanten sind hierbei mitgedacht, auch wenn sie in vielen Fällen terminologisch nicht genau faßbar sind. Denn noch einmal sei betont, daß das inklusive Verständnis eines Sympathisantenfeldes ein exklusives Verständnis der „Gottesfürchtigen" nicht ausschließt, sondern legitim einbezieht. Doch nun zu den Belegen im einzelnen.

In seiner Historia Romana[142] heißt es im 37. Buch: 17 (1) „Wie ihnen [i.e. den Juden] diese Bezeichnung gegeben wurde, ist mir unbekannt, sie findet aber auch bei allen übrigen Menschen Anwendung, die, obgleich von fremder Rasse, ihren Sitten nacheifern (ἐπὶ τοὺς ἄλλους ἀνθρώπους ὅσοι τὰ νόμιμα αὐτῶν, καίπερ ἀλλοεθνεῖς ὄντες, ζηλοῦσι). Diese Art von Leuten gibt es sogar unter den Römern, und trotz wiederholter Unterdrückung, haben sie sich in einem Maße vermehrt, daß sie selbst das Recht erlangten, ihren Glauben frei leben zu dürfen. (2) Vom Reste der Menschheit sind sie sozusagen in ihrer ganzen Lebensart geschieden (κεχωρίδαται), vor allem aber dadurch, daß sie keinen von den sonstigen Göttern anbeten und nur einem einzigen ganz besondere Verehrung erweisen. Niemals, auch selbst nicht in Jerusalem, hatten sie ein Bild von ihm, vielmehr halten sie ihn für unnennbar und unsichtbar und huldigen ihm in der übertriebensten Form auf Erden."

---

[142] Cassius Dio, Historia Romana, XXXVII,17,1.

Bemerkenswert ist diese Angabe insofern, als sie die Verbreitung jüdischer Sitten in den Kontext des ζῆλος stellt, der anscheinend nicht nur ein Phänomen einer besonderen Gruppe (z.B. Paulus als Pharisäer), sondern wohl auch ein Konvertiten-Merkmal sein konnte. Des weiteren teilt die Quelle mit, daß das Anwachsen der jüdischen Bevölkerung nicht nur restriktive Maßnahmen erforderlich machte und durch diese eingeschränkt werden sollte, sondern auch eine positive Entfaltung verursachte. Über ein immer wieder mit Privilegien versehenes Volk hinaus erlangte es in der severischen Dynastie sogar das Recht, den Glauben uneingeschränkt leben zu dürfen (ὥστε καὶ ἐς παρρησίαν τῆς νομίσεως ἐκνικῆσαι).

In einer weiteren Notiz teilt Cassius Dio[143] mit, daß „die Juden wieder so sehr an Zahl zugenommen hatten, daß es angesichts ihrer Menge schwierig gewesen wäre, sie ohne Unruhen aus der Stadt zu vertreiben. Daher verzichtete Claudius auf eine Ausweisung, ordnete aber an, daß sie ihre herkömmliche Lebensweise (πάτριος βίος) beibehalten und keine Zusammenkünfte veranstalten sollten (μή συναθροίζεσθαι)."

Diese Notiz wird in der Forschung besonders im Hinblick auf die Ereignisse rund um das sogenannte Claudius-Edikt und seine Datierung (41 oder 49 n. Chr.) diskutiert.[144] Cassius Dios Bericht bezieht sich -separat betrachtet- auf das Jahr 41 n. Chr. und berichtet von einem Versammlungsverbot, das aus politischem Kalkül angeordnet wurde, weil eine Ausweisung von Juden zuviel Unruhe bedeutet hätte. Eine solche Erwägung ist für das Jahr 41 n. Chr. insofern zutreffend, als es nach Caligulas gewaltsamem Tod zu Unruhen innerhalb der Hauptstadt kam.[145] Eine Ausweisung von Juden hätte in der politisch instabilen Lage einen zusätzlichen Unruhefaktor bedeutet, so daß davon abgesehen wurde. Unabhängig von Datierungs- und Konstellationsfragen[146] aber führt Dio zuerst die Ursache aller weiteren Schritte an: „Die Juden hatten wieder so sehr an Zahl zugenommen ...". In diesem Halbsatz kommt wiederum zum Tragen, was schon an einigen anderen Stellen bemerkt worden war. Durch aktive und/oder passive Wirkungsweise erhalten die unterschiedlichen Synagogen Roms Zulauf in einem solchen Umfang, daß Sanktionen dagegen getroffen werden müssen. Der Zuwachs ist aufgrund der genannten Anziehungskraft entstanden, während ein demographischer Schub mit Sicherheit auszuschließen ist. Es wird sich bei dem Personenkreis wahrscheinlich um Proselyten gehandelt haben, weil

---

[143] Cassius Dio, Historia Romana, LX,6,6.

[144] Diese Fragestellung habe ich an anderer Stelle diskutiert und auf weiterführende Literatur verwiesen (WANDER, Trennungsprozesse, 222–224).

[145] Vgl. dazu den Bericht des Josephus, Ant XIX,1–235.

[146] Vgl. dazu ausführlich BOTERMANN, Judenedikt, 103–140.

insbesondere vom πάτριος βίος die Rede ist, womit das Leben entsprechend der römischen Gesetze gemeint ist.

Schließlich führt Dio[147] für die Zeit unter Nerva (96 – 98 n. Chr.) an, daß
dieser Kaiser „alle frei ließ, die wegen Majestätsbeleidigung vor Gericht
standen, und rief die Verbannten zurück, während er sämtliche Sklaven und
Freigelassene, die gegen ihre Herren gearbeitet hatten, hinrichtete und außerdem allen Angehörigen dieses Personenkreises verbot, irgendwelche
Klage gegen ihre Herren zu erheben. Und niemand mehr durfte Anzeige
wegen Majestätsbeleidigung und wegen Annahme jüdischer Lebensweise
erheben (οὔτ' ἀσεβείας οὔτ' Ἰουδαϊκοῦ βίου κατατιᾶσθαί τινας συνε-
χώρησε). Auch von den Denunzianten wurden viele zum Tode verurteilt,
unter ihnen der Philosoph Seras."

Diese Stelle nimmt noch einmal Bezug auf den bereits an anderer Stelle
erwähnten Mißbrauch und die Demütigung, die mit der Umwandlung des
fiscus Iudaicus in die Steuer für Iupiter Capitolinus verbunden war. In der
kurzen Amtszeit Nervas wurde die unter Domitian besonders streng durch-
geführte Eintreibung zwar nicht gestoppt, aber die Denunziation unter
Strafe gestellt – ein Verhalten übrigens, welches etwas später Trajan bei den
Verhandlungen gegen Christen fordert.[148] Wichtig ist auch hier das vorausgesetzte Phänomen, daß Heiden die jüdische Lebensweise nachahmten. Somit zeigt sich auch durch diese Notiz ein entsprechendes Umfeld der Synagogen, welches freilich äußerst breitgefächert sein konnte. So sind die Angaben Dios nicht nur als besondere Aussagen für seine Zeit, sondern auch
für die erzählte Zeit zu werten.

Zusammenfassende Wertung:
Die letztgenannten Angaben aus Cassius Dio fassen wohl treffend zusammen, was in diesem Kapitel aufgezeigt werden sollte. Gerade die unabhän-
gigen heidnischen Autoren und die indirekten und impliziten Belege sind
ein untrügliches Zeichen dafür, daß Judentum in einem sehr weiten Spektrum auf die Massen wirkte – sei es aktiv oder passiv, sei es in politischer Be-
drängnis oder in Freiheit. Das sind Fragen, deren Tragweite und Nuancen
noch genauer im Verlauf zu klären sind.

---

[147] Cassius Dio, Historia Romana, LXVIII,1,2.

[148] Plinius d.J., X,97,1f. „conquirendi non sunt" und die sich daraus ableitende Konsequenz: „sine auctore vero propositi libelli in nullo crimine locum habere debent. nam et
pessimi exempli nec nostri saeculi est" (nachspionieren soll man ihnen nicht...Anonym
eingereichte Klageschriften dürfen bei keiner Straftat Berücksichtigung finden, denn das
wäre ein schlimmes Beispiel und paßt nicht in unsere Zeit).

VII. Die „Gottesfürchtigen" in Acta unter Berücksichtigung lokaler und terminologischer Gegebenheiten

Lukas hat insbesondere in der Apostelgeschichte Notizen über das „Umfeld" von Diasporasynagogen und das Phänomen von „Gottesfürchtigen" und von „Sympathisanten" aufbewahrt, die in einem separaten Kapitel untersucht werden sollen. Die folgenden Bemühungen gehen dabei der Frage nach, ob und wie der Historiker und theologische Autor Lukas diese Zusammenhänge verarbeitet hat und welche besonderen Schlüsse daraus zu ziehen sind. Derartige Fragestellungen nötigen aber zu entscheidenden Abgrenzungen, von denen die wichtigsten im folgenden genannt seien.

1. Lukas hat Notizen zu den „Gottesfürchtigen" aufbewahrt und verarbeitet vor allem mit Hilfe der Partizipialkonstruktionen φοβούμενος τὸν θεόν und σεβόμενος τὸν θεόν. Diese Verbindungen haben immer wieder zu der Frage geführt, ob Lukas diese Gruppe der „Gottesfürchtigen" nicht konstruiert habe, um sie als Bindeglied zwischen Judentum und Heidenmission einzufügen.

2. Direkt damit verbunden ist die Frage nach dem „historischen Wert" von Acta, woraus sich weitere Fragen wie die nach den Quellen, der Komposition, der Funktion der Reden, nach Tradition und Redaktion, etc. ergeben.

3. Bei der Untersuchung des heidnischen Sympathisantentums ist der Blick aber nicht nur auf die angeführten Partizipialkonstruktionen zu lenken, sondern sind auch weitere Angaben zu berücksichtigen, die auf ein „Umfeld" der Diasporasynagogen hinweisen könnten. Dabei werden besonders Menschen in den Blick genommen, die von einem jüdischen oder judenchristlichen Lebensentwurf fasziniert waren.

4. Das Augenmerk sollte aber nicht nur auf das historische Bedingungsfeld gelenkt werden, sondern vor allem auf die besondere Funktion der literarischen Verarbeitung und die damit verbundenen Intentionen, welche das historische Anliegen erst verdeutlichen.

5. Die Partizipialkonstruktionen und anderen Termini finden sich beson-

ders in den entscheidenden Kapiteln, die von bedeutenden Ereignissen innerhalb der Geschichte des Urchristentums berichten. Es wurde deshalb eine komprimierte Darstellungsform gewählt, um diesen Informationsüberfluß zu bündeln.

6. Besonders die Kommentarliteratur zu der hier verfolgten Fragestellung ist von einer sehr formalen Ausrichtung bestimmt und profiliert die „Gottesfürchtigen" nur an einigen Stellen in knapper Form, wobei das generelle Phänomen eines Sympathisantentum kaum im Blick ist. Dieser Befund hat den hier vorgelegten Versuch angeregt, das gesamte Material einmal in historischer wie literarischer Perspektive zu durchleuchten und auch zu verknüpfen. Bevor eine entsprechende Darstellung geboten wird, die weitgehend ohne Sekundärliteratur auskommen muß, sei ein Blick auf die bisherige Acta-Forschung zum Phänomen der „Gottesfürchtigen" geworfen.

1. „Gottesfürchtige" in Acta und ihre Verortung in der Literatur

1. Es war bereits oben kurz erwähnt worden, daß sich innerhalb der Kommentarliteratur[1] die Angaben zum Umfeld der Synagogen[2] in der Diaspora auf ein Minimum beschränken und diese anscheinend auch stark voneinander abhängig sind. Es wird meist lediglich der Hauptmann Cornelius aus Acta 10,2 entsprechend befragt und vorgestellt.[3] Die anderen Angaben zu „Gottesfürchtigen" werden dann kaum noch berücksichtigt; auch der unterschiedlichen Terminologie wird wenig Beachtung geschenkt.

Demnach hat man sich unter Cornelius einen Heiden[4] vorzustellen, der nicht beschnitten[5] war, der Almosen gab sowie Gebete und Gebetszei-

---

[1] Verzichtet wird auf eine Vorstellung der Notizen aus der Literatur zur Zeitgeschichte und zur Umwelt des Neuen Testaments, weil sie sich weitgehend mit den hier vorgestellten Angaben decken (vgl. etwa LOHSE, Umwelt, 90).

[2] Differenzierter zu der gesamten Fragestellung aber WILCOX, JSNT 13 (1981) 102–122; GAGER, HThR 79 (1986) 92f.; vgl. auch COLLINS, Symbol, 180f.

[3] Von diesem Urteil auszunehmen ist ROMANIUK, Aeg. XLIV (1964) 66–91, bes. 71–81, der sich bemüht hat, über die konventionellen Informationen hinaus eigene Wege zu beschreiten, wobei er aber gelegentlich zu Ergebnissen kommt, die einer genaueren Prüfung nicht standhalten.

[4] Mit der besonderen Betonung, daß er ihn gegenüber Juden als unrein darstellt, trotz aller noch folgenden religiösen Bemühungen: ROLOFF, Acta, 168; PESCH, Acta (Teil 1) 336; SCHNEIDER, Acta (Teil 2) 65 Anm. 45; CONZELMANN, Acta, 70; HAENCHEN, Acta, 333; SCHILLE, Acta, 242; BOVON, Lukas, 348.

[5] ROLOFF, Acta, 168; PESCH, Acta (Teil 1) 336; SCHNEIDER, Acta (Teil 2) 65 Anm. 45; CONZELMANN, Acta, 70; HAENCHEN, Acta, 333; SCHILLE, Acta, 242; STEINMANN, Acta, 103; BOVON, Lukas, 348.

ten[6] einhielt. Zur Kenntnis genommen wird ebenfalls, daß Cornelius „fromm"[7] war. Berücksichtigt wird auch die Formulierung φοβούμενος τὸν θεόν, weil sie darüber hinaus seine heidnische Herkunft zum Ausdruck bringt.[8] Dieser Sachverhalt kann jedoch auch positiv ausgedrückt werden, wonach Cornelius als ein Anhänger des Judentums beschrieben wird, der mehr als andere tut.[9] Hinweise auf die monotheistische Grundausrichtung[10] oder auf die besondere Rolle der jüdischen Ethik[11] sind dagegen schon seltener.

Einig ist man sich noch weitgehend darüber, daß die „Gottesfürchtigen" Teile des Ritualgesetzes hielten und die christliche Mission bei dieser Gruppe Erfolg hatte.

Die Besprechung der übrigen Textstellen aus Acta sind, von wenigen Ausnahmen abgesehen[12], nicht weiter erwähnenswert, weil es sich meist um Rückverweise auf Acta 10 handelt. Darüber hinaus sind aber auch die Angaben zu Tradition und Redaktion zu betrachten, um zu eruieren, was Lukas mit dieser Gruppe beabsichtigt. Dazu wird hauptsächlich auf den Kommentar von Weiser zurückgegriffen, welcher sich aufgrund seiner Vorgehensweise[13] dafür besonders anbietet.

2. Weiser behandelt in seinem Kommentar zur Apostelgeschichte des Lukas die einzelnen Textabschnitte, indem er zunächst eine Übersetzung bietet und dann dem Aufbau, der Historizität, der Tradition und Redaktion und schließlich der Auslegung nachgeht. Für die Untersuchung des Phänomens der „Gottesfürchtigen" ist insbesondere Kapitel 10f. von Bedeutung, was Weiser selbst auch entsprechend betont. Lukas habe für die Legitimation der beschneidungsfreien Heidenmission die längste Erzähleinheit in

---

[6] ROLOFF, Acta, 168; PESCH, Acta (Teil 1) 336; SCHNEIDER, Acta (Teil 2) 65; SCHILLE, Acta, 242.

[7] ROLOFF, Acta, 168; PESCH, Acta (Teil 1) 336 (vgl. besonders noch die Aussage in 332).

[8] HAENCHEN, Acta, 333; SCHILLE, Acta 242.

[9] SCHNEIDER, Acta (Teil 2) 65.

[10] STEINMANN, Acta, 103.

[11] BOVON, Lukas, 348.

[12] Vgl. etwa ROLOFF, Acta, 140 und seine Notizen zu dem Äthiopier aus Acta 8,27, den er, obwohl er nicht als solcher bezeichnet wird, als „Gottesfürchtigen" beschreibt; vgl. auch SCHNEIDER, Acta (Teil 2) und seine Bemerkungen zu den einflußreichen Frauen in Acta 17,4.

[13] Andere Versuche erscheinen weniger geeignet, weil das nötige Maß an Differenzierung fehlt; vgl. dazu die Position CONZELMANNS, Acta, 69: „Die jetzige Form der Corneliusgeschichte ... entspricht nicht der Wirklichkeit, sie ist ein Dokument des lukanischen Geschichtsbildes und Kirchenbegriffes."

Acta gestaltet und dadurch Kapitel 10 zu besonderer Stellung verholfen.[14] Dieses Kapitel unterteilt Weiser in 5 Abschnitte, wobei die Aufmerksamkeit hier ausschließlich dem 1. und 3. Abschnitt gilt, weil in ihnen jeweils die besondere Qualifizierung des Hauptmanns Cornelius erfolgt.

Die VV 2 und 4b gehen nach Weiser auf die Hand des Lukas zurück. Die besondere Kennzeichnung des Cornelius „hat so große Ähnlichkeit mit der von Lukas red vorgenommenen Charakterisierung des Hauptmanns von Kapharnaum Lk 7,4f. diff Mt, daß auch hier mit luk Redaktion zu rechnen ist" (253). Für eine lukanische Redaktion sprächen ferner die Stilisierung des Cornelius als Volksfreund, die Ähnlichkeit mit der Beschreibung anderer Personen durch Lukas[15], das Vokabular und der sprachliche Stil, besonders ausgedrückt durch die Formulierung φοβούμενος τὸν θεόν, und anderes mehr (253f.).

Auch der dritte Abschnitt mit den relevanten VV 22 a und 31 gehe mit den religiösen Charakterisierungen auf die Hand des Lukas zurück (256.258). Bei der Bestimmung, was einen „Gottesfürchtigen" kennzeichnet, greift Weiser allerdings auch auf das oben vorgestellte Potential an Angaben zurück, was hier jedoch nicht noch einmal wiederholt werden soll (263).

An der sorgfältigen Untersuchung des Textes durch Weiser fällt besonders auf, daß eine Spannung besteht zwischen Lukas' Rezeption von Traditionen und seiner eigenen Gestaltung der Person des Cornelius. Es muß doch wohl Gründe gegeben haben, weshalb Lukas den heidnischen Centurio auf diese Weise dargestellt hat. Völlig unberücksichtigt bleibt bei Weiser vor allem, welche Folgerungen aus dem historisch einwandfrei erwiesenen Sympathisantenstatus zu ziehen sind.

Es ist Weiser hoch anzurechnen, daß er in den folgenden Kapiteln sowohl im Hinblick auf Tradition und Redaktion wie auf die Auslegung nicht pauschal auf die Ausführungen in Kapitel 10 zurückgreift, sondern sich den einzelnen Abschnitten zuwendet.

13,16.26.43 und 50 gehen nach seiner Analyse auf Lukas zurück, wobei er in 16 die „Gottesfürchtigen" erwähnt, „einem Wort, das nur Lukas verwendet und das hier schon den Übergang des Evangeliums zu den Heiden (13,46) vorbereitet" (325).[16] Unabhängig davon werden aber die Frauen in 13,50 besonders zur Kenntnis genommen und ihre Erwähnung als „reli-

---

[14] WEISER, Acta, 251f. Die Seitenzahlen in Klammern beziehen sich im folgenden auf dieses Werk.

[15] PESCH, Acta (Teil 1) 336 hat dieser Deutung besonders widersprochen und als vorlukanisch eingestuft.

[16] Damit ist die punktuelle Nähe dieser Ansicht zu der mehrfach genannten Position

gionsgeschichtlich und religionssoziologisch gut belegt" gewertet.[17] Aber
auch hier fehlt ein Vergleich oder eine Zusammenschau, was die Verse 16.26
und 50 miteinander verbindet und welche besondere Funktion sie in einer
Gesamtschau haben könnten.

Die Erzählung von der „Bekehrung" Lydias in Acta 16,13–15 geht nun
aber nach Weisers Einschätzung „sicher auf eine Ortsüberlieferung aus Philippi zurück" (421), wofür auch einige Details sprechen: die als Proseuche
bezeichnete Gebetsstätte, deren besondere Lage, die herausragende Funktion der Frauen in der römischen Kolonie Philippi und die Kennzeichnung
Lydias als Purpurhändlerin. Vor allem schätzt Weiser die Erwähnung Lydias als „Gottesfürchtiger" nach 16,14 als besonders ein. „Auch daß Lydia, eine selbständige, wohlhabende Geschäftsfrau, als ‚Gottesfürchtige' bezeichnet wird, paßt gut zu den kulturgeschichtlich und religionssoziologisch er-
kennbaren Verhältnissen; denn unter den Heiden, die dem jüdischen Got-
tesglauben anhingen und sich am Gebetsgottesdienst beteiligten ... befanden sich sehr viele Frauen" (422).

Weiser nimmt an dieser Stelle das Lokalkolorit ernst und hebt die „Gottesfürchtige" Lydia entsprechend hervor. Die Überlegungen werden aber
weder terminologisch noch phänomenologisch zu den anderen Angaben
des Lukas in Beziehung gesetzt. Auch fehlt ein kritischer Vergleich, weshalb
φοβούμενος τὸν θεόν auf die Hand des Lukas zurückgehen soll, während zu
σεβόμενος τὸν θεόν jegliche besondere Erwägung fehlt.

Für die VV 4 und 17 in Kapitel 17 geht Weiser ebenfalls von einer lukanischen Redaktion aus, wobei er es, vergleichbar mit 13,50 für V 4, für „gut
denkbar" (448) hält, daß angesehene Frauen zum Umfeld der Synagoge in
Thessalonich gehörten und sie unterstützten.

Schließlich ist noch auf Titius Justus aus Acta 18,7 zu verweisen, der als
„Gottesfürchtiger" gekennzeichnet wird. Weiser wertet diesen Ortswechsel
von der Synagoge in das Haus dieses „Gottesfürchtigen" als „historisch zu-
verlässige(s) Überlieferungsdetail()" (485). Bedauerlich ist auch hier, daß
er diese Wertung ebenfalls nicht in Beziehung zu anderen Aussagen zum
„Umfeld" der Diasporasynagogen stellt.

Zusammenfassend sei einerseits festgehalten, daß hinsichtlich der Bestimmung, was „Gottesfürchtige" ausmacht, ein stillschweigender, nur mit
wenigen Nuancen versehener Konsens der Forschung existiert. Andererseits ergibt die literarische Analyse von Weiser, daß bei den Angaben zu

---

Kraabels gesichert, der die Erwähnung von „Gottesfürchtigen" für ein lukanisches Konstrukt hält, das eine Zwischenfunktion besitzt.
[17] Vgl. dagegen die Aussage Lüdemanns, Christentum, 163 zu 13,50: „Die vornehmen
Frauen und die Ersten der Stadt sind ein red. Motiv (vgl. 17,12)..." (163 vgl. 193).

dieser Gruppe mit der gestaltenden Hand des Lukas gerechnet wird, aber viele Ungereimtheiten bleiben. Dabei besteht ein akuter Mangel an Differenzierung vor allem darin, zwischen den historischen Angaben und den lukanischen Absichten bzw. Tendenzen zu unterscheiden und das Material entsprechend zu befragen. Die angesprochenen Ungereimtheiten bestehen im Mangel einer wirklich einleuchtenden Bestimmung des Ziels der lukanischen Redaktion (theologischer Aspekt), in einer mangelnden Klärung des Verhältnisses von „Gottesfürchtigen" und anderen Sympathisanten zueinander (phänomenologischer Aspekt) sowie im Fehlen eines Vergleiches der Formulierungen φοβούμενος τὸν θεόν und σεβόμενος τὸν θεόν (terminologischer Aspekt).

3. Deshalb soll im folgenden versucht werden, das bei Lukas berichtete Phänomen aufzugreifen und zu prüfen. Den Hintergrund dafür bilden all die Angaben, die bisher gesammelt worden sind und in historischer und terminologischer Hinsicht berücksichtigt werden müssen. Dazu soll einerseits das historische Bedingungsfeld ermittelt werden, in welchem die lukanischen Angaben ihren Ort haben könnten. Andererseits soll aber auch überlegt werden, was Lukas jenseits und diesseits der historischen Informationen für ein Interesse hatte, entsprechende Angaben zu plazieren und ob sich dahinter nicht auch eine bestimmte theologische Intention verbergen könnte.

2. Der Kontext der Angaben über die „Gottesfürchtigen"

Lukas führt in den Zusammenhang durch die bis dato prominenteste Figur des Zwölferkreises, Simon Petrus, ein. Er wird dazu auserkoren, eine entscheidende Begegnung mit einer als φοβούμενος τὸν θεόν qualifizierten Person zu haben, an deren Ende dann dessen Aufnahme in die Gemeinschaft der Christusanhänger, die ἐκκλησία, steht, besiegelt durch Taufe und Geistverleihung. Weiterhin finden Barnabas und Paulus auf ihrer ersten Missionsreise das Phänomen von „Gottesfürchtigen und Sympathisanten" vor. Schließlich wird Paulus nach dem Zerwürfnis mit Barnabas bei seiner Europa-Mission allein mit dem heidnischen Sympathisantentum konfrontiert. An allen wichtigen Stationen der Geschichte des Urchristentums tauchen damit „Gottesfürchtige" auf. Sie werden sogar terminologisch unterschieden und eingeführt, worauf später noch einzugehen sein wird.

Petrus sowie Barnabas und Paulus treffen mit „Gottesfürchtigen" ausschließlich auf ihren jeweiligen Reisen zusammen, wodurch das heidnische

Sympathisantentum als ein Phänomen von Diasporasynagogen bezeichnet werden kann.

3. Die lukanische Darstellung der „Gottesfürchtigen" und das jüdische Milieu

Es ist von besonderer Wichtigkeit, daß Lukas sämtliche Angaben zu „Gottesfürchtigen" in Acta in einen jüdischen Kontext eingebettet hat. Lediglich in Kapitel 10 werden keine Synagogen und Gebetsstätten vorausgesetzt. Ob daraus besondere Schlüsse zu ziehen sind, soll im folgenden überlegt werden.

a) „Gottesfürchtige" nach Acta 10

Cornelius wird in diesem Kapitel als ein „Gottesfürchtiger" par excellence präsentiert. Er ist ein führender Militär, Hauptmann der Italischen Kohorte in Caesarea Maritima. Diese Kohorte ist zwar erst nach 70 n. Chr. für diesen Raum nachweisbar[18], doch kann sie tatsächlich schon vorher dort ihren Standort gehabt haben.[19] Auf jeden Fall hatten die für Judäa und Jerusalem zuständigen Präfekte bzw. Prokuratoren den Amtssitz in Caesarea am Meer. Gründe dafür waren neben den besseren klimatischen Bedingungen auch der zur Stadt gehörige Hafen, der u. a. auch der Ausgangspunkt für die letzte Romfahrt des Paulus war. Darüber hinaus ist Cornelius durch seinen Namen und seinen Beruf als ein Heide vorgestellt, der in der Weltmacht Rom seinen Dienst versah und deshalb keine natürlichen Verbindungen zum Judentum besaß. Schließlich ist Cornelius dadurch ausgezeichnet, daß er Kontakt zu dem Judenchristen Petrus und seinem Anhang sucht und aktiv seinen Weg dorthin bahnen möchte.[20] Die Beobachtung ist wichtig, daß Cornelius aufgrund der Initiative des Heiligen Geistes diesen Schritt auf das Juden-Chri-

---

[18] HAENCHEN, Acta, 333 Anm. 2.

[19] Darauf hat Hengel verwiesen. Diese Notiz des Lukas „kann, aber sie muß nicht ein Anachronismus sein. Auxiliarkohorten konnten im römischen Reich nach Bedarf hin und her geschoben werden, vgl. Jos. Ant. 19, 364–366" (HENGEL, ZDPV 99, 1983, 171f. A 109; vgl. auch LÜDEMANN, Christentum, 132, der sich mit Hengels Einwänden auseinandersetzt, aber letztlich auch die „Möglichkeit" nicht entkräften kann. Wichtiger als die Diskussion um die Zugehörigkeit zu einer bestimmten Kohorte ist jedoch in unserem Zusammenhang der Prototyp Cornelius als Militär, der sicher für die 40er Jahre in Caesarea vorausgesetzt werden kann.

[20] Vgl. Acta 10,5.8.17.29; sonst würde auch das nach V.28.44f. und 11,3 dokumentierte Entsetzen über die Aufnahme des Cornelius völlig in der Luft hängen.

stentum zu getan hat, nicht umgekehrt. Damit ist auch das historisch korrekte und unumkehrbare Gefälle dokumentiert, nach der Heiden sich in Richtung Judentum orientieren und dazu selber die Initiative ergreifen müssen.

Wichtiger aber als diese Einzelbeobachtungen sind all die jüdischen Kategorien und Eigenschaften, die den Heiden Cornelius als Prototyp eines „Gottesfürchtigen" ausweisen. Cornelius ist fromm (εὐσεβής), gottesfürchtig (φοβούμενος τὸν θεόν), gibt dem Volk Almosen (ποιῶν ἐλεημοσύνας πολλὰς τῷ λαῷ), betete zu Gott (δεόμενος τοῦ θεοῦ) = V.2; an seine Gebete und Almosen erinnert sich Gott (... εἰς μνημόσυνον ἔμπροσθεν τοῦ θεοῦ) = V.4 vgl. V.31; er ist fromm = V.7); er ist gerecht (δίκαιος), gottesfürchtig (φοβούμενος τὸν θεόν) und steht in gutem Ruf beim jüdischen Volk (μαρτυρούμενός τε ὑπὸ ὅλου τοῦ ἔθνους τῶν Ἰουδαίων) = V.22; er fürchtet Gott (φοβούμενος αὐτόν), wirkt Gerechtigkeit (ἐργαζόμενος δικαιοσύνην) und ist in kultischem Sinn gesprochen Gott angenehm (δεκτός) = V.35.[21] Synagogen und Gebetsstätten werden in den Kapiteln 10 und 11 nicht genannt, wohl aber die multiplikatorische Funktion des Cornelius herausgehoben. Er lebt diese Frömmigkeit zusammen mit seinem ganzen Haus (V.2); sogar Verwandte und Freunde partizipieren daran (V.24), was Lukas wohlwollend mit der Formulierung „viele Menschen" dokumentiert (V.44).

1. All diese Angaben sprechen dafür, daß Lukas sich auf die Aufgabe konzentriert hat, die besonderen Qualitätsmerkmale des Cornelius hervorzuheben, um an ihm die beginnende Heidenmision zu exemplifizieren und zu legitimieren. Auch wenn sich für Cornelius keine synagogalen Bezugspunkte nachweisen lassen, so wird doch sein Tun von jüdischer Seite aus beachtet und durch einen guten Leumund belohnt.[22]

2. Die Tatsache, daß Lukas für Cornelius explizit keinen Bezug zur Synagoge erkennen läßt, könnte auch damit zusammenhängen, daß er ein versteckter bzw. verborgener „Gottesfürchtiger" gewesen sein könnte. Damit wäre ein Anhänger des Judentums gemeint, der seine Sympathie für die jüdische Religion außerhalb der Synagoge lebte und befriedigte. Vom Lesen der Tora ist in Acta 10 ebenso wenig die Rede wie von der Beachtung von Vorschriften oder dem Besuch von gottesdienstlichen Handlungen. Diese Art und Weise religiöser Partizipation ist zwar von der üblichen synagogalen Praxis zu unterscheiden, nicht aber zu trennen. Sie könnte nach V.22

---

[21] Bezweifeln möchte ich jedoch, ob sich aus dieser Zusammenstellung die einschränkende Vermutung halten läßt, φοβούμενος τὸν θεόν sei eine Bezeichnung für jemanden, der wirklich fromm ist (so WILCOX, JSNT 13, 1981, 118).

[22] Vgl. dazu etwa die Aussage aus Lk 7,5, wo ebenfalls von einem Hauptmann ausgesagt wird, daß er einen maßgeblichen Beitrag zum Bau einer Synagoge geleistet hat, weil er das Volk der Juden lieb habe.

auch eine Art „verstecktes Sympathisantentum" dokumentieren. Dafür ließen sich gute Gründe finden. Cornelius war ein führender Militär in einer
durch und durch römisch geprägten Stadt mit Sitz des zuständigen Präfek-
ten. Damit war es für ihn in den 30er Jahren des 1. Jh. n. Chr. keineswegs einfach, sein Interesse am Judentum entsprechend öffentlich zu leben und zu
dokumentieren. Diese Form des „stillen bzw. verdeckten Sympathisantentums" hat es möglicherweise auch zu anderer Zeit gegeben. Damit könnte
zumindest sinnvoll erklärt werden, weshalb so oft archäologische und inschriftliche Nachrichten aus Synagogen fehlen, obwohl sich literarisch bestimmte Phänomene eruieren lassen.

    3. Cornelius wird eine bestimmte Affinität zum Judentum attestiert. Dies
geschieht hier durch die Partizipialkonstruktion φοβούμενος τὸν θεόν, in
anderen Stellen in Acta wird ein ähnlicher Sachverhalt durch σεβόμενος
τόν θεόν benannt. In Inschriften wird diese Form der Affinität durch die Vokabel θεοσεβής bezeichnet, wie oben schon in einigen Zusammenhängen
gezeigt worden war. Affinitätsbezeichnung meint, daß damit die generelle
Grundrichtung und Orientierung zum Judentum hin ausgedrückt werden
soll und sich dahinter nicht nur eine im antiken Rahmen ausgerichtete
Frömmigkeit verbirgt. Diese kommt speziell bei Lukas in all den Qualifikationsbezeichnungen zum Ausdruck, die er in Acta 10 für Cornelius anführt
und die oben schon aufgezählt worden sind. In diesem Kapitel werden demnach für die Person des Cornelius die Affinitätsbezeichnungen mit den
Qualifikationsbezeichnungen verbunden, wodurch Cornelius zu dem aus-
gewiesenen Prototypen eines „Gottesfürchtigen" wird. Darin ist er in der
Kategorie φοβούμενος τὸν θεόν gegenüber allen anderen bei Lukas genannten Sympathisanten singulär und vorbildlich.

    4. Wird nach der theologischen Absicht des Lukas gefragt, weshalb er die-
se Art der Präsentation gewählt hat, so muß darauf zweifach geanwortet
werden. Er möchte wahrheitsgemäß und historisch berichten, daß ein
Hauptmann aus Caesarea dafür bekannt war, vorbildlich in seiner Orientierung zum Judentum hin gewesen zu sein. Darüber hinaus entwirft Lukas
aber mit Hilfe des Cornelius den Prototyp eines „Gottesfürchtigen". Dieser
sollte eben nicht nur eine bestimmte Affinität zum Judentum besitzen, sondern durch eine Vielzahl guter Eigenschaften ausgewiesen sein, welche
dann schließlich in die Zugehörigkeit zu Jesus münden und gipfeln. Damit
aber reift der Text von Acta 10 auch zu einer besonderen Gattung für solche
„Gottesfürchtige" heran, die sich ebenfalls auf dem Weg in Richtung Christentum befanden. Ihnen wird in dieser Erzählung Cornelius vor Augen geführt, der über den Sympathisantenstatus und seine besonderen Qualitätsmerkmale hinaus den entscheidenden Schritt initiiert.

6. Marcel Simon hatte seinerzeit drei mögliche Kategorien genannt, mit deren Hilfe das Phänomen der „Gottesfürchtigen" zu interpretieren sei. Diese Kategorien erscheinen mir als sehr hilfreich und werden im folgenden vorgestellt und immer wieder zum Vergleich herangezogen. Sie lauten[23]:

– Die allgemein zur Bezeichnung von „Gottesfürchtigen" gebräuchlichen Termini zielen darauf, eine bestimmte „gottesfürchtige" Haltung von Juden oder im Kontext des Judentums stehenden Heiden zu kennzeichnen. Sie wollen damit tendenziell Ἰουδαῖος ersetzen oder in bestimmten Fällen präzisieren. Nach dieser Kategorisierung gibt es keine spezifische Bedeutung als Gruppenbezeichnung von θεοσεβής.

– Die gebräuchlichen Termini sind lediglich Synonyme für Proselyten.

– Die Termini „benennen eine genau definierte Kategorie: Heiden, die im Gegensatz zu Proselyten nicht bis zur vollständigen Konversion geschritten sind u. somit auf halbem Weg zwischen Heidentum u. Judentum verbleiben."[24]

Bei der Entscheidung, welche Kategorie für Cornelius die treffendste ist, muß besonders der in Acta 10 gegebene Befund berücksichtigt werden. Cornelius ist trotz seiner Beziehung zum Judentum und seiner vorbildlichen Lebensweise ein Heide, wodurch das Entsetzen über die Gabe des Geistes an ihn und sein Haus (Acta 10,45) und die Schelte für Petrus (Acta 11,2f.) erst verständlich werden. Deshalb scheidet die an zweiter Stelle genannte Kategorie aus, während die zuletzt genannte Kategorie Simons einen hohen Wahrscheinlichkeitsgrad erhält. Auch die zuerst genannte Kategorie muß im Auge behalten werden, weil sie genau das auszudrücken vermag, was sich hinter der hier so genannten „Qualifikationsbezeichnung" verbirgt und deshalb legitim eingeschlossen werden kann.

Im weiteren Fortgang muß nun geprüft werden, welche Bedeutung die anderen lukanischen Angaben zu dem Phänomen der „Gottesfürchtigen" besitzen und ob die Kategorien Simons darauf angewendet werden können. Darüber hinaus soll überlegt werden, ob sich nicht auch noch weitere Kategorien finden lassen, die dem vielschichtigen Komplex besser Rechnung tragen und eine noch differenziertere Wertung erlauben.

b) „Gottesfürchtige" nach Acta 13

In diesem Kapitel werden Ereignisse auf der ersten Missionsreise vorgestellt, die sich in Antiochia in Pisidien ereignet haben. In den VV. 16, 26, 43

---

[23] Vgl. zum folgenden Simon, RAC XI (1981) Sp. 1061–1064.
[24] Simon, a.a.O., Sp. 1061.

und 50 spielen „Gottesfürchtige" und das Umfeld einer Diasporasynagoge
eine erhebliche Rolle. Auch hier ist zunächst wieder auf das jüdische Milieu
hinzuweisen, in welchem sich das Geschehen abspielt. Sabbat, Synagoge,
Lesung aus dem Gesetz und den Propheten, Synagogenvorsteher, Proselyten (vgl. V.14f.42) sind deren Bestandteil ebenso wie die in den V.16 und
V.26 vorkommenden Israeliten und Söhne Abrahams.

Zu beachten ist nun, daß für eine Auswertung insgesamt drei Anreden erwähnt werden, die sich ohne weiteres unter das Phänomen der „Gottesfürchtigen und Sympathisanten" subsumieren lassen. Da sind zum einen die
in V. 16 und 26 durch einfaches καί hergestellten Verbindungen zu beachten: ἄνδρες Ἰσραηλῖται καί οἱ φοβούμενοι τὸν θεόν sowie υἱοὶ γένους
Ἀβραάμ καὶ οἱ ἐν ὑμῖν φοβούμενοι τὸν θεόν. In beiden Fällen werden die
φοβούμενοι τὸν θεόν als eine bestimmte Gruppe angesprochen, womit aber
durchaus nicht eine feststehende Bezeichnung vorausgesetzt werden muß.
In den Kategorien Simons werden sie wohl deshalb als Heiden zu betrachten sein, die zwar dauerhaft mit dem Judentum verbunden sind, deren genauer Grad der Verbindung aber so nicht erkennbar ist. Lukas will mit der
Erwähnung dieser „Gottesfürchtigen" ohne nähere Qualifikation deren
Affinität zur Synagogengemeinde in Antiochia zum Ausdruck bringen.

Im Unterschied dazu sind die in V. 43 und V. 50 gebrauchten Termini zu
beachten. Hier stuft Lukas gewissermaßen noch einmal und zweifach ab, indem er in V. 50 neben den Juden τὰς σεβομένας γυναῖκας und weiterhin
τοὺς πρώτους τῆς πόλεως erwähnt. Er gebraucht für die σεβομένας γυναῖκας keine feststehende Formulierung wie in 16 und 26. Stattdessen rezipiert
er für diesen Kontext die korrekte Vokabel σέβομαι. Sie charakterisiert diejenigen, welche der jüdischen Gottheit Verehrung entgegenbringen. Damit
partizipieren sie an der Entwicklungsgeschichte dieser Vokabel und legen
eindruckvoll davon Zeugnis ab, daß sie den Gott Israels eben nicht mehr
nur „ehren", was σέβομαι ursprünglich implizierte, sondern ihn „verehren",
womit durchaus auch ethische und praktische Konsequenzen verbunden
sind.[25] Auch hier ist von einer besonderen Affinität die Rede, nicht aber von
einer besonderen Qualifikation, wie sie für Cornelius galt.

Noch weiter abseits davon stehen besonders angesehene Persönlichkeiten der Stadt Antiochia, die Lukas zwar in das große Sympathisantenfeld
einreiht, die aber letztlich weder durch eine spezielle Qualitäts- noch Affinitätsbezeichnung gekennzeichnet sind. Vom Duktus der Erzählung her versuchen Juden aus der Stadt Antiochia einige Frauen aufzuwiegeln, denen eine Affinität zum Judentum zugestanden wird, ohne daß die Partizipialkon-

---

[25] Vgl. dazu FÖRSTER, ThWNT VII (1961) 168–172.

struktion hier Anwendung fände. Wenn diese auch nicht das entscheidende Moment ist, so doch die hier gleichsam en passant mitgeteilte Sympathie, die sich von derjenigen der „Ersten der Stadt“ unterscheidet. Es mag historisch möglich gewesen sein, daß diese Vornehmen unabhängig von der jüdischen Bevölkerung aufgewiegelt wurden, weil sie für die politische Struktur der Stadt verantwortlich zeichneten. Ich halte es aber für wahrscheinlicher, daß Lukas hier eine weitere, nochmals abgestufte Gruppe von heimlichen Sympathisanten des Judentums nennen will, wie sie auch von anderswo in Acta (z.B. 19,31) bekannt sind. Wichtig bleibt aber an 13,50, daß die genannten Frauen in Verbindung mit dem Judentum standen. Vor dem Hintergrund dieser Klassifizierung soll nun auch die Angabe in 13,43 betrachtet werden, die von „σεβόμενοι προσήλυτοι“ spricht und zu einiger Verwirrung in der Diskussion geführt hat. Es wurde sogar vermutet, daß aufgrund dieser Angabe sich die These halten lassen könne, nach welcher es auch unbeschnittene Proselyten gegeben habe.[26] Nach meiner Auffassung werden hier wie schon in Acta 2,11 Juden und Proselyten voneinander getrennt vorgestellt, weil es sich ja nun einmal von der Genese her betrachtet um zwei verschiedene Gruppen handelt. Die Spekulation über die „frommen“ Proselyten ist eher müßig. Sie deckt sich bestens mit dem Duktus der Qualifizierung von bestimmten Juden und Proselyten in Inschriften. In Acta 13,43 soll zum Ausdruck gebracht werden, daß es nicht nur Proselyten waren, die zum Christentum übertraten, sondern daß diese sich dessen als besonders würdig erwiesen, weil sie als „fromm“ galten. Vielleicht aber brachte die Kennzeichnung „fromm“ auch besondere Leistungen für die Gemeinschaft vor Ort zum Ausdruck oder unterstrich eine entsprechende Verbundenheit. So zeigt sich, daß die Grenzen zwischen der Qualifikations- und der Affinitätsbezeichnung auch fließend sein können. Umgekehrt legt Acta 13,43 von der terminologischen Unsicherheit der ersten Jahrhunderte Zeugnis ab.

Es lassen sich alle bisher angeführten Quellen nicht zu der generellen Aussage zuspitzen, das Phänomen der „Gottesfürchtigen“ sei durch eine allgemein gültige und anerkannte Gruppenbezeichnung auszudrücken und benennbar. Vielmehr ist die terminologische Bezeichnung dieser Gruppe von zeitlichen, lokalen und gattungsspezifischen Gegebenheiten abhängig, so daß es wohl spezielle Termini gab, die sich aber nicht generell übertragen lassen. Für Acta 13,43 könnte somit ein „gottesfürchtiger“ Proselyt auch ein bestimmter „Gottesfürchtiger“ sein, der von Lukas aufgrund einer besonderen Konstellation derartig herausgehoben wird. Die Deutung dieser

---

[26] Darauf war schon mehrfach in den Kapiteln V und VI hingewiesen worden.

Stelle sollte also nicht verharmlost[27], aber auch nicht überstrapaziert werden.[28]

Die schon in 13,43 und 50 gebrauchte Vokabel σέβομαι hat insofern eine besondere Funktion, als sie die Verbindung φοβούμενος τὸν θεόν ablöst. Ab Kapitel 16 wird sie dann durchgängig für das Phänomen der „Gottesfürchtigen" gebraucht. Über diesen Wechsel ist viel spekuliert worden. Dies reicht bis hin zu der These, zwei unterschiedliche Quellen daraus ableiten zu können. Mir erscheint es als viel einleuchtender, daß mit dem geographischen Übergang nach Europa die im dortigen Kulturkreis gebräuchlichere und moralisch eindeutigere Formulierung zur Anwendung kommt. φοβούμενος τὸν θεόν gehört von der Anlage her in den syrisch-palästinischen Sprachraum, wo die Anwendung genauer verstanden wurde als in anderen kulturellen Kontexten und eine zentrale Stellung besaß.[29]

c) „Gottesfürchtige" nach Acta 16

Auch dieses Kapitel und die Episode um Lydia ist in einem durch und durch jüdischen Kontext angesiedelt. Paulus sucht in Philippi das Gelände am Fluß auf, wo er wie erwartet auf eine Proseuche[30] stößt, an der sich Frauen am Sabbat versammelt hatten (V.13.16). Eine der Frauen ist die Purpurhändlerin Lydia, die als eine „Gottesfürchtige" eingeführt wird (καί τις γυνὴ ὀνόματι Λυδία...σεβομένη τὸν θεόν; V.14). Sie hörte den Worten des Paulus aufmerksam zu, weil Gott ihr entsprechend das Herz geöffnet hatte. Lydia und ihr ganzes Haus werden daraufhin getauft. Sie drängt Paulus und seine Mitarbeiter, in ihr Haus zu kommen, wenn diese davon überzeugt seien, daß Lydia tatsächlich zum Glauben an den Kyrios gekommen sei (V.15).

1. Bemerkenswert ist bei den Angaben zu Lydia, daß sie wie Cornelius namentlich, mit einer Berufsangabe und mit ihrem ganzen Haus eingeführt wird und daß weiterhin die Partizipialkonstruktion σεβόμενος τὸν θεόν erstmals in Acta zusammen mit ihrer Person auftaucht. Das in Acta 13,43 und 50 hinzutretende σέβομαι ist von diesem Gebrauch unterschieden. Es ist offensichtlich, daß Lukas die Person der Lydia nicht beiläufig erwähnt, sondern sie ebenfalls als einen Prototyp einer „Gottesfürchtigen" einführen möchte.

---

27 CONZELMANN, Acta, 162.

28 SIEGERT, JSJ 4 (1973) 139f.

29 Vgl. dazu auch CADBURY, Luke-Acts, 225.

30 HENGEL, Proseuche, 175f. nimmt für Philippi an, daß es sich um ein Gebäude gehandelt haben muß. Er verweist darauf, daß die antiken Autoren wie etwa Apion, Kleomedes, Artemidoros, Juvenal immer Proseuche gebrauchten, wenn sie eine Synagoge meinten (172f.).

2. Auch Acta 16 nennt eine Heidin, die sich dem Judentum verbunden fühlt. Über diese Affinität hinaus wird sie aber als eine Person eingeführt, die besonders qualifiziert ist. Sie wird mit einer Proseuche und der Praxis des Sabbats vorgestellt und füllt damit die Leerstelle, die bei Cornelius gesehen worden war. Weiterhin ist sie gastfrei, gütig und vor allem als demütig vorausgesetzt. Darauf deutet wohl die sehr vorsichtige Frage „εἰ κεκρίκατέ με πιστὴν τῷ κυρίῳ εἶναι" in V.15. Damit aber führt Lukas in Acta 16 eine „Gottesfürchtige" an, wie sie idealtypisch sein sollte.

3. Lydia wird wie Cornelius auch anderen „Gottesfürchtigen und Sympathisanten" vor Augen geführt. Lukas will also nicht nur darüber informieren, daß es hochrangige heidnische Sympathisanten gegeben hat, sondern er möchte „gottesfürchtige" Leser werben und zu einer Hinwendung zum Christentum bewegen. Diese Art der Überzeugung und Motivation soll allerdings erst nach der Sichtung des gesamten Materials genauer betrachtet werden.

d) „Gottesfürchtige" nach Acta 17

Acta 17 nimmt aufgrund seiner Struktur und seiner Aussagen einen vergleichbaren Rang wie Kapitel 13 ein. Nachdem in Kapitel 16 eine vorbildliche „Gottesfürchtige" eingeführt worden ist, werden in 17,4 und 12 ähnlich wie in Acta 13,50 Personen angesprochen, die in Bezug zu der Synagoge in Thessaloniki stehen. Wie auch sonst zu beobachten war, ist für den Kontext der Aussagen das jüdische Milieu gesichert (Synagoge, Sabbat V.1f.). Bei diesen Personen handelt es sich nach V.4 um „gottesfürchtige Griechen" (σεβομένων Ἑλλήνων πλῆθος πολύ)[31] und um vornehme Frauen (γυναικῶ τε τῶν πρώτων οὐκ ὀλίγαι), nach V.12 um griechische Frauen und angesehene Männer (Ἑλληνίδων γυναικῶν τῶν εὐσχημόνων καὶ ἀνδρῶν οὐκ ὀλίγοι). Wie in Kapitel 13 wird graduell zwischen den Personen unterschieden, die einen Bezug zur Synagoge erkennen lassen, was durch σέβομαι geschieht, und denen, die als interessiertes Publikum, aber durchaus im Rahmen des jüdischen Milieus, eingeschätzt werden. Eine schematische Übersicht über diese von Lukas genannten Personen wird noch im weiteren Verlauf gegeben.

Auch bei dem Aufenthalt des Paulus in Athen werden „Gottesfürchtige" vorausgesetzt, die im Kreis der Synagoge (V.17) angesiedelt sind. Es wird

---

[31] Interessant ist die textkritische Variante in Acta 17,4, die zwischen „Gottesfürchtige" und Griechen ein verbindendes καί setzen möchte, um somit zwei separate Gruppen sicherzustellen. Dieser Variante wird jedoch nicht gefolgt, weil sie eine Harmonisierung eines komplizierteren Zusammenhangs erreichen will.

berichtet, daß Paulus in der Synagoge mit den Juden und den Gottesfürchtigen und dann noch – örtlich davon abgesetzt – mit denen auf dem Markt sprach, welche er zufällig antraf (διελέγετο μὲν οὖν ἐν τῇ συναγωγῇ τοῖς Ἰουδαίοις καὶ τοῖς σεβομένοις καὶ ἐν τῇ ἀγορᾷ κατὰ πᾶσαν ἡμέραν πρὸς τοὺς παρατυγχάνοντας).

1. Deutlich machen diese Angaben, daß drei unterschiedliche Gruppen anvisiert werden. Die ersten beiden sind mit der Synagoge (der Juden) verbunden, wobei die σεβόμενοι wie eine feststehende Formulierung gebraucht werden, vergleichbar mit den φοβούμενοι τὸν θεόν aus 13,16 und 26. An dieser Stelle werden „Gottesfürchtige" als feste Gruppe mit einer geprägten Terminologie vorausgesetzt, was sich durchaus auf andere Orte übertragen läßt (vgl. Acta 18 unten). Mit den ersten beiden Gruppen redete Paulus in der Synagoge, während er die anderen auf der Agora ansprach. Er tat dies, wenn er bestimmte Personen eher zufällig traf, wodurch sehr deutlich zum Ausdruck kommt, daß diese Menschen nicht seine eigentliche und primäre Zielgruppen waren.

2. Bemerkenswert ist nun auf jeden Fall, daß Lukas bei der Anrede an die dritte Gruppe im Sprachgebrauch konsequent bleibt, indem Paulus die Athener zwar als „fromme und gottergebene" Menschen anspricht, dies aber durch die Vokabel δεισιδαίμων in V.22 zum Ausdruck bringt (vgl. auch εὐσεβέω in V.23). Bei der Besprechung von Acta 18,13 wird noch zu zeigen sein, daß Lukas derartige Vokabeln nicht nur aus stilistischen Gründen, sondern auch aus historischer und sachlicher Notwendigkeit gewählt hat.

e) „Gottesfürchtige" nach Acta 18

In diesem Kapitel finden sich nun schließlich die letzten Hinweise zu „Gottesfürchtigen". Da neue Aspekte sich kaum noch aufzeigen lassen, wird die Darstellung auf das Notwendigste beschränkt, um dann den Vertiefungen mehr Raum zu geben. Auch in Acta 18 ist der jüdische Kontext der Ort, in welchem das „gottesfürchtige Publikum" genannt wird (Sabbat, Synagoge V.4; Synagogenvorsteher V.8 und 17). Die Szene ist in diesem Kapitel zweigeteilt, weil Paulus nach Verlassen des Synagogengebäudes in Ephesus (18,5f.) das Haus[32] eines gewissen Titius Justus nutzt (18,7ff.). Zum Publikum in der Synagoge gehören auch Griechen, worauf Lukas ausdrücklich

---

[32] Nach HENGEL, ZNW 57 (1966) 182 sind hier die Anfänge für die auch an anderer Stelle zu greifende Entwicklung gelegt, „daß sich ein Privathaus in einen Kultort verwandelte" (vgl. 161).

hinweist. Aber auch für das Haus des Titius Justus ist ausdrücklich durch 18,8 bezeugt, daß sich hier viele Korinther sammelten.

1. Einer genaueren Betrachtung ist aber noch V.7 zu unterwerfen. Der Hausbesitzer Titius Justus wird als „Gottesfürchtiger" bezeichnet und dies durch die Partizipialkonstruktion σεβόμενος τὸν θεόν näher beschrieben. Von ihm ist sonst nicht mehr die Rede, und wir erfahren auch im weiteren Verlauf nur, daß sein Haus an die Synagoge grenzte, weshalb es sich als besonderer Versammlungsort eignete. Die Partizipialkonstruktion wird auch hier als feststehende Formulierung gebraucht, die das Phänomen der „Gottesfürchtigen" erneut an dieser Stelle bestätigt.

2. Aufmerksamkeit erfordert auch der durch Juden vorgebrachte Anklagepunkt beim Prokonsul in V.13, Paulus verführe Menschen zu einer Gottesverehrung wider das Gesetz (παρὰ τὸν νόμον ἀναπείθει οὗτος τοὺς ἀνθρώπους σέβεσθαι τὸν θεόν). Im Unterschied zu Acta 17,22f. wird die Verehrung des jüdischen Gottes mit σέβεσθαι umschrieben.[33] Dies geschieht hauptsächlich, weil es sich um einen heidnischen Kontext handelt und φοβεῖσθαι deplaziert wäre, worauf besonders in Kapitel IV hingewiesen wurde.

Statt einer allgemeinen Zusammenfassung sollen nun noch zwei Gedanken geboten werden, in denen nach den Konseqenzen aus dem vorgestellten Material gefragt wird und aus denen sich auch Resümees ergeben.

4. Die besondere Funktion der Kapitel 10 und 16

Es ist besonders zu beachten, daß Lukas in den Kapiteln 10 und 16 jeweils zwei „Gottesfürchtige" mit entsprechenden Partizipialkonstruktionen einführt (Acta 10,2f. φοβούμενος τὸν θεόν; 16,14 σεβόμενος τὸν θεόν. Betrachtet man beide Kapitel näher, kommen besondere Gemeinsamkeiten zum Vorschein. Die beiden „Gottesfürchtigen" werden namentlich eingeführt, ihre Berufe jeweils genannt und es wird mitgeteilt, daß ihre „Häuser" demselben Lebensentwurf folgten.

1. Acta 10 und 16 haben innerhalb der Geschichte des Urchristentums eine besondere Bedeutung. Das in diesen Kapiteln Berichtete steht an zentralen Wendemarken, die folgenreiche Entwicklungen einleiten. Cornelius ist der erste Heide, der in die Gemeinschaft der Christusanhänger aufgenommen wird und der deshalb auch über entsprechende Qualitäten verfügen mußte, um diesen für Judenchristen nur schwer nachvollziehbaren Schritt zu legitimieren. Lydia ist demgegenüber die erste Heidin, der Paulus nach

---

[33] Vgl. ähnlich auch THEISSEN, ZNW 65 (1974) 266.

seiner Trennung von Barnabas (15,36ff.) begegnet und das auch noch auf einem völlig neuen Missionsfeld. Denn ab Acta 16,10ff. betritt Paulus den Boden Europas und weitet in Eigeninitiative seine bis dahin auf Kleinasien beschränkte Mission aus. Zu beachten ist besonders, daß in Acta 10 die Legitimation für den Schritt des Petrus durch eine Vision angezeigt wird, die ihn in Gegenüberstellung mit der Vision des Cornelius letztlich von seiner Initiative zur Heidenmission überzeugt. Auch in Kapitel 16 weist eine Vision Paulus den Schritt zum Übergang nach Europa (V.9). In diesem Fall ist es die besonders ausgewiesene und qualifizierte „Gottesfürchtige" Lydia, welche der Initiative des Paulus entsprechend gegenübersteht und diese ebenfalls legitimiert, da sie eine ausgewiesene und würdige Person ist.

2. Acta 10 setzt durch die Einführung und auch den Gang der Erzählung voraus, daß Cornelius und sein Haus es selber waren, die die Initiative für die Heidenmission aufgrund der Vision ergriffen. Seine Abgesandten sind es, die sich zu Petrus aufmachen und bei ihm vorstellig werden. Ihre Darstellung der Vision des Cornelius bewegt ihn nun, sich nach Caesarea aufzumachen und Cornelius zu taufen (10,17ff.). Acta 16 ist dieser Erzählung insofern partiell verwandt, als Paulus und seine Mitarbeiter zwar die Gebetsstätte am Fluß aufsuchen und Lydia nach entsprechender Verkündigung taufen. Es ist jedoch Lydias Initiative, durch welche sie Paulus und seine Begleiter drängt und nötigt, in ihr Haus zu kommen.

Aufmerksam sollte beachtet werden, daß in Acta 16,15 explizit zum ersten Mal ausgesagt wird, daß Paulus ein heidnisches Haus betritt. Die Begegnung mit Lydia hat für Paulus genau die gleichen Konsequenzen wie für Petrus, der nach der Visionsschilderung das erste Mal ein heidnisches Haus betritt und seine Skrupel auch formuliert, aber überwindet (10,28). Bei Paulus wird zwar von einem Umgang mit Heiden berichtet (vgl. etwa Sergius Paulus in 13,7ff.), nicht aber, daß er ihre Häuser betreten habe und sich bewirten ließ. Auf das Drängen der Lydia hin kommt Paulus in ihr Heim. Es ist für Acta 10 und 16 bemerkenswert, daß hier wie dort nicht nur „Gottesfürchtige", sondern ganz besonders herausgehobene und qualifizierte „Gottesfürchtige" die Heidenmission allgemein, den Übergang der Mission nach Europa und die endgültige Frage der Tischgemeinschaft mit Heiden klären und legitimieren helfen. Diese Klärung bewirkt für Paulus historisch und für Lukas konzeptionell, daß im Fortgang der Philippi-Episode die Einkehr bei dem Gefängniswärter keine Schranke mehr darstellt (16,33f.). Die Erwähnung dieses Menschen und seine Taufe wirft die Frage auf, welche Kategorien von „Gottesfürchtigen und Sympathisanten" Lukas eigentlich insgesamt anvisierte und in welchem Schema sie sich darstellen lassen. Dieser Frage soll im folgenden nachgegangen werden.

5. Versuch einer schematischen Darstellung von „Gottesfürchtigen" bei Lukas

Im folgenden soll mit einer Art Schema versucht werden, die verschiedenen heidnischen Gruppen zu erfassen, die nach Lukas am Judentum interessiert waren, mit ihm sympathisierten oder sich assoziativ verbunden hatten. Dabei soll die Partizipation in einer Stufung dargestellt werden, um vom „Idealmaß" ausgehend die Abstufungen entdecken und verstehen zu können.

a) Kategorie: φοβούμενος τὸν θεόν / σεβόμενος τὸν θεόν (Affinitätsbezeichnung) plus Eigenschaften, die als Vorbilder ausweisen (Qualitätsbezeichnung). Diese Art von „Gottesfürchtigen" begegnet uns in der Person des Cornelius in Acta 10 und der Person der Lydia in Acta 16.

b) Kategorie: φοβούμενος τὸν θεόν / σεβόμενος τὸν θεόν als feststehende Formulierung (Affinitätsbezeichnung) ohne nähere Qualifizierung. Diese „Gottesfürchtigen" werden als fester assoziierter Bestandteil der jeweiligen Synagogengemeinde vorausgesetzt und meinen in eigentlicher Weise den in den Lehrbüchern dargestellten „typischen Gottesfürchtigen". Sie finden sich in 13,16.26; 17,17; 18,7.

c) Kategorie: mit σέβομαι qualifizierte heidnische Personen (Affinitätsbezeichnung). Unter ihnen werden „Sympathisanten erster Kategorie" zu verstehen sein, die ihre Affinität nicht bis zur Zugehörigkeit wie unter Kategorie b) steigerten, aber durchaus mehr als nur Sympathisanten waren. Sie werden in 13,50 und 17,4 genannt. Analog dazu werden in 13,43 Proselyten über den Status des Übertritts hinaus mit σέβομαι als besonders würdig erklärt. Es geht an allen Stellen darum, bestimmte Personen mit Hilfe dieses Wortes aus einer Masse herauszuheben.

d) Kategorie: „Sympathisanten", die ohne eine nähere Qualifizierung erwähnt werden. Dazu werden politisch einflußreiche Personen ebenso gehört haben wie Frauen und Männer aus der Oberschicht (13,50; 17,4.12). Genannt werden müssen aber auch die als „Griechen" vorausgesetzten Personen, die sich anläßlich der synagogalen Versammlungen dort einfinden (14,1; 18,4) und deren Sympathisantentum als wohlwollendes Interesse gedacht werden kann.

e) Kategorie: das sonst noch anwesende Publikum. Diese Personen gehören nicht mehr zu den „Gottesfürchtigen und Sympathisanten", werden aber als Zuhörer an den jeweiligen Orten der paulinischen Verkündigung vorausgesetzt. Dazu zählen Größen wie „die ganze Stadt" (13,44) oder „die Heiden" (13,48). In Korinth hingegen versammeln sich im Haus des Krispus ganz gezielt „viele Korinther" (18,8), bei denen die Charakterisierung als

zufällig anwesende Hörer allerdings schon wieder durchbrochen ist, was auf
die fließenden Grenzen bei dieser Kategorisierung hinweist.

Über diese Kategorien hinaus ist noch auf zwei Phänomene hinzuweisen,
die uns auch im übrigen neutestamentlichen Schrifttum begegnen.

Zum einen ist auf den Hauptmann aus Lk 7,5 zu verweisen. Er wird als
derjenige bezeichnet, der das jüdische Volk liebt und beim Synagogenbau
Unterstützung geleistet hat. Seine „Gottesfurcht" mündet in einer Art
Spender- und Stiftertätigkeit, was uns auch im Zusammenhang der Inschriften begegnet war und sich an dieser Stelle ebenfalls für das Neue Testament
belegen läßt. Eine Identifizierung bzw. Gleichsetzung von Spendern und
Stiftern mit „Gottesfürchtigen" ist aber auch hier nicht angemessen und bedarf vielmehr einer differenzierten Beurteilung.

Zum anderen ist auf das Phänomen „die Griechen" zu verweisen. Daß
sich hinter dieser Bezeichnung auch „Gottesfürchtige und Sympathisanten"
verbergen können und sogar explizit angesprochen sind, wird im Neuen Testament graduell unterschieden behandelt.[34] Verwiesen sei auf Acta (13,50),
14,1; 17,4 und 12, wo die Kategorien d), e) und f) allesamt berührt und angesprochen werden. Die Kategorie „Griechen" stellt besonders im Johannesevangelium eine interessante Variante dar. In 12,20–32 werden „Griechen"
als Pilger auf dem Fest in Jerusalem vorausgesetzt, die Gott anbeten
(προσκυνεῖν, nicht σέβεσθαι) wollen. Sie kommen aber zu Jesus nur über
die Vermittlung der Jünger in Kontakt. Eine direkte Begegnung mit Jesus
und die Heidenmission werden erst dann geschehen können, wenn Jesus er-
höht ist. Von besonderer Bedeutung ist Joh 12,20 aber auch, weil mit Josephus Ant XIV,110 mitgeteilt wird, daß Pilgertum sich nicht nur auf Juden
und Proselyten beschränkte, die dazu verpflichtet waren, sondern sich auch
„Sympathisanten" im weiteren Sinne nach Jerusalem aufmachten.

---

[34] Für das hier anvisierte engere Verständnis werden Stellen wie Acta 19,10.17; 20,21;
Röm 1,16; 2,9f.; 3,9; 10,12; 1 Kor 1,24; 10,32; 12,13; Gal 3,28; Kol 3,11 nicht berücksichtigt,
weil sie zu allgemein gehalten und damit nicht aussagekräftig genug sind. Bei den in Acta
11,20 erwähnten Griechen, denen einige Hellenisten, die aus Zypern und Cyrene stamm-
ten, das Evangelium verkündigten (vgl. RAU, Jesus, bes. 73–75), könnten aber wiederum
„Gottesfürchtige" gewesen sein. MICHAELIS, ZNW XXX (1931) 88 hatte sogar vermutet,
daß die Beschneidung an dieser Stelle noch vorausgesetzt sei.

6. Das Interesse des Lukas an einer schematischen Darstellung von „Gottesfürchtigen"

An dieser Stelle soll noch einmal präziser gefragt werden, weshalb Lukas dieses abgestufte Schema einer Präsentierung von „Gottesfürchtigen und Sympathisanten" gewählt hat.

a) Lukas will informieren und historisch berichten, daß bei der Mission des Petrus und besonders bei der des Paulus ein interessiertes Publikum anwesend war, welches von der „ganzen Stadt" (13,44) oder der Agora (17,17) über griechische und hochgestellte Persönlichkeiten (13,50; 17,4.12), über besonders dem Judentum zugetane Personen als „Sympathisanten" (13,50; 17,4), über „Gottesfürchtige" als fester sozialer Größe (13,16.26; 17,17; 18,7) bis hin zu solchen „Gottesfürchtigen" reichte, die sich den Christusanhängern anschlossen.

b) Lukas will darstellen, daß sich die Botschaft von Jesus Christus bis an die Grenzen der Erde ausbreitet (1,8) und

– daß geborene Juden sie annehmen (z.B. 17,10–12)

– daß Proselyten diesen Schritt tun (13,43)

– daß sich „Gottesfürchtige" als fester Bestandteil der synagogalen Gemeinden anschließen (13,16.26)

– daß sich Sympathisanten des Judentums davon anstecken lassen

– daß einflußreiche Persönlichkeiten diesen Weg beschreiten

c) Lukas nimmt aus diesen genannten Gruppen wiederum einige Personen und stellt sie besonders heraus, weil sie diesen Schritt wagen:

– den Synagogenvorsteher Krispus aus Korinth (18,8)

– Sergius Paulus, den Prokonsul von Zypern (13,12)

– Dionysos aus Athen (17,34)

– den Gefängnisaufseher aus Philippi (16,30–34).

Dazu gehören aber auch Personen, die diesen Schritt nicht tun, sich aber dennoch loyal und richtig verhalten:

– der Prokonsul von Achaia Gallio (18,14f.)

– führende Beamte in Ephesus (19,31.35)

d) Innerhalb seines graduell abgestuften Schemas will Lukas wohl erreichen, daß „Gottesfürchtige" als potentielle Leser seines Werkes sich an einem beliebigen Punkt des Schemas in dieses eingliedern und ihre Affinität steigern können. Die Abstufungsfolge reicht vom Zuhörer in der Synagoge zu einem Gast dort, von einem „Sympathisanten des Judentums" zum „Gottesfürchtigen" als einem festen Bestandteil der Synagoge, welcher aber nicht mehr als „Gottesfürchtiger" in diesem technischen Sinne verstanden und begriffen wird, sondern der ein „Gottesfürchtiger" mit allen notwendigen Eigenschaften ist und sich schließlich am Ende dieses Weges zum Christentum hinwendet, dort mit all seinen Belangen aufgehoben ist und Erfüllung gefunden hat bis zur Aufnahme durch die Taufe. Durch die Zielgerichtetheit eines derartigen Schemas, das auch in abgewandelter Form existiert haben kann, wurden die Mission an „Gottesfürchtigen und Sympathisanten" und das frühe Christentum zu einer wirklichen Konkurrenzbewegung zum synagogalen Betrieb in den jeweiligen Städten und Orten.

e) Im Vergleich mit den Inschriften, die θεοσεβής oder metuens für diesen Sachverhalt nennen, könnte gefolgert werden, daß bei den Grabinschriften die erste und die dritte Kategorie von Simon koinzidieren. Sie könnten nämlich zum Ausdruck bringen:

– die Affinität des/r Verstorbenen zum Judentum, ohne daß damit irgend etwas über dessen/deren „Frömmigkeit" ausgesagt würde (dies entspräche den oben angeführten Kategorien b, c und d).

– die Bemühungen eines Heiden, sich an Werten zu orientieren, die in jüdischen Kategorien ausgedrückt werden und deren Kurzfassung die Worte θεοσεβής oder metuens sind (dies entspräche der oben angeführten Kategorie a).

Zu beachten bleibt aber, daß dies nur eine rein theoretische und schematische Vereinfachung eines sehr vielschichtigen und komplizierten Sachverhaltes ist. Mit fließenden Grenzen ist auch hier zu rechnen ebenso wie mit lokal erheblich abweichenden Differenzierungen.

f) Die „Gottesfürchtigen" sind somit bei Lukas

– keine historische Fiktion

– eine ernstzunehmende historische Größe, von der er wahrheitsgemäß berichtet

– eine beispielhafte Größe, die vor Augen führen will, was Judentum / Christentum wirklich ausmacht (Almosen, Frömmigkeit, Gerechtigkeit...)

– eine wichtige vermittelnde Größe, die Grenzen zwischen Qualifikationsbezeichnung und Affinitätsbezeichnung überwindet. Sie zeigt als eine dritte Möglichkeit das eigentliche Ziel, nämlich den „gottesfürchtigen Gottesfürchtigen", der auf den Namen Jesu getauft wird.

7. Zusammenfassende und weiterführende Überlegungen

Abschließend sollen noch Hypothesen zu den Konsequenzen des abgestuften Schemas der „Gottesfürchtigen und Sympathisanten" bei Lukas vorgestellt werden.

a) Die Fragestellung und das Schema wollen auf gar keinen Fall in einer schlichten Form „beweisen", daß Lukas mit seinen Angaben zum Umfeld der Diasporasynagogen und zu den „Gottesfürchtigen" in vielen Einzelheiten historisch richtig liegt. Sie wollen vielmehr aufzeigen, daß Lukas durch die Darstellung dieses großflächigen Milieus ein theologisch begründetes Spektrum entwirft, welches eine doppelte Funktion besitzt. Einerseits werden wichtige historische Angaben aufbewahrt und weitergegeben und andererseits wird eine bestimmte theologische Absicht durch diese gezielten Informationen verfolgt. Derartige Auskünfte über das synagogale Milieu werden deshalb nicht „wahr", gewinnen aber doch eine bestimmte Kontur, weil sie einen Realgrund bei den Hörern und Lesern voraussetzen, durch den ihnen ein Einstieg ermöglicht wird. In einem solchen Ansatz stehen sich „historischer Wert" der Angaben und redaktionelle Zusätze nicht gegenüber, sondern sind in ihren jeweiligen Anliegen ernst genommen und miteinander verschränkt und können so beim antiken wie beim modernen Leser ihre Wirkung entfalten.

b) Eine zweite Überlegung zum Umfeld der Synagogen und zu den „Gottesfürchtigen" anhand des lukanischen Materials nimmt ihren Ausgangspunkt in den Orten, die über ein derartiges Milieu verfügten und von Lukas beschrieben werden. Es handelt sich dabei um Caesarea Maritima, Antiochia Pisidiae, Philippi, Thessalonich, Athen und Korinth. Darüber hinaus wird in Acta 11,20 jenseits einer bestimmten Terminologie mitgeteilt, daß Judenchristen aus Zypern und Cyrene in Antiochia am Orontes zuerst den „Griechen" das Evangelium verkündeten. Drei Orte sind deshalb besonders hervorzuheben, weil sie eine wegweisende Funktion besitzen. Caesarea, weil aus einem „Gottesfürchtigen" der erste Heidenchrist wird; Antiochia am Orontes, weil hier anscheinend eine nicht mehr selektive, beschneidungsfreie Heidenmission beginnt und schließlich Korinth, weil anhand des Titius Justus deutlich wird, welche ungeheure Bedeutung bestimmte „Gottesfürchtige" für das Anwachsen der Zahl der Christusanhänger hatten. Es ist bemerkenswert, daß die drei zuletzt genannten Orte neben Ephesus als „religious centers" galten, weshalb sie in Beiträgen zu „Aufstieg und Niedergang der römischen Welt" gesondert behandelt wurden.[35] Solche Zentren waren dadurch ausgewiesen, daß Götter des griechischen Pantheon[36]verehrt wurden, sie über bestimmte Kulte[37] verfügten oder auch

---

[35] WISEMANN, ANRW II (18,2?, 18,4?,) zu Korinth; OSTER, ANRW II, 18,3, 1661–1728 zu Ephesus; NOSTRIS, ANRW II, 18,4, 2322–2379 zu Antiochia; HOPPE, ANRW II, 18,4, 2380–2411 zu Caesarea Maritima.

[36] Zeus, Apollo, Artemis, Tyche, Aphrodite, Ares, Athena, Dionysus, Pan, Herakles, Hermes, Nike u.a.

fremdländischen[38] religiösen Einflüssen ausgesetzt waren, zu denen auch das Judentum gehörte. Eine derartige Zentrierung von „Religion" wird auch in der Antike eine bestimmte Sensibilisierung bewirkt haben. Deshalb ist es wohl kein Zufall, daß Lukas nicht nur wichtige Abschnitte in der Geschichte des Urchristentums in diesen Zentren ansiedelt, sondern darüber hinaus ein entsprechendes Milieu von „Gottesfürchtigen" an diesen Orten voraussetzt. In Verbindung mit den Informationen über derartige „religiöse Zentren" erhalten Angaben über dieses Milieu ein ganz besonderes Gewicht.

c) In den Zusammenhang historischer Erwägungen gehören natürlich auch die Auseinandersetzungen zwischen den Größen Christentum und Judentum, die, besonders nach Darstellung der Apostelgeschichte, aufgrund der Propaganda unter den „Gottesfürchtigen" entbrannte. Angesichts des oben vorgestellten und hypothetisch begründeten Schemas wäre eine Fragestellung vonnöten, die den Blick auf die heidnische Seite lenkt und untersucht, wo deren Schwerpunkte einer Orientierung lagen. Die christlichen Zeugnisse sprechen beredt davon, daß für Heidenchristen, „Gottesfürchtige" und andere interessierte Personen stets die judenchristliche und jüdische Ausprägung eine besondere Attraktion besaßen, weshalb auf heidenchristlicher Seite dagegen Sturm gelaufen wurde – von Paulus bis in die konstantinische und theodosianische Gesetzgebung.[39] Die jüdische Seite hatte für Heiden immer eine besondere Anziehungskraft. Der Grund für die Bevorzugung des Status als „Gottesfürchtige" liegt wohl überwiegend darin, daß auf diese Weise das „Heidentum" nicht in dem Umfang aufgegeben werden mußte, wie es eine entsprechende christliche Orientierung verlangte. Ein derartiger Lebensentwurf war bedeutend rigoristischer und minderte deshalb immer wieder punktuell seine Attraktivität, weshalb eine gleichzeitige Orientierung in Richtung Judentum bestehen blieb. Das vorgestellte Schema des Lukas ist also auch von der weiteren Geschichte her als ein Werben um diese „Gottesfürchtigen" zu verstehen, die jedoch nicht Missionsobjekte schlechthin für die christliche Verkündigung waren, wie es manchmal in sie hineingelesen wurde.[40]

---

[37] Asklepsius, Demeter, Helden-Kulte (Alexander der Große, Apollonius von Tyana), Muttergottheiten u.a.

[38] Syrische Gottheiten, zypriotische Kulte, römische, ägyptische, persische, fernöstliche Religionen, u.a.

[39] Dieser Aspekt wurde in Kapitel VI ausgeführt.

[40] Dieser Entwurf und die Art und Weise des Umgangs sind nicht identisch mit denen des Paulus. Auf diesen Unterschied wird auch nochmals in Kapitel VIII verwiesen. Aus paulinischer Perspektive war das Heidenchristentum analog zum Status eines „Gottesfürchtigen" im überkommenen Sinn keine Alternative. Diese paulinische Sicht bestimmt

Damit aber werden die Bemühungen des Lukas für das Umfeld der Diaspora-synagogen zu einer Gratwanderung zwischen den historischen Informationen einerseits und dem Werben für einen bestimmten Lebensentwurf andererseits. Nur unter diesem doppelten Aspekt sind seine Angaben zu verstehen und auch zu rezipieren.

---

aber weitgehend die Auslegung und hat sich bis heute gehalten. Hinzuweisen ist aber immer darauf, daß es sich dabei um einen von vielen Aspekten gehandelt hat und die paulinische Perspektive nicht zu verabsolutieren ist: „Die ‚Gottesfürchtigen‘ hatten schon gegenüber ihren heimischen Traditionen und Religionen Selbständigkeit gezeigt. Sie standen zwischen verschiedenen kulturellen Bereichen und waren daher besonders empfänglich für den christlichen Glauben, der ethnische und kulturelle Grenzen überschritt und eine Identität unabhängig von überkommenen Traditionen verleihen konnte. Dies konnte das Judentum nicht: Hier waren sie nicht voll gleichberechtigt. Das Christentum, besonders in seiner paulinischen Form, bot ihnen die Möglichkeit, sich zum Monotheismus und einem hochstehenden Ethos zu bekennen und zugleich volle religiöse Gleichberechtigung zu erlangen – ohne Beschneidung, ohne Ritualgebote, ohne Beschränkungen, die sich für ihren sozialen Status negativ auswirken konnten" (THEISSEN, ZNW 65, 1974, 266).

VIII. Die Relevanz des präsentierten Materials für die übrige neutestamentliche Überlieferung

In diesem abschließenden Kapitel sollen die Ergebnisse der Quellenanalyse in zugespitzter Form auf die übrige neutestamentliche Überlieferung bezogen werden. Im Blick sind dabei vor allem die hellenistisch-jüdischen Quellen, die Notizen und Bemerkungen der antiken heidnischen Autoren und besonders auch das inschriftliche Material. Der Quellenkomplex ist in seiner Gesamtheit zu befragen und in der Form zu profilieren, inwiefern über die Apostelgeschichte hinaus wegweisende Beiträge für das Neue Testament und seine Umwelt gewonnen werden können. Diese Art der Betrachtung ist eine besonders reizvolle Aufgabe immer dann, wenn die zeitlichen Angaben aus den Schriften des Neuen Testaments und dem übrigen Quellenmaterial nahe beieinander liegen und sich vergleichen lassen. Dies ist etwa für die angeführten Episoden zu Poppaea Sabina oder zum Königshaus von Adiabene der Fall, aber auch für die Inschriftenfunde aus Panticapaeum und aus Milet.

Besonders zu erwähnen ist, daß die rabbinischen Quellen oben bei der Analyse zwar berücksichtigt worden sind, aber ihr historischer Wert nicht vergleichbar hoch veranschlagt worden ist wie etwa derjenige der Inschriften. Diese Handhabung bedarf neben den eingangs in Kapitel III gemachten Ausführungen einer besonderen Begründung. Im Verlauf der Arbeit wurden häufig Quellen angeführt, welche zeitlich viel später anzusetzen sind als die Schriften aus neutestamentlicher Zeit. Ganz besonders zu nennen sind hier nochmals die Inschriften, deren Datierung zwischen dem 1. und dem 6. Jh. n. Chr. schwankt. Auf den ersten und vordergründigen Blick scheinen sie auch nicht mehr Aussagekraft zu besitzen als die rabbinischen Quellen, deren historischer Informationsgehalt relativiert und eingeschränkt wurde.

Die Übertragung der Auswertung von Inschriften auf Phänomene aus neutestamentlicher Zeit ist aber trotzdem aus vielerlei Gründen gerechtfertigt. In diesem Zusammenhang ist besonders von den Diasporagemeinden zu sprechen, die einen Schwerpunkt der Arbeit gebildet haben. Es ist immer wieder geltend gemacht worden, daß gerade diese Gemeinschaften in der hier abgehandelten Zeit außerhalb eines nennenswerten rabbinischen Einflusses standen. Dies ist zumindest das Ergebnis intensiver epigraphischer Erforschung für die Zeit des Neuen Testaments und der Spätantike. Inschriften sagen eben nicht nur etwas aus über die Verbreitung des Judentums und der griechischen Sprache oder bestimmter vermittelter Werte, sondern sie belegen auch, daß in der Diaspora die Rabbinen eine eher unerhebliche Rolle gespielt haben.[1]

Im folgenden sollen unter Berücksichtigung dieser Erwägungen drei verschiedene Schwerpunkte in Ansätzen vorgestellt und daraus Perspektiven entwickelt werden, wobei aber die vielschichtig gelagerte Quellenlage insgesamt im Blick bleibt.

1. Die „Gesetze Roms" und ihre Bedrohung durch das Umfeld der Diasporasynagogen

In Augustins „De civitate Dei" VI,11 ist uns eine Passage von Seneca erhalten geblieben, die von erheblicher Bedeutung ist und schon am Ende von Kapitel II zitiert wurde. In diesem Fragment, ursprünglich der Schrift „De Superstitione"[2] zugehörig, kommen seine scharfe Beobachtungsgabe, aber auch seine Verachtung und sein gekränkter Stolz zum Ausdruck. Beides wird nicht die Position eines Einzelnen gewesen sein. „Die Sitten der Juden," schreibt Seneca, „dieser verfluchten Rasse, haben einen derartigen Einfluß gewonnen, daß sie überall auf der Welt angenommen worden sind. Die Juden wissen jedenfalls immerhin (tamen) von dem Ursprung und der Bedeutung ihrer Riten. Der größte Teil der Bevölkerung aber begeht ein Ritual, bei dem sie nicht wissen, warum sie es tun." Und er kommentiert sei-

---

[1] „Die Tatsache, daß in den Inschriften außerhalb Palästinas nahezu keine Rabbinen erwähnt werden und daß dazu noch das Wort ‚Rabbi' in einer Inschrift meistens vielmehr ‚wichtige Person' oder ‚einflußreicher Mann' denn ‚Rabbiner' zu bedeuten scheint, vermittelt uns entschieden den Eindruck, daß die Diasporagemeinden größtenteils außerhalb rabbinischer Kontrolle blieben bis zum Anfang des Mittelalters" (VAN DER HORST, BZ 36, 1992, 161–178, Zitat 168).

[2] Seneca, De Superstitione, apud: Augustin, De Civitate Dei,VI,11 – Dombart & Kalb = F 145 R = F 593, H. Hagendahl, Augustin and the Latin Classics I, Göteborg 1967 = STERN, Authors I, Nr.186. Die meisten der in diesem Abschnitt angeführten Texte sind bereits in den vorangegangenen Kapiteln angeführt und auch schon interpretiert worden, weshalb auf unnötige Wiederholungen hier verzichtet wird. In diesem Kapitel werden bestimmte Einzelphänomene noch einmal genauer betrachtet, die den Blick für das gesamte Material insgesamt schärfen sollen.

ne Beobachtungen mit einer fast klassisch zu nennenden Formulierung[3], in welcher abgrundtiefe Verachtung ebenso mitschwingen wie Kränkung und gebrochener Stolz: „victi victoribus leges dederunt – Die Bezwungenen haben den Siegern ihre Gesetze aufgedrängt."

Seneca hatte sich im jugendlichen Eifer einst selber von derartigen Praktiken angezogen gefühlt.[4] Er berichtet davon, sich vom Genuß bestimmter Fleischsorten enthalten zu haben. Er nahm aber auf Bitten seines Vaters davon Abstand, als unter Tiberius fremde Kulte[5], dem dieser Einschätzung nach auch das Judentum angehörte, aufzublühen begannen.

In der bei Augustin erhaltenen Passage aus „De Superstitione" dagegen ist Senecas Urteil unerbittlich, wovon besonders der letzte, urteilende Satz zeugt, der einer genaueren Betrachtung unterzogen werden muß.

1. Der Vorwurf und die Unterstellung, Juden würden römische Bürger zur Übernahme ihrer „Gesetze" beeinflussen (conati erant), findet sich schon bei Valerius Maximus im 1. Jh. v. Chr. und auch bei Tacitus an der Wende vom 1. zum 2. Jh. n. Chr. Valerius Maximus bringt die Vertreibung der Juden aus Rom im Jahr 139 v. Chr. u.a. zusammen mit dem Hinweis, daß diese die römischen Sitten mit dem Kult des Jupiter Sabazius infizierten.[6] Bemerkenswert ist in diesem Zusammenhang das Stichwort „mores", das zwar nicht terminologisch, aber sachlich und vom Kontext her mit den „leges" des Seneca zusammengehört. Ebenfalls hervorzuheben ist die Wahl des Verbums „inficere"[7]. Damit wird deutlich gemacht, daß die römischen „mores" durch den jüdischen Einfluß regelrecht krank gemacht, infiziert wurden.[8]

---

[3] Natürlich bleibt zu beachten und ist in Rechnung zu stellen, daß Seneca für seine rhetorischen Pointierungen berühmt ist. Deshalb könnte auch auf eine Einstellung der Leserschaft geschlossen werden, die sich Seneca zunutze macht: Überfremdungsfurcht. Diese war aber eben nicht aus der Luft gegriffen, sondern hatte als Realgrund wohl die Attraktivität jüdischer „Sitten".

[4] Seneca, Epistula Morales CVIII, 22 – Reynolds = STERN, Authors I, Nr. 189.

[5] „In primum Tiberii Caesaris principatum iuventae tempus inciderat: alienigena tum sacra movebantur et inter argumenta superstitionis ponebatur quorundam animalium abstinentia."

[6] Valerius Maximus, Facta et Dicta Memorabilia, I, 3:3, Ex Epitoma Iulii Paridis – Kempf; Text bei STERN, Authors I, Nr. 147b: „Idem Iudaeos, qui Sabazi Iovis cultu Romanos inficere mores conati erant, repetere domos suas coegit."

[7] „Inficere" heißt „beimischen, durchtränken, färben", wird aber auch speziell von gesundheitsschädlichen Einflüssen gebraucht: „vergiften, anstecken". Insofern ist es ein schillernder Ausdruck. Trotzdem besteht kein Zweifel, daß Valerius Maximus damit einen verurteilenden Ton anzuschlagen beabsichtigt.

[8] Im Unterschied zu Seneca (s.o.) denkt Valerius Maximus den jüdischen Einfluß als

Tacitus bemerkt in seinem großen Judenkapitel in den Historien knapp und kurz zu den Proselyten, daß diesen nach ihrem jeweiligen Übertritt beigebracht werde, die (römischen) Götter zu verachten und das Vaterland zu verleugnen.[9] Auch hier sind die Bezeichnungen nicht identisch, doch setzen die „angestammten Götter" und das „väterliche Erbe" Konnotationen frei, die auf gleicher Ebene rangieren und die zersetzenden, defätistischen Wirkungen dieses besonderen Volkes und der Übergetretenen zum Ausdruck bringen wollen.

Was über geborene Juden und Proselyten nun gesagt und unterstellt wird, findet sich aber bezeichnenderweise auch auf der Seite der Bewegung der „Gottesfürchtigen". Ein hervorzuhebender Zeuge hierfür ist Juvenal mit seiner XIV. Satire, die auch schon an anderer Stelle ausführlich besprochen wurde.[10] Besondere Aufmerksamkeit erfordert jedoch bei der hier verfolgten Fragestellung der Paragraph 100 des Juvenal-Textes, der unmißverständlich zum Ausdruck bringt, daß eine Kontinuität vom Nachahmer bis zum Proselyten (= Paragraphen 96–99) bestehe. Sie alle seien es gewohnt, die Gesetze[11] Roms zu verachten und geringzuschätzen.[12] Dieser Paragraph läßt sich somit bis in die Wortwahl hinein mit dem Votum Senecas insofern vergleichen, als beide sowohl das Judentum als auch die damit zusammenhängende Bewegung von Nachahmern, Sympathisanten und „Gottesfürchtigen" mit den „leges" des römischen Staates in Verbindung bringen. Denn angeblich wollen sie dieselben entweder ersetzen oder zumindest geringschätzen.

Diese Vorwürfe werden aber nicht nur generell gegen das Judentum und sein „Umfeld" erhoben, sondern finden sich auch bei denjenigen heidnischen Autoren, welche das junge Christentum, oft aufgrund seiner Verbindung mit dem Judentum, scharf attackieren.

Zu nennen wäre zuerst Cassius Dio, dessen Schrifttum zwar explizit keine Hinweise auf das Christentum enthält. Die meisten Ausleger sind sich jedoch einig, daß das Phänomen durch den Kontext durchschimmert und greifbar ist.[13] Besonders zu erwähnen ist an dieser Stelle der bereits in Kapi-

---

gezielt und geplant. Senaca hat dies so nicht, sondern denkt eher an einen stillen, indirekten Einfluß. Er wirft den Mitläufern vor, gar nichts vom Sinn der Riten zu wissen und diese nur zu imitieren.

[9] Tacitus, Historiae V,5,2: „...contemnere deos, exuere patriam...".

[10] Juvenal, Saturae XIV, 96–106 – Clausen = F172R = STERN, Authors II, 301.

[11] Bei „leges" ist zu bedenken, daß dies den griechischen νόμοι entspricht und nicht allein juristisch zu fassen ist, sondern darüber hinaus auch für „Brauch, Lebensordnung" steht.

[12] „Romanas autem soliti contemnere leges".

[13] Vgl. dazu etwa den Kommentar von STERN, Authors II, 380–384.

tel VI erwähnte Text, in welchem historisch fiktiv Maecenas dem Octavian hinreichend Ratschläge erteilt, damit dieser unsterblich werde.[14] Er solle die Gottheit nur nach der Väter Sitte verehren und andere auch dazu zwingen. Die Abweichler jedoch, welche neue göttliche Wesen an diese Stelle setzten und neue Gesetze aufstellten (ἀλλοτριονομεῖν), sollten als Gottlose nicht geduldet werden. Auch hier ist eine Parallele zu der Bemerkung des Seneca zu finden, insofern als mit der Einführung neuer Götter, womit auf die kontinuierliche Linie Judentum – Christentum angespielt wird, sofort die damit zusammengehörigen Gesetze ins Spiel gebracht werden. Daß damit in römischen Augen eine wirkliche Gefahr verbunden war, wird durch den Nachsatz des Cassius Dio deutlich. Aus solchen Neuerungen entstünden immer Verschwörungen, Komplotts und Geheimbünde, die der Monarchie schädlich seien. Darin ist der Kriminalisierungsverdacht gegen Teile des Judentums, seines Umfeldes und gegen seine besondere Erscheinungsform, das junge Christentum, exakt auf den Punkt gebracht und die Aussage Senecas beispielhaft illustriert. Derartig neue Gesetze destabilisieren und gefährden die Monarchie und das Reich.

Schließlich ist der Plotinschüler Porphyrius (232/33 – 300 n. Chr.) zu nennen, der nun die genannten Vorwürfe nochmals fortschreibt, aber explizit auf das Christentum bezieht. Porphyrius fordert, daß solche Menschen wie die Christen für gottlos zu gelten haben, weil sie von den Sitten der Väter (πάτρια ἔθη) abgefallen sind. Diese Sitten zeichneten sich aber dadurch aus, daß sie einem Volk oder einem Staat seinen notwendigen Zusammenhalt gäben.[15] Auch in diesem Text wird noch einmal auf den bei Seneca angeführten Vorwurf rekurriert, nach welchem die althergebrachten Gesetze in Verruf geraten und nicht mehr geachtet werden. War dieser Vorwurf auch ursprünglich auf das Judentum und sein „Umfeld" bezogen, so wird er nun auf das Christentum übertragen: Die bestehenden Gesetze, Sitten und Gepflogenheiten würden aufgehoben oder destabilisiert. Dabei ist nicht die Entsprechung der Termini wichtig (leges, mores, patria), sondern immer der jeweilige Vorwurf oder Kontext. Eine solche Entwicklung, zuerst scharf und mit äußerster Kränkung schon von Seneca beobachtet und bei Porphyrius auf die Schwesterreligion in Kontinuität angewandt, war für die Intelligenz des Imperium Romanum keinesfalls nur eine politische, juristische oder ideologische Auseinandersetzung, zielte sie doch auf den Gesamtkonsens

---

[14] Cassius Dio, Historia Romana LII,36,1f.

[15] Porphyrius, Adversus Christianos, apud: Eusebius, Praeparatio Evangelica,I,2:1–5 – Mras = Harnack,F 1, Text bei STERN, Authors II, Nr. 458; deutsche und kommentierte Übersetzung in: RITTER, Alte Kirche; Nr. 44.

des Reiches und auf sein Herz.[16] Worum es dabei ging und was auf dem Spiel stand, zeigt wohl unmißverständlich die abschließende Klage des Porphyrius: „Jetzt aber wundert man sich, wenn in unserer Stadt (Rom) seit so vielen Jahren die Seuche wütet, da sich kein Besuch des Asklepios und der übrigen Götter mehr ereignet hat; denn seitdem Jesus (göttliche) Ehren empfängt, hat man nichts mehr davon wahrgenommen, daß Götter auch nur ein einziges Mal öffentlich hilfreich eingegriffen hätten."[17]

2. An dieser Stelle kann ein Einschnitt gemacht werden, weil die Gesamtproblematik durch die Stimmen der heidnischen Autoren einsichtig geworden ist. Nun sollen diese Aussagen auf einige Abschnitte der neutestamentlichen Überlieferung bezogen und Fragen entwickelt werden, ob sich vielleicht parallele Entwicklungen und Phänomene entdecken lassen.

Der Blick wird dabei besonders auf Vorwürfe aus der Apostelgeschichte gelenkt, die im Zusammenhang der Verkündigung des Paulus und seiner Mitarbeiter von Bedeutung waren. In Acta 16,19–21 werden Paulus und Silas vor der Stadtbehörde in der römischen Kolonie Philippi der Unruhestiftung angeklagt. Folgender Vorwurf wird nach Lukas von den Anklägern erhoben: „Diese Menschen versetzen unsere Stadt in Erregung, es sind Juden und sie verkünden Sitten, die wir als Römer weder annehmen noch ausüben dürfen" (καταγγέλλουσιν ἔθη ἃ οὐκ ἔξεστιν ἡμῖν παραδέχεσθαι οὐδὲ ποιεῖν Ῥωμαίοις οὖσιν). Auch nach Acta 17,1–9 werden Paulus und Silas in Thessalonich in einen Konflikt hineingezogen. Nach lukanischer Aussage sind es diesmal Juden, welche die beiden aus Eifersucht vor die Stadtoberen schleppen, um sie dort folgendermaßen zu verklagen: „Diese, welche die bewohnte Erde in Aufruhr gebracht haben, sind auch hierher gekommen, die Jason aufgenommen hat. Und diese handeln alle den Verordnungen des Kaisers zuwider, sagen, daß ein anderer König sei, Jesus" (καὶ οὗτοι πάντες

---

[16] Zur römischen Religionspolitik vgl. besonders LATTE, Religionsgeschichte; MOLTHAGEN, Staat; LÜHRMANN, ThZ 42 (1986) 193–213 und die darauf basierende Zusammenfassung von KLINGHARDT, Gesetz, 251: „Die römische Rezeption fremder Kulte bereitete dann keine Schwierigkeiten, wenn sich die neuen Götter dem römischen Pantheon eingliedern ließen und wenn der altrömische Staatskult nicht gefährdet war. Erst durch das Aufkommen des Proletariats und die steigende Zahl der Freigelassenen aus den Ost-Provinzen breitete sich eine dem alten Kult fremde Religiosität aus, für die ein individualistisches Heilsverlangen charakteristisch war (das dem römischen Staatskult völlig fehlte): Isiskult, Bacchanalien, Mysterienreligionen, Christentum und Judentum sind unter diesem Gesichtspunkt gleich. Diese Kulte waren in dem Sinn fremd, als sie sich nicht dem Kult der ‚di publici populi Romani' eingliedern ließen und die Staatssupplikation nicht mittrugen."

[17] RITTER, Alte Kirche; Nr. 44.

ἀπέναντι τῶν δογμάτων Καίσαρος πράσσουσιν βασιλέα ἕτερον λέγοντες εἶναι Ἰησοῦν).

Beide Kontexte und Vorwürfe stimmen darin überein, daß sie die Aktivitäten des Paulus und Silas zur Gewinnung von Christusanhängern als ein Verhalten begreifen, welches den „Sitten" Roms und den Verordnungen des Kaisers zuwiderläuft.[18] Sowohl von der Terminologie als auch von der Sache her handelt es sich um die gleichen Vorwürfe, die bei den heidnischen Autoren eruiert und untersucht worden waren. Was zunächst Juden und ihr Umfeld betraf, weitet sich nun auf die junge Bewegung des Christentums aus, wobei diese in Philippi aus heidnischer Sicht noch gar nicht als solche erkennbar und benennbar ist. Denn die heidnischen Ankläger betrachten Paulus und Silas als Juden und klagen[19] sie entsprechend dem traditionellen, oben vorgestellten Muster an. Besonders prekär ist demgegenüber die Situation in Thessalonich, wo die ansässigen Juden ein gefährliches Spiel treiben und mit Hilfe des Pöbels der Stadt Vorwürfe erheben, die sehr leicht auf sie selber zurückfallen konnten. Der Kriminalisierung der urchristlichen Mission mit dem Verdacht, gegen die Satzungen des Kaisers zu verstoßen, konnte aufgrund der Vorgeschichte sehr leicht auch die Synagogengemeinde vor Ort treffen.

Besonders durch das Danielbuch und 4 Makk sind Stimmen darüber aufbewahrt geblieben, daß Juden mit der Weisung (δόγμα) von Herrschern in Konflikt gerieten, weil sie der Tora diametral gegenüberstanden. Hinzuweisen wäre auf Auseinandersetzungen mit den persischen Herrschern[20] und mit Antiochus Epiphanes IV.[21] Somit war der Vorwurf, gegen bestimmte Anweisungen des Kaisers[22] zu verstoßen, mit einer erheblichen Schärfe verbunden, weil sie einen staatspolitischen Konsens in Frage stellten. „Schon

---

[18] Neuerdings hat BOTERMANN, Judenedikt, 171 darauf hingewiesen, daß es sich bei Acta 17,6f. um einen „krassen Anachronismus" handeln müßte: „Lukas verfügte offenbar für diese Station des Paulus über keine präzisen Informationen und füllte die Lücke mit dem, was später in Cäsarea vorgebracht wurde (Apg. 24,5.). Denn als Paulus erst ein paar Wochen in Europa tätig war, konnte niemand behaupten, er versetzte die ganze Ökumene in Aufruhr. Von einer Anordnung des Kaisers, die er verletzte, konnte vor 64 keine Rede sein". Diese Argumentation greift zu kurz, weil sie den agitorischen Kriminalisierungsverdacht gegen Paulus viel zu eng begreift. Es geht doch in allem um Verdächtigungen, um den Rückgriff auf das Arsenal geläufiger Polemik und Unterstellungen, in diesem Fall besonders schlimm aus dem Mund von Juden und um die Tatsache, daß die römische Weltmacht die jüdische Lebensweise streng beobachtete und latent verdächtigte.

[19] Innerhalb von Acta läßt Lukas solche Vorwürfe in 25,8 durch Paulus entkräften: er habe sich nicht gegen den Kaiser versündigt.

[20] Vgl. LXX Dan 3,10.12.29; 4,3; 6,8f.13.15.26.

[21] 4 Makk 4,23.

[22] Vgl. auch Lk 2,1.

Plato (rep. 3,414B) bezeichnet die Beschlüsse der Herrscher, welche als Wächter des Staates durch ihre Beschlüsse mithelfen, daß die Freunde im Innern kein Übel tun wollen u. die Feinde draußen es nicht tun können, als ‚Dogmen‘.“[23]

Betrachtet man vor diesem Hintergrund nochmals die Vorwürfe gegenüber Paulus und anderen in Acta, so lassen sich zu den Anklagen der heidnischen Autoren sowohl phänomenologische wie sachliche wie auch terminologische Parallelen entdecken. Wichtig bleibt, daß die erhobenen Vorwürfe und Anklagen das Judentum insgesamt betreffen, darüber hinaus aber auch sein vielgestaltiges Umfeld einschließlich der „Gottesfürchtigen“ sowie die in diesem Kontext ebenfalls anzusiedelnde Bewegung der Christusanhänger.

3. Es ist sicher richtig, daß diese junge Bewegung sich besonders mit dem Milieu der „Gottesfürchtigen“ auseinandersetzte und diesen entgegenkommen wollte.[24] Vor dem Hintergrund der hier analysierten Texte sollte aber auch beachtet werden, daß das frühe Christentum von heidnischer Seite als eine Bewegung zur Ausbreitung des Judentums begriffen werden konnte und damit natürlich auch als eine Art „Sympathisantenbewegung“ des Judentums galt. Dann aber werben Christusanhänger nicht nur „Gottesfürchtige“ ab. Sie sind darüber hinaus aus römischer Sicht ein gefährliches Element einer kontinuierlichen Entwicklung, die sich, allgemein gesprochen, illoyal gegen das Imperium Romanum verhält. Aus den hier gemachten Beobachtungen soll daher abschließend und zusammenfassend die folgende These vorgestellt und begründet werden:

„Gottesfürchtige“ und das gesamte Umfeld der Diasporasynagogen konnten eine besondere Bedrohung für den Staat und die jeweiligen Kommunen vor Ort darstellen, weil das Leben nach jüdischen Gesetzen als Aufweichung der bestehenden Ordnung und damit als Bedrohung begriffen wurde. Die Juden, denen explizit derartige Vorwürfe gemacht wurden, stellen nur den einen Aspekt der Entwicklung dar. Denn auch das gesamte Umfeld der Synagogengemeinden und das sich im selben Bannkreis befindliche frühe Christentum wurde in diese hineingezogen. Maßgeblich war, daß diese gesamte „jüdische Bewegung“ sehr kritisch betrachtet wurde und „Gottesfürchtige“ schnell in den Verdacht geraten konnten, zu den „schlechtesten Elementen zu gehören, die den angestammten Glauben aufgaben“ (Tacitus).[25]

---

[23] FASCHER, RAC 4 (1959) 17f.
[24] Vgl. jetzt E. STEGEMANN, KuI 10 (1995) 162.
[25] Historiae V,5,1.

2. Das Problem der „Judaisierenden" und der Hintergrund von Gal 2,14

Es wurde bereits oben in Kapitel VI bei der Erörterung der Maßnahmen mit Zwangsbekehrungen, der „zweifelhaften Gruppe" in Damaskus und den Angaben aus neutestamentlichen und patristischen Quellen über die Bedeutung des Verbums ἰουδαΐζειν ausführlich gesprochen und für einen sehr differenzierten Sprachgebrauch plädiert.

In einer Vielzahl von Fällen wird ἰουδαΐζειν vor allem im Zusammenhang mit Zwangsbekehrungen gebraucht, was mit der Makkabäer-Zeit und dem Zelotismus eng zusammenhängt.[26] Daneben wird es aber auch im Kontext einer Gruppe von Menschen in Damaskus verwendet, die aufgrund ihrer Verbindung mit der jüdischen Gemeinde sowohl der heidnischen Bevölkerung als auch den Juden selber suspekt waren.[27] Schließlich taucht das Verbum in der apostolischen Literatur im Zusammenhang einer Warnung auf, nach der es nicht am Platze sei, Jesus Christus zu sagen und gleichzeitig jüdisch zu leben.[28]

Dieser sehr vielschichtige und nicht eindeutige Gebrauch bedingt dann wohl auch, daß ἰουδαΐζειν im Neuen Testament nur in einem, und zwar in der Forschung kontrovers behandelten Kontext auftaucht, nämlich in Gal 2,14. Der besondere Gebrauch an dieser Stelle ist zu diskutieren, weil möglicherweise eine Anspielung auf „Sympathisanten" enthalten sein könnte und sich so eine neue Interpretation anbieten würde.

1. Grob gesprochen sind zwei generelle Richtungen der Auslegung von ἰουδαΐζειν möglich:

Die eine Richtung läßt nur die Interpretation zu, nach der mit dem Verbum der Übertritt zum Judentum einschließlich der Beschneidung verbunden ist. So ist wohl der bereits besprochene Text des Josephus über den römischen Offizier Metilius aus Bell II,454 zu verstehen. Nur auf diese Weise läßt sich weiterhin ein Fragment jüdisch-hellenistischer Epik des Theodotus 9,22[29] auslegen, in dem es heißt: „Jedoch dann sei er mit seinem Vater zu Jakob gegangen und habe sie sich zur Ehegemeinschaft erbeten. (Jakob) aber habe gesagt, er wolle sie (ihm) nicht geben, bevor nicht alle (männlichen)

---

[26] Vgl. dazu etwa 1 Makk 2,45f.; Josephus Ant XIII,257f. 318; Vita 112f.; Hippolyt, Refutatio omnium haeresium IX,26; weitere patristische Belege unter dem Stichwort ἰουδαΐζω bei LAMPE, Greek Patristic Lexicon.

[27] Josephus Bell II,461–463.

[28] IgnMagn 10,3.

[29] Aufbewahrt bei Euseb, Praeparatio Evangelica IX,22,5.

Bewohner von Sikima sich durch Beschneidung hätten zu Juden machen lassen."[30] Schließlich wäre in dieser Gruppe noch Est 8,17 LXX anzuführen: „... und viele aus der Bevökerung ließen sich beschneiden und wurden Juden; denn der Schrecken vor den Juden war über sie gekommen".[31] Hengel beurteilt diese hervorzuhebenden Belege im Zusammenhang mit Maßnahmen im Zuge der Hellenisierung und kommt zu dem Schluß: „War für das ἑλληνίζειν die Beherrschung der griechischen Sprache kennzeichnend, so für das ἰουδαΐζειν die Übernahme des Gesetzes, besonders der Beschneidung."[32] Bemerkenswert ist an diesem Zitat, daß Gal 2,14 zwar erwähnt, der spezifische Kontext aber nicht berücksichtigt oder reflektiert wird.

2. Die andere Richtung einer Interpretation von ἰουδαΐζειν läßt sich von den oben bereits bei der „zweifelhaften Gruppe" in Damaskus[33] angeführten Gedanken leiten. Es sprechen einige gewichtige Gründe dafür, daß es sich bei dieser Gruppe um „Sympathisanten" aus dem heidnischen Milieu gehandelt hat, deren Verhältnis zum Judentum allerdings nicht ohne weiteres bestimmbar ist. „Das" Erkennungsmerkmal der Beschneidung ist aber sicherlich ausgeschlossen. Weiterhin läßt sich ein Text von Plutarch anführen, der ebenfalls schon in Kapitel VI erwähnt worden ist. Es geht dabei um den in der Vita Ciceronis 7,6[34] berichteten Vorfall um den der Erpressung angeklagten Verres und den in den Prozeß involvierten Freigelassenen Caecilius. Dieser wurde verdächtigt, jüdischen Sitten zuzuneigen. Dieses Interesse wird ebenfalls mit ἰουδαΐζειν umschrieben. Die Pointe der Erzählung liegt darin, daß Cicero aufgrund eines Wortspiels einen Juden mit einem kastrierten Schwein verglich. Obwohl die Zuneigung zu jüdischen Sitten nicht näher erläutert wird, könnte der Hinweis auf den χοῖρος (lat. = verres = kastriertes Schwein), wie wir bereits sahen, freilich den Schluß zulassen, das Verbum ἰουδαΐζειν setze eine damit assoziierte Beschneidung voraus. Ein solcher Schluß ist aber deshalb nicht zwingend, weil ἰουδαΐζειν ohne nähere Bestimmung um des rhetorischen Effektes willen gesetzt wird, denn schließlich wird diese Episode als Beweis der Schlagfertigkeit des Cicero erzählt. Es könnte also durchaus möglich sein, daß dieses Verbum bei heidnischen Autoren einen Klang haben konnte, der eine Zugehörigkeit oder Sympathie zum Judentum ohne eine generelle Beschneidung erkennen

---

[30] ...περιτεμνουμένους ἰουδαΐδσαι...; Übersetzung nach WALTER, JSRHZ IV, F4 Paragraph 5, S. 168.

[31] ...περιετέμοντο καὶ ἰουδάϊζον....

[32] HENGEL, Juden, 109; vgl. auch COHEN, HThR 80 (1987) 416–418.

[33] Josephus Bell II,416–463.

[34] Vita Ciceronis 7,6, S. 864C – Ziegler = F74R; Text bei STERN, Authors I, Nr. 263.

läßt. Wenn die Passage aus der Vita Ciceronis auch nicht in durchschlagender Weise überzeugend ist, so läßt sich aber der Brief des Ignatius an die Magnesier anführen, in dem es heißt: „Es ist nicht am Platze, Jesus Christus zu sagen und jüdisch zu leben. Denn das Christentum hat nicht an das Judentum geglaubt, sondern das Judentum an das Christentum...“[35]. Bemerkenswert ist an dieser Stelle, in welcher ἰουδαΐζειν ebenso Hapaxlegomenon ist wie im Neuen Testament, daß nirgendwo von der Bedrohung durch die Beschneidung die Rede ist. Überhaupt ist eine derartige Agitation in den Ignatiusbriefen nicht ermittelbar. Lediglich in Ign Phld 6,1 wird konzediert, daß es besser sei, von einem beschnittenen Mann Christentum zu hören als von einem Unbeschnittenen Judentum. Dieser letzte Satz erlaubt kaum den Rückschluß auf die Propagierung der Beschneidung. Eher wird das Milieu bestimmt gewesen sein von Heiden, die entsprechende jüdische Sitten lebten.[36] Die Erwähnung des Verbums ἰουδαΐζειν ist also nicht zwingend mit dem vollen Übertritt zum Judentum qua Beschneidung verbunden, läßt aber durchaus eine Interpretation im Hinblick auf das Milieu der „Gottesfürchtigen“ und „Sympathisanten“ zu.

3. Die Zuweisung des Gebrauchs von ἰουδαΐζειν an zwei grundsätzliche Richtungen gewinnt nun eine besondere Bedeutung für den Kontext von Gal 2,1–15. Besonders in der neueren Literatur zum Galaterbrief wird von verschiedenen Seiten immer wieder darauf verwiesen, daß es in der Auseinandersetzung zwischen Paulus und Petrus beim sogenannten Antiochenischen Zwischenfall nicht um die Beschneidung, sondern um kultische Reinheit in Form der Beachtung von Speisegesetzen ging.[37] Dieser Sicht ist nicht zuletzt deshalb zuzustimmen, weil Gal 2,3 die laut Acta 15,1 aufgetretene Frage nach der Beschneidung von Heidenchristen aufgreift und eine Klärung im paulinischen Sinne voraussetzt. Daß zur Beschneidung niemand gezwungen werden sollte, ist das entscheidende Ergebnis der Jerusalemer Versammlung von 48 n. Chr. In die Geschichte und Auslegungsgeschichte sind dann auch die in vielerlei Hinsicht komplizierten und vielschichtigen Verse Gal 2,8 und 9 eingegangen.[38] Paulus hatte angenommen, daß die in Acta 15,5 aufgeworfene Frage nach der Gültigkeit der levitischen Rein-

---

[35] ἄτοπόν ἐστιν, Ἰησοῦν Χριστὸν λαλεῖν καὶ ἰουδαΐζειν, IgnMagn 10,3; Übersetzung nach Schriften des Urchristentums I; vgl. auch 8,1: „κατὰ Ἰουδαϊσμὸν ζῶμεν.

[36] Vgl. etwa die Sabbatbeachtung, gegen die in Ign Mag 9,1 polemisiert wird.

[37] BETZ, Gal, 197.210; MUSSNER, Gal, 145 Anm. 53; BORSE, Gal, 105f.; anders LÜHRMANN, Gal, 41f.

[38] An diesen beiden Versen entscheidet sich tatsächlich, „was am Jerusalemer Konvent wirklich geschah“ (BETZ, Gal, 187 Anm. 377; vgl. auch HÜBNER, TRE XII, 1984, 9).

heitsvorschriften der Tora für Heidenchristen mit der Klärung der Frage der Beschneidung zusammenfiel und abschlägig beschieden wurde.

Diese Grundproblematik entwickelte sich in Antiochia zu einem scharfen Konflikt. Paulus war anscheinend davon ausgegangen, daß die Einigung in Jerusalem darin bestanden hatte, daß er Mission unter Unbeschnittenen ohne Forderung der Beschneidung und Einhaltung der Reinheitsforderungen der Tora betreiben konnte. So jedenfalls hatte Paulus die Entscheidungen in Jerusalem gehört. Petrus favorisierte das paulinische Modell, welches sich bei der Aufnahme des Cornelius nach Acta 10f. bewährt hatte. Seine Heidenmission[39]hatte zwar nicht die Beschneidung zur Bedingung, wohl aber die levitischen Reinheitsforderungen. Diese waren gewährleistet bei Beachtung der nach dem Vorbild im Alten Testament kodifizierten Regeln für die in Israel lebenden Nichtjuden. Ihre Summe bildet das Aposteldekret, ausgerichtet für Heidenchristen. Schließlich bemühte sich ein weiterer Kreis um die Gewinnung von Juden, und schloß dabei die Beschneidung und die Observanz der Tora ein. Für diesen Kreis steht repräsentativ der Herrenbruder Jakobus.

In Antiochia nun stießen die Kreise um Paulus und Petrus heftig aneinander. Bevor nämlich der Kreis um Jakobus in Antiochia eintraf, hielt sich Petrus an Abmachungen, in denen er sich mit Paulus offensichtlich einig war. Sie bestanden darin, daß Judenchristen wie Petrus als Gäste in heidenchristlichen Gemeinschaften mit diesen ohne irgendwelche Auflagen zusammen essen konnten. Aus streng jüdischer Sicht ist eine solche Tischgemeinschaft nicht möglich, weil die jüdische Seite sich dadurch verunreinigt. Um dies zu vermeiden, müßten Heiden wenigstens Minimalforderungen an Reinheitsvorschriften (Aposteldekret) einhalten. Als nun Abgesandte aus dem Kreis des Jakobus in Antiochia eintrafen, änderte Petrus sein Verhalten und sonderte sich von der Tischgemeinschaft mit den Heidenchristen ab. Andere Judenchristen wie Barnabas folgten ihm. In diesem Zusammenhang hielt Paulus dem Petrus den bemerkenswerten Satz vor, er würde Heidenchristen zum ἰουδαΐζειν zwingen (Gal 2,14). Zu beachten ist, daß der Zwang nicht als direkte Einwirkung, „sondern im Sinn von ‚faktisch'"[40] zu verstehen ist. Was könnte mit dieser Satzaussage aber gemeint sein, wenn bei dem ἰουδαΐζειν aufgrund des Kontextes eine Beschneidung nicht mitgedacht ist? Die Anwort darauf müßte lauten: Paulus lehnt eine Teilhabe von Christus-

---

[39] Die mit Gal 2,8f. verbundene Fragestellung und die daraus resultierende unterschiedliche Problematik wird an dieser Stelle nicht noch einmal in extenso vorgestellt, weil dies an anderer Stelle bereits geschehen ist (vgl. WANDER, Trennungsprozesse, 196–211).

[40] MUSSNER, Gal, 145 Anm. 52.

anhängern ab, die orientiert war an der konventionellen Art und Weise des Umgangs mit „Gottesfürchtigen und Sympathisanten" in bestimmten Synagogengemeinden. Das von Paulus nur in diesem Zusammenhang gebrauchte Verbum ἰουδαΐζειν wird für diese Art und Weise wohl deshalb gewählt, weil es zum einen das damit verbundene Phänomen korrekt beschreibt, zum anderen aber wohl ein spezifisches antiochenisches Lokalkolorit gehabt hat.[41] Doch vor einer Generalisierung einer derartigen Beschreibung sei von Anfang an gewarnt. Ich halte es im Gegenteil für sehr gut möglich und wahrscheinlich, daß Paulus in Gal 2,14 einen polemischen Gebrauch des Verbums ἰουδαΐζειν macht und es auch aufgrund seines spezifisch antiochenischen Lokalkolorits rezipiert.

Antiochia am Orontes war neben Damaskus zu Jerusalem „nahes" Ausland und gleichzeitig neben Rom und Alexandria die drittgrößte Stadt der antiken Welt mit einer bedeutenden Anzahl von Juden.[42] Deshalb muß man sich Antiochia als unter dem Einfluß Jerusalems stehend vorstellen. Wenn zudem hier die erste bedeutende heidenchristliche Gemeinde entstand, war es naheliegend, eine Gesandtschaft aus Jerusalem hierhin zu entsenden.

Auch für die Jahrzehnte vor diesen Ereignissen ist es durchaus vorstellbar, daß die Art und Weise des Anschlusses von Heiden an das Judentum nicht unbeeinflußt von Jerusalem geschah. Daher kann speziell Antiochia im Hinblick auf „Gottesfürchtige" schon in den Jahren vor der Christianisierung unter Kontrolle und Aufsicht von Jerusalem gestanden haben. In der übrigen Diaspora außerhalb dieses Raumes muß es anders gewesen sein, so daß es zu den bereits erwähnten örtlich sehr verschiededenen Ausprägungen des jüdischen Lebens kommen konnte. Indirekt und direkt hing mit der Beziehung zu Jerusalem aber auch die Art und Weise zusammen, wie mit dem Umfeld der Synagogen und den „Gottesfürchtigen" umgegangen wurde und welche Regeln für diese jeweils galten. Die von Reynolds und Tannenbaum in der Einführung dieser Untersuchung zitierte Definition eines „Gottesfürchtigen" hatte sich um einen sehr weiten Spielraum bei der Begriffsbestimmung bemüht. Wegen der „Nähe" zu Jerusalem muß es eine derartige Liberalität in Antiochia nicht gegeben haben, sondern können sogar strengere Regeln für die Einbindung von Heiden gegolten haben.

Wenn nun Paulus im besonderen Kontext des Galaterbriefs das Hapaxlegomenon ἰουδαΐζειν benutzt, dann scheint er damit auf diese Art und Weise

---

[41] Vgl. dazu nochmals Josephus Bell II,461–463, wo dieser Ausdruck für „ganz Syrien" vorausgesetzt wird und dessen Hauptstadt Antiochia ist; vgl. auch die oben angeführte Aussage des Ignatius von Antiochien.

[42] Vgl. die bei Riesner, Frühzeit, 98f. dargestellten Überlegungen zu Einwohnerzahlen, jüdischen Gemeinden und allgemeinen Entwicklungen.

der Bindung von Heiden an das Judentum anzuspielen. Wenn er weiterhin von diesem Verbum einen polemischen Gebrauch macht, bedeutet das unter Umständen nichts anderes, als daß er den antiochenischen Weg der Anbindung von „Gottesfürchtigen" durch bestimmte Regeln zur Wahrung der levitischen Reinheit ablehnt, vor allem, wenn dieses Modell auf die unter seiner Verantwortung stehenden Heidenchristen angewendet wird.

Nach dem Verständnis des Paulus können Heidenchristen ohne Beschneidung und ohne Einhaltung ritueller Auflagen mit Juden(-christen) zusammen leben. Dieses Modell steht nun freilich dem des durch den Jakobus-Kreis unter Druck geratenen Petrus entgegen. Es entspricht auch nicht dem im vorangegangenen Kapitel vorgestellten Stufen-Modell des Lukas. Dieser wollte anscheinend auf besondere Weise die durch Paulus und andere aufgekommenen Schwierigkeiten und Zusammenstöße schlichten. Er tat dies nicht nur durch die Rezeption und Aufrechterhaltung des Aposteldekrets, sondern auch durch einen weiten Spielraum für die Art und Weise, wie „Gottesfürchtige" den Weg ins Christentum finden können.

Der Weg und das Verständnis des Paulus sind anders und vor allem radikaler gewesen. Schon für die 40er und 50er Jahre ist sein Anliegen wohl der späteren Entwicklung vergleichbar, wie nämlich jüdische Diasporagemeinden den Weg für interessierte Heiden ebneten: Ohne Auflagen und Begrenzungen, so daß sich „Gottesfürchtige" sogar im inneren Kreis synagogaler Gremien bewegen durften, wie das etwa für Aphrodisias vorauszusetzen ist.

Die Position des Paulus war aus antiochenischer Perspektive insofern ein Sonderweg, als ihm ein sich öffnendes Judentum vor Augen stand, welches ohne Beschneidung und rituelle Auflagen Heiden zu Israel hinzukommen ließ. Diese Haltung konnte einerseits auf jüdischer und partiell auch auf judenchristlicher Seite mißverstanden werden als eine Auflösung des Judentums. Andererseits konnte auf heidnischer und besonders heidenchristlicher Seite diese Position zu Irritationen führen, da sich dadurch die Konturen des Judentums völlig verwischten, was Paulus keineswegs intendierte. Er favorisierte konsequent ein Modell, welches „Gottesfürchtige" als eine „zweite Klasse"[43] im Judentum ebenso ablehnte wie eine analog dazu gedachte „zweite Klasse" von „Gottesfürchtigen" innerhalb des Christentums (= Heidenchristen, die bestimmte levitische Reinheitsvorschriften einhalten müssen). Ihm schwebte wohl phänomenologisch gesehen etwas von dem vor, was manche jüdische Diasporagemeinden später praktizierten, indem sie wie in Aphrodisias „Gottesfürchtige" in einen sehr engen Bezug zur Synagogengemeinde brachten. Im Unterschied zu Paulus verlangten sie

---

[43] Zur Formulierung in diesem Kontext vgl. HÜBNER, TRE XII (1984) 9.

aber kein Christusbekenntnis, welches für Paulus jedoch unabdingbar ist, wenn Heiden zum Volk Gottes gehören wollen. So ist seine energische Intervention in Gal 2,14 zugleich die Verwerfung einer Anbindung von Heidenchristen analog zu den „Gottesfürchtigen" sowie ein leidenschaftliches Plädoyer für eine Entwicklung, die sich auf modifizierte Art und Weise in den jüdischen Diasporagemeinden ergab.

Auf der Grundlage dieser Beobachtungen soll abschließend und zusammenfassend die folgende These vorgestellt werden:

Gal 2,14 hat insofern eine weitreichende Bedeutung für die Problematik der Frage nach „Gottesfürchtigen", als Paulus mit der Verwendung von ἰουδαΐζειν bestimmte Judenchristen entlarven und auch widerlegen möchte. Denn sie wollen entsprechend der Praxis der jüdischen Gemeinde in Antiochia Heiden nur unter Einhaltung bestimmter ritueller Auflagen mit Judenchristen zusammen leben und essen lassen. Die Position des Paulus, nach welcher derartige soziale Vorgänge ohne Auflagen gestaltet werden sollten, ist eine Vision zu nennen und erst später Praxis geworden, als jüdische Diasporagemeinden eine derartige Öffnung zum Heidentum betrieben und damit zumindest phänomenologisch und tendenziell das realisierten, was Paulus vorschwebte.

3. Die Frage nach einer „jüdischen Mission" und Mt 23,15

In den bisherigen Ausführungen ist oft die Rede von der „Anziehungskraft des Judentums", von „Proselytenmacherei", von „Attraktivität" oder „Sympathie" der jüdischen Religion gewesen. Das Wort „Mission" wurde dabei in der Regel weitgehend vermieden, wobei auf die damit verbundene Problematik in Kapitel II zu verweisen ist.

An dieser Stelle nun soll eine neutestamentliche Belegstelle näher betrachtet werden, welche mit erheblichen Implikationen verbunden ist und eine entsprechende Wirkungsgeschichte entfaltet hat. Vorausgeschickt sei, daß in den letzten Jahren diese Fragestellung in den Vereinigten Staaten von Amerika, England und Frankreich aufgegriffen und intensiv diskutiert wurde, so daß es auch um die Darstellung eines Stücks Forschungsgeschichte gehen muß. In dieser müßten aber einige neue Akzente gesetzt werden.

1. Im 23. Kapitel des Matthäusevangeliums innerhalb der Gattung der antipharisäischen Wehereden[44] heißt es in V. 15: „Wehe Euch, Schriftgelehrte

---

[44] Zu Mt 23,15 und der Formbestimmung vgl. BERGER, Formgeschichte 70 sowie 196

und Pharisäer, Heuchler, weil ihr umherzieht über das Meer und das trockene Land, zu machen einen einzigen Proselyten, und wenn er es geworden ist, macht ihr ihn zu einem Sohn der Hölle doppelt mehr als ihr." Besonders Edouard Will und Claude Orrieux haben sich in ihrer Untersuchung „Prosélytisme juif? Histoire d'une erreur" aus dem Jahr 1992 mit den Wirkungen beschäftigt, welcher dieser besondere Weheruf Jesu im Hinblick auf den Vorwurf der Proselytenmacherei entfaltet hat.[45] Es waren in Deutschland vor allem die Alttestamentler Ewald und Wellhausen gewesen, die dem antiken Judentum gezielte Proselytenmacherei und Missionspraxis unterstellten. Aufgegriffen und einem breiteren Publikum bekannt gemacht hat dieses Grundanliegen dann aber besonders Theodor Mommsen, wodurch die bis heute bestehende Grundannahme eines „missionarischen Judentums" Gültigkeit und Autorität behalten hat.[46] Mommsen schreibt: „Das Evangelium weiß von den Rabbis, welche Meer und Land durchziehen, um einen Proselyten zu machen; die Zulassung der halben Proselyten, denen die Beschneidung nicht zugemutet, aber dennoch eine religiöse Gemeinschaft gewährt wird, ist ein Zeugnis dieses Bekehrungseifers wie zu gleicher Zeit eines seiner wirksamsten Mittel. Motive sehr verschiedener Art kamen dieser Propaganda zu Statten."[47] Daß eine solche Stimme keineswegs eine Ausnahme bildet und auch nicht auf den deutschen Sprachraum beschränkt ist, kann durch ein weiteres Zitat des bedeutenden Gelehrten George Foot Moore aus seinem Standwerk „Judaism in the First Centuries of the Christian Era" belegt werden: „The belief in the future universality of the true religion, the coming of an age when ‚the Lord shall be king over all the earth', led to efforts to convert the Gentiles to the worship of the true God ... and made Judaism the first great missionary religion of the Mediterranean world."[48]

Wellhausen, Mommsen und Moore eint dabei eine Grundannahme, nach welcher ein zeitgenössisches Missionsverständnis mit einer Praxis des Judentums in den Jahrhunderten vor und nach Christi Geburt gleichgesetzt und identifiziert wird. Auf dieser Grundlage werten sie den überwiegenden Teil der antiken und rabbinischen Notizen und Belege so aus, daß am Ende dann eine planmäßig angelegte jüdische Mission steht.

---

und 203f., wo der symbuleutische Charakter innerhalb dieser eigentlichen Umkehrrede aufgezeigt wird.

[45] WILL / ORRIEUX, Prosélytisme, 73ff.

[46] BOTERMANN, Judenedikt, 70f. Anm. 195 weist besonders bei SOLIN, Juden den unkritischen Umgang mit dieser Annahme eindrücklich nach.

[47] MOMMSEN, Geschichte V, 492f.; zitiert bei BOTERMANN, Judenedikt, 70 Anm. 19.

[48] MOORE, Judaism I, 323f.; zitiert bei FELDMAN, Jew, 289.

Kritisch hinterfragt werden muß natürlich, ob sich eine einzelne Stelle wie Mt 23,15 absolut setzen und entsprechend auswerten läßt.[49] Immer wieder wurden kritische Stimmen laut, daß bei der besonders im hellenistischen Judentum auftretenden Bewegung „kaum von einer ‚Mission' gesprochen werden" kann.[50] Es ist zu begrüßen, daß die Überprüfung einer recht einseitigen Auslegung von Mt 23,15 sowie die Behauptung einer „jüdischen Mission" von verschiedenen Seiten in Angriff genommen wurde. So kamen 1991 McKnight[51], 1992 Will und Orrieux und 1994 Goodman[52] nach Prüfung der Forschungsgeschichte und des Quellenmaterials weitgehend zu gleichen Ergebnissen, auch wenn die Art und Weise der Darstellungen und die Qualität der Einzelbeiträge durchaus einer kritischen Prüfung zu unterziehen sind. Ihrer Einschätzung nach kann tatsächlich nicht von einer gezielten und organisierten Missionsstruktur des antiken Judentums ausgegangen werden.[53] Derartiges hat es in dieser Form nicht gegeben.[54] Trotzdem sollte dieses Urteil nicht allzu pauschal rezipiert werden, da Autoren wie Goodman durchaus zwischen einer „informative, educational, apologetic, proselytizing mission"[55] zu unterscheiden wissen und sich seine Ablehnung überwiegend auf den letztgenannten Typ bezieht.

Eine besondere Rolle spielt dabei die Auslegung von Jes 49,6 und die Frage, in welcher Form Israel „Licht für die Völkerwelt" sein und werden soll oder ob es allein die Sache Gottes sei, die Völker am Zion zu versammeln (Jes 2,2).[56]

Im Gegenzug dazu sind die Bemühungen von McKnight und von Good-

---

[49] Vgl. nochmals WILL und ORRIEUX, a.a.O., 115–136, die Mt 23,15 intensiv einer Befragung ausgesetzt haben, ebenso GOODMAN, Mission, 69–72.

[50] HAHN, Verständnis, 16. Demgegenüber möchte Hahn aber festhalten, daß im palästinischen Judentum eine „sehr andere Haltung" (ebd., 17) vorherrschend war. Vgl. auch LEVINSKAYA, Book, 36–39.

[51] McKNIGHT, Light.

[52] GOODMAN, Mission.

[53] GOODMAN, Mission, 20–37 stellt einen Vergleich zu paganen Kulten und Philosophien an und kommt zu dem Ergebnis, daß „it seems unlikely that adherents of any of the distinctive philosophies of the early Roman empire sought converts to their own self-defined groups ... Their aim was universal in scope, but mission was to educate rather than proselytize" (Zitat 36f.).

[54] Vgl. etwa GOODMAN, Mission, 9: „...there was no Jewish proselytizing of the Christian type before Christianity".

[55] GOODMAN, Mission, 1–19, Zitat 5.

[56] In Justin, Dial 121,4 und 122,1 wird auf Jes 49,6 angespielt. Justin sagt in diesem Zusammenhang, daß die jüdische Seite diese Textstelle für Proselyten reklamiert, während Justin sie „auf uns gesprochen" wertet. Diese altkirchliche Interpretation sollte vor allen vorschnellen Versuchen warnen, Jes 49,6 ohne Seitenblick auf die Hinzukommenden und lediglich von Jes 2,2 her zu interpretieren.

man durch Louis Feldman in dessen opus magnum unter der Überschrift „The Success of Proselytism by Jews in the Hellenistic and Early Roman Periods" in teilweise scharfer Form kritisiert worden.[57] Auch Feldman ist nicht davor gefeit, bei seiner Argumentation die antiken Verhältnisse mit einer neuzeitlichen amerikanischen Praxis des Reformjudentums zu vermischen. Insbesondere versucht er, aufgrund bestimmter demographischer Entwicklungen und literarischer Bezeugungen, die Evidenz eines missionarischen Judentums in der Antike zu erweisen.

2. Die neueren Arbeiten von McKnight, Will und Orrieux sowie von Goodman sind besonders darin zu würdigen, daß sie zu Recht die Annahme einer gezielten und organisierten Missionspraxis des antiken Judentums als nicht länger haltbar in Frage gestellt und verworfen haben. Darin besteht das große Verdienst dieser Arbeiten, die aber von ihrer Gesamttendenz her durchaus eine Extremposition darstellen.

Feldman wiederum muß deshalb herausgehoben werden, weil er unter Heranziehung einer Fülle von Material und dem Hinweis auf die juristische und politische Dimension das Gegenteil beweisen wollte und dabei gewichtige Argumente vorgetragen hat. Dabei ist auch seine Arbeit von der Gesamttendenz her als eine Extremposition zu bewerten.

Eine Würdigung aller genannten Arbeiten darf sich aber nicht nur auf deren Hauptthese beschränken, sondern muß auch andere Implikationen, die von ihnen ausgehen, betrachten und einer Bewertung unterziehen.

Das betrifft zum einen die Art und Weise des Vorgehens, wobei Will und Orrieux nochmals hinsichtlich der Forschungsgeschichte und der Exegese von Mt 23,15 herauszuheben sind. Ein fundamentaler Mangel ihrer Untersuchung besteht allerdings darin, daß das Autorenpaar den Umstand eines Sympathisantentums und das Grundinteresse der Heiden an der jüdischen Religion allzu wenig ernst nimmt und sich nur auf eine Beschreibung in sozialen Kategorieren beschränken möchte. Ihre manchmal überspitzten Beobachtungen gründen sich immer wieder auf rabbinisches Material aus sehr viel späterer Zeit, sind aber bezüglich der Verhältnisse und der tatsächlichen Lage in den ersten Jahrhunderten wenig aussagekräftig. Die Autoren sind von ihrem methodischen Ansatz her anscheinend nicht in der Lage, die Dialektik und die Spannung genügend zu würdigen, die darin besteht, daß es einerseits eine an das jüdische Volk ergangene endzeitliche Verheißung gibt, Licht für die Völker zu sein und zu werden und andererseits den Wunsch und das Bedürfnis der Völkerwelt nach einer Teilhabe daran. Diese

---

[57] FELDMAN, Jew, 288–341.

dialektische Situation ist nicht aufzulösen und zu beantworten mit dem Nachweis einer nichtexistierenden Missionspraxis und der damit verbundenen Ablehnung eines Sympathisantentums. Denn gerade letzteres wird aufgrund bewußter Ausblendung „religiöser" Implikationen völlig unzureichend gewürdigt und behandelt.[58] Deshalb ist vor einer allzu unkritischen Übernahme ihrer Thesen[59] zu warnen.[60]

Eine kritische Würdigung hat auch zur Kenntnis zu nehmen, daß die Attraktivität, die Anziehungskraft des Judentums[61] und die endzeitliche Verheißung für die Völker neben der Sendung von Propheten zu ihnen (vgl. Jona) niemals ohne Blick auf das beurteilt werden kann, was sich im 1. Jh. n. Chr. zuerst unter den judenchristlichen Hellenisten und Teilen des Zwölferkreises entwickelte. Auch wenn hier ebenfalls noch von keiner gezielten Missionspraxis gesprochen werden kann, müssen doch die auf jüdischer Seite liegenden Voraussetzungen dafür zur Kenntnis genommen werden, ohne alte Vorurteile und Setzungen zu wiederholen.

Schließlich soll, wenn es die These einer Nichtexistenz eines missionarischen Judentums zu würdigen gilt, der Blick nochmals auf bestimmte Texte gelenkt werden, um die mit den Stichworten „Mission" und „Proselytenmacherei"[62] verbundenen Implikationen aus einer anderen Perspektive zu betrachten. Diese Texte sind im klassischen Sinne als Bezeugung von „Werbemaßnahmen" für das Judentum verstanden worden. Näher angeführt wer-

---

[58] Vgl. auch HENGEL / SCHWEMER, Paul, 75f., wobei die eigenen Ausführungen durch Gespräche mit Hengel angeregt worden sind. COHEN hat in seiner freundlichen „Besprechung" von Will / Orrieux diesen Aspekt ebenfalls völlig unberücksichtigt gelassen (Gn. 68, 1996, 273–275).

[59] REISER, BZ 39 (1995) 85 hat in seinem ansonsten sehr materialreichen Aufsatz aufgrund der Arbeiten von Will und Orrieux (u.a.) die These vorgestellt, daß die Heiden zur Synagoge „ganz von sich aus" kamen. Dies ist eine Extremposition gegenüber einer gezielten „jüdischen Mission" und verzeichnet ebenfalls die oben angestellten Überlegungen zur religiösen Implikation des gesamten Phänomens.

[60] Vgl. auch LEVINSKAYA, Book, 20–24.

[61] Zu vergleichen ist in diesem Zusammenhang auch die Notiz bei Josephus in Ap II,209f., wo er ausdrücklich auf die Spannung verweist, die zwischen dem jüdischen Leben nach eigenen Gesetzen und dem Hinzukommen von Fremden besteht. Sie besitzt jedoch, und das will Josephus hier ausdrücklich hervorheben, ein unumkehrbares Gefälle: es werden alle aufgenommen, die zu uns kommen und nach unseren Gesetzen leben wollen. Der Schwerpunkt liegt darauf, daß Heiden angezogen werden, sie aber dann auch nicht zurückgewiesen dürfen.

[62] ROSEN hat in einer neueren Abhandlung die kritischen Akzente gegen die Annahme einer jüdischen Mission zwar nicht zur Kenntnis genommen, doch zeigen seine Ausführungen sehr deutlich, welche Bedrohungen Tacitus durch die Anziehungskraft des Judentums auf Rom zukommen sah und wie er eine literarische Bekämpfung initiierte (Gym. 103, 1996, 107–126).

den sollen erneut zwei bereits erwähnte Kontexte, die an drei Beispielen verdeutlichen können, daß diese Kontexte eine Mehrschichtigkeit aufweisen, welche politischer, strafrechtlicher und religiöser Art sind und deren Evidenz es zu überprüfen gilt.

3. a) In Kapitel VI der vorliegenden Untersuchung war bereits die bei Josephus erhaltene Fulvia-Episode[63] Gegenstand einer intensiveren Abhandlung gewesen. An dieser Stelle soll nun noch einmal der Blick auf den dort erwähnten „Erklärer des mosaischen Gesetzes" und die mit ihm verbundenen Männer gelenkt werden. Die Notizen des Josephus sind deshalb von besonderer Bedeutung, weil sie zeigen können, daß die Frage nach einer gezielten oder geplanten jüdischen Mission oft gar nicht einen „religiösen" oder „theologischen" Hintergrund hat, sondern, wie in diesem Zusammenhang, ein kriminelles oder strafrechtliches Potential die entsprechende Folie bildet. Die von Josephus geschilderten Männer sind eben keine „Missionare" oder „Werber" für die jüdische Religion, sondern sie machen sich das heidnische Interesse und die besondere Attraktivität für eigene Belange dienstbar.[64] Das kriminelle Elememt[65] besteht darin, daß sie die anscheinend zur Proselytin gewordene Fulvia zu Spenden für den Jerusalemer Tempel überreden, um diese dann für eigene Zwecke zu verprassen. Dieses kriminelle Element im Zusammenhang von Sympathisanten und Judentum wird in solcher Deutlichkeit zwar nur an dieser Stelle berichtet, muß aber kein Einzelfall gewesen sein. Das sollte allein der Umstand belegen, daß die mit der Fulvia-Episode zusammenhängenden Ereignisse bei Sueton, Tacitus, Cassius Dio und Seneca Beachtung gefunden haben.[66] Mit diesen Ausführungen soll nicht die Annahme einer jüdischen Mission erneuert werden. Das kriminelle Verhalten der vier Juden in Rom zeigt jedoch, daß es in diesem Milieu eine Grauzone gegeben hat, die es gebietet, einige Kontexte genau zu befragen, um wirklich differenzierte und der Sache gerecht werdende Urteile zu erreichen.

b) Zurückzukommen ist ebenfalls auf die bei Josephus aufbewahrte Izates-Episode[67], die ausführlicher auch schon in Kapitel IV behandelt worden

---

[63] Josephus Ant XVIII,81–84.

[64] Diesen Aspekt nimmt McKnight, Light, 73f. nicht zur Kenntnis, wie überhaupt diese zentralen Vorgänge im Jahr 19 n. Chr. lediglich auf etwas mehr als einer Seite abgehandelt werden.

[65] Bemerkenswert ist z.B. bei Goodman, Mission, 83f., daß diese Dimension bei der Auslegung nicht einmal gestreift wird.

[66] Vgl. dazu nochmals Kapitel VI.

[67] Josephus Ant XX,34–48.

ist. Das Augenmerk soll zunächst noch einmal auf den Kaufmann Ananias gelenkt werden, der in dieser Episode natürlich ebenfalls nicht als ein „Missionar" des Judentums vorausgesetzt werden kann. Ananias wird zwar als ein einflußreicher Mann und Berater des Königs von Adiabene geschildert, doch muß der Grund für seine Aktivitäten näher betrachtet werden. Ananias ist ein im Fernhandel tätiger Kaufmann (ἔμπορος)[68] [34], der bei seiner Reisetätigkeit das ihm entgegengebrachte Interesse an seiner Religion nicht zurückwies, sondern die Frauen am Königshof unterrichtete. Die von Ananias ausgeübte Tätigkeit wird mit dem Verbum διδάσκειν [34f.] umschrieben, vergleichbar dem namentlich nicht genannten Juden, der Königin Helena unterrichtete. Hier geht es nicht um Propaganda oder plumpe Werberei, sondern um eine Art der Unterweisung, welche Interesse, Lernbereitschaft und den Wunsch nach Information auf der heidnischen Seite voraussetzt. Der Handelsreisende Ananias wird in diesem Zusammenhang wohl als ein solcher Jude zu verstehen sein, der das seiner „Religion" entgegengebrachte Interesse nicht zurückweisen wollte oder konnte. Als Diasporajude wird ihm die Dimension der Verheißung an die Völker und die Sendung Israels dorthin bewußt gewesen sein. Auch wollte er die besondere Anziehungskraft seiner „Religion" nicht ins Leere laufen lassen. Die „religiöse" Dimension sollte auch in diesem Fall nicht überstrapaziert werden. Eine jüdische Mission ist damit nicht verbunden. Aber es wird immmer wieder Juden wie Ananias gegeben haben, die das heidnische Interesse sehr ernst nahmen und entsprechend darauf reagierten.

c) Der spektakulärere Fall in der Izates-Episode ist aber doch der sich ebenfalls auf Reisen befindende Eleazar aus dem Mutterland Palästina [43]. Von ganz besonderer Bedeutung sind hier zwei Notizen. Nach diesen wird Eleazar als ganz besonders gesetzeskundig[69]dargestellt, wodurch es als gesichert gelten kann, daß es sich bei ihm um einen Pharisäer der strengen Richtung gehandelt hat. Er stammt zudem noch aus Galiläa, was vor der Ansetzung des zeitlichen Hintergrundes der gesamten Episode durch Josephus ein besonderes Profil gewinnt.

Das zwanzigste Buch der Antiquitates beginnt mit der Wiederumwandlung Judäas in eine römische Provinz nach dem Tode des „Herodes" Julius Agrippa I. (44 n. Chr.) und endet mit den Wirren kurz vor dem Ausbruch des Jüdischen Kriegs. Im letzten Buch der Antiquitates schildert Josephus noch einmal besonders eindrücklich die zunehmende Radikalisierung des

---

[68] Zur Übersetzung vgl. die Josephus Konkordanz.
[69] Josephus Ant XX,43: „... περὶ τὰ πάτρια δοκῶν ἀκριβὴς εἶναι προετρέψατο πρᾶξαι τοὖργον.

Judentums in den 50er und 60er Jahren des 1. Jh. n. Chr. und den damit verbundenen Verfall.[70]

Diese Radikalisierung ist wesentlich verbunden mit dem Anwachsen der zelotischen Bewegung im 1. Jh. n. Chr. Als Ausgangspunkt einer besonderen Entwicklung wird das Jahr 6 n. Chr. genommen, als der Galiläer (!) Judas zusammen mit dem Pharisäer (!) Saddok einen Aufruhr gegen die römische Besatzungsmacht anzettelte.[71]

Auf der Grundlage dieser Informationen soll nun weitergefragt werden, mit welchen Intentionen ein Pharisäer aus Galiläa mit womöglich zelotischem Hintergrund am Königshof in Adiabene weilt. Ausgeschlossen werden kann sicherlich, daß es sich bei Eleazar um einen „Missionar" gehandelt hat. Wie bereits mehrfach angemerkt, hat es so etwas im antiken Judentum nicht gegeben.[72] Im folgenden sollen nun einige Aspekte aus dem geschichtlichen Ablauf geschildert werden, die erhärten können, daß es sich bei Eleazars Bemühungen um eine Mission besonderer Art gehandelt haben kann, die weder informativen, noch unterweisenden, noch apologetischen, sondern „proselytizing" Charakter[73] hatte, ohne planmäßig missionarisch zu sein.

Im zweiten Buch des Jüdischen Krieges ist ab Paragraph 345 eine Rede durch Josephus überliefert, die König Agrippa II. (50 – 94 n. Chr.) vor den eigentlichen Kampfhandlungen des Jüdischen Krieges in Jerusalem gehalten hat. Intention dieser Rede ist die Warnung vor dem Krieg mit Rom. So weist Agrippa II. in 356f. und 361 auf die fehlenden Geldmittel und den nicht ausreichenden Kriegsschatz für derartige Kampfhandlungen gegen die Großmacht Rom hin. In Paragraph 388f. fällt dann der entscheidende Satz: „Erwartet ihr etwa für diesen Krieg noch Bundesgenossen aus der unbewohnten Wüste? Denn auf dem bewohnten Teil der Erde sind ja alle römisch. Es müßte einer seine Hoffnungen über den Euphrat hinaus schweifen lassen und den Glauben haben, daß unsere Stammesverwandten von Adiabene uns zu Hilfe kommen." Agrippa weist damit besonders auf die übergetretenen Mitglieder des Königshauses von Adiabene hin.

Im sechsten Buch des Jüdischen Krieges steht wiederum eine Rede am Ende der vermeintlichen Kriegshandlungen. Sie wird von Titus als Oberbe-

---

[70] Besonders eindrücklich ist das Urteil in XX,160: „Die Verhältnisse Judäas wurden inzwischen von Tag zu Tag zerrütteter."

[71] Josephus Ant XVIII,4. Zur gesamten Entwicklung, die hier nicht wiederholt werden kann, vgl. besonders HENGEL, Zeloten, 151–234.

[72] McKNIGHT, Light und GOODMAN, Mission verweisen darauf in ihren Untersuchungen immer wieder.

[73] Zu dieser Differenzierung vgl. nochmals GOODMAN, Mission, 5.

fehlshaber des römischen Heeres im Tempelbezirk gehalten und ist an die Aufständischen gerichtet (328ff.). Auch er kommt in seiner Rede auf die Finanzierung des Krieges gegen die römische Weltmacht zu sprechen. Titus verweist auf die Gunst, daß den Juden erlaubt worden war, Tempelsteuern zu sammeln und Weihegeschenke nach Jerusalem zu schicken.[74] Die Spitze in der Rede des Titus liegt nun darin, daß es so möglich geworden war, die nötigen finanziellen Mittel und ideelle Unterstützung für den Aufstand in der Diaspora zu sammeln. Diese Gefahr hatte Rom zwar erkannt, dem jüdischen Volk letztlich aber doch vertraut.[75]Der entscheidende Satz jedoch aus dem Munde des Titus lautet in Paragraph 343f. : „Eure Gesandtschaften gingen zu den Leuten jenseits des Euphrat, um Aufruhr anzuzetteln." Diese Aussage wird unterstützt durch weitere Angaben wie die in IV,656f., laut der nach der Niederlage der Juden Glückwünsche aus aller Welt für Vespasian eingegangen seien. Hierdurch kann es als gesichert gelten, daß über den Krieg in Judäa große Teile der bewohnten Welt informiert waren, nicht zuletzt deshalb, weil er eine massive Störung der Pax Romana bedeutete.

Die angeführten Texte und Aspekte vor dem Hintergrund der finanziellen und ideellen Unterstützung des Krieges gegen Rom durch Teile der Diaspora werden darüber hinaus auch in der Geschichtsschreibung des Josephus von Anfang an vorausgesetzt, wenn er in Buch I,5 schreibt: „Denn die Juden hofften, es würden sich alle Stammesgenossen jenseits des Euphrats mit ihnen erheben...".

Alle genannten Angaben sollen nun in hypothetischer Form auf die Informationen bezogen werden, die Josephus im zwanzigsten Buch der Antiquitates gibt. Die Landschaft Adiabene ist „jenseits des Euphrats" gelegen. Eleazar ist zu einer Zeit dort gewesen, als sich die Aufstandsbewegung in Palästina, besonders in Galiläa, verfestigte und zunehmend radikalisierte. Eleazar gelingt es, König Izates von der Notwendigkeit der Beschneidung zu überzeugen. Izates unterstützte großzügig eine sich anschließende Pilgerreise seiner Mutter Helena nach Jerusalen. Schließlich ist zu erwähnen,

---

[74] Die Frage der Tempelsteuer, die Frage der Weihegeschenke, das Verbot der Ausfuhr von Gold aus jeweiligen Finanzhoheiten, die Umwandlung der Tempelsteuer in eine Kopfsteuer an den Jupiter Capitolinus und andere wichtige Fragen sollen hier nicht noch einmal diskutiert und angeführt werden, sondern können den ausgezeichneten Kommentierungen der Ausgabe von MICHEL / BAUERNFEIND entnommen werden.

[75] Dieses Verhalten der Störung der Pax Romana trotz wohlwollender römischer Unterstützung wird wesentlich dazu beigetragen haben, daß die Tempelgelder umgewandelt wurden in eine Kopfsteuer für Jupiter Capitolinus (Cassius Dio, Historia Romana LXVI,7,2), um diese Summen direkt unter römischer Kontrolle und Verfügung zu haben.

daß Mitglieder des Königshauses von Adiabene aktiv an den Kampfhandlungen des späteren Krieges beteiligt sind.[76]

Diese Informationen können im Hinblick auf den Aufenthalt des Eleazar so verstanden werden, daß dieser eine bestimmte „Mission" zu erfüllen hatte. Sein Insistieren auf die Beschneidung des Königs könnte auch damit zu tun haben, daß eine verbindlichere Form der Solidarität und Zusammengehörigkeit mit dem jüdischen Volk angestrebt wurde als lediglich die über den Status eines „Gottesfürchtigen oder Sympathisanten". Das Drängen zur Beschneidung in dieser zugespitzten historischen Situation hat somit eine religiöse und eine politische Dimension, die zwar zu unterscheiden, nicht aber zu trennen sind. Einerseits ging es im zelotischen Milieu von Anfang an um die Frage der Beschneidung als das besondere Kennzeichen des Judentums. Andererseits ist auch die Frage nach Multiplikatoren bei der Aufrüstung für den Aufstand gegen Rom mitzudenken, weil es auch um Verbindlichkeit und um wirkungsvolle Unterstützung ging. Diese zeitgeschichtliche Betrachtung der Werbung des Eleazar für sein Verständnis des Judentums ist als ein Korrektiv zu verstehen, das vor einer allzu generalisierenden Ablehnung und Bestreitung einer jüdischen Mission warnt. Diesse Aussage hat auch Gültigkeit für die beiden zuvor geschilderten Fälle. Aus den hier vorgestellten Beobachtungen soll daher abschließend und zusammenfassend die folgende These vorgestellt werden:

Grundsätzlich kann nicht davon ausgegangen werden, daß es im antiken Judentum gezielte und planmäßige missionarische Maßnahmen gegeben hat. Vor einer Pauschalisierung und Generalisierung einer solchen Aussage ist gleichzeitig aber zu warnen. Es muß einerseits zur Kenntnis genommen werden, daß das Judentum wegen seiner monotheistischen Ausrichtung und seines hohen ethischen Standards sehr attraktiv war. Andererseits sah man sich auf jüdischer Seite auch unter die Verheißung Gottes für die Völkerwelt gestellt und empfand den Anspruch einer Sendung Israels dorthin. Schließlich müssen alle verfügbaren Quellen und Ereignisse jeweils sorgfältig geprüft werden, ob sich nicht etwa kriminelle, religiöse oder politische Elemente eruieren lassen, die zu einem sehr differenzierten Sprachgebrauch und Umgang mit der Fragestellung führen müssen.

Für die Auslegung von Mt 23,15 ergibt sich daraus, daß sich keine planmäßige Mission des antiken Judentums aus diesem Textabschnitt ableiten läßt. Mt 23,15 könnte von der Tendenz her aber die oben gemachte Beobachtung stützen, daß Übertrittswillige nicht abgewiesen, sondern durch Gesetzeskundige unterwiesen werden.

---

[76] Josephus Bell II,520 und VI,356.

IX. Zusammenfassung und Ausblick

In den vorangehenden Kapiteln dieser Untersuchung sind die Teilergebnisse immer wieder zusammengefaßt worden. Jeweils am Ende eines Kapitels wurde die Gedankenführung konzentriert dargestellt, so daß in diesem Schlußabschnitt weitgehend auf eine Wiederholung der Resultate verzichtet werden kann. Vielmehr sollen die verschiedenen Ansätze und Quelleninterpretationen profiliert werden, indem gefragt wird, inwiefern sie zu einer angemessenen Terminologie, Verhältnisbestimmung und Definition beitragen können. Auf diese Weise soll konsequent benennbar gemacht werden, was sich denn nun hinter dem Begriff „Umfeld" der Diasporasynagogen unter Umständen für „Gruppen" verbergen könnten.

In Kapitel I wurde im Rahmen der Darstellung der Forschungsgeschichte eine Definition von Reynolds und Tannenbaum zitiert, welche sich zu erfassen bemühte, was unter einem θεοσεβής zu verstehen sei. Obwohl ich ihre Kennzeichnung für wohlüberlegt halte, muß bei einer kritischen Würdigung berücksichtigt werden, daß sich die Definition sehr an den Verhältnissen von Aphrodisias orientiert. Außerdem wird ein Bezug zu den ebenfalls definierten Proselyten hergestellt, was einer Einengung gleichkommt. Unter letzterer verstehe ich hauptsächlich die Nichtbeachtung verschiedener antiker und neuzeitlicher Termini und Phänomene, die in ihrer ganzen Vielgestaltigkeit genannt und einbezogen werden müssen. Erst danach ergeben sie das bunte Mosaik, das hier mit der Bezeichnung „Umfeld" versehen wird.

1. Wer sich in der Literatur zu der Problematik des gesamten „Umfeldes" der jüdischen Diasporagemeinden kundig machen will, trifft auf eine verwirrende Vielfalt von Termini. Waren es in der älteren Literatur die Proselyten gewesen (die nochmals differenziert wurden in Proselyten der Tore, der Löwenproselyten, der Proselyten der Gerechtigkeit sowie Halbproselyten), so begegnen uns in der neueren Literatur im deutschen Sprachraum eigentlich nur noch die Bezeichnungen „Gottesfürchtige" und/oder „Sympathisanten". Dabei werden aber auch immer Bemühungen um einen differenzierten Sprachgebrauch unternommen. Im englischsprachigen Raum wird

die terminologische Debatte ebenfalls von den „proselytes", hauptsächlich aber von den „God-fearers", den „God worshippers", den „pagan adherents" oder dem „gentile movement" bestimmt.

Das eigentlich Bemerkenswerte an dieser Debatte ist, daß es bei der Suche nach entsprechenden Terminologien nicht an einsichtigen und ansprechenden Formulierungen fehlt, die Verhältnisbestimmung sich aber doch immer wieder nur auf die Abgrenzung zu Proselyten oder zu geborenen Juden bezieht.

Grund dafür ist nach meinem Dafürhalten der Umstand, daß die Verhältnisbestimmung sich oft von dem Bild der konzentrischen Kreise leiten läßt, was in der Literatur auch explizit so formuliert wird. Das Bild der konzentrischen Kreise für das „Umfeld" ist stimmig hinsichtlich des gemeinsamen Mittelpunktes der Kreise. Der Vergleich hinkt insofern, weil die konzentrischen Kreise sich zwar eng berühren, aber nicht überschneiden können. Das Proprium der ganzen heidnischen Bewegung zum Judentum hin besteht aber doch gerade darin, daß es nach der Quellenlage eine Vielzahl sich „überschneidender" Sympathieerweise geben kann, die weder terminologisch noch phänomenologisch eindeutig zu erfassen sind. Ich plädiere deshalb dafür, die Rede von den konzentrischen Kreisen durch die Rede von sich überschneidenden Kreisen zu ersetzen, die optisch analog den olympischen Ringen dargestellt werden können. Dieses Bild ermöglicht die Vorstellung und Annahme von „Schnittmengen", deren Terminologie Unwägbarkeiten besitzt, worin aber auch einer der Reize dieses Vorgehens liegt.

Das ganze „Umfeld" der Diasporasynagogen war in den ersten Jahrhunderten unserer Zeitrechnung eben nicht in klar eingrenzbaren „Gruppen" zu bestimmen, sondern muß in seiner Flexibilität erkannt und auch berücksichtigt werden. Extrempositionen, die sie aufgrund dieser nicht festumrissenen Struktur einfach „verschwinden" lassen oder in das Korsett einer klaren Definition pressen, tun ihrer Vielgestaltigkeit und fehlenden Normiertheit daher Gewalt an.

2. In diesem Zusammenhang ist ein Gedankengang von Cohen (HThR 82, 1989, 19–33) aufzugreifen, der auch für andere Abhandlungen desselben Autors leitend ist. Cohen möchte sieben Wege und Möglichkeiten nachweisen und aufzeigen, wie Heiden ihrer Achtung vor dem Judentum Ausdruck verleihen können:

(1) „Admiring some aspects of Judaism", (2) „acknowledging the power of the God of the Jews", (3) „benefiting the Jews or being conspicuously friendly to Jews", (4) „practicing some or many of the rituals of the Jews", (5) „venerating the God of the Jews and denying or ignoring the pagan

gods", (6) „joining the Jewish community", (7) „converting to Judaism and ‚becoming a Jew'", wobei für den letzten Aspekt die Kategorien (4), (5) und (6) schrittweise vorausgesetzt werden.

Der Reiz dieses Verfahrens liegt darin, daß der Kriterienkatalog sich gegen eine allzu schnelle Zuweisung von bestimmten Definitionen und Termini sperrt. Es ist nämlich bei einer ernsthaften Zugrundelegung dieses Schemas gar nicht einfach, wenn nicht sogar unmöglich, die Bezeichnungen „Gottesfürchtige", „Sympathisanten", „Nachahmer" oder auch „Proselyten" zuzuweisen. Die Übergänge zwischen den Einzelcharakteristika sind fließend, und es bieten sich oft mehrere Kategorien gleichzeitig für eine Festlegung an, wenn die disparate Quellenlage ernst genommen wird.

Im Schlußteil des zitierten Aufsatzes nun spitzt Cohen seine Überlegungen zu und erschüttert auf diese Weise Positionen, welche mit vollmundiger Gewißheit hinsichtlich eines Übertritts von Heiden zum Judentum und aller potentiellen Vorstufen dazu Aussagen machen. Die Stärke seines Verfahrens liegt eindeutig im analytischen Bereich. Er zeigt unter Anführung verschiedener antiker Quellen auf, daß bei der Verwendung von entsprechenden Bestimmungen und Definitionen Vorsicht walten sollte. Denn so mancher Sachverhalt erweist sich als heikler und komplizierter, als es bisher gesehen wurde.

3. Trotzdem enthebt uns dieses fließende, analytisch begründete Verfahren nicht davon, mit Hilfe einer gut begründeten und differenzierenden Terminologie das sogenannte „Umfeld" der Diasporasynagogen zu erfassen und zu beschreiben, um auf dem Wege der *Synthese* eine sinnvolle Rede von verschiedenen „Gruppen" zu erreichen.

Dabei kann es nicht darum gehen, das deskriptiv begründete Verfahren Cohens durch ein normativ begründetes zu ersetzen. Eine solche Vorgehensweise erübrigt sich allein deshalb, weil die Frage nach der „Normativität" auch die nach der „norma normans" und der Wertsättigung der Normen freisetzt, was neuzeitliche Züge trägt und Unschärfen sowie Überzeichnungen mit sich bringt. Deshalb muß ein synthetisches Verfahren mit dem analytischen Verfahren in einem interdependenten Verhältnis stehen. Außerdem ist davor zu warnen, eine festgelegte Begrifflichkeit unkritisch zu verallgemeinern und zu pauschalisieren, ohne ihre Zugehörigkeit zu einem speziellen literarischen oder epigraphischen Genre zur Kenntnis zu nehmen. Nur unter Berücksichtigung dieser Korrektive erscheint mir eine „normative" Bestimmung und ein synthetisches Verfahren sinnvoll, um ermitteln zu können, was sich denn nun hinter den Bezeichnungen „Proselyten", „Gottesfürchtige", „Sympathisanten" und „Nachahmer" innerhalb des „Umfeldes" der Diasporasynagogen verbirgt.

4. Die vorliegende Untersuchung war von der Beobachtung ausgegangen, daß der Terminus „Gottesfürchtige" in einer dreifachen Weise in der Literatur verwendet wird. Zum einen als eine Ehrenbezeichnung für besonders ausgewiesene Juden, zum anderen als eine soziale Gruppenbezeichnung für mit dem Judentum sympathisierende Heiden und schließlich als komplexe und terminologisch notwendig zu differenzierende Größe.

Daraus wurde die Ausgangshypothese entwickelt, daß der Gebrauch der Bezeichnung „Gottesfürchtige" von einer gewissen Unschärfe bestimmt ist. Diese Gruppierung ist trotzdem nicht sofort identisch mit „Sympathisanten", am Judentum „Interessierten", „Nachahmern" oder „Proselyten". „Gottesfürchtige" sind nach dieser Hypothese eine eingrenzbare und ermittelbare „Gruppe", wobei aber Verallgemeinerungen vermieden werden müssen.

Bei der Sichtung der unterschiedlichen Texte und Materialien ergab sich neben einer Fülle von wichtigen Einzelbeobachtungen, daß die Erwähnung des Adjektivs θεοσεβής nicht zwingend auf eine Ehrenbezeichnung oder ein bestimmtes Verhalten innerhalb des „Umfeldes" zielt, sondern durchaus in einigen Fällen eine Affinität der Heiden in Bezug auf das Judentum beschreiben kann.

Gilt diese Beobachtung für das Wort θεοσεβής besonders in bestimmten Gattungen der jüdisch-hellenistischen Literatur, so hat die Beurteilung bei den Inschriften von anderen Voraussetzungen auszugehen. Die Inschriften legen auch nicht in allen Fällen zwingend nahe, daß es sich bei der Verwendung des genannten Terminus durchweg um eine Ehrenbezeichnung gehandelt haben wird. Vielmehr muß die heidnische Außenperspektive berücksichtigt werden. Unter deren Voraussetzung kann durch θεοσεβής eine ganz bestimmte soziale Gruppe klassifiziert werden, die mit dem Judentum in Verbindung gesehen und, z.B. von der Theaterleitung in Milet, mit einer derartigen Bezeichnung versehen wird.

Die Partizipialkonstruktionen φοβούμενος τὸν θεόν und σεβόμενος τὸν θεόν sind in dieser strengen terminologischen Ausrichtung nicht in Inschriften oder paganen Quellen zu finden, sondern nur in jüdisch-hellenistischer und christlicher Literatur. Auch θεοσεβής wird in diesem letztgenannten Kontext gebraucht, doch hat seine Verwendung mehr allgemeinen Charakter und Ausrichtung. Dabei scheint sich zu ergeben, daß die Bezeichnung θεοσεβής wie ein Begriff fungiert, während φοβούμενος τὸν θεόν und σεβόμενος τὸν θεόν einen jüdisch-christlichen Terminus darstellen, der nur hier angewendet wird und eine spezielle Absicht erfüllt: Um Personen als besondere „Gottesfürchtige" herauszuheben, wie die Patriarchen in dem Roman „Josef und Aseneth" oder Cornelius und Lydia in Acta.

Jedoch ist zu beachten, daß auch θεοσεβής nicht einheitlich in den Inschriften gebraucht wird und mindestens drei Interpretationsmöglichkeiten denkbar sind. Es kann sich um eine Binnenbezeichnung für Juden gehandelt haben, welche diese als besonders herausragend in der Beobachtung der Tora im umfassenden Sinne ausweist. Es kann sich aber auch um eine Bezeichnung für unbeschnittene Heiden handeln, die innerhalb der jüdischen Gemeinde ganz bestimmte Funktionen wahrgenommen haben wie die Mitarbeit in einer Gemeinschaft zum Torastudium und zum Gebet. Es kann sich schließlich um eine Bezeichnung gehandelt haben, die Heiden ehrenhalber verliehen wurde, wenn sie sich an Wohlfahrtseinrichtungen oder anderen karitativen Maßnahmen beteiligt hatten.

Gerade an dieser letzten Kategorie kann ein entscheidender Differenzpunkt festgemacht werden. Personen, die als Schenker, Spender oder Stifter gegenüber der Synagogengemeinde auftreten, sind nicht generell als θεοσεβεῖς zu klassifizieren. Dies ist derzeit nur für die Inschrift aus Aphrodisias belegt und sollte nicht zu einer unkritischen Übertragung auf möglicherweise ganz anders gelagerte Verhältnisse an anderen Orten führen.

5. Generell läßt sich aufgrund des untersuchten Materials und der hier verfolgten Fragestellung soviel festhalten und ausführen:

a) Grundsätzlich kann immer dann von „Gottesfürchtigen" gesprochen werden, wenn diese in Literatur oder Inschriften entsprechend terminologisch ausgewiesen werden. Das betrifft die Formulierungen φοβούμενος τὸν θεόν, σεβόμενος τὸν θεόν, θεοσεβής oder metuens. Einschränkend muß allerdings eingeräumt werden, daß ein solcher Gebrauch erst dann legitim und sinnvoll ist, wenn der Kontext, der Wortlaut sowie das betreffende Objekt der Gottesfurcht genau geprüft werden und eine Interpretation auf Heiden, welche mit dem Judentum sympathisieren, daraufhin möglich ist. Fällt in diesem Zusammenhang eins der eben erwähnten Stichworte, ist die Rede von „Gottesfürchtigen" angemessen.

b) Werden Stifter, Spender oder andere dem Judentum zugetane Personen erwähnt, die in Kontakt mit bestimmten Diasporagemeinden oder Gemeinschaften stehen, eine entsprechende Kennzeichnung oder Terminologie jedoch fehlt, so plädiere ich für die Bezeichnung „Sympathisanten". Hierunter werden im weitesten Sinne vom Judentum angezogene Personen verstanden, die Sympathieerweise erbringen. Wesentliches Kriterium für „Sympathisanten" ist, daß sie eine entsprechende Institution oder Gemeinschaft voraussetzen, auf die sich ihr Sympathieerweis bezieht. Auch heidnische Synagogenbesucher gehören in diese Kategorie, sie können in bestimmten Fällen abweichend als „Interessierte" bezeichnet werden.

c) Personen hingegen, die Ansichten („Philosophie") des Judentums übernehmen oder bestimmte Verhaltensmuster und Gebräuche nachahmen, sollten konsequenterweise als „Nachahmer" bezeichnet werden. Wesentlich ist, daß sie terminologisch nicht näher bezeichnet werden können und ihnen ein sozialer Bezug zu jüdischen Gemeinschaften abgeht, so daß sie am äußersten Rand des untersuchten Phänomens stehen.

Die Grenzen zwischen den genannten Gruppen sind aber fließend und offen, so daß aus „Nachahmern" durchaus auch „Sympathisanten" oder Synagogenbesucher und damit letztlich auch besonders ausgewiesene „Gottesfürchtige" werden können, ohne daß sie sich endgültig auf den jeweiligen Status festlegen ließen.

d) Dabei geht es nicht in allen Fällen um einen nominellen Wechsel in ein anderes Gruppenstatut im Sinne einer Stufenleiter, sondern um ein sich verdichtendes Phänomen von Verbindlichkeit, das entweder von jüdischer oder von heidnischer Seite mehr oder weniger offensiv betrieben und anerkannt werden kann. So können „Sympathisanten" sich darum bemühen, mehr zu tun und dafür besonders gewürdigt werden. Sie können aber auch von jüdischer Seite mit einer besonderen Bezeichnung wie θεοσεβής bedacht werden, um sie in eine entsprechende verbindlichere Form einzubinden.

e) Wichtig ist ebenfalls die Beobachtung, daß es einen fest vorausgesetzten Begriff für „Gottesfürchtige" nicht gegeben hat. Vielmehr rangieren die unterschiedlichen Termini immer als partielle Gruppenbezeichnungen innerhalb eines bestimmten literarischen Genres. So ist der Gebrauch von φοβούμενος τὸν θεόν und σεβόμενος τὸν θεόν in der lukanischen Konzeption durchaus so zu verstehen, daß Lukas Personen immer dann so bezeichnet, wenn sie bestimmte Kriterien erfüllen. Auch auf den Seiten a) und b) der Inschrift von Aphrodisias läßt sich ein derartiger Gebrauch von θεοσεβής in diesem Kontext vermuten. Beispiele aus anderen Inschriften oder aus anderer Literatur ließen sich finden.

Es sollte dabei jedoch niemals die jeweilige Gattung oder das Genre verlassen und zum Anlaß einer Generalisierung genommen werden. Wenn Heiden etwa durch Lukas oder auf der Stele von Aphrodisias derartig bezeichnet werden, setzt dies auf keinen Fall voraus, daß an anderen Orten oder in anderer Literatur vergleichbare Verhältnisse existiert haben müssen. Es gab keine „Gottesfürchtigen", die mit einer Gruppenbezeichnung vorausgesetzt werden können. Es gab jedoch das Phänomen, daß sich Heiden für das Judentum interessierten oder sich von ihm angezogen fühlten. Dies wurde innerhalb bestimmter Literatur mit einer entsprechenden Terminologie versehen, woraus auch interne Bezeichnungen werden konnten, aber nicht mußten.

6. Wie ist angesichts dieses sehr differenziert zu beurteilenden Phänomens die Rolle der Proselyten zu bestimmen? Ihr Ansehen und ihre Hochachtung innerhalb der Synagogengemeinden waren genauso wenig klar und bestimmt, wie ihre Terminologie auch nicht eindeutig ihren Status widerspiegelt. Proselyten erfüllen zwar all die Kriterien, die das Judentum idealtypisch von „Fremden" erwartete. Sie hatten jedoch in den ersten Jahrhunderten in verschiedener Weise in den Gemeinden keinen einfachen Stand. Selbst der Terminus Proselyt schließt nicht aus, daß damit u.U. auch „Gottesfürchtige" gemeint sein können.

7. Vor einer Zuweisung und Anwendung einer entsprechenden Terminologie innerhalb des „Umfeldes" der Diasporasynagogen ist in jedem Einzelfall zu prüfen, in welchem Kontext und unter welchen Bedingungen sich bestimmte Faktoren der Anziehungskraft ermitteln lassen und wie diese qualitativ zu bewerten sind.

So kann mit gutem Gewissen von „Gottesfürchtigen", „Proselyten", „Sympathisanten", „Interessierten" oder „Nachahmern" innerhalb des „Umfeldes" der Diasporasynagogen gesprochen werden. Dazu muß das normative Verfahren durch das deskriptive Verfahren nicht ersetzt, sondern flankiert und begleitet werden unter Berücksichtigung entsprechender Kriterien. Dann können die Quellenlage, die Bestimmung der sich überschneidenden Kreise und die Vielfalt des Lebens in diesem „Umfeld" gewürdigt werden. So kann die Ausgangsbeobachtung gestützt werden, daß „Gottesfürchtige" eine terminologisch ermittelbare „Gruppe" innerhalb des „Umfeldes" der Diasporasynagogen sind, ohne daß sie in den anderen Bezeichnungen wie „Sympathisanten" oder „Nachahmern" oder „Proselyten" aufgehen.

Anhang: Text und deutsche Übersetzung der Inschrift von Aphrodisias

(1) Text der Inschrift von Aphrodisias nach der Ausgabe von REYNOLDS und TANNENBAUM „Jews and God-Fearers at Aphrodisias",5–7.

Face a
Col. (i)

		Θεὸς βοηθός, πατέλλᾳ? δο[.1 or 2]
		Οἱ ὑποτεταγμέ-
		νοι τῆς δεκαν(ίας)
		τῶν φιλομαθῶ[ν]
	5	τῶν κὲ παντευλογ(- -ων)
		εἰς ἀπενθησίαν
		τῷ πλήθι ἔκτισα[ν]
		ἐξ ἰδίων μνῆμα
Σα-		Ἰαηλ προστάτης
μου	10	v. σὺν υἱῷ Ἰωσούᾳ ἄρχ(οντι?)
ηλ		Θεόδοτος Παλατῖν(ος?) σὺν
πρεσ		v. υἱῷ Ἱλαριανῷ vac.
βευ-		Σαμουηλ ἀρχιδ(έκανος?) προσήλ(υτος)
τὴς		Ἰωσῆς Ἰεσσέου vacat
Περ-	15	Βενιαμιν ψαλμο(λόγος?)
γε-		Ἰούδας εὔκολος vacat
ούς		Ἰωσῆς προσήλυ(τος)
		Σαββάτιος Ἀμαχίου
		Ἐμμόνιος θεοσεβ(ής) v.v.
	20	Ἀντωνῖνος θεοσεβ(ής)
		Σαμουηλ Πολιτιανοῦ
		Εἰωσηφ Εὐσεβίου προσή(λυτος)
		κα[ὶ] Εἰούδας Θεοδώρ(ου)
		καὶ Ἀντιπέος Ἑρμή(ου?)
	25	καὶ Σαβάθιος νεκτάρις
		[?κα]ὶ Σαμο[υ]ηλ πρεσ-
		βευτὴς ἱερεύς

Col. (ii) (at an angle to i and in a different hand)

If cut when the stele was standing: N M Δ
If cut upside down to the main text: Π W N

Face b [one line completely lost]
          [.. c.8 .. Σ]εραπίωνος v. [v.]
          [one line completely erased]
          ['Ιωση]φ Ζήνωνος vacat
      5 [Ζή]νων 'Ιακωβ stop Μανασῆς 'Ιωφ sic
          'Ιούδας Εὐσεβίου vacat
          Ἑορτάσιος Καλλικάρπου vacat
          Βιωτικός stop 'Ιούδας 'Αμφιανοῦ
          Εὐγένιος χρυσοχόος vacat
      10 Πραοίλιος stop 'Ιούδας Πραοιλίου v.
          Ῥοῦφος stop 'Οξυχόλιος γέρων
          'Αμάντιος Χαρίνου stop Μύρτιλος
          'Ιακω προβατον(όμος?) stop Σεβῆρος vacat
          Εὔοδος stop 'Ιάσων Εὐόδου vacat
      15 Εὐσαββάθιος λαχα(νοπώλης?) stop 'Ανύσιος
          Εὐσαββάθιος ξένος stop Μίλων
          'Οξυχόλιος νεώτερος vacat
          Διογένης stop Εὐσαββάθιος Διογέν(ους)
          ['Ιού]δας Παύλου stop Θεόφιλος vac.
      20 ['Ι]α[κ]ωβ ὁ κὲ 'Απελλί(ων?) stop Ζαχαρίας μονο(πώλης?)
          [Λε]όντιος Λεοντίου stop Γέμελλος
          ['Ιο]ύδας 'Αχολίου stop Δαμόνικος vacat
          Εὐτάρκιος 'Ιούδα stop 'Ιωσηφ Φιληρ(?)
          Εὐσαββάθιος Εὐγενίου vacat
      25 Κύρυλλος stop Εὐτύχιος χαλκο(τύπος?)
          'Ιωσηφ παστι(λλάριος?) stop Ῥουβην παστ(ιλλάριος?)
          'Ιούδας Ὁρτασί(ου) stop Εὐτύχιος ὀρν(ιθοπώλης?)
          'Ιούδας ὁ κὲ Ζωσι(?) stop Ζήνων γρυτ(οπώλης?)
          'Αμμιανὸς χιλᾶς stop Αἰλιανὸς Αἰλια(νοῦ)
      30 Αἰλιανὸς ὁ καὶ Σαμουηλ Φίλανθος
          Γοργόνιος 'Οξυ(χολίου) stop Ἑορτάσιος 'Αχιλλέ(ως)
          Εὐσαββάθιος 'Οξυχ(ολίου) stop Παρηγόριος
          Ἑορτάσιος Ζωτικοῦ Ζυμέων Ζην(?)
                        vacat
          καὶ ὅσοι θεοσεβῖς stop Ζήνων βουλ(ευτής)

35 Τέρτυλλος βουλ(ευτής) stop Διογένης βουλ(ευτής)
    Ὀνήσιμος βουλ(ευτής) stop Ζήνων Λονγι(ανοῦ?) βουλ(ευτής)
    Ἀντιπέος βουλ(ευτής) stop Ἀντίοχος βουλ(ευτής)
    Ῥωμανὸς βουλ(ευτής) stop Ἀπονήριος βουλ(ευτής)
    Εὐπίθιος πορφυρ(ᾶς) stop Στρατήγιος
40 Ξάνθος vacat Ξάνθος Ξάνθου v.
    Ἀπονήριος Ἀπον(ηρβίου) stop Ὑψικλῆς Μελ(?) stop
    Πολυχρόνιος Ξάν(θου) stop Ἀθηνίων Αἰ(λιανοῦ?)
    Καλλίμορφος Καλ(λιμόρφου?) stop ΙΟΥΝΒΑΛΟΣ
    Τυχικὸς Τυχ(κοῦ) stop Γληγόριος Τυχι(κοῦ) v.
45 Πολυχρόνιος βελ(?) stop Χρύσιππος
    Γοργόνιος χαλ(κοτύπος?) stop Τατιανὸς Ὀξυ(χολίου?)
    Ἀπελλᾶς Ἡγε(μονέως?) stop Βαλεριανὸς πενα(κᾶς?)
    Εὐσαββάθιος Ἡδ(υχρόος?) ?Μανίκιος Ἀττά(λου?) vac.
    Ὁρτάσιος λατύ(πος?) stop Βραβεύς vacat.
50 Κλαυδιανὸς Καλ(λιμόρφου?) stop Ἀλέξανδρος πυ(?)
    Ἀππιανὸς λευ(?) stop Ἀδόλιος ἰσικιάριος
    Ζωτικὸς ψελ(λός?) stop Ζωτικὸς γρύλλος
    Εὐπίθιος Εὐπι(θίου) stop Πατρίκιος χαλκο(τύπος)
    Ἐλπιδιανὸς ἀθλη(τής?) stop Ἡδυχροῦς vacat
55 Εὐτρόπιος Ἡδυχ(ρόος) stop Καλλίνικος vac.
    Βαλεριανὸς ἀρκά(ριος?) stop Εὔρετος Ἀθηναγ(όρου)
    Παράμονος ἰκονο(γράφος?) stop vacat
    Εὐτυχιανὸς γναφ(εύς) stop Προκόπιος τρα(πεζίτης?)
    Προυνίκιος γναφ(εύς) stop Στρατόνικος γναφ(εύς)
60 Ἀθηναγόρας τέκτω(ν) vacat
    Μελίτων Ἀμαζονίου vacat
       vacat   vacat

(2) Deutsche Übersetzung nach BRODERSEN, Gymnasium 96 (1989) 177f.

„(Seite a) Gott der Helfer. Für die Tafel (patella, entspr. hebr. tamhui, dt. ‚Freitisch') gegeben: / Die unten / Aufgeführten der Dekania (Gruppe) / der Wißbegierigen, / auch bekannt als die Lobpreisenden (eine Gruppe, die sich zum Studium der Hl. Schrift und zum Gebet trifft),/errichtete zur Linderung von Mißgeschick / für die Gemeinde / aus eigenen Mitteln dieses Denkmal:/ Jael der Vorstand / mit dem Sohn Josua dem Magistrat, / Theodotos der Höfling mit / dem Sohn Hilarianus, / Samuel, der Leiter der Dekania, der Proselyt, / Joses Sohn des Jesseos, / Benjamin der Psalmensänger, / Judas Eukolos,/

Joses der Proselyt, / Sabbatios Sohn des Amachios, / Emmonios der Gottesfürchtige, / Antonius der Gottesfürchtige, / Samuel Sohn des Politianus /
Ejosef Sohn des Eusebios, der Proselyt / und Ejudas Sohn des Theodoros /
und Antipeos Sohn des Hermeas / und Sabathios Nektaris / und Samuel der
Alte (oder: Gesandte), der Priester. /

(Am Rand:) Samuel der Alte (oder: Gesandte) von Perge.

(Seite b) ... / ... Sohn des Serapion, / (Zeile getilgt) / Josef Sohn des Zenon, /
Zenon Sohn des Jakob, Manases Sohn des Jof, / Judas Sohn des Eusebios, /
Heortasios Sohn des Kallikarpos, / Biotikos, Judas Sohn des Amphianus, /
Eugenios der Goldschmied, / Praoilios, Judas Sohn des Praoilios, / Rufus,
Oxycholios der Greis, / Amantius Sohn des Charinos, Myrtilos, / Jako der
Schäfer, Severus, / Euodos, Iason Sohn des Euodos, / Eusabbathios der Ge-
müsehändler, Anysios, / Eusabbathios der Fremde, Milon, / Oxycholios der
Junge, / Diogenes, Eusabbathios Sohn des Diogenes, / Judas Sohn des Pau-
lus, Theophilos, / Jakob, auch Apellion genannt, Zacharias der Kaufmann, /
Leontios Sohn des Leontios, Gemellos, / Judas Sohn des Acholios, Damoni-
kos, / Eutarkios Sohn des Judas, Josef Sohn des Philer...(?), / Eusabbathios
Sohn des Eugenios, / Kyryllos, Eutychios der Bronzeschmied, / Josef der
Zuckerbäcker, Ruben der Zuckerbäcker, / Judas Sohn des Hortasios, Eutychios der Geflügelhändler, / Judas, auch Zosi...(?) genannt, Zenon der Lum-
pensammler, / Ammianus der Futterhändler (?), Aelianus Sohn des Aelianus, / Aelianus, auch Samuel Philanthos genannt, / Gorgonios Sohn des
Oxycholios, Heortasios Sohn des Achilles, / Eusabbathios Sohn des Oxycholios, Paregorios, / Heortasius Sohn des Zotikos, Symeon Sohn des
Zen...(?) /

Und die folgenden Gottesfürchtigen: Zenon der Ratsherr, / Tertyllos der
Ratsherr, Diogenes der Ratsherr, / Onesimos der Ratsherr, Zenon der Rats-
herr, Zenon Sohn des Longianus(?) der Ratsherr, / Antipeos der Ratsherr,
Antiochos der Ratsherr, / Romanus der Ratsherr, Aponerios der Ratsherr. /
Eupithios der Purpurfärber, Strategios, / Xanthos, Xanthos Sohn des Xan-
thos, / Aponerios Sohn des Aponerios, Hypsikles der Tintenmacher(?), / Po-
lychronios Sohn des Xanthos, Athenion Sohn des Aelianus, / Kallimorphos
Sohn des Kal ... (?), Junbalos(?), / Tychikos Sohn des Tychikos, Glegorios
Sohn des Tychikos, / Polychronios der Geschoßmacher(?), Chrysippos, /
Gorgonios der Bronzeschmied, Tatianus Sohn des Oxycholios, / Apellas
Sohn des Heg...(?), Valerianus der Tafelmacher, Eusabbathios Sohn des
Hedychrous, Manicius Sohn des Attalos(?), / Hortasios der Steinmetz, Bra-

beus, / Claudianus der Schuhmacher(?), Alexandros der Türhüter(?), / Appianus der Verputzer(?), Adolios der Wurstmacher, / Zotikos der Armreifmacher, Zotikos Gryllos, / Eupithios Sohn des Eupithios, Patricius der Bronzeschmied, / Elpidianos der Athlet, Hedychrous, / Eutropius Sohn des Hedychrous, Kallinikos, / Valerianus der Geldverwalter, Heuretos Sohn des Athenagoros, / Paramonos der Maler, / Eutychianos der Gerber, Prokopios der Geldwechsler, / Prounikios der Gerber, Stratonikos der Gerber, / Athenagoras der Zimmermann, / Meliton Sohn des Amazonios."

Literaturverzeichnis

1. Abkürzungen

1. Die Abkürzungen richten sich nach: Theologische Realenzyklopädie (TRE): Abkürzungsverzeichnis, zusammengestellt von Siegfried Schwertner, 2. Aufl., Berlin (u.a.) 1994.
2. Von diesem Abkürzungsverzeichnis sind folgende Abweichungen zu vermerken: Bei Ordinalzahlen werden arabische statt lateinischer Ziffern verwandt (z.b. 1 Petr statt I Petr).
3. Folgende Abkürzungen für Quellen wurden gewählt:
Dial = Justin: Dialog mit dem Juden Tryphon
Euseb, h.e. = Kirchengeschichte
4. Die Quellen werden in den Anmerkungen ebenfalls nach der Theologischen Realenzyklopädie. Abkürzungsverzeichnis, zusammengestellt von S. Schwertner, 2. Aufl., Berlin (u.a.) 1994 zitiert. Dort nicht erwähnte Abkürzungen sind oben unter Abkürzungen gesondert aufgeführt. Quellen aus Textsammlungen werden mit dem entsprechenden Band zitiert, wobei diese im Gegensatz zur Sekundärliteratur nicht nur mit dem ersten Substantiv bezeichnet sind. Damit sollen Mißverständnisse vermieden und ein schnelleres Auffinden erleichtert werden. [Beispiele für Zitierweise: Alte Kirche; Religionsgeschichtliches Textbuch]
5. Bei der Sekundärliteratur wird in den Anmerkungen der/die Verfasser/in und das erste, sinnvolle Substantiv des Titels genannt. Bei Kommentaren nenne ich Verfasser und die Abkürzung der betreffenden Schrift, die im Literaturverzeichnis jeweils in Klammern beigegeben ist. Bei mehrbändigen Kommentaren wird ebenfalls ein Hinweis auf den entsprechenden Band gegeben. Aufsätze in Zeitschriften und Artikel aus Lexica werden nicht nach dem Titel, sondern nach dem Fundort zitiert.

2. Quellen (in Auswahl)

A. Bibelausgaben

Biblia Hebraica Stuttgartensia, ed. K. Elliger et W. Rudolph, Stuttgart 1967/77.
Biblia Sacra iuxta vulgatam versionem, hg. von R. Weber, 2 Vol., 3. Aufl., Stuttgart 1983.
The Greek New Testament, ed. by K. Aland..., 3. Aufl., Stuttgart 1983.
Novum Testamentum graece, post E. et E. Nestle communiter ed. K. Aland ..., 26. Aufl., Stuttgart 1981.
Origenis Hexaplorum quae supersunt sive veterum interpretum graecorum in totum Vetus Testamentum fragmenta. Post Flaminium Nobilium, Drusium, et Montefal-

conium, adhibita etiam versione Syro-Hexaplari, concinnavit, emendavit, et multis partibus auxit Fridericus Field, 2 Vol., Reprograph. Nachdr. der Ausg. Oxford 1875, Hildesheim 1964.

Septuaginta. Id est Vetus Testamentum Graece iuxta LXX interpretes ed. A. Rahlfs, Nachdr. der Ausg. Stuttgart 1935, Stuttgart 1979.

Septuaginta. Vetus Testamentum graecum auctoritate Societatis Litterarum Gottingensis ed., Göttingen 1931 ff.

B. Jüdische Quellen

Jüdische Schriften aus hellenistisch-römischer Zeit (JSHRZ), hg.v. W.G. Kümmel, Vol. I-V, Gütersloh 1973 ff.

Arist Meisner, N.: Aristeasbrief, JSHRZ II. Unterweisung in erzählender Form, Gütersloh 1973, 35–87.

IV Esr Schreiner, J.: Das 4. Buch Esra, JSHRZ V. Apokalypsen, Gütersloh 1981, 289–412.

ZusEst Bardtke, H.: Zusätze zu Esther, JSHRZ I. Historische und legendarische Erzählungen, Gütersloh 1973, 16–62.

JosAs Burchard, Chr.: Joseph und Aseneth, JSHRZ II. Unterweisung in erzählender Form, Gütersloh 1983, 577–735.

Jub Berger, K.: Das Buch der Jubiläen, JSHRZ II. Unterweisung in lehrhafter Form, Gütersloh 1981, 275–575.

PsSal Holm-Nielsen, S.: Die Psalmen Salomos, JSHRZ IV. Poetische Schriften, Gütersloh 1977, 51–112.

TestHiob Schaller, B.: Das Testament Hiob, JSHRZ III. Unterweisung in lehrhafter Form, Gütersloh 1979, 299–387.

TestXII Becker, J.: Die Testamente der zwölf Patriarchen, JSHRZ III. Unterweisung in lehrhafter Form, Gütersloh 1974, 17–166

Theodotos Walter, N.: Fragmente jüdisch-hellenistischer Epik: Philon, Theodotos, JSHRZ IV. Poetische Schriften, Gütersloh 1983, S. 139–171.

The Old Testament Pseudepigrapha, ed. by J.H. Charlesworth, London, 1983/85.

Vol. 1. Apocalyptic Literature and Testaments, 1983.

Vol. 2. Expansions of the „Old Testament" and Legends, Wisdom and Philosophical Literature, Prayers, Psalms, and Odes, Fragments of Lost Judeo-Hellenistic Works, 1985.

Josephus, Flavius: with an Engl. transl. by H.St.J. Thackeray (u.a.), Vol. I-X, LCL, Cambridge/Mass. (u.a.) 1926/65.

Josephus, Flavius: De Bello Judaico = Der Jüdische Krieg, Griech. u. dt., hg. u. mit einer Einl. sowie mit Anm. vers. v. O. Michel u. O. Bauernfeind, Vol. I-III, Darmstadt 1959/69.

Josephus, Flavius: Opera, ed. et apperatu critico instruxit B. Niese, Vol. I-VIII, Berlin 1887/95.

Philo von Alexandria: , with an Engl. transl. by F.H. Colson (u.a.), Vol. I-X, LCL, Cambridge/Mass. (u.a.) 1929/62.

Philo von Alexandria: Philonis Alexandrini Legatio ad Gaium, ed. with an Intr., transl. and Comm. by E.M. Smallwood, Leiden 1961.

Philo von Alexandria: Opera quae supersunt, ed. L. Cohn et P. Wendland, Vol. I-VII, Berlin 1896/1926.

Philo von Alexandria: Die Werke, in dt. Übers., hg. v. L. Cohn (u.a.), Vol. I-VII, 2. Aufl., Berlin 1962/64.

Die Tempelrolle vom Toten Meer, übers. u. erkl. von J. Maier, UTB 829, München 1978.

Die Texte aus Qumran, Hebr. u. dt., mit masoretischer Punktation, Übers., Einf. u. Anm. hg. v. E. Lohse, 4. Aufl., Darmstadt 1986.

Die Mischna. Text, Übers. und ausführliche Erklärung, begr. von G. Beer u. O. Holtzmann, hg. v. L. Rost u. K.H. Rengstorf, Gießen (u.a.) 1912ff (nicht vollständig erschienen).

Mischnajot. Die sechs Ordnungen der Mischna, hebräischer Text mit Punktation, deutscher Übersetzung und Erklärung, Vol. I-VI, hg. von D. Hoffmann..., 3. Aufl., Basel 1968.

Tosephta, based on the Erfurt and Vienna Codices, with Parallels and Variants, ed. by M.S. Zuckermandel, Neuausgabe Jerusalem 1970

The Tosefta, transl. from the Hebrew by J. Neusner (u.a.), Vol. I-IV, New York 1977/81.

Der Tosefta-Traktat Sota, hg. v. H. Bietenhard, JudChr IX, Bern (u.a.) 1986.

Aboth de Rabbi Nathan, Ausg. S. Schechter, Wien 1887, Neuausg. Hildesheim 1979.

Jerusalemer Talmud, Vol. I-VII, Nachdr. der Ausgabe Wilna 1922, Jerusalem 1973.

Übersetzung des Talmud Yerushalmi, hg. v. M. Hengel (u.a.), Tübingen 1975ff (Einzelbände, soweit erschienen).

The Babylonian Talmud, transl. into English, ed. by I. Epstein, Vol. I-XXXIV, London 1932/52.

Der babylonische Talmud mit Einschluß der vollständigen Mischna, hg. nach der Ausg. Venedig 1520/23 u. übers. von L. Goldschmidt, Vol. I-IX, Berlin 1897/1935.

Mechilta d'Rabbi Ismael, cum variis lectionibus et adnotationibus, ed. by H.S. Horovitz and I.A. Rabin, Nachdr. der Ausgabe Frankfurt a.M. 1931, 2. Aufl., Jerusalem 1970.

Mekilta de-Rabbi Ishmael, transl. by J. Lauterbach, Vol. I-III, Philadelphia 1933/61.

Sifra on Leviticus, according to Vatican Manuscripts Assemani 66 with variants, ed. by L. Finkelstein, Vol. I-III, New York 1983

Sifra, Commentar zu Leviticus, Nachdr. der Ausg. von J.H. Weiss Wien 1862, New York 1947.

Midrash Bereshit Rabba. Critical Edition with Notes and Commentary, ed. by J. Theodor and C. Albeck, Vol. I-III, Nachdr. der Ausg. Berlin 1912/36, Jerusalem 1965.

Pesikta Rabbati, Midrasch für den Fest-Cyclus und die ausgezeichneten Sabbathe, hg. v. M. Friedman, Nachdr. der Ausg. Wien 1880, Tel Aviv 1963.

The Mishna of Rabbi Eliezer, ed. by H.G. Enelow, New York 1933.

The Code of Maimonides, Book Five. The Book of Holiness, transl. by L.I. Rabinowitz and P. Grossmann, YJS XVI, New Haven (u.a.) 1965.

The Code of Maimonides, Book Ten. The Book of Cleanness, transl. by H. Danby, YJS VIII, New Haven (u.a.) 1954.

The Code of Maimonides, Book Fourteen. The Book of Judges, transl. by A. Hershman, YJS III, New Haven (u.a.) 1949.

Biblioteca Rabbinica. Eine Sammlung Alter Midraschim, zum ersten Male ins Dt. übertr. von A. Wünsche, Vol. I-V, Nachdr. der Ausg. Leipzig 1880, Hildesheim 1967.

Strack, H.L. / Billerbeck, P.: Kommentar zum Neuen Testament aus Talmud und Midrasch, Vol. I-IV, 2. Aufl. des Nachdr. München 1926, München 1956.

C. Christliche Quellen

Die ältesten Apologeten. Texte mit kurzen Einl. hg. v. E.J. Goodspeed, Neudr. der 1. Aufl. von 1914, Göttingen 1984.

Alte Kirche, ausgew., übers. und kommentiert von A.M. Ritter, KTGQ Bd. 1, hg. v. H.A. Oberman ..., (3.Aufl. 1985), 5. Aufl., Neukirchen-Vluyn 1991.

Clemens von Alexandria: Werke, Berlin (u.a.)

Bd. I. Protrepticus und Paedagogus, hg. v. O. Stählin, GCS 12, 3. durchg. Aufl. von U. Treu, 1972.

Bd. II. Stromata = Buch I-VI, hg. v. O. Stählin, GCS 15, 1906.

Bd. III. Stromata = Buch VII-VIII, hg. v. O. Stählin, GCS 17,neu hg. v. L. Früchtel, zum Druck besorgt von U. Treu, 1970.

Augustin Aurelius: Epitulae, CSEL XXXIII , Prag (u.a.) 1898.

Das frühe Christentum bis zum Ende der Verfolgungen, Eine Dokumentation. Übersetzung der Texte von P. Guyot, Auswahl und Kommentierung von R. Klein

Bd. 1, Die Christen im heidnischen Staat, TzF 60, Darmstadt 1993.

Bd. 2, Die Christen in der heidnischen Gesellschaft, TzF 62, Darmstadt 1994.

Johannes Chrysostomus: Opera omnia quae exstant: Migne, Patrologiae cursus completus, Series Graeca, tom. 47–64, Paris 1858ff.

–: Acht Reden gegen die Juden, eingel. und erl. von R. Brändle, übers. von V. Jegher-Bucher, BGrL, Stuttgart 1995.

Eusebius von Caesarea: Kirchengeschichte, hg. u. eingel. v. H. Kraft, die Übers. v. P. Haeuser (Kempten 1932) wurde neu durchg. v. H.A. Gärtner, Nachdr. der 2. Aufl. 1981, München 1984.

–: Werke, Leipzig.

Bd. VIII. Die Kirchengeschichte (in 2 Teilbänden), hg. v. E. Schwartz, die lat. Übers. des Rufinus bearb. von Th. Mommsen, GCS 9, 1903/08.

Bd. VIII,1. Die Praeparatio Evangelica, hg. v. K. Mras, GCS 43,1, Berlin 1954.

Commodianus [Gazaeus]: Commodiani Carmina, recensuit E. Ludwig, 2 Vol., Leipzig 1877/78.

Evangelia Apokrypha. Adhibitis plurimis codicibus graecis et latinis maximam partem nunc primum consultis atque ineditorum copia insignibus, collegit atque recensuit C. Tischendorf, editio altera, Leipzig 1871.

Hippolytus, Refutatio omnium haeresium, hg. von M. Marcovich, PTS 25, Berlin (u.a.) 1986.

Mansi, J.D.: Sacrorum conciliorum nova et amplissima collectio, Vol. II, Paris (u.a.) 1901.

Minucius Felix, Marcus: Octavius. Lat.-dt., hg., übers. u. eingel. v. B. Kytzler, München 1965.

Origenes: Werke, hg. v. P. Koetschau, Leipzig.

Bd. I. Die Schrift vom Martyrium. Buch I-IV Gegen Celsus, GCS 2, 1899.

Bd. II. Buch V-VIII Gegen Celsus. Die Schrift vom Gebet, GCS 3, 1899.

Schriften des Urchristentums, Darmstadt.

Teil 1. Die Apostolischen Väter, eingel. hg., übertr. u. erl. von J.A. Fischer, 9. Aufl., 1986.

Teil 2. Didache (Apostellehre), Barnabasbrief, Zweiter Klemensbrief, Schrift an Diognet, eingel., hg., übertr. u. erl. von K. Wengst, 1984.

Tertullian: Apologeticum. Verteidigung des Christentums, lat. u. dt., hg., übers. und erl. von C. Becker, 2.Aufl., München 1962.

[Tertullian]: Tertulliani Opera, Turnholt.

Pars I. Opera Catholica. Adversus Marcionem, CChr.SL I, 1954.

Pars II. Opera Montanistica, CChr.SL II, 1954.

D. Pagane Quellen

Die Romrede des Aelius Aristides, hg., übers. und mit Erläuterungen versehen von R. Klein, TzF 45, Darmstadt 1983.

Aristophanes: Comadiae, recognoverunt brevique adnotatione critica instruxerunt F.W. Hall and W.M. Geldart, SCBO, Repr. 2. ed., Oxford 1906ff.

Cassius Dio: Dio's Roman History, with an Engl. transl. by Earnest Cary on the basis of the version of H.B. Foster, Vol. I-IX, LCL, London (u.a.) 1914ff, Repr. 1968ff.

Corpus Iuris Civilis, Ed. sexta decima lucis ope expressa, Berlin.

Vol. I. Institutiones recognovit P. Krueger; Digesta recognovit Th. Mommsen, retractavit P. Krueger, 1954.

Vol. II. Codex Iustinianus, recognovit et retractavit P. Krueger, 1954.

Greek and Latin Authors on Jews and Judaism, ed. with Intr., Transl. and Comm. by M. Stern, Jerusalem.

Vol. 1. From Herodotus to Plutarch, 1976.

Vol. 2. From Tacitus to Simplicius, 1980.

Herodotus: , with an Engl. transl. by A.D. Godley, Vol. I-IV, LCL, London (u.a.) 1922ff, Repr. 1946ff.

Iamblichus: Protreptikus, ed. by H. Pistelli, Leipzig 1888.

Julian „Apostata": L'empereur Julien, Oeuvres Completès, par J. Bidez, Paris 1932.

–: with an Engl. transl. by W.C. Wright, Vol. I-III, LCl, London (u.a.) 1913ff, Repr. 1961ff.

Platon: Sämliche Werke, in der Übersetzung von F. Schleiermacher, hg. v. W.F. Otto, E. Grassi, G. Plamböck, Hamburg 1957ff.

Platonis Opera: hg. v. I. Burnet, Vol. I-V, Oxford 105ff, Repr. 1976ff.

Pseudo-Platon: Oeuvres complètes Tome XIII-3e Partie Dialogues Apocryphes. Texte établi et traduit par J. Souilhé, Paris 1930

Plinius, Gaius Caecilius Secundus, Briefe, Lat.-dt., hg.v. H. Kasten, 5. Aufl., München (u.a.) 1984.

Plutarch: Lives, with an Engl. transl. by B. Perrin, Vol. I-XI, LCL, London (u.a.) 1914ff, Repr. 1914ff.

–: Moralia, with an Engl. transl. by F.C. Babbitt ..., Vol. I-XV, LCL, London (u.a.) 1927ff.

Religionsgeschichtliches Textbuch zum Neuen Testament, hg. v. K. Berger u. C. Colpe, TNT 1, Göttingen 1987.

Sophokles: Recognivit brevique adnotatione critica instruxit A.C. Pearson, SCBO, Oxford 1924, Repr. 1955.

Sueton, Gaius Tranquillus: Opera.

Vol. I. De Vita Caesarum Libri VIII, recensuit M. Ihm, Ed. minor, ed. stereotypa, ed. prioris 1908, unv. Nachdr. der Aufl. 1973, Stuttgart 1978.

Tacitus, P. Cornelius: Annalen. Lat.-dt, hg. v. E. Heller, Zürich (u.a) 1982.

–: Historien. Lat.-dt., hg. v. J. Borst (u.a.), 5. Aufl., Zürich (u.a.) 1984.

Xenophon: Opera omnia. Recensuit brevique adnotatione critica instruxit E.C. Marchant, 5 Vol., Oxford 1958ff.

E. Inschriften, Papyri

CIJ	Corpus Inscriptionum Iudaicarum. Receuil des inscriptions juives qui vont du IIIe siecle avant Jesus-Christ au VIIe siecle des notre ere, ed. par J.B. Frey, Vol. I-II, Rom 1936/52.
CIJ[2]	Vol. I republished in 1975 by Ktav, New York, with Prolegomenon by Baruch Lifshitz.
CIG	Corpus Inscriptionum Graecarum, hg. v. A. Böckh, Repr. d. Ausg. Berlin 1828ff, Hildesheim 1977.
CIL	Corpus Inscriptionum Latinarum consilio et auctoritate Academiae Litterarum Regiae Borussicae editum, Vol. I-XVI, Berlin 1893–1934.
CIRB	Corpus Inscriptorum Regni Bosporani, Academia Scientiarum URRS, Moskau (u.a.) 1965.
	Die Inschriften von Tralleis und Nysa, Teil I: Die Inschriften von Tralleis, hg. v. F.B. Poljakov, Bonn 1989.
	The Inscriptions of Cos, by W.R. Paton and E.L. Hicks, Oxford 1891
IG	Inscriptiones Graecae (vgl Klaffenbach, Epigraphik, 21–24).
	Inscriptions Juives et Judaïsantes de l'Afrique Romaine, par Y. Le Bohec, Antiquités africaines 17 (1981) 165–207.
JIGRE	Jewish Inscriptions of Graeco-Roman Egypt. With an Index of the Jewish Inscriptions of Egypt and Cyrenaica, by W. Horbury and D. Noy, Cambridge 1992.
JIWE I	Jewish Inscriptions of Western Europe, Vol. I., Italy (excluding the City of Rome), Spain and Gaul, by D. Noy, Cambridge 1993.
JIWE II	Jewish Inscriptions of Western Europe, Vol II, The City of Rome, by D. Noy, Cambridge 1995.
MAMA	Monumenta Asiae Minoris Antiqua, ed. by Sir William M. Calder and J.M.R. Cox, 8. Vols., Manchester (u.a.) 1928–1968.
NDIEC	New Documents Ilustrating Early Christianity, bearb. von G.H.R. Horsley (Vol I-V) und S.R. Llewelyn unter Mitarbeit von R.A. Kearsley, The Ancient History Documentary Research Centre, Macqarie University, North Ride, Australia, 1981ff.
SIG[3]	W. Dittenberger, Sylloge Inscriptionum Graecarum, 3. Aufl. in 3 Textbänden und einem ausführlichen Indexband von F. Hiller von Gaertringen, J. Kirchner, H. Pomtow.., Leipzig 1915–1924
TAM	Tituli Asiae Minoris, 1901ff.

3. Hilfsmittel (Konkordanzen, Indices, Wörterbücher, Lexica)

Aland, K. / Aland, B.: Der Text des Neuen Testaments. Einführung in die wissenschaftlichen Ausgaben sowie in Theorie und Praxis der modernen Textkritik, Stuttgart 1982.

Blaß, F. / Debrunner, A.: Grammatik des neutestamentlichen Griechisch, bearb. von F. Rehkopf, 15.Aufl., Göttingen 1979.

Clavis Patrum Apostolicorum. Catalogum vocum in libris patrum qui dicuntur apostolici non raro occurentium adiuvante U. Früchtel, congessit contulit conscripit H. Kraft, Darmstadt 1964.

A Complete Concordance to Flavius Josephus, ed. by K.H. Rengstorf, Vol. I-IV, Leiden 1973/83.

A Complete Concordance to Flavius Josephus, ed. by K.H. Rengstorf, Suppl. I. Namenswörterbuch zu Flavius Josephus von A. Schalit, Leiden 1968.

Concordance grecque des Pseudépigraphes d'Ancient Testament. Concordance, corpus des textes, indices par A.-M. Denis avec la collaboration d'Yvonne Janssens et le concours du CETEDOC, Louvain 1987.

A Concordance to the Septuagint and other Greek Versions of the Old Testament. Including the Apocryphale Books. By E. Hatch and H.A. Redpath, 3 Vol. in 2, Nachdr. der Ausg. Oxford 1897, Graz 1954.

Concordance to the Talmud Yerushalmi (Palestinian Talmud), by M. Kosovsky, Vol. I-V (bisher erschienen), Jerusalem 1979/93.

A New Concordance of the Bible. Thesaurus of the Language of the Bible, Hebrew and Aramaic. Roots, Words, Proper Names, Phrases and Synonyms, ed. by A. Even-Shoshan, Jerusalem 1990.

A Greek-English Lexicon. Compiled by H.G. Liddell and R. Scott. A New Ed. by H.St. Jones and R. McKenzie, Nachdr. der 9.Aufl. 1940, Oxford 1966.

Griechisch-deutsches Wörterbuch zu den Schriften des Neuen Testaments und der übrigen christlichen Literatur, von W. Bauer, durchg. Nachdr. der 5., verb. und stark verm. Aufl., Berlin (u.a.) 1971.

Griechisch-deutsches Wörterbuch zu den Schriften des Neuen Testaments und der übrigen christlichen Literatur, von W. Bauer, 6., völlig neu bearb. Aufl. im Institut für neutestamentliche Textforschung/Münster unter bes. Mitw. von V. Reichmann hg. v. K. Aland und B. Aland, Berlin (u.a.) 1988.

Index Apologeticus sive clavis Justin Martyris operum. Aliorumque apologetarum pristinorum composuit E.J. Goodspeed, Leipzig 1912.

Index Philoneus von G. Mayer, Berlin (u.a.) 1974.

Konkordanz zum Novum Testamentum Graece von Nestle-Aland, 26. Aufl. und zum Greek New Testament, 3. ed., hg. v. Institut für neutestamentliche Textforschung u. vom Rechenzentrum der Universität Münster unter bes. Mitw. von H. Bachmann und W.A. Slaby, 3. Aufl., Berlin (u.a.) 1987.

Lexicon in Veteris Testamenti Libros, ed. L. Koehler / W. Baumgartner, Leiden 1958.

A Patristic Greek Lexicon, ed. by G.W.H. Lampe, 4. Aufl., Oxford 1976.

Schwyzer, E.: Griechische Grammatik auf der Grundlage von Karl Brugmanns Griechischer Grammatik, vervollständigt und hg. v. A. Debrunner (u.a.), HAW Zweite Abteilung, Erster Teil, Bd. 1–3, München 1959ff.

A Textual Commentary on the Greek New Testament, ed. by B.M. Metzger, 3. Aufl., Stuttgart 1984.

Thesaurus Talmudis. Condordantiae Verborum quae in Talmudi Babilonica reperiuntur, confecit C.J. Kosowski, Vol. I-XLI, Jerusalem 1954/89.

4. Sekundärliteratur

AMATI, G.: Marmi loriesi, Giornale Arcadico 24 (1824) 78–103

APPLEBAUM, S.: The Legal Status of the Jewish Communities in the Diaspora, in: The Jewish People in the First Century. Historical Geography, Political History, Social, Cultural and Religious Life and Institutions, CRI I,1, Assen 1974, 420–463.

–: The Social and Economic Status of the Jews in the Diaspora, in: The Jewish People in the First Century. Historical Geography, Political History, Social, Cultural and Religious Life and Institutions, CRI I,2, Assen 1976, 701–727.

AXENFELD, K.: Die jüdische Propaganda als Vorläuferin der urchristlichen Mission, in: Missionswissenschaftliche Studien, FS für G. Warneck, hg. v. K. Axenfeld..., Berlin 1904, 1–80.

BAGATTI, B. / MILIK, J.T.:, Gli scavi del „Dominus Flevit" (Monte Oliveto-Gerusalemme) I: La necropoli del periodo romano, Jerusalem 1958.

BALZ, H. / WANKE, G.: φοβέω..., ThWNT IX (1970) 186–216.

BALZ, H.: εὐλάβεια, EWNT II (1981) Sp. 197f.

BAMBERGER, B.J.: Proselytism in the Talmudic Period, New York 1939

BARDY, G.: Menschen werden Christen. Das Drama der Bekehrung in den ersten Jahrhunderten, übers. und hg. v. J. Blank, Freiburg i. Br. 1988.

BARON, S.W.: A Social and Religious History of the Jews, 2. ed., rev. and enl., New York.

Vol. I. Ancient Times. To the Beginning of the Christian Era, 1952.

Vol. II. Christian Era: The First Five Centuries, 1952.

The Beginnings of Christianity, F.J. Foakes-Jackson / K. Lake (Hg.), MNTC, 5 Vol., London 1920ff.

BECHER, I.: Augustus und seine Religionspolitik gegenüber orientalischen Kulten, in: Saeculum Augustum, Bd. 2. Religion und Literatur, hg. v. B. Binder, WdF 512, Darmstadt 1988, 143–170.

BELLEN, H.: Συναγωγὴ τῶν Ἰουδαίων καὶ Θεοσεβῶν. Die Aussage einer bosporanischen Freilassungsinschrift (CRIB 71) zum Problem der Gottesfürchtigen, JAC 8/9 (1965/66) 171–176.

BERGER, K.: Die Gesetzesauslegung Jesu. Ihr historischer Hintergrund im Judentum und im Alten Testament, Teil II: Markus und Parallelen, WMANT 40, Neukirchen 1972.

–: Formgeschichte des Neuen Testaments, Heidelberg 1984.

BERNAYS, J.: „Die Gottesfürchtigen bei Juvenal", Commentationes philologae in honorem Th. Mommseni scripserunt amici, Berlin 1877, 563–569 = ders., Gesammelte Abhandlungen, Bd. II, Berlin 1885, S. 71–80.

BERTHOLET, A.: Die Stellung der Israeliten und der Juden zu den Fremden, Freiburg i.B. (u.a.) 1896.

BERTRAM, G.: θεοσεβής..., ThWNT III (1938) 124–128.

BETZ, H.D.: Der Galaterbrief. Ein Kommentar zum Brief des Apostels Paulus an die Gemeinden in Galatien. Aus dem Amerik. übers. u. für die dt. Ausg. red. bearb. v. S. Ann, Ein Hermeneia-Kommentar, München 1988.

BICKERMANN, E.: Une question d'authenticité. Les privilèges juifs. Melange Isidore lèvu XIII (1955) = ders., Studies in Jewish and Christian History II, AGJU IX,2, Leiden 1980, 24–30.

–: The Warning Inscriptions of Herod's Temple, JQR XXXVII (1947) = ders., Studies in Jewish and Christian History II, AGJU IX,2, Leiden 1980, 210–224.

–: Ritualmord und Eselskult. Ein Beitrag zur Geschichte antiker Publizistik, MGWJ LXXI (1927) = ders., Studies in Jewish and Christian History II, AGJU IX,2, Leiden 1980, 225–255.

–: The Altars of Gentiles. A Note on the Jewish „ius sacrum", RIDA V (1958) = ders., Studies in Jewish and Christian History II, AGJU IX/2, Leiden 1980, 324–346.

BIRNBAUM, E.: The Place of Judaism in Philo's Thought. Israel, Jews, and Proselytes, SBL 1993 Seminar Papers, 54–69 (SBL Columbia University 1992).

BLANCHETIÈRE: F.: Le Juif et l'Autre. La Diaspora Asiate, in: Études sur le Judaïsme Hellenistique, hg. v. R. Kuntzmann und J. Schlosser, LeDiv 119, Paris 1984, 41–59.

BOLKESTEIN, H.: Wohltätigkeit und Armenpflege im vorchristlichen Altertum. Ein Beitrag zum Problem „Moral und Gesellschaft", Nachdr. d. Ausg. Utrecht 1939, Groningen 1967.

BORGEN, P.: Philo, John, and Paul. New Perspectives on Judaism and Early Christianity, BJSt 131, Atlanta 1987.

BORMANN, L.: Philippi. Stadt und Christengemeinde zur Zeit des Paulus. NT.S 78, Leiden (u.a.) 1995.

BORSE, U.: Der Brief an die Galater, RNT 9, Regensburg 1984.

BOTERMANN, H.: Die Synagoge von Sardes. Eine Synagoge aus dem 4. Jahrhundert?, ZNW 81 (1990) 103–120.

–: Griechisch-Jüdische Epigraphik. Zur Datierung der Aphrodisias-Inschriften, ZPE 98 (1993) 184–194.

–: Rezension zu Reynolds, J. / Tannenbaum, R.: Jews and Godfearers at Aphrodisias. Greek Inscriptions with Commentary, Texts from the Excavations at Aphrodisias Conducted by K.T. Erim, The Cambridge Philological Society Supplementary Vol. 12, Cambridge 1987, in: ZRG 106 (1989) 606–611.

–: Das Judenedikt des Kaisers Claudius. Römischer Staat und Christiani im 1. Jahrhundert, Hermes.E 71, Stuttgart 1996.

BOVON, F.: Das Evangelium nach Lukas, EKK III,1, Zürich (u.a.) 1989 (= Lukas).

BRAUDE, W.G.: Jewish Proselytizing in the First Five Centuries of the Common Era, the Age of the Tannaim an Amoraim, Providence 1940.

BREMMER, J.: Why Did Early Christianity Attract Upper-Class Women? in: Fructus centisimus. Mélanges offerts à G.J.M. Bartelink à l'occasion de son soixante-cinquième anniversaire, publ. par A.A.R. Bastiaensen (u.a.), IP XIX, Steenbrügge 1989, 37–47.

BRODERSEN, K.: Rezension zu Reynolds, J. / Tannenbaum, R.: Jews and Godfearers at Aphrodisias. Greek Inscriptions with Commentary, Texts from the Excavations at Aphrodisias Conducted by K.T. Erim, The Cambridge Philological Society Supplementary Vol. 12, Cambridge 1987, in: Gym. 96 (1989) 177–179.

BULTMANN, C.: Der Fremde im antiken Juda. Eine Untersuchung zum sozialen Typenbegriff ger und seinem Bedeutungswandel in der alttestamentlichen Gesetzgebung, FRLANT 153, Göttingen 1992.

BULTMANN, R.: εὐλαβής, εὐλαβεῖσθαι, εὐλάβεια: ThWNT II (1935) 749–751.

CADBURY, H.J.: The Making of Luke-Acts, New York 1927, Nachdr. der Ausgabe London 1968.

CALLAN, T.: The Background of the Apostolic Decree (Acts 15,20.29; 21,25), CBQ 55 (1993) 284–297.

COHEN, S.J.D.: Respect for Judaism by Gentiles According to Josephus, HThR 80 (1987) 409–430.

–: Crossing the Boundary and Becoming a Jew, HThR 82 (1989) 13–33.

–: Rezension zu Will, E. / Orrieux, C.: Prosélytisme juif? Histoire d'une erreur, Paris 1992, in: Gn. 68 (1996) 273–275.

COLLINS, J.J.: A Symbol of Otherness. Circumcision and Salvation in the First Century, in: „To See Ourselves as Others See Us". Christians, Jews, „Others" in Late Antiquity, ed. by J.Neusner and E.S. Frerichs, Chico (California) 1985, 163–186.

CONZELMANN, H.: Die Apostelgeschichte, HNT 7, 2. Aufl., Tübingen 1972 (= Acta).

CUMONT, F.: Die orientalischen Religionen im römischen Heidentum, nach der 4. franz. Aufl. unter Zugrundelegung der Übersetz. Gehrichs, bearb. v. A. Burckhart-Brandenberg, 9. Aufl., Darmstadt 1989.

DALBERT, P.: Die Theologie der hellenistisch-jüdischen Missionsliteratur unter Ausschluß von Philo und Josephus, ThF 4, Hamburg 1954.

DEINES, R.: Die Abwehr der Fremden in den Texten aus Qumran. Zum Verständnis der Fremdenfeindlichkeit in der Qumrangemeinde, in: Die Heiden. Juden, Christen und das Problem des Fremden, hg. v. R. Feldmeier und U. Heckel, WUNT I/70, Tübingen 1994, 59–91.

DEISSMANN, A.: Paulus. Eine kultur- und religionsgeschichtliche Skizze, Tübingen 1911.

–: Licht vom Osten. Das Neue Testament und die neuentdeckten Texte der hellenistisch-römischen Welt, 4. völlig neubearb. Aufl., Tübingen 1923.

DELLING, G.: Die Altarinschrift eines Gottesfürchtigen in Pergamon, in: ders., Studien zum Neuen Testament und zum hellenistischen Judentum, Göttingen 1970, 32–38.

–: Die Bewältigung der Diasporasituation durch das hellenistische Judentum, Berlin 1987.

DERWACTER, F.M.: Preparing the Way for Paul. The Proselyte Movement in Later Judaism, New York 1930.

DIHLE, A.: Furcht (Gottes), RAC VIII (1972) 661–699.

–: Die Griechen und die Fremden, München 1994.

DOBSCHÜTZ, E. VON: Proselyten, RE XVI (1905) 112–123.

DONALDSON, T.R.: Proselytes or „Righteous Gentiles"? The Status of Gentiles in Eschatological Pilgrimage Patterns of Thought, JSPE 7 (1990) 3–27.

DUNN, D.G.: What was the Issue between Paul and „Those of the Circumcision"?, in: Paulus und das antike Judentum, hg. v. M. Hengel und U. Heckel, WUNT I/58, Tübingen 1991, 295–317.

ELLIGER, W.: Ephesos. Geschichte einer antiken Weltstadt, UB 375, Suttgart (u.a.) 1985.

FASCHER, E.: Dogma II, RAC 4 (1959) Sp. 1–24.

FAUST, E.: Pax Christi et Pax Caesaris. Religionsgeschichtliche, traditionsgeschichtliche und sozialgeschichtliche Studien zum Epheserbrief, NTOA 24, Fribourg (u.a.) 1993.

FELDMAN, L.H.: Jewish ‚Sympathizers' in Classical Literature and Inscriptions, TAPhA 81 (1950) 200–208.

–: The Omnipresence of the God-Fearers, BArR 12 (1986) 58–69.

-.: Proselytism by Jews in the Third, Fourth, and Fifth Centuries, JSJ XXIV (1993) 1–58.

–: Jew and Gentile in the Ancient World. Attitudes and Interactions from Alexander to Justinian, Princeton (N.J.) 1993.

FELDMEIER, R.: Die Christen als Fremde. Die Metapher der Fremde in der antiken Welt, im Urchristentum und im 1. Petrusbrief, WUNT I/64, Tübingen 1992.

FIGUERAS, P.: Epigraphic Evidence for Proselytism in Ancient Judaism, Imm. 24/25 (1990) 194–206.

FINN, T.M.: The God-fearers Reconsidered, CBQ 47 (1985) 75–84.

FÖRSTER, W.: σέβομαι..., ThWNT VII (1961) 168–195.

FUHS, H.F.: ירא, THWAT III (1982) Sp. 869–893.

GAGER, J.G.: Paulus und das antike Judentum. Eine Kritik an Max Webers Interpretation, in: Max Webers Sicht des antiken Christentums. Interpretation und Kritik, hg. v. W. Schluchter, stw 548, Frankfurt am Main 1985, 386–403.

–: Jews, Gentiles, and Synagogues in the Book of Acts = FS K. Stendahl, HThR 79 (1986) 91–99.

GOODMAN, M.: Proselytizing in Rabbinic Judaism, JJS 40 (1989) 175–185.

–: Jewish Proselytizing in the First Century, in: The Jews among Pagans and Christians in the Roman Empire, ed. by J. Lieu, J. Noth and T. Rajak, London (u.a.) 1992, 53–78.

–: Mission and Conversion. Proselytizing in the Religious History of the Roman Empire, Oxford 1994.

GÜLZOW, H.: Christentum und Sklaverei in den ersten drei Jahrhunderten, Bonn 1969.

HAENCHEN, E.: Die Apostelgeschichte, KEK III, 7., durchg. u. verb. Aufl., Göttingen 1977 (= Acta).

HAHN, F.: Das Verständnis der Mission im Neuen Testament, WMANT 13, Neukirchen 1963.

HEINEMANN, I.: Antisemitismus, PRE Suppl. V (1931) Sp. 3–43.

HEMER, C.J.: The Book of Acts in the Setting of Hellenistic History, ed. by C.H. Gempf, WUNT I/49, Tübingen 1989.

HENGEL, M.: Die Synagogeninschrift von Stobi, ZNW 57 (1966) 145–183.

–: Proseuche und Synagoge. Jüdische Gemeinde, Gotteshaus und Gottesdienst in der Diaspora und in Palästina, in: Tradition und Glaube. Das frühe Christentum in seiner Umwelt, FS K.G. Kuhn, hg. v. G. Jeremias, Göttingen 1971, 157–184.

–: Judentum und Hellenismus. Studien zu ihrer Begegnung unter besonderer Berücksichtigung Palästinas bis zur Mitte des 2. Jh. v. Chr., WUNT I/10, 2., durchg. und erg. Aufl., Tübingen 1973.

–: Die Zeloten. Untersuchungen zur jüdischen Freiheitsbewegung in der Zeit von Herodes I. bis 70 n.Chr., AGJU I, 2., verb. u. erw. Aufl., Leiden (u.a.) 1976.

–: Juden, Griechen und Barbaren. Aspekte der Hellenisierung des Judentums in vorchristlicher Zeit, SBS 76, Stuttgart 1976.

–: Der Historiker Lukas und die Geographie Palästinas in der Apostelgeschichte, ZDPV 99 (1983) 147–183.

–: Der alte und der neue „Schürer" (with a contribution by H. BLOEDHORN), JSS 35 (1990) 19–72.

HENGEL, M. / DEINES, R.: E.P. Sanders ‚Common Judaism', Jesus, and the Pharisees. Review Article of Jewish Law from Jesus to the Mishnah and Judaism. Practice and Belief by E.P. Sanders, JThS 46 (1995) 1–70.

HENGEL, M. / SCHWEMER, A.M.: Paul between Damascus and Antioch. The Unknown Years, London 1997

HENGEL, M. / SCHWEMER, A.M.: Die unbekannten Jahre des Apostels, Typoskript.

HOMMEL, H.: Juden und Christen im kaiserzeitlichen Milet. Überlegungen zur Theaterinschrift, IM 25 (175) 167–195 = ders., Sebasmata II. Studien zur antiken Religionsgeschichte und zum frühen Christentum, WUNT I/32, Tübingen 1984, 200–230.

HOPPE, L.M.: Caesarea Palaestinae as a Religious Center, ANRW II. Principat 18/4, Berlin (u.a.) 1990, 2380–2411.

HORSLEY, G.H.R.: Towards a New Corpus Inscriptionum Iudaicarum. A propos W. Horbury and D. Noy, Jewish Inscriptions of Graeco-Roman Egypt, Jewish Studies Quarterly 2 (1995) 77–101.

HORST, P.W. VAN DER: The Altar of the „Unknown God" in Athens (Acts 17:23) and the Cult of „Unknown Gods" in the Hellenistic and Roman Periods, ANRW II. Principat 18/2, Berlin (u.a.) 1989, 1426–1456.

–: Ancient Jewish Epitaphs. An Introductory of a Millennium of Jewish Funerary Epigraphy (300 BCE – 700 CE), Contributions to Biblical Exegesis and Theology, Kampen 1991.

–: A New Altar of a Godfearer? JJS XL III (1992) 32–37.

–: Das Neue Testament und die jüdischen Grabinschriften aus hellenistisch-römischer Zeit, BZ 36 (1992) 161–178.

- : Review of Jewish Inscriptions of Western Europe. Vol 1. Italy (excluding the City of Rome), Spain and Gaul, by D. Noy, Cambridge 1993, in: JThS 45 (1994) 701–704.

HÜBNER, H.: Galaterbrief, TRE XII (1984) 5–14.

ILAN, T.: The Attraction of Aristocratic Women to Pharisaism during the Second Temple Period, HThR 88 (1995) 1–33.

JEREMIAS, J.: Jesu Verheißung für die Völker, FDV 1953, 2. durchg. Aufl., Stuttgart 1959.

KANT, L.H.: Jewish Inscriptions in Greek and Latin, ANRW II. Principat 20/2, Berlin (u.a.) 1987, 671–713.

KASHER, A.: The Jews in Hellenistic and Roman Egypt. The Struggle for Equal Rights, TSAJ 7, Tübingen 1985.

KEIL, J. / PREMERSTEIN, A.: Bericht über eine dritte Reise in Lydien und den angrenzenden Gebieten Ioniens, ausgeführt 1911, DAWW.PH LVII, Abhandl. I, Wien 1914.

KIPPENBERG, H.G.: Die vorderasiatischen Erlösungsreligionen in ihrem Zusammenhang mit der antiken Stadtherrschaft, Heidelberger Max-Weber-Vorlesungen 1988, stw 917, Frankfurt am Main 1991.

KLAFFENBACH, G.: Griechische Epigraphik, SAW 6, 2. verb. Aufl., Göttingen 1966.

KLAUCK, H.-J.: Gottesfürchtige im Manificat, NTS 43 (1997) 134–139.

KLINGHARDT, M.: Gesetz und Volk Gottes. Das lukanische Verständnis des Gesetzes nach Herkunft, Funktion und seinem Ort in der Geschichte des Urchristentums, WUNT II/32, Tübingen 1988.

KOLB, F.: Die Stadt im Altertum, München 1984.

KRAABEL, A.T.: Judaism in Western Asia Minor under the Roman Empire. With a Preliminary Study of the Jewish Community at Sardis, Lydia, Cambridge (Mass.), Harvard Univ., Diss., 1968.

–: The Diaspora Synagogue. Archaeological and Epigraphic Evidence since Suve-
nik, ANRW II. Principat 19/1, Berlin (u.a.) 1979, 477–510.

–: The Disappearance of the Godfearers, Numen 28 (1981) 113–126.

–: Social Systems of Six Diaspora Synagogues, in: Ancient Synagogues. The State of
Research, ed. by J. Gutmann, BJSt 22, Chico (Calif.) 1981, 79–121.

–: The Roman Diaspora. Six Questionable Assumptions, JJS 33 (1982) 445–464.

–: Synagoga Caeca. Systematic Distortion in Gentile Interpretations of Evidence for
Judaism in the Early Christian Period, in: „To See Ourselves as Others See Us".
Christians, Jews, „Others" in Late Antiquity, ed. by J. Neusner and E.S. Frerichs,
Chico (California) 1985, 219–246.

–: Greeks, Jews, and Lutherans in the Middle Half of Acts = FS K. Stendahl, HThR
79 (1986) 147–157.

–: Immigrants, Exiles, Expatriates, and Missionaries, in: Religious Propaganda and
Missionary Competition in the New Testament World. Essays Honoring Dieter
Georgi, ed. by L. Borman..., NT.S 74, Leiden (u.a.) 1994, 71–88.

KUHN, K.G. / STEGEMANN, H.: Proselyten, PRE.S IX (1962) Sp. 1248–1283.

KRAEMER, R.S.: On the Meaning of the Term „Jew' in Greco-Roman Inscriptions,
HThR 81 (1989) 35–53.

LAKE, K.: Proselytes and God-fearers = Note VIII, in: The Beginnings of Christianity
Part I. The Acts of the Apostles, ed. by F.J. Foakes-Jackson and K. Lake, Vol. V.,
London 1933, 74–96.

LAMPE, P.: Acta 19 im Spiegel der ephesinischen Inschriften, BZ 36 (1992) 57–76.

LATTE, K.: Römische Religionsgeschichte, HAW V,4, München 1960.

LEON, H.: The Jews of Ancient Rome, The Morris Loeb Series, Philadelphia 1960.

LEVINSKAYA, I.: The Book of Acts in its Diaspora Setting, The Book of Acts in its First
Century Setting Vol. 5, Grand Rapids (u.a.) 1996.

LIEU, J.M.: Circumcision, Women and Salvation, NTS 40 (1994) 358–370.

–: The Race of the God-Fearers, JThS 46 (1995) 483–501.

LIFSHITZ, B.: La vie de l'au-delà dans les conceptions juives, RB 68 (1961) 401–411.

–: Donateurs et fondateurs dans les synagogues Juives. Répertoire des dédicaces
grecques relatives à la construction et à la reflection des synagogues, CRB, Paris
1967.

–: De nouveau sur les sympathisants, JSJ 1 (1970) 77–84.

LINDEMANN, A.: „Do not let a Woman Destroy the Unborn Babe in her Belly". Ab-
ortion in Ancient Judaism and Christianity, StTh 49 (1995) 253–271.

LINDERSKI, J.: Rezension zu Reynolds, J. / Tannenbaum, R.: Jews and Godfearers at
Aphrodisias. Greek Inscriptions with Commentary, Texts from the Excavations at
Aphrodisias Conducted by K.T. Erim, The Cambridge Philological Society Supp-
lementary Vol. 12, Cambridge 1987, in: Gn. 63 (1991) 559–561.

LOHSE, E.: Umwelt des Neuen Testaments, GNT 1, 6. überarb. Aufl., Göttingen 1983.

LÜDEMANN, G.: Das frühe Christentum nach den Traditionen der Apostelgeschichte.
Ein Kommentar, Göttingen 1987.

LÜDERITZ, G.: Corpus jüdischer Zeugnisse aus der Cyrenaika, mit einem Anhang
von Joyce Reynolds, BTAVO B 53, Wiesbaden 1983.

–:What is the Politeuma?, in: Studies in Early Jewish Epigraphy, hg. v. J.W. van Hen-
ten und P.W. van der Horst, AGJU XXI, Leiden (u.a.) 1994, 183–225

LÜHRMANN, D.: Der Brief an die Galater, ZBK, 1. Aufl., Zürich 1978

–: Superstitio – die Beurteilung des frühen Christentums durch die Römer, ThZ 42 (1986) 193–213.

MacLennan, R.S. / Kraabel, A.T.: The Godfearers. A Literary Theological Invention, BArR 12 (1986) 46–53.

Maier, J.: Jüdische Auseinandersetzungen mit dem Christentum in der Antike, EdF 177, Darmstadt 1982.

–: Friedensordnung und Kriegsrecht im mittelalterlichen Judentum. Dargestellt auf der Basis der Schriften des Maimonides, Beiträge zur Friedensethik 16, 1. Auflage, Barsbüttel 1993.

McEleney, J.J.: Conversion, Circumcision, and the Law, NTS 20 (1974) 319–341.

McKnight, S.: A Light among the Gentiles. Jewish Missionary Activity in the Second Temple, Minneapolis 1991.

Marinkovic, P.: „Geh in Frieden" (2 Kön 5,19). Sonderformen legitimer JHWHverehrung durch „Heiden" in „heidnischer" Mitwelt, in: Die Heiden. Juden, Christen und das Problem des Fremden, hg. v. R. Feldmeier und U. Heckel, WUNT I/70, Tübingen 1994, 3–21.

Meeks, W.A.: The First Urban Christians. The Social World of the Apostle Paul, New Haven (u.a.) 1983.

–: Die Rolle des paulinischen Christentums bei der Entstehung einer rationalen ethischen Religion, in: Max Webers Sicht des antiken Christentums. Interpretation und Kritik, hg. v. W. Schluchter, stw 548, Frankfurt am Main 1985, 363–385.

Mellink, M.J.: Archaeology in Asia Minor, AJA 81 (1977) 289–321.

Michaelis, D.: Judaistische Heidenchristen, ZNW XXX (1931) 83–89.

Minnen, P. van: Drei Bemerkungen zur Geschichte des Judentums in der griechisch-römischen Welt, ZPE 100 (1994) 253–258.

Molthagen, J.: Der römische Staat und die Christen im zweiten und dritten Jahrhundert, Hyp. 28, Göttingen 1970.

–: Die ersten Konflikte der Christen in der griechisch-römischen Welt, Hist. 40 (1991) 42–76.

Mommsen, Th.: Römische Geschichte V. Die Provinzen von Caesar bis Diocletian, 5. Aufl., Leipzig 1904.

Moore, G.F.: Judaism in the First Centuries of the Christian Era. The Age of the Tannaim, Vol. I und II, Cambridge 1927.

Müller, K.: Tora für die Völker – Die noachidischen Gebote im Beziehungsfeld zwischen Judentum und Christentum, Heidelberg, Univ., Diss., 1991.

Murphy-O'Connor, J.: Lots of God-Fearers? Theosebeia in the Aphrodisian Inscription, RB 99 (1992) 418–424.

Mussner, F.: Der Galaterbrief, HThK IX, Freiburg i. Br. 1988.

Nilsson, M.P.: Zwei Altäre aus Pergamon, Eranos 54 (1956) 167–173.

Nock, A.D.: Conversion. The Old and the New in Religion from Alexander the Great to Augustine of Hippo, Oxford 1933.

–: Isopoliteia and the Jews. GRBS 4 (1964) 50–52 = ders.; Essays on Religion and the Ancient World, ed. by Z. Stewart, Vol. II, Oxford 1972, 960–962.

Nolland, J.L.: Uncircumcised Proselytes, JSJ 12 (1981) 173–194.

Nostris, F.W.: Antioch on the Orontes as a Religious Center under the Principate, I. Paganism before Christianity, ANRW II. Principipat 18/4, Berlin (u.a.) 1990, 2322–2379.

NOVAK, D.: The Image of the Non-Jew in Judaism. An Historical and Constructive Study of the Noahide Laws, TST 14, New York (u.a.) 1983.

OSTER, R.E.; Ephesus as a Religious Center under the Principate, I. Paganism before Constantine, ANRW II. Principipat 18/3, Berlin (u.a.) 1990, 1661–1728.

OTZEN, B.: Judaism in Antiquity. Political Development and Religious Currents from Alexander to Hadrian, translated by H. Cryer, BiSe 7, Sheffield 1988.

OVERMANN, J.A.: The God-Fearers. Some Neglected Features, JSNT 32 (1988) 17–26.

PALMER BONZ, M.: Differing Approaches to Religious Benefaction. The Late Third-Century Acquisition of the Sardis Synagogue, HThR 86 (1993) 139–154.

PAUL, A.: Prosélyte, prosélytisme, DBS VIII (1972) 1353–1356.

PESCH, R.: Die Apostelgeschichte, EKK V, Zürich (u.a.)

Teilbd. 1. Apg 1–12, 1986 (= Acta).

Teilbd. 2. Apg 13–28, 1986 (= Acta).

PETZL, G.: Ländliche Religiosität in Lydien, in: Forschungen in Lydien, hg. v. E. Schwertheim, Forschungsstelle Asia Minor im Seminar für Alte Geschichte der Westfälischen Wilhelms-Universität Münster, Bonn 1995, 37–48.

QUASS, F.: Die Honoratiorenschicht in den Städten des griechischen Ostens. Untersuchungen zur politischen und sozialen Entwicklung in hellenistischer und römischer Zeit, Stuttgart 1993.

RABELLO, A.M.: The Legal Condition in the Roman Empire, ANRW II. Principat 13, Berlin (u.a.) 1980, 662–762.

RAJAK, T.: Jews and Christians as Groups in a Pagan World, in: „To See Ourselves as Others See Us". Christians, Jews, „Others" in Late Antiquity, ed. by J. Neusner and E.S. Frerichs, Chico (California) 1985, 247–262.

RAMSAY, W.M.: The Cities and the Bishophrics, Oxford 1895–1897.

RAU, E.: Von Jesus zu Paulus. Entwicklungen und Rezeption der antiochenischen Theologie im Urchristentum, Stuttgart (u.a.) 1994.

REISER, M.: Hat Paulus Heiden bekehrt?, BZ 39 (1995) 76–91.

REYNOLDS, J. / TANNENBAUM, R.: Jews and Godfearers at Aphrodisias. Greek Inscriptions with Commentary, Texts from the Excavations at Aphrodisias Conducted by K.T. Erim, The Cambridge Philological Society Supplementary Vol. 12, Cambridge 1987.

RIESNER, R.: Die Frühzeit des Apostels Paulus. Studien zur Chronologie, Missionsstrategie und Theologie, WUNT I/71, Tübingen 1984.

ROBERT, L.: Hellenica. Recueil d'épigraphie, de numismatique et d'antiquités grecques, 13 Vols., Paris 1940–1965.

–: Inscriptions grecques de Sidè en Pamphylie, RPh 32 (1958) 14–53.

–: Nouvelles Inscriptions de Sardes, Librairie d'Amérique et d'Orient, Paris 1964.

–: Die Epigraphik der klassischen Welt, übers. von H. Engelmann, Bonn 1970.

ROLOFF, J.: Die Apostelgeschichte, NTD 5, 17. Aufl., 1. Aufl. der neuen Fassung, Göttingen 1981 (= Acta).

ROMANIUK, K.: Die „Gottesfürchtigen" im Neuen Testament. Beitrag zur neutestamentlichen Theologie der Gottesfurcht, Aeg. XLIV (1964) 66–91.

ROSEN, K.: Der Historiker Tacitus als Prophet: Tacitus und die Juden, Gym. 103 (1996) 107–126.

ROSENBLOOM, J.R.: Conversion to Judaism from the Biblical Period to the Present, Cincinnati 1978.

ROSTOVTZEFF, M.: Gesellschafts- und Wirtschaftsgeschichte der hellenistischen Welt, übers. von G. und E. Bayer, Bd. I-III, Darmstadt 1955 und 1956.

SCHÄFKE, W.: Frühchristlicher Widerstand, ANRW II. Principat 23/1, Berlin (u.a.) 1979, 460–723.

SCHIFFMAN, L.H.: Who was a Jew? Rabbinic and Halakhic Perspectives on the Jewish-Christian Schism, New Jersey 1985.

–: The Conversion of the Royal House of Adiabene in Josephus and Rabbinic Sources, in: Josephus, Judaism and Christianity, ed. by L.H. Feldman and G. Hata, Leiden 1987, 293–312.

SCHILLE, G.: Die Apostelgeschichte des Lukas, ThHK V, 3. Aufl. der neubearb. Aufl., Berlin 1989 (= Acta).

SCHMIDT, K.L. / SCHMIDT, M.A.: πάροικος, ThWNT V (1954) 840–848.

SCHNEIDER, G.: Die Apostelgeschichte, HThK 5, Freiburg i.Br. (u.a.) (= Acta).
1. Einleitung, Kommentar zu Kap. 1,1 – 8,40, 1980.
2. Kommentar zu Kap. 9,1 – 28,31, 1982.

SCHÜRER, E.: Die Juden im bosporanischen Reiche und die Genossenschaften der σεβόμενοι θεὸν ὕψιστον daselbst, Sitzungsberichte der Berliner Akademie 1897, 200–225.

–: Geschichte des jüdischen Volkes im Zeitalter Jesu Christi, photomech. Nachdr. der Ausg. Leipzig 1901/11, Hildesheim.
Bd. 1. Einleitung und politische Geschichte, 1964.
Bd. 2. Die inneren Zustände, 1964.
Bd. 3. Das Judenthum in der Zerstreuung und die Jüdische Literatur, 1964.

–: The History of the Jewish People in the Age of Jesus Christ (175 B.C.-A.D. 135), A New English Version rev. and ed. by G. Vermes ..., Edinburgh.
Vol. 1, 1973.
Vol. 2, 1979.
Vol. 3.1, 1986.
Vol. 3.2, 1987.

SCHWARTZ, D.R.: On Sacrifice by Gentiles in the Temple of Jerusalem, in: ders., Studies in the Jewish Background of Christianity, WUNT I/60, Tübingen 1992, 102–116.

SCHWIER, H.: Tempel und Tempelzerstörung. Untersuchungen zu den theologischen und ideologischen Faktoren im ersten jüdisch-römischen Krieg (66–74 n.Chr.), NTOA 11, Freiburg/Schweiz (u.a.) 1989.

SCOTT, J.: Paul and the Nations. The Old Testament and Jewish Background of Paul's Mission to the Nations with Special Reference to the Destination of Galatians, WUNT I/84, Tübingen 1995.

SEGAL, A.F.: Conversion and Messianism. Outline of a New Approach, in: The Messiah. Developments in Earliest Judaism and Christianity, The First Princeton Symposium on Judaism and Christian Origins, ed. by J.H. Charlesworth, Minneapolis 1992, 296–340.

SHERWIN-WHITE, S.M.: A Note on Three Coan Inscriptions, ZPE 21 (1976) 183–188.

SIEGERT, F.: Gottesfürchtige und Sympathisanten, JSJ 4 (1973) 109–164.

–: Gottesfürchtiger, NBL I (1991) 931–932.

SIEGFRIED, K.: Prophetische Missionsgedanken und jüdische Missionsbestrebungen, JPTh 1890, 435–453.

SIMON, M: Gottesfürchtiger, RAC XI (1981) Sp. 1061–1064.

–: Verus Israel. Étude sur les Relations entre Chrétiens et Juifs dans l'Empire Romain (135–425), [1948] Paris 1964.

SMALLWOOD, E.M.: The Alleged Jewish Tendencies of Poppaea Sabina, JThS X (1959) 329–335.

–: The Jews under Roman Rule. From Pompey to Diocletian, SJLA 20, Leiden 1976.

SOLIN, H.: Juden und Syrer im westlichen Teil der römischen Welt. Eine ethnisch-demographische Studie mit besonderer Berücksichtigung der sprachlichen Zustände, ANRW II. Principat 29,2, Berlin (u.a.) 1983, 587–789.

STÄHLI, H.P.: ירא, THAT I (1971) Sp. 765–778.

STÄHLIN, G.: ξένος κτλ , ThWNT V (1954) 1–36.

STEGEMANN, E.W.: Judenfeindschaft. Zwischen Xenophobie und Antisemitismus, KuI 10 (1995) 152–166.

STEGEMANN, E.W. / STEGEMANN, W.: Urchristliche Sozialgeschichte. Die Anfänge im Judentum und die Christusgemeinden in der mediterranen Welt, Stuttgart (u.a.) 1995.

STEINMANN, A.: Die Apostelgeschichte, HSNT IV, 4. neu bearb. Aufl., Bonn 1934 (= Acta).

STERN, M.: The Jewish Diaspora. Population, Figures and Geographic Dispersion, in: The Jewish People in the First Century. Historical Geography, Political History, Social, Cultural and Religious Life and Institutions, CRI I,1, Assen 1974, 117–183.

TANNENBAUM, R.F.: Jews and God-Fearers in the Holy City of Aphrodite, BArR 12 (1986) 54–57.

TCHERIKOVER, V.: Hellenistic Civilization and the Jews, translated by S. Applebaum, Philadelphia 1961.

THEISSEN, G.: Soziale Schichtung in der korinthischen Gemeinde. Ein Beitrag zur Soziologie des hellenistischen Urchristentums, ZNW 65 (1974) 232–272 = ders., Studien zur Soziologie des Urchristentums, WUNT I/19 (1979), 3. erw. Aufl., Tübingen 1989.

–: Lokalkolorit und Zeitgeschichte in den Evangelien. Ein Beitrag zur Geschichte der synoptischen Tradition, NTOA 8, Freiburg/Schweiz (u.a.) 1989.

TREBILCO, P.: Jewish Communities in Asia Minor, MSSNTS 69, Cambridge 1991.

TROCMÉ, E.: The Jews as Seen by Paul and Luke, in: „To See Ourselves as Others See Us". Christians, Jews, „Others" in Late Antiquity, ed. by J. Neusner and E.S. Frerichs, Chico (California) 1985, 145–161.

URBACH, E.E.: The Sages I. Their Concept and Beliefs, Jerusalem 1975

VIEWEGER, D.: Vom „Fremdling" zum „Proselyt". Zur sakralrechtlichen Definition des גר im späten 5. Jahrhundert v.Chr., in: Von Gott reden. Beiträge zur Theologie und Exegese des Alten Testaments, FS für S. Wagner zum 65. Geburtstag, hg. von D. Vieweger und E.-J. Waschke, Neukirchen-Vluyn 1995, 271–284.

VITTINGHOFF, F.: „Christianus Sum" – Das „Verbrechen" von Außenseitern der römischen Gesellschaft, Hist XXXIII (1984) 331–357.

WANDER, B.: Trennungsprozesse zwischen Frühem Christentum und Judentum im 1. Jahrhundert. n. Chr. Datierbare Abfolgen zwischen der Hinrichtung Jesu und der Zerstörung des Jerusalemer Tempels, TANZ, Tübingen (u.a) 1994, 2. durchges. u. verb. Aufl. 1997.

WEDDERBURN, A.J.M.: The ‚Apostolic Decree'. Tradition and Redaction, NT XXXV (1993) 362–389.

WEISER, A.: Die Apostelgeschichte. ÖTBK 5, Gütersloh (= Acta).

1. Kapitel 1–12, GTB 507, 1981.

2. Kapitel 13–28, GTB 508, 1985.

WILCOX, M.: The „God-fearers" in Acts – A Reconsideration, JSNT 13 (1981) 102–122.

WILL, E. / ORRIEUX, C.: Prosélytisme juif? Histoire d'une erreur, Paris 1992.

WILLIAMS, M.H.: Θεοσεβὴς γὰϱ ἦν– The Jewish Tendencies of Poppaea Sabina, JThS 39 (1988) 97–111.

–: The Jews and Godfearers Inscription from Aphrodisias – A Case of Patriarchal Interference in Early 3rd Century Caria , Hist. 41 (1992) 297–310.

WILSON, ST. G.: Gentile Judaizers, NTS 38 (1992) 605–616.

WISEMANN, J.R.: Corinth as a Religious Center under the Principate, I. Paganism before Constantine, angekündigt in ANRW II. Principipat 18/2, Berlin (u.a.) 1989, verschoben auf 18/4; dort auch nicht erschienen.

Stellenregister (in Auswahl)

Altes Testament

Neues Testament

Sonstige Quellen

Inschriften

Antiquités africaines

XVII, Nr. 17	135
XVII, Nr. 64	135
XVII, Nr. 72	97f.
XVII, Nr. 77	135
XVII, Nr. 81	135

Corpus Inscriptionum Judaicarum (CIJ)

5	95
21	105
37	105
68	105
72	116
202	104f.
222	105
228	98
256	105
285	96
291	111
317	111
462	105
500	99
510	111
523	105
524	96
529	97
535	111
576	105
619a	100
639	134
641	103
642	102
683a	111
720	134
731e	100
738	134
748	105
754	101, 110
766	133
1385	105

Corpus Inscriptionum Graecarum (CIG)

2924	114

Corpus Inscriptionum Latinarum (CIL)

VI/1, 390a	96

VIII, 4321	97
VIII, 9114	135
VIII, 14271	135
VIII, 24976	135

Dominus Flevit

13	105
21f.	105
31	105

Inscriptiones Graecae (IG)

VII, 2712	130

Jewish Inscriptions of Western Europe (JIWE)

I, 9	102
I, 12	115, 117
I, 113	100
I, 202	103
II, 207	98
II, 392	104
II, 616	116
II, 626(i)	95
II, 626(ii)	96
II, 626(iii)	96
II, 626(iv)	97
II, 627(i)	99

Monumenta Asiae Minoris Antiqua (MAMA)

VI, 264	133

New Documents Illustrating Early Christianity (NDIEC)

I, Nr. 5	137
II, Nr. 16	65
III, 121	137
III, Nr. 108	152
IV, Nr. 19	65
IV, Nr. 201	137
IV, 78	137
IV, 128	137
V, Nr. 145	137
VII, 233ff.	24

Sylloge Inscr. Graec. (Ditt.)

557	83
708	129

Autorenregister

Amati 115
Applebaum 24, 27, 137, 142, 148, 153
Axenfeld 1

Balz 56
Bamberger 1
Bardy 38f.
Baron 139
Becher 152
Bellen 91, 111ff.
Berger 71, 218
Berger/Colpe 166
Bernays 2
Bertholet 3, 20, 38, 64, 77
Bertram 69
Betz 214
Bickermann 22f., 77, 136
Birnbaum 33
Blanchetiere 23
Bloedhorn 90
Boeckh 114
Bolkestein 125
Borgen 52, 62
Bormann 18
Borse 214
Botermann 92, 118f., 125, 151, 158, 172, 178, 210, 219
Bovon 181
Bowersock 122
Braude 1
Bremmer 146
Brodersen 121
Bultmann, C. 40
Bultmann, R. 56f.

Cadbury 192
Callan 40
Cohen 39, 64, 213, 222, 229f.
Collins 181
Conzelmann 167, 181f., 192

Dalbert 1
Deines 44
Deißmann 58, 105f., 111
Delling 106, 136
Derwacter 1

Dihle 19, 56, 60, 73
Dobschütz, von 66
Donaldson 13
Dunn 38

Elliger 18
Erim 121
Ewald 219

Fascher 210
Faust 9, 22f., 25, 27, 107f., 141
Feldman 2, 6, 11f., 46, 48, 52, 122, 124, 137, 139, 141, 219f.
Feldmeier 39, 41
Finn 9
Förster 58, 61, 71, 73, 190
Fuhs 69

Gager 7, 9, 20, 28, 121, 124, 181
Gempf 9
Goodman 46, 64, 127, 139, 220ff.
Görgemanns 60, 74
Gülzow 33
Guyot/Klein 22

Haenchen 181
Hagedorn 111f.
Hahn 220
Heinemann 15, 22
Hemer 9
Hengel 64, 134, 137, 174, 186, 192, 194, 213, 225
Hengel/Deines 9
Hengel/Schwemer 13, 148, 222
Hommel 100, 105f., 109f.
Hoppe 201
Horbury 89
Horsley 90, 152
Horst, van der 58, 88, 90, 97, 105, 107, 116, 125, 136, 139, 146, 205
Hübner 214, 217

Ilan 146

Jeremias 68

Eigennamen-, Orts- und Sachregister

Wissenschaftliche Untersuchungen zum Neuen Testament

Alphabetische Übersicht der ersten und zweiten Reihe

Anderson, Paul N.: The Christology of the Fourth Gospel. 1996. *Band II/78.*
Appold, Mark L.: The Oneness Motif in the Fourth Gospel. 1976. *Band II/1.*
Arnold, Clinton E.: The Colossian Syncretism. 1995. *Band II/77.*
Avemarie, Friedrich und *Hermann Lichtenberger* (Hrsg.): Bund und Tora. 1996. *Band 92.*
Bachmann, Michael: Sünder oder Übertreter. 1992. *Band 59.*
Baker, William R.: Personal Speech-Ethics in the Epistle of James. 1995. *Band II/68.*
Balla, Peter: Challenges to New Testament Theology. 1997. *Band II/95.*
Bammel, Ernst: Judaica. Band I 1986. *Band 37* – Band II 1997. *Band 91.*
Bash, Anthony: Ambassadors for Christ. 1997. *Band II/92.*
Bauernfeind, Otto: Kommentar und Studien zur Apostelgeschichte. 1980. *Band 22.*
Bayer, Hans Friedrich: Jesus' Predictions of Vindication and Resurrection. 1986. *Band II/20.*
Bell, Richard H.: Provoked to Jealousy. 1994. *Band II/63.*
Bergman, Jan: siehe *Kieffer, René*
Betz, Otto: Jesus, der Messias Israels. 1987. *Band 42.*
– Jesus, der Herr der Kirche. 1990. *Band 52.*
Beyschlag, Karlmann: Simon Magus und die christliche Gnosis. 1974. *Band 16.*
Bittner, Wolfgang J.: Jesu Zeichen im Johannesevangelium. 1987. *Band II/26.*
Bjerkelund, Carl J.: Tauta Egeneto. 1987. *Band 40.*
Blackburn, Barry Lee: Theios Anēr and the Markan Miracle Traditions. 1991. *Band II/40.*
Bockmuehl, Markus N.A.: Revelation and Mystery in Ancient Judaism and Pauline Christianity. 1990. *Band II/36.*
Böhlig, Alexander: Gnosis und Synkretismus. Teil 1 1989. *Band 47* – Teil 2 1989. *Band 48.*
Böttrich, Christfried: Weltweisheit – Menschheitsethik – Urkult. 1992. *Band II/50.*
Bolyki, Jànos: Jesu Tischgemeinschaften. 1998. *Band II/96.*
Büchli, Jörg: Der Poimandres – ein paganisiertes Evangelium. 1987. *Band II/27.*
Bühner, Jan A.: Der Gesandte und sein Weg im 4. Evangelium. 1977. *Band II/2.*
Burchard, Christoph: Untersuchungen zu Joseph und Aseneth. 1965. *Band 8.*
Cancik, Hubert (Hrsg.): Markus-Philologie. 1984. *Band 33.*
Capes, David B.: Old Testament Yaweh Texts in Paul's Christology. 1992. *Band II/47.*
Caragounis, Chrys C.: The Son of Man. 1986. *Band 38.*
– siehe *Fridrichsen, Anton.*
Carleton Paget, James: The Epistle of Barnabas. 1994. *Band II/64.*
Crump, David: Jesus the Intercessor. 1992. *Band II/49.*
Deines, Roland: Jüdische Steingefäße und pharisäische Frömmigkeit. 1993. *Band II/52.*
– Die Pharisäer. 1997. *Band 101.*
Dietzfelbinger, Christian: Der Abschied des Kommenden. 1997. *Band 95.*
Dobbeler, Axel von: Glaube als Teilhabe. 1987. *Band II/22.*
Du Toit, David S.: Theios Anthropos. 1997. *Band II/91*
Dunn, James D.G. (Hrsg.): Jews and Christians. 1992. *Band 66.*
– Paul and the Mosaic Law. 1996. *Band 89.*
Ebertz, Michael N.: Das Charisma des Gekreuzigten. 1987. *Band 45.*
Eckstein, Hans-Joachim: Der Begriff Syneidesis bei Paulus. 1983. *Band II/10.*
– Verheißung und Gesetz. 1996. *Band 86.*
Ego, Beate: Im Himmel wie auf Erden. 1989. *Band II/34.*
Eisen, Ute E.: siehe *Paulsen, Henning.*
Ellis, E. Earle: Prophecy and Hermeneutic in Early Christianity. 1978. *Band 18.*
– The Old Testament in Early Christianity. 1991. *Band 54.*
Ennulat, Andreas: Die ›Minor Agreements‹. 1994. *Band II/62.*
Ensor, Peter W.: Jesus and His ›Works‹. 1996. *Band II/85.*
Eskola, Timo: Theodicy and Predestination in Pauline Soteriology. 1998. *Band II/100.*
Feldmeier, Reinhard: Die Krisis des Gottessohnes. 1987. *Band II/21.*
– Die Christen als Fremde. 1992. *Band 64.*
Feldmeier, Reinhard und *Ulrich Heckel* (Hrsg.): Die Heiden. 1994. *Band 70.*

Fletcher-Louis, Crispin H. T.: Luke-Acts: Angels, Christology and Soteriology. 1997. *Band II/94.*

Forbes, Christopher Brian: Prophecy and Inspired Speech in Early Christianity and its Hellenistic Environment. 1995. *Band II/75.*

Fornberg, Tord: siehe *Fridrichsen, Anton.*

Fossum, Jarl E.: The Name of God and the Angel of the Lord. 1985. *Band 36.*

Frenschkowski, Marco: Offenbarung und Epiphanie. Band 1 1995. *Band II/79* – Band 2 1997. *Band II/80.*

Frey, Jörg: Eugen Drewermann und die biblische Exegese. 1995. *Band II/71.*

– Die johanneische Eschatologie. Band I. 1997. *Band 96.*

Fridrichsen, Anton: Exegetical Writings. Hrsg. von C.C. Caragounis und T. Fornberg. 1994. *Band 76.*

Garlington, Don B.: ›The Obedience of Faith‹. 1991. *Band II/38.*

– Faith, Obedience, and Perseverance. 1994. *Band 79.*

Garnet, Paul: Salvation and Atonement in the Qumran Scrolls. 1977. *Band II/3.*

Gese, Michael: Das Vermächtnis des Apostels. 1997. *Band II/99.*

Gräßer, Erich: Der Alte Bund im Neuen. 1985. *Band 35.*

Green, Joel B.: The Death of Jesus. 1988. *Band II/33.*

Gundry Volf, Judith M.: Paul and Perseverance. 1990. *Band II/37.*

Hafemann, Scott J.: Suffering and the Spirit. 1986. *Band II/19.*

– Paul, Moses, and the History of Israel. 1995. *Band 81.*

Hartman, Lars: Text-Centered New Testament Studies. Hrsg. von D. Hellholm. 1997. *Band 102.*

Heckel, Theo K.: Der Innere Mensch. 1993. *Band II/53.*

Heckel, Ulrich: Kraft in Schwachheit. 1993. *Band II/56.*

– siehe *Feldmeier, Reinhard.*

– siehe *Hengel, Martin.*

Heiligenthal, Roman: Werke als Zeichen. 1983. *Band II/9.*

Hellholm, D.: siehe *Hartman, Lars.*

Hemer, Colin J.: The Book of Acts in the Setting of Hellenistic History. 1989. *Band 49.*

Hengel, Martin: Judentum und Hellenismus. 1969, ³1988. *Band 10.*

– Die johanneische Frage. 1993. *Band 67.*

– Judaica et Hellenistica. Band 1. 1996. *Band 90.*

Hengel, Martin und *Ulrich Heckel* (Hrsg.): Paulus und das antike Judentum. 1991. *Band 58.*

Hengel, Martin und *Hermut Löhr* (Hrsg.): Schriftauslegung im antiken Judentum und im Urchristentum. 1994. *Band 73.*

Hengel, Martin und *Anna Maria Schwemer* (Hrsg.): Königsherrschaft Gottes und himmlischer Kult. 1991. *Band 55.*

– Die Septuaginta. 1994. *Band 72.*

Herrenbrück, Fritz: Jesus und die Zöllner. 1990. *Band II/41.*

Herzer, Jens: Paulus oder Petrus? 1998. *Band 103.*

Hoegen-Rohls, Christina: Der nachösterliche Johannes. 1996. *Band II/84.*

Hofius, Otfried: Katapausis. 1970. *Band 11.*

– Der Vorhang vor dem Thron Gottes. 1972. *Band 14.*

– Der Christushymnus Philipper 2,6–11. 1976, ²1991. *Band 17.*

– Paulusstudien. 1989, ²1994. *Band 51.*

Hofius, Otfried und *Hans-Christian Kammler:* Johannesstudien. 1996. *Band 88.*

Holtz, Traugott: Geschichte und Theologie des Urchristentums. 1991. *Band 57.*

Hommel, Hildebrecht: Sebasmata. Band 1 1983. *Band 31* – Band 2 1984. *Band 32.*

Hvalvik, Reidar: The Struggle for Scripture and Covenant. 1996. *Band II/82.*

Kähler, Christoph: Jesu Gleichnisse als Poesie und Therapie. 1995. *Band 78.*

Kammler, Hans-Christian: siehe *Hofius, Otfried.*

Kamlah, Ehrhard: Die Form der katalogischen Paränese im Neuen Testament. 1964. *Band 7.*

Kieffer, René und *Jan Bergman (Hrsg.):* La Main de Dieu / Die Hand Gottes. 1997. *Band 94.*

Kim, Seyoon: The Origin of Paul's Gospel. 1981, ²1984. *Band II/4.*

– »The ›Son of Man‹« as the Son of God. 1983. *Band 30.*

Kleinknecht, Karl Th.: Der leidende Gerechtfertigte. 1984, ²1988. *Band II/13.*

Klinghardt, Matthias: Gesetz und Volk Gottes. 1988. *Band II/32.*

Köhler, Wolf-Dietrich: Rezeption des Matthäusevangeliums in der Zeit vor Irenäus. 1987. *Band II/24.*

Korn, Manfred: Die Geschichte Jesu in veränderter Zeit. 1993. *Band II/51.*

Koskenniemi, Erkki: Apollonios von Tyana in der neutestamentlichen Exegese. 1994. *Band II/61.*

Kraus, Wolfgang: Das Volk Gottes. 1996. *Band 85.*

– siehe *Walter, Nikolaus.*

Kuhn, Karl G.: Achtzehngebet und Vaterunser und der Reim. 1950. *Band 1.*

Laansma, Jon: I Will Give You Rest. 1997. *Band II/98.*

Lampe, Peter: Die stadtrömischen Christen in den ersten beiden Jahrhunderten. 1987, ²1989. *Band II/18.*

Lau, Andrew: Manifest in Flesh. 1996. *Band II/86.*

Lichtenberger, Hermann: siehe *Avemarie, Friedrich.*

Lieu, Samuel N.C.: Manichaeism in the Later Roman Empire and Medieval China. ²1992. *Band 63.*

Loader, William R.G.: Jesus' Attitude Towards the Law. 1997. *Band II/97.*

Löhr, Gebhard: Verherrlichung Gottes durch Philosophie. 1997. *Band 97.*

Löhr, Hermut: siehe *Hengel, Martin.*

Löhr, Winrich Alfried: Basilides und seine Schule. 1995. *Band 83.*

Maier, Gerhard: Mensch und freier Wille. 1971. *Band 12.*

– Die Johannesoffenbarung und die Kirche. 1981. *Band 25.*

Markschies, Christoph: Valentinus Gnosticus? 1992. *Band 65.*

Marshall, Peter: Enmity in Corinth: Social Conventions in Paul's Relations with the Corinthians. 1987. *Band II/23.*

Meade, David G.: Pseudonymity and Canon. 1986. *Band 39.*

Meadors, Edward P.: Jesus the Messianic Herald of Salvation. 1995. *Band II/72.*

Meißner, Stefan: Die Heimholung des Ketzers. 1996. *Band II/87.*

Mell, Ulrich: Die »anderen« Winzer. 1994. *Band 77.*

Mengel, Berthold: Studien zum Philipperbrief. 1982. *Band II/8.*

Merkel, Helmut: Die Widersprüche zwischen den Evangelien. 1971. *Band 13.*

Merklein, Helmut: Studien zu Jesus und Paulus. 1987. *Band 43.*

Metzler, Karin: Der griechische Begriff des Verzeihens. 1991. *Band II/44.*

Metzner, Rainer: Die Rezeption des Matthäusevangeliums im 1. Petrusbrief. 1995. *Band II/74.*

Mittmann-Richert, Ulrike: Magnifikat und Benediktus. 1996. *Band II/90.*

Niebuhr, Karl-Wilhelm: Gesetz und Paränese. 1987. *Band II/28.*

– Heidenapostel aus Israel. 1992. *Band 62.*

Nissen, Andreas: Gott und der Nächste im antiken Judentum. 1974. *Band 15.*

Noormann, Rolf: Irenäus als Paulusinterpret. 1994. *Band II/66.*

Obermann, Andreas: Die christologische Erfüllung der Schrift im Johannesevangelium. 1996. *Band II/83.*

Okure, Teresa: The Johannine Approach to Mission. 1988. *Band II/31.*

Paulsen, Henning: Studien zur Literatur und Geschichte des frühen Christentums. Hrsg. von Ute E. Eisen. 1997. *Band 99.*

Park, Eung Chun: The Mission Discourse in Matthew's Interpretation. 1995. *Band II/81.*

Philonenko, Marc (Hrsg.): Le Trône de Dieu. 1993. *Band 69.*

Pilhofer, Peter: Presbyteron Kreitton. 1990. *Band II/39.*

– Philippi. Band 1 1995. *Band 87.*

Pöhlmann, Wolfgang: Der Verlorene Sohn und das Haus. 1993. *Band 68.*

Pokorný, Petr und *Josef B. Souček:* Bibelauslegung als Theologie. 1997. *Band 100.*

Prieur, Alexander: Die Verkündigung der Gottesherrschaft. 1996. *Band II/89.*

Probst, Hermann: Paulus und der Brief. 1991. *Band II/45.*

Räisänen, Heikki: Paul and the Law. 1983, ²1987. *Band 29.*

Rehkopf, Friedrich: Die lukanische Sonderquelle. 1959. *Band 5.*

Rein, Matthias: Die Heilung des Blindgeborenen (Joh 9). 1995. *Band II/73.*

Reinmuth, Eckart: Pseudo-Philo und Lukas. 1994. *Band 74.*

Reiser, Marius: Syntax und Stil des Markusevangeliums. 1984. *Band II/11.*

Richards, E. Randolph: The Secretary in the Letters of Paul. 1991. *Band II/42.*

Riesner, Rainer: Jesus als Lehrer. 1981, ³1988. *Band II/7.*

– Die Frühzeit des Apostels Paulus. 1994. *Band 71.*

Rissi, Mathias: Die Theologie des Hebräerbriefs. 1987. *Band 41.*

Röhser, Günter: Metaphorik und Personifikation der Sünde. 1987. *Band II/25.*
Rose, Christian: Die Wolke der Zeugen. 1994. *Band II/60.*
Rüger, Hans Peter: Die Weisheitsschrift aus der Kairoer Geniza. 1991. *Band 53.*
Sänger, Dieter: Antikes Judentum und die Mysterien. 1980. *Band II/5.*
– Die Verkündigung des Gekreuzigten und Israel. 1994. *Band 75.*
Salzmann, Jorg Christian: Lehren und Ermahnen. 1994. *Band II/59.*
Sandnes, Karl Olav: Paul – One of the Prophets? 1991. *Band II/43.*
Sato, Migaku: Q und Prophetie. 1988. *Band II/29.*
Schaper, Joachim: Eschatology in the Greek Psalter. 1995. *Band II/76.*
Schimanowski, Gottfried: Weisheit und Messias. 1985. *Band II/17.*
Schlichting, Günter: Ein jüdisches Leben Jesu. 1982. *Band 24.*
Schnabel, Eckhard J.: Law and Wisdom from Ben Sira to Paul. 1985. *Band II/16.*
Schutter, William L.: Hermeneutic and Composition in I Peter. 1989. *Band II/30.*
Schwartz, Daniel R.: Studies in the Jewish Background of Christianity. 1992. *Band 60.*
Schwemer, Anna Maria: siehe *Hengel, Martin*
Scott, James M.: Adoption as Sons of God. 1992. *Band II/48.*
– Paul and the Nations. 1995. *Band 84.*
Siegert, Folker: Drei hellenistisch-jüdische Predigten. Teil I 1980. *Band 20* – Teil II 1992. *Band 61.*
– Nag-Hammadi-Register. 1982. *Band 26.*
– Argumentation bei Paulus. 1985. *Band 34.*
– Philon von Alexandrien. 1988. *Band 46.*
Simon, Marcel: Le christianisme antique et son contexte religieux I/II. 1981. *Band 23.*
Snodgrass, Klyne: The Parable of the Wicked Tenants. 1983. *Band 27.*
Söding, Thomas: Das Wort vom Kreuz. 1997. *Band 93.*
– siehe *Thüsing, Wilhelm.*
Sommer, Urs: Die Passionsgeschichte des Markusevangeliums. 1993. *Band II/58.*
Souček, Josef B.: siehe *Pokorný, Petr.*
Spangenberg, Volker: Herrlichkeit des Neuen Bundes. 1993. *Band II/55.*
Speyer, Wolfgang: Frühes Christentum im antiken Strahlungsfeld. 1989. *Band 50.*
Stadelmann, Helge: Ben Sira als Schriftgelehrter. 1980. *Band II/6.*
Strobel, August: Die Stunde der Wahrheit. 1980. *Band 21.*
Stuckenbruck, Loren T.: Angel Veneration and Christology. 1995. *Band II/70.*
Stuhlmacher, Peter (Hrsg.): Das Evangelium und die Evangelien. 1983. *Band 28.*
Sung, Chong-Hyon: Vergebung der Sünden. 1993. *Band II/57.*
Tajra, Harry W.: The Trial of St. Paul. 1989. *Band II/35.*
– The Martyrdom of St. Paul. 1994. *Band II/67.*
Theißen, Gerd: Studien zur Soziologie des Urchristentums. 1979, [3]1989. *Band 19.*
Thornton, Claus-Jürgen: Der Zeuge des Zeugen. 1991. *Band 56.*
Thüsing, Wilhelm: Studien zur neutestamentlichen Theologie. Hrsg. von Thomas Söding. 1995. *Band 82.*
Tsuji, Manabu: Glaube zwischen Vollkommenheit und Verweltlichung. 1997. *Band II/93*
Twelftree, Graham H.: Jesus the Exorcist. 1993. *Band II/54.*
Visotzky, Burton L.: Fathers of the World. 1995. *Band 80.*
Wagener, Ulrike: Die Ordnung des »Hauses Gottes«. 1994. *Band II/65.*
Walter, Nikolaus: Praeparatio Evangelica. Hrsg. von Wolfgang Kraus und Florian Wilk. 1997. *Band 98.*
Wander, Bernd: Gottesfürchtige und Sympathisanten. 1998. *Band 104.*
Watts, Rikki: Isaiah's New Exodus and Mark. 1997. *Band II/88.*
Wedderburn, A.J.M.: Baptism and Resurrection. 1987. *Band 44.*
Wegner, Uwe: Der Hauptmann von Kafarnaum. 1985. *Band II/14.*
Welck, Christian: Erzählte ›Zeichen‹. 1994. *Band II/69.*
Wilk, Florian: siehe *Walter, Nikolaus.*
Wilson, Walter T.: Love without Pretense. 1991. *Band II/46.*
Zimmermann, Alfred E.: Die urchristlichen Lehrer. 1984, [2]1988. *Band II/12.*

Einen Gesamtkatalog erhalten Sie gern vom
Mohr Siebeck Verlag, Postfach 2040, D-72010 Tübingen.

DATE DUE
